희곡론과 작법

희곡론과 작법

하유상 지음

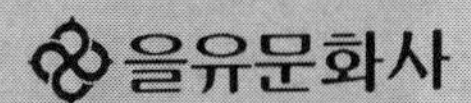

을유문화사

머리말

2000년의 새해가 밝아왔다. 나는 배달되어 온 신문의 신춘 문예에서 희곡 당선작을 먼저 챙겼다.

《조선일보》엔 당선 희곡 〈배웅〉이 발표되어 있었고, 《동아일보》엔 가작 입선작 〈아이야 청산 가자〉, 〈저녁〉뿐 당선작이 없었다. 따라서 《동아일보》엔 지상 게재가 보류되어 있었다.

〈배웅〉을 보니 진득하고 차분한 작품이었다. 죽음을 앞둔 입원 환자 노인이 같은 병실의 노인과 가까워지며 고즈넉한 죽음을 맞는다는 내용이 그런 분위기에 알맞게 묘사되어 있어 우선 내 마음에 들었다. 어딘지 모르게 체홉의 희곡을 연상케 하는 '눈물 머금은 잔웃음'과 같은 분위기를 느끼게 했다. 원래 체홉의 작품 세계를 좋아하는 나를 흐뭇하게 하는 것이었다.

《한국일보》엔 〈행복한 선인장〉이 당선작으로 되어 있었는데 이 희곡도 내 마음에 썩 들었다. 너무나 체홉적이었다. 체홉의 대표작이라고 할 수 있는 〈벚꽃 동산〉의 2막을 읽는 듯한 분위기에 잠길 수 있었다. 그것은 마치 커다란 시대의 흐름(농노 해방으로 말미암은 지주 계급의 몰락 등 ……)을 배경으로 한 권태로운 벚꽃 동산의 사양길을 연상케 했다.

그처럼 〈행복한 선인장〉에서도 최근 군사 정권의 비극을 배경으로 깔고 가벼운 듯 무겁게 테마를 펼치고 있었다.

작품을 다 읽고 나서 끝에 나온 당선자 인터뷰 기사를 보았더니 "체홉의 작품과 같은, 에피소드 형식의 연극이지만 결코 가볍지 않은 희곡을 쓰고 싶습니다"라는 포부를 피력하고 있었다. 당선작과 맞아 떨어지는 포부였다.

나는 때때로 체홉의 다음 말을 떠올린다.

"나는 내 글의 줄〔行〕과 줄 사이에 경향을 구하고 있는 사람들, 나를 늘 자유주의자 또는 보수주의자로 생각하려고 하는 사람들이 두렵다. 나는 자유주의자도 아니며 보수주의자도 아니다. 점진주의자도 아니며 수도승도 아니고 또 불편부당주의자도 아니다. 나는 자유로운 예술가가 되고 싶다. 나는 그렇게 되기 위해서 신(神)이 나에게 힘을 주지 않은 것을 슬퍼할 따름이다. 나는 모든 형태의 거짓과 폭력을 미워한다."

무릇 주의 주장을 앞세운 경향의 문제극은 그 경향의 문제가 사라지면 싱의 말마따나 '먼지 낀 약방문'처럼 이내 낡아 빠진다. 한때 여성 해방 문제로 온 통 세상을 떠들썩하게 했던 입센의 〈인형의 집〉도 이젠 심드렁할 따름이다. 하지만 셰익스피어의 〈로미오와 줄리엣〉은 400년이 지난 지금도 늘 새롭다. 셰익스피어는 자유로운 예술가로 사랑을 마음껏 노래했기 때문이다.

나는 생각한다. 아니, 믿는다. 만약에 로봇에 사람과 같은 감정을 지닐 수 있게 만들면 로봇도 사랑을 할 것이라고. 다만 사랑만이 거짓이 없고 비폭력적인 것이다. 오직 사랑하는 마음으로 작품을 썼으면 싶다.

체홉의 희곡 세계를 밑바탕으로 하여 씌어진 이 책을 이번에 새 천년을 맞이하면서 새로이 엮어내는 데 대해 새삼 타당성과 보람을 느낀다.

2000년 신춘

지은이

차례

제1부
희곡론과 작법

〈오이디푸스 왕〉

I. 희곡의 본질

1. 희곡의 생명

희곡으로서 희곡답게 하는 특질은 등장 인물에 의하여 이야기를 펼치고 있다는 점이다. 바꾸어 말하면 무대 위에서 배우를 통하여 이야기를 전개시키기 위한 대본이라는 것이다.

그리스의 고대 철학자 아리스토텔레스(BC. 384~BC. 322)는 그의 저서 《Poetica(詩學)》(BC. 328)에서 희곡이 드라마(Drama)라고 불리는 까닭은 "인물이 이야기를 드람(실행)하기 때문이다"라고 말하고 있다.

희곡의 특질은 아리스토텔레스의 이 단적인 말 속에 요약되어 있다. 이와 같이 희곡이 말을 표현 수단으로 하는 소설이나 시(詩)와 다른 것은 명백하다.

그러나 한 걸음 더 나아가서 생각하고 싶은 것은 희곡이 그 특질을 통하여 희곡으로서의 생명을 불타게 하는 것은 무엇일까 하는 문제이다. 희곡으로서의 생명의 근원이라든지, 질적 중심이라든지, 그러한 것은 무엇인가 하는 문제이다. 그것은 드라마틱(희곡적, 혹은 극적)이란 무엇인가 하는 문제라 생각해도 좋다.

드라마틱이라는 것은 시어트리컬(연극적)이라는 것과 혼동되는 수가 있지만, 이것은 엄중히 구분해야 된다. 시어트리컬이라는 것은 무대상의 문제이지 희곡에 관한 것은 아니다. 그것은 어디까지나 연극적인 것으로서 좋은 의미로도, 나쁜 의미로도 씌어진다. 대체로 희곡으로서의 생명의 불꽃은 무엇인가? 드라마틱이 어떠한 것인가? 이것을 설명한다는 것은 불가능에 가깝다.

그러나 그럼에도 이에 매이지 않고 감동적인 희곡에는 무엇인가 그러한 것이 있고, 또한 희곡으로서 성공하기 위해서는 그러한 것이 없으면 안 된다.

프라이타크는《희곡의 기교》에서 이렇게 말하고 있다.

"희곡적이라는 것은 엉겨 뭉쳐서 의지가 되며, 행위가 되는 강렬한 영혼의 움직임이며, 혹은 또 하나의 행위와 그 경과에 따라 끌어 일으켜지는 영혼의 움직임이다. 결국 인간이 어느 감정의 번쩍임을 느끼면서부터 그것이 정열적인 욕망 및 행동으로 높여질 때까지 겪는 내면적 경로(內面的經路)이며, 또 자기와 타인의 행동이 영혼 위로 끌어 일으키는 영향이다."

"행위 그 자체, 정열 그 자체는 희곡적이 아니다. 정열 그 자체의 표현이 아니라, 하나의 행동으로 이끄는 정열을 표현하는 것이 희곡 예술의 임무이다. 하나의 사건을 표현하는 것이 아니라, 그것이 인간의 영혼에 미치는 영향을 표현하는 것이 희곡 예술의 임무이다."

프라이타크의 의견은 어디까지나 독일인다운 딱딱한 표현이지만, 그가 드라마틱이라고 생각한 것은 인간의 정열 그 자체, 또는 외부의 행위가 반대로 영혼에 미치는 영향이었다.

그의 저술은 근대극 출현 이전에 씌어진 것이지만, 희곡을 단순한 사건의 변화로 보지 않고, 인간의 내면 생활과의 관련에서 생각하며, 더욱이 그것이 움직여 전개되는 모습에서 이해하고 있는 것은 뛰어난 견해라고 해도 좋을 것이다. 그러나 그가 희곡적인 것의 표현을 하나의 개인 속에서만 보려고 한 데에 그의 견해의 한계성이 있다.

2. 투쟁설

프랑스의 비평가 프류누티에르(1849~1906)는 《연극의 법칙》(1894)이나 그 밖의 많은 저술에서 드라마에 대한 연구를 남기고 있지만, 그에 의하면 드라마란 인간이 여러 가지 걸림돌과 스트러글(Struggle, 투쟁)하는 모습이라는 것이다.

"희곡이란 우리를 제한하고 경멸하는 신비력, 또는 자연력과 싸우는 인간의 의지의 표현이다. 혹은 숙명과 혹은 사회의 법칙과 혹은 같은 인간과 혹은 자기 자신과 그것도 아니면, 자기 둘레의 야심과 손해와 편견과 어리석음과 적의(敵意)와 싸우게끔 우리의 한 사람이 산 채로 무대 위에 던져진 것이 희곡이다."

모든 '투쟁'은 긴장된 움직임 속에서 펼쳐지는 것이므로 확실히 드라마틱하다. 사실 투쟁을 그린 희곡은 박력 있는 무대를 만들어서 성공을 했다. 이런 의미에서 프류누티에르의 '희곡 투쟁설'은 희곡론으로서 널리 알려지고 있다.

그러나 모든 희곡이 투쟁을 다루고 있느냐 하면, 결코 그렇지 않다. 성공한 희곡 가운데, 투쟁을 포함하지 않은 희곡도 상당히 많다. 따라서 투쟁이란 확실히 드라마틱한 것이지만, 그것은 드라마틱한 것의 중요한 일면을 나타내고 있는 것이지 전부는 아니다.

이 점은 윌리엄 아처(다음에 논할 '위기설'의 주장자)도 다음과 같은 불만을 나타내고 있다.

"투쟁은 빠질 수 없는 희곡의 요소가 아니다. 그것이 있느냐 없느냐에 따라서 희곡적이냐, 비희곡적이냐로 나누어진다는 설은 분명히 잘못이다. 특히 그 투쟁이 의지와 의지와의 사이에 이루어진 것이 아니면 안 된다는 설이 그렇다.

에우리피데스의 〈히폴리투스〉나, 입센의 〈찬탈자〉나, 몰리에르의 〈사기꾼〉이나, 주더만의 〈고향〉이나, 버나드 쇼의 〈캔디다〉에 있는 것과 같은 투쟁은 희곡으로서 가장 강한 것은 아니다.

희곡 가운데 하나하나의 장면에는 의지의 투쟁도 더러 있지만, 그것은 오직 줄거리를 이야기하는 여러 가지 것 가운데의 하나에 지나지 않는다. 〈로미오와 줄리엣〉의 밀회 장면을 보고 비희곡적이라고 말할 사람이 있을까? 더구나 거기에는 기쁨에 넘친 의지의 합치가 있을 뿐이지, 조금도 충돌은 없다. 또한 〈클레오파트라〉의 마지막이나, 〈맥베스〉의 잔치 장면을 비희곡적이라고 말할 수 있을까? 그런데도 그 장면에는 아무런 의지의 갈등이라고 할 만한 것이 없다."

그러나 아처도 '투쟁설'을 전적으로 부정하지 않았다는 것은 다음 말로 짐작할 수 있다.

"무릇 세상에 참으로 걸림돌이 없이 행복한 결말로 끝나는, 즉 아무런 지장이 없이 해피 앤드로 막이 내리는 연극만큼 별볼일없는 것은 없을 것이다. 그런 연극에서는 3막의 끝에 내리는 막이, 첫 막의 중간쯤에서 미리 내린다 해도 별 지장은 없는 것이다. 투쟁이 희곡의 본질적인 것은 아니지만, 투쟁을 강하게 하고 또한 높인다는 것은 희곡을 쓰는 데 필요한 방법이다."

3. 위기설

영국의 윌리엄 아처(1856~1924)는 그의 저서 《극작법》(1912) 가운데서 희곡은 크라이시스(Crisis, 위기)의 예술이라는 견해를 말하고 있다.

"우리가 보아 특히 드라마틱하다고 볼 수 있는 주제, 장면, 사건의 일반적 성질은 무엇일까? 이것에 대답하는 것은 쉽지 않지만, 희곡의 본질은 크라이시스라고 한다면 이 문제의 정의가 될 듯하다.

하나의 희곡은 운명, 혹은 처지상의 다소 시간적으로 느리고 빠른 것은 있지만, 급속히 발전하는 위기이며, 희곡적인 장면이란 분명히 종국(終局)의 사건을 촉진시키는 위기 중의 위기이다. 소설이 천천히 전개하는 예술이라면, 희곡은 위기의 예술이라고 할 수 있을 것이다.

전형적 희곡과 전형적인 소설을 구분하는 것은 진행의 느리고 빠름이다. 만약 소설가가 소설이라는 형식에서 유리한, 천천히 변화하는 모습을 그리지 않는다면, 자기에게 주어진 특권을 버리고 극작가의 영역에 들어가는 것이 된다. 우수한 소설이 대개는 많은 인생의 귀중한 단편을 포함하고 있지만, 희곡은 우리에게 두셋의 운명의 정점(頂點)을 보여 줄 뿐이다."

'위기'도 확실히 드라마틱하지만, 그것은 드라마틱한 것의 전부라고는 말할 수 없다. 그러므로 '희곡 위기설'에도 우리는 만족할 수 없다.

이 점은 주창자 자신인 아처도 그 저서에서 다음과 같이 말하고 있다.

"그러나 모든 위기가 반드시 희곡적이라고 말할 수는 없다. 중병이라든지, 파산이라든지 하는 것은 인생의 위기임에는 틀림없지만, 곧 희곡의 위기로 삼을 수 있을까 하는 것은 한 번 생각해 봐야 한다. 같은 중병이나 파산을 다루어도 완만한 세부적인 서술은, 이것을 종이 위〔紙上〕에서 할 일이지 (소설처럼) 무대 위에서는 하지 않는다."

그러기에 아처는 또한 희곡적 위기를 높이기 위한 방법으로 이렇게도 말하고 있다.

"사건을 다루는 데 있어서도 완만이 아니고 급격히, 원활한 것이 아니고 단절적인 것이라야 한다. 이렇게 말하면 무엇인가 충동적인 값싼 감동을 불러일으키는 호기심이나, 놀라움을 목적으로 하는 매우 저속하고도 열등한 짓을 하는 것처럼 들리지만, 극작술은 인생 비평은 아니다. 우리는 인류가 정열에서 쾌락을 얻는 것보다도, 순수한 이해에서 그것을 얻는 편이 훨씬 좋다고 생각하고 있다.

그러나 위와 같은 이치로 다양한, 매우 간절한 정열이 끄집어내는 사건을 잡는 편이 특히 희곡적인 방법이라고 할 수 있다."

또한 아처는 그 방법이 가장 잘 이루어진 보기로 셰익스피어의 〈오셀로〉의 마지막 장면을 들고 있다. 즉 오셀로의 뜻밖의 자살이란 급격한 사건으로 관객에게 '놀라움'의 한 대를 앵겼다는 것이다.

아처는 그 방법을 '희곡 특유의 액선트'라고 일컬은 것으로 보아 그의 '위기설'을 능히 잠작할 수 있다.

4. 국면설

우리는 이 문제를 생각할 때, 프랑스의 장 아누이의 〈로메오와 자네트〉(1945)를 생각할 수 있다. 이 희곡에서는 사랑해서는 안 될 입장에 있는 사람의 연애가 다루어지고 있다.

자네트는 언니의 약혼자와 사랑에 빠진다. 두 사람은 둘레의 반대와 속악(俗惡)과 싸우면서 애정의 순수함을 구하고 의지력으로 그것을 지켜 나가다가 순수한 인간상을 쌓아 올린 순간에 멸망한다. 여기에는 인간의 순수함을 따르는 영혼의 목마름에 몸부림치며 현실과 대결하여 행동하는 사람의 모습이 그려져 있다.

사랑해서는 안 될 입장에 있는 것이 순수한 애정에의 동경을 한층 더 애처롭게 함과 동시에 그 행동을 더욱 의지적이며 격정적인 것으로 만들고 있지만, 이러한 경우는 셰익스피어의 〈로미오와 줄리엣〉과 같은 시추에이션(situation, 국면)이다.

셰익스피어의 희곡에서는 원수 사이의 두 집안에서 태어난 남녀이기 때문에 사랑하는 것이 허락되지 않는 것이며, 아누이의 희곡에서는 세속의 도덕에 따른다면 사랑해서는 안 될 두 사람인 것이다. 이러한 경우에 놓여 있다는 그 자체가 벌써 드라마틱한 것을 지니고 있는 것이다.

시추에이션이란 '극적 국면', 혹은 '극적 경우'라고 옮겨도 괜찮은 말이지만, 그것은 단순한 상태는 아니고, 급박하며 혹은 착잡하여 어떠한 움직임을 내포하고 있는 상태이다.

작은 국면도 있으며, 큰 국면도 있다. 〈로메오와 자네트〉의 국면은 희곡 전체가 그 위에서 서 있는 큰 국면이다. 모든 시추에이션은 무엇인가 일어나려고 하는 움직임, 더군다나 예사롭지 않은 일이 일어나려고 하는 움직임을 내포하고 있는 점에 있어서 이것 또한 확실히 드라마틱한 것이다.

비평가 조르주 볼티는 《36가지의 극적 국면설》(1895)에서 극적 시추에이션은 36가지가 있어서, 모든 희곡은 이것의 어느 하나로 분류된다고 말하고 있다. 이것은 그가 호기심으로 꼬치꼬치 캐려고 드는 경향이 강한 것처럼 생각되지만, 시추에이션의 드라마틱한 것을 말한다고 해도 틀림은 없을 것이다.

이렇게 본다면 드라마틱이란 도대체 어떠한 것일까? '투쟁'이라고도 하고 '위기'라고도 하며, '국면'이라고도 하는데, 어느 쪽도 드라마틱한 것임에는 틀림이 없지만 그것만으로는 어딘가 불충분한 것이 있어 우리를 만족시키지 못한다.

'연극은 인생을 비치는 거울'이라는 의미에서 드라마틱이라는 것도 다양한 것인지도 모른다. 그렇다면 드라마틱이란 간단하게 정의를 내리기 어려운 문제일 것이다. 희곡 속에 불타오르고 있는 생명의 불꽃은 결국 설명하기 힘든 것일지도 모른다.

5. 희곡이 갖는 감동

희곡이 만들어 내는 감동은 시나 소설이 주는 감동과 같은 성질의 것일지라도 감동을 파악하는 방법은 근본적으로 다르다. 소설은 어떠한 인생이더라도 작가가 즐기는 인생을 잡아서 작가가 즐기는 수법으로 결말 같은 것을 예정하지 않고 써 나가도 성립된다. 이것은 소설을 쓰는 편이 쉽다는 것은 아니고, 다만 그러한 성질을 가지고 있다는 것이다.

그렇지만 희곡의 경우는 작가가 즐기는 인생을 잡아 즐기는 수법으로 쓰면 된다고 할 수 없다. 인생을 잡는 방법에—그것은 제재(題材)를 고르는 방법이라 해도 좋으며, 현실에서 취재하는 방법이라 해도 좋지만—특수한 것이 있다.

그것은 희곡이라는 형식과 구조 가운데에서만이 살아날 수 있는 제재이어야만 되며, 그것을 그리는 방법은 희곡의 형식과 구조에 알맞은 것이어야만 된다. 거기에서 희곡으로서의 감동이 우러나온다. 이러한 제재를 고르는 방법, 현실을 다루는 방법의 특수성 가운데에 드라마틱한 것이 포함되어 있는 것처럼 생각된다.

따라서 드라마틱한 것이란 인생에서 어느 사건의 움직이려고 하는, 혹은 움직이고 있는 과정 가운데, 거기에 살아가는 사람들의 본질이 결정적으로 나타나는 집약적인 모습은 아닐까? 그리고 뒤의 '등장 인물'에서 말한 바와 같이 그러한 변화하고 발전하는 움직임이 역사적 흐름과 내면적으로 연결되어 있을 때, 거기에 살아가는 사람들의 모습이 전형적인 빛을 띠게 된다.

또한 희곡으로서의 생명을 불타오르게 하는 것은 그러한 발전하는 움직임과 거기에 사는 사람들의 모습이 희곡이라는 형식과 구조에서 얼마나 교묘하게 캐치되어 있는가 하는 기술과 재능의 문제이며, 동시에 거기에 뒷받침된 작가의 내면적 연소(燃燒)이다. 이 내면적 연소란 특히 중요하다. 만약 이 점에 불충분한 것이 있으면 그 희곡은 아무리 교묘하게 만들어져 있어도 어딘가 메말라 생명의 유동감을 잃게 될 것이다.

내면적 연소란 그리려고 하는 대상에 대한 작가의 공감, 감동, 그것을 그리려고 하는 의의 같은 것과 연결되어 대상이 작가의 영혼 속에 굳세게 살아 있는 것이며, 거기에다 작가의 개성에 터잡은 신선한 감각이나 날카로운 관찰 같은 것이 보태어져 있는 것이다.

Ⅱ. 희곡의 주제

1. 주제는 작품의 얼

주제(테마)란 그 희곡의 주안점(主眼點)이며, 작가가 그 작품에서 말하고자 하며 의도하는 점이다. 그것은 등장 인물이나 플롯에 관계없이 이것이것이라고 설명할 수 있는 것이다.

셰익스피어의 〈오셀로〉의 주제는 누구든 '질투로 말미암은 비극' 이라고 대답할 수가 있다. 〈세일즈맨의 죽음〉의 주제는 드루튼이 말하는 바와 같이 '미국인의 성공의 꿈' 이라고 볼 수 있으며, '자본주의 사회에 있는 세일즈맨의 비극적 운명' 이라 생각할 수도 있다. 이것은 작가의 의도와는 달리 해석의 문제이다.

그렇지만 주제가 확실치 않은 희곡도 있다. 〈햄릿〉 같은 것은 그 좋은 보기일 것이다. 〈햄릿〉의 주제가 무엇인가는 사람에 따라서 여러 가지 답이 나올 것이 틀림없다.

희곡은 그것이 형편없는 작품인 경우는 몰라도 반드시 주제가 있는 법이다. 그것이 알기 쉬운 경우도 있는가 하면, 알기 어려운 경우도 있다.

그러나 반드시 작가의 노리는 점이 있다. 그것은 작가가 말하고자 하는 중심점이며, 주장이기도 하다. 그러므로 주제란 '질투로 인한 비극' 이라든지, 그 밖의 짧은 말로 설명할 수 있는 단지 외면적인 것에 그치지 않는다.

작가의 그 희곡에 대한 사상적 내용을 집중화한 것이라고도 생각된다. 그런 의미에서 주제는 작가의 내면적 연소에서 사상적인 부분이 결정된 것이라고 하여도 좋을 것이다. 윌리엄 아처는 주제에 대하여 다음과 같이 말하고 있다.

"주제는 줄거리라고도 할 수 있지만, 줄거리는 반드시 주제가 아닌 경우가 있다. 때로는 전연 줄거리를 가지고 있지 않은 주제도 있는 것이다. 그러면 작가는 앞에서도 말한 바와 같이 하나의 줄거리를 빌려 그 주제를 풀어서 보여 주어야만 된다. 만약 그것을 소홀하게 하면 그 작가는 극작가로서 실패할 것이다.

또한 그 표현하려고 한 내용에 가치가 있다고 해도 그 사람은 별도로 아무런 매개물 없이 직접적으로, 노골적으로 그것을 표현하는 방법을 많이 알고 있을 것이다.

그러나 일단 희곡이라는 형식을 골라서 그것을 빌려 어떤 사상을 나타내려고 한 이상, 그 사람은 어떻게 해서라도 희곡을 써야만 한다."

무대가 무슨 회의장이나 강당이 아닌 것과 같이 희곡도 논문이나 설교는 아니다. 톨스토이는 농부들에게 보이기 위하여 희곡을 썼는데, 그것을 쓰기 위하여 역시 희곡을 연구했다. 많은 사람들이 희곡을 써서 실패하는 것은 언제나 이 점에 있는 것이다.

쓸데없는 인습을 좇아서 저속한 희곡을 쓰는 것도 물론 나쁘지만, 아깝게도 내면에 쌓여진 어떤 것을 가지고 있으면서도 참된 희곡을 만들지 못하고 외면만의 형식을 빌려 극히 노골적으로 그 내용을 드러내는 것도 칭찬할 만한 일은 아니다.

그러나 만약 작가가 진정하게 표현하려고 생각한다면 자연히 형식은 갖추어져 오는 것이다. 또한 희곡을 쓰는 데에 노력하여 익히게 되면 자기의 속에 지니고 있는 정도의 것이 표현 안 될 리도 없을 것이다.

무엇을 쓸 것인가 하는 것은 우선 그 사람에게 달려 있다. 그렇지만 어떻게 표현하는가 하는 것은 공부할 수가 있는 것이다. 다만 사상만을 노골적으로 표시한다면 구태여 형식을 선택할 필요도 없는 것이다.

아무튼 주제란 그 작품의 얼(정신)인 것이다. 구태여 육체적인 표시에만 연연하여 사상의 스트립쇼를 시킬 수는 없지 않은가!

그런 점에서 주제의 표현이 빼어난 것으로는 1998년도 삼성문학상 당선작이며, 1999년에 극단 '미추'에서 공연한 박수진의 〈춘궁기〉를 꼽을 수 있다. 이 작품은 강원도의 휴전선 근처의 마을을 무대로 하고, 남북 분단의 비극과 현대 사회의 환경 문제 등을 보릿고개(춘궁기)처럼 힘겹고 어려운 현실을 통해 다루고 있는데, 그 뛰어난 연극적 상상력과 재치있는 대사와 경묘한 장면 전환을 구사하여 '그럴수록 인간에 대한 사랑과 희망을 가져야 한다'는 주제를 조금도 노골적인 표시 없이 설득력 있게 표현하고 있다.

2. 고대극의 주제

고대극에는 그리스 극과 로마 극이 해당되는데, 실상 로마 극은 그리스 극을 모방한 것에 지나지 않았을뿐더러, 비극은 소홀히 하고 희극만을 그것도 저속하게 모방했기 때문에 그리스 극을 계승했다기보다도 오히려 변질 · 퇴보시켰다고 보는 것이 타당할 것이다. 따라서 여기서는 로마 극은 도외시하고 그리스 극만을 논하되 보다 본질적인 비극에 대해서만 논하려 한다.

그리스 비극의 주제는 운명(절대적인 것이므로 神이라고도 볼 수 있다) 앞에 인간이 좌절 · 몰락하는 것이었다. 운명과 인간의 대결에서 인간이 패배하는 것이 비극이고, 인간이 승리하는 것이 희극이었기 때문이다. 그러기에 비극은 운명 비극이 있을 수 있지만, 인간이 운명을 이길 수는 없는 까닭에 운명 희극이란 있을 수 없었다.

원래 그리스의 고대극은 디오니소스 신(酒神인 바커스와 같은데, 동 · 식물의 번성을 다스리는 신으로 통한다)에 대한 예찬이 목적이었던 만큼 비극이 발전되고 존중되었음은 자연스런 귀결이었을 것이다.

그 비극의 극시인(극을 시로 썼으므로 극작가라 하지 않고 이렇게 일컫는다) 가운데 3대 극시인은 아이스퀼로스 · 소포클레스 · 에우리피데스이다. 그 가운데에서 소포클레스가 가장 뛰어났으며, 그의 작품 가운데 〈오이디푸스 왕〉이 가장 빼어났다. 그런 만큼 이 작품의 그 내용 개요만 봐도 그 주제를 충분히 파악할 수 있을 것이다.

옛날, 그리스의 도시 국가의 하나인 테베의 국왕인 라이우스에게 아들(오이디푸스)이 태어났는데, 예언에 의하면, 아버지를 죽이고 어머니와 결혼하게 된다는 것이었다. 그래서 라이우스 왕은 그 아이를 죽여 버리는 수밖에 없다고 생각해서 양치기로 하여금 멀리 데려가 죽여 버리라고 했다. 양치기는 하는 수 없이 그 아이를 국경 지대에 데리고 갔다. 그러나 참 안 됐다고 생각하고 있던 차에, 마침 이웃 나라인 코린트 왕의 양치기를 만났다. 그런데 그가 자기네 임금님은 나이가 많은 데다가 자식이 없어서 항상 걱정이니 자기에게 그 애를 달라고 간청했다. 결국 오이디푸스는 코린트 왕의 양치기 손에 넘어가고 말았다. 오이디푸스는 자라서 이제 스무 살 가까이 되었는데 신전(神殿)에 가서 자기의 앞날을 물어보았다. 역시 예언과 같은 내용의 신탁(神託)이었다. 그래서 오이디푸스는 그렇게 늙은 아버지와 어머니(자신은 친부모인 것처럼 믿고 있었다)이고 또 자기는 외아들인데, 그 늙은 아버지를 죽이고 그렇게 늙은 어머니와 결혼한다는 것은 도저히 생각할 수가 없었기 때문에 안심은 되지만, 그렇더라도 신탁이란 믿지 않을 수 없어서 일단 멀리 떠나서 다른 나라로 가기로 했다. 국경을 넘어서 테베의 영내로 들어갔다. 걸어가노라니까 맞은편에서 마차를 타고 오는 한 무리가 있었는데, 자기더러 비키라고 호통을 치자, 젊은 혈기에 오이디푸스는 그만 화가 나서 칼을 뽑아 그들을 모두 베어 죽였다. 그들은 바로 라이우스 왕 일행이었다. 이들 중 단 한 사람 마부만이 도망쳤다. 마침내 오이디푸스는 테베의 서울로 들어가서 그 때 온 백성을 괴롭히던 스핑크스라는 괴물을 퇴치하고, 마침내 그 공으로 왕위에 오르고 당시의 관습대로 이미 미망인이 된 왕비 이오카스타와 결혼했다. 그런데, 이오카

스타야말로 오이디푸스를 낳은 어머니였던 것이다. 그는 오이디푸스를 버린 그 옛날의 라이우스 왕의 양치기를 찾는다. 그가 라이우스 왕의 아들을 죽였다는 사실을 확인하기 위해서였다. 그 때에 나쁜 질병이 돌고 온 국민이 슬픔에 잠겨 있었는데, 예언자의 말에 따르면 테베에 부정(不淨)한 자가 있기 때문이라고 하며, 그 자를 찾아서 국외에 추방해야 된다는 것이었다. 그 부정한 자가 누군지 찾기 위해서 추적하던 끝에 오이디푸스 왕은 자신이 그가 아닌가 하는 의심이 더욱 짙어 갔기 때문에 지금은 행방이 묘연한 양치기를 찾았던 것이다. 그 때에 코린트에서 사신이 와서 코린트의 노왕의 서거를 알린다. 오이디푸스는 안심한다. 자기에게 내린 신탁이 어긋났다고 믿었기 때문이다. 그러는 가운데, 옛날의 라이우스 왕의 양치기가 붙들려 온다. 그 양치기의 증언에 의해 오이디푸스는 살아 있으며 코린트의 왕자로 자랐다는 것이 입증된다. 마침내 모든 사실이 드러나자, 이오카스타는 목을 매어 죽고, 오이디푸스는 다시는 광명 세계를 보지 않겠다고 스스로 눈을 찔러 장님이 된다. 그리고 딸이면서 누이동생인 안티고네와 이즈메네를 데리고 방랑의 길을 떠난다.

3. 근대극의 주제

입센의 작품에서는 잔꾀를 부려서 출세하려는 변호사 스텡스골드나 책략만으로 인기를 얻고 있는 베르닉 등의 주요 인물은 높은 지위도 없는 소시민이지만, 그래도 그들에겐 또 낭만주의적 영향이 느껴짐을 숨길 수 없다.

그러나 아파트 주민의 은행가 헬마의 아내 노라나, 젊은 화학도 오스왈드나, 의사의 아내 에리다가 근대극에서 시대적인 주제를 대표하여 저마다 다른 의미로 오이디푸스 왕이나, 햄릿 왕자처럼 인생의 중요한 역할을 할 뿐 아니라, 그들 등장 인물의 생활 체험이 그대로 일반 사회의 대중 생활과 직접의 연대성을 가져왔을 때에 근대극의 민주적인 경향의 주제를 인정하지 않을 수 없다.

오스왈드의 비극을 오이디푸스 왕의 비극과 견주어 보면 뒤의 것에서는 외적(外的) 힘으로서의 운명이 앞의 것에서보다 중요시되어 있는 것처럼 여겨진다. 이것은 일부는 고대 비극이 근대 비극만큼 개인의 성격이나 체험을 중요시하지 않는 것과 일부는 운명에 대한 고대인의 사고 방식이 근대인과 다른 것에 말미암은 것이다.

즉 근대 비극에서는 개인의 성격이나 체험이 중요시되어, 고대인이 운명이라고 믿고 있던 것 가운데에서 자연 법칙이 발견된다. 그러므로 오이디푸스의 비극은 운명에 의한 비극이지만, 오스왈드의 비극은 자연 법칙에 의한 비극이다. 말하자면 고대인의 마음에는 인간과 외적 세계를 가른 선이 근대인보다도 뚜렷하게 한 형태로 그어져 있었던 것이다.

그들 고대인은 인간의 영혼을 그대로 현상계(現象界)에 투입하지만, 근대인은 인간 속에 육체적 법칙의 작용을 그냥 보고 지나칠 수 없다. 고대인은 운명을 변경할 수 없는 것으로 보고 오이디푸스 왕에게 가엾은 연민의 정을 느끼지만, 근대인은 자연 법칙을 피할 수 없는 것으로 보고 오스왈드를 이해한다.

여기에 입센 작의 〈유령〉의 2막의 주제를 밝힌 부분을 보기로 하자.

오스왈드　그는 그 곳에서의 대가(大家)의 한 사람이었어요. 그 의사에게 자세히 제 몸에 대한 이야길 했지요. 그러자 여러 가지 일을 묻더군요. 나에게는 병과 아무 관계도 없는 것처럼 생각되는 일을 묻는 것이었어요. 무엇 때문에 그런 것을 묻는 것인가 하고 나는 이상하게 생각했어요.

어빙부인　그리고 어떻게 말하더냐?

오스왈드　드이어 이렇게 말했어요. '당신은 날 때부터 지금 악화된 벌레 먹은 데를 가지고 있었던 겁니다.' 벌레 먹은 데란 말을 했어요.

어빙부인　(주의하여 듣는다.) 어떠한 의미일까?

오스왈드　저도 슬쩍 건성으로 들어서는 알 수 없기에 그 의사 선생에게 물어보았던 것이에요. 그러자 선생은 나이 지긋한 노인으로 시니컬한 사람이어서…… (주먹을 쥔다.) 아!

어빙부인 뭐라고 하더냐?

오스왈드 이렇게 말했어요. '어버이의 죄악이 아들에게 보답된 것이다' 라고.

어빙부인 (천천히 일어선다.) 뭐, 어버이의 죄악……?

오스왈드 나는 그 선생을 후려 때려 줄까 생각했었어요.

어빙부인 (실내를 이리저리 서성댄다.) 어버이의 죄악이……?

이 피할 수 없는 유전의 법칙이야말로 오스왈드 비극의 주제이며, 그것을 이해시키는 데에 근대극의 문제성이 발견되어야 한다.

더구나 또 노라나 에리다에게는 종래의 여성 가운데에서 볼 수 없던 별개의 특질이 주어지고 있다. 그것은 해방된 의지의 힘으로써, 그것에 따라 여성은 남성의 부속물로 생각되고 있던 긴 잠으로부터 깨어나 더욱 더 전진하여 남성과 동등한 자격의 소유자로서 이에 도전하여 자유와 평등을 요구한다. 거기에 인간 위주의 강렬한 주제의 근대성이 발견된다.

여기에 입센 작의 〈인형의 집〉의 3막의 주제를 밝히는 부분을 보기로 하자.

헬 마 노라!

노 라 아까 당신도 자신이 그런 말씀을 하셨지요. 어린애 교육은 저에게는 맡길 수가 없다구요.

헬 마 그거야 내가 흥분해서 한 말이지. 그걸로 이러구저러구 하는 거야?

노 라 아니에요. 그것은 당신이 말한 대로예요. 저에겐 그만한 힘이 없어요. 그것보다 먼저 처리해야 할 일이 있어요. 제 자신이 먼저 교육을 받아야 하겠어요. 그래도 당신이 그걸 해 주실 수는 없어요. 제가 저 혼자 해보지 않으면 안 돼요. 그러니까 이제는 헤어져야겠어요.

헬 마 (뛰어 일어서며) 무슨 말을 하는 거야?

노 라 자기란 것과 또 이 세상이란 것에 대해서 자기를 정당한 위치에 놓고 생각하려면 저 혼자 독립하지 않으면 안 돼요. 그러니까 벌써 이 이상은 당신 옆에 있을 수가 없어요.

헬 마 여보! 노라 당신이……

노 라 저는 지금 곧 이 집을 나가겠어요. 오늘만은 크리스티네가 재워 주겠지요.

헬 마 아니, 미치지 않았소. 그런 일을 나는 용서하지 않아. 아니, 단연코 안 되지.

노 라 안 된다고 하셔도 지금부터는 그런 건 아무 소용도 없어요. 제 것만은 가지고 가겠어요. 또 이후라도 필요 없어요.

헬 마 아주 미친 사람 짓이군.

노 라 내일은 우리 집으로 가겠어요. 우리 집이란 제가 태어난 곳이에요. 무슨 방법이라도 세워서 생계를 이으려면 그 쪽이 편리하니까요.

헬 마 이건 철부지의 짓이 아니오?

노 라 그러니까 이제부터 여러 가지 경험을 쌓아야만 돼요.

헬 마 당신 집도 당신의 남편도 당신의 어린애도 버릴 작정이오? 세상에서 뭐라고 말할지 생각도 없단 말이오?

노 라 세상이 뭐라고 한들 그런 건 상관할 것 없어요. 이렇게 하는 것이 저에게는 필요하니까 할 뿐이죠.

헬 마 이건 너무한데. 그럼 당신은 자기의 신성한 의무를 버린단 말이오?

노 라 저의 무엇보다도 신성한 의무를 당신은 뭣이라고 생각하고 계세요?

헬 마 그것을 내가 말하지 않으면 모르겠소? 남편하고 어린애에 대한 의무지!

노 라 하지만 저에게는 똑같은 신성한 의무가 있어요.

헬 마 그런 것이 어디 있단 말이오? 도대체 그건 무어란 말이오?

노 라 나 자신에 대한 의무예요.

헬 마 당신은 무엇보다 먼저 아내이며 어머니요.

노 라 저는 지금은 그렇게 생각하지 않아요. 저는 무엇보다 먼저 인간이에요. 당신이 인간인 것과 동일해요. 그렇지 않으면 적어도 이제부터는 인간이 되고자 노력하겠어요. 세상 사람들은 많이들 당신의 말씀을 정당하다고 생각하고 또 그런 말은 책에도 써 있지요. 그건 저도 알고 있어요. 저는 그것을 저 혼자 잘 생각해서 명백히 하고 싶어요.

노라는 학생 시절부터 부자유를 모르는 양가의 딸로서 부모의 따뜻한 사랑 속에서 자라 젊은 관리에게 시집갔다. 남편은 관직을 물러나서 변호사가 되었으나, 지금은 출세하여 은행장이 되려 하고 있다.

결혼한 지 8년에 아이도 셋이나 낳고, 노라는 종달새처럼 명랑한 주부 생활을 하고 있다. 그런 점으로 보더라도 그녀는 미녀임에는 틀림없다.

그런데, 우리는 〈인형의 집〉을 읽어 감에 따라서 그녀의 미모를 잊어버리고 만다. 차츰차츰 노라에게 미모 이외에 새로운 여성의 매력이 느껴진다. 그것은 해방된 의지로부터 솟아나는 인간적 매력으로 도리어 무대에 기대하는 것보다도 상상 속에서야말로 빛을 더하는 복잡한 성질의 아름다움의 일종이다.

20세기에 들어와서 같은 매력을 갖는 미혼 여성에 판니가 있다. 그녀는 젊어서 죽은 영국의 스탠리 호톤의 희곡 〈힌들은 눈뜨고 있다〉의 여주인공이다.

판니는 가까운 거리의 축제에 나갔다가 아버지가 근무하고 있는 마을의 공장 주인의 아들로 불량한 앨런과 1주일간을 같은 호텔 방에서 지낸다. 그 일을 양쪽 부모들이 알게 되어 꼬장뱅이인 공장 주인 제프콧은 아들의 유리한 약혼을 포기하고 앨런을 가난한 직공의 딸 판니와 결혼시킬 것을 결심한다.

그런데, 제프콧이나 앨런 자신의 본마음을 꿰뚫은 판니는 앨런에게 이렇게 말하는 것이다.

판 니 당신을 사랑한다구요? 천만의 말씀…… 물론 사랑하고 있지 않아요. 왜 당신을 사랑하지 않으면 안 되는 거예요? 당신은 대수롭지 않은 상대였는 걸요. 위안 삼아 사귄 종달새 같은 거죠.

앨 런 (노려보며) 판니, 너는 나를 그런 식으로밖에 생각지 않았어?

판 니 당신이야말로 나를 그 이상으로 생각하고 있단 말인가요?

앨 런 그래도 똑같을 수야 없지. 나는 남자인 걸…….

판 니 당신은 남자야. 그러니까 나는 당신의 위안 거리. 좋아요. 나는 여자예요. 그러니까 당신은 나의 위안 거리. 여자가 남자와 똑같이 즐기려는 것을 당신이 방해할 수는 없는 것이잖아요.

이와 같은 주제를 다룬 작품으로 싱 잔 어빙의 〈인정 많은 여인〉이나, 존 골즈워디의 〈맏아들〉이 있다.

또한 남편과 애인 사이에 끼어 애인을 따라갈 것인가, 남편의 품에 돌아갈 것인가를 자유 의지에 의해 결정해야만 하는 막다른 입장의 여성으로 버나드 쇼 작의 〈캔디다〉의 여주인공이 있다.

그녀는 언뜻 보아 약한 것처럼 보이지만, 꿈으로 산다는 굳셈을 지니고 있는 시인인 애인을 버리고, 겉으로만 강하게 보일 따름이지 실제로는 약하기 때문에 그녀를 필요로 하는 점이 훨씬 많다는 까닭으로 남편 모렐 목사의 품으로 돌아가는 것이다.

이들 해방된 의지를 지닌 사람으로서의 여성은 남녀의 관계를 사회적 사실로 승인하고, 쇼가 말한 것처럼 결혼은 도원경의 달콤한 생활도 아니며, 또 노예 생활도 아니며, 마치 연방(連邦) 관계 및 국가 관계처럼 저마다 일하거나, 또는 싸우거나 하는 관계란 사실을 인식하며 실천한다.

이런 주제는 당연히 사회적 윤리의 주제에까지 진전하지 않을 수 없다. 작가는 그 주제에 착안하고 지식인은 그 주제에 동감의 뜻을 나타내고, 대중은 새로운 계시(啓示)로서 그 주제에 감탄하는 것이다.

그 대표적 작가로서 존 골즈워디를 들 수 있다. 그의 처녀작 〈은상자〉는 사회의 참모습을 법률적으로 묘사한 희곡으로서 그 주제에서 인간의 평등을 강력히 주장한다.

즉 막돼먹은 자유 노동자 존스는 우연한 기회에 명문가인 버스윅 가(家)의 은으로 만든 담배 상자를 술 취한 김에 장난삼아 훔치고 만다. 동시에 여자용 지갑까지 가져왔기 때문에 문제는 복잡하게 된다. 그 지갑은 버스윅의 외아들이며, 난봉꾼 신사인 잭이 역시 술 취한 김에 정부를 놀려 주기 위해 그 정부로부터 훔쳐 왔다는 내력이 있는 지갑이었다.

말하자면 막돼먹은 노동자와 난봉꾼인 청년 신사가 저지른 죄는 법률적으로 보아 어슷비슷하게 같은 케이스임을 모면할 수 없다. 그런데 재판 결과는 잭은 불기소로 풀려나고, 존스는 중노동 1개월의 형이 선고된다. 이에 존스는 부르짖지 않을 수 없었다.

"이게 정당한 재판이라고 말할 수 있는가? 그 녀석은 어떻게 되는 거야? 취해서 지갑을 훔친 거야, 지갑을! 그런데도 무죄가 됐다니 돈 때문이 아닌가! 뭣이 정당한 재판이람!"

또 하나, 비슷한 주제의 〈법률〉은 유부녀인 불행한 연인을 구제하기 위해 공금을 훔친 청년 서기 휠더가 3년 동안의 교도소 생활의 쓰라린 고생 끝에 겨우 석방되었으나, 결국 연인 구제의 간절한 소원은 물거품으로 돌아가고 그는 자살하고야 만다. 더구나 휠더의 연인은 지금까지 보다 더한 곤경에 빠진 채이다.

골즈워디의 이 두 작품은 법률의 맹점과 모순점을 신랄하게 지적한 주제가 뛰어났다. 그리고 동시에 주제를 설득하는 열의가 대단하다.

즉 〈은상자〉는 재판소를 움직이게 해서 재판관의 태도를 바꾸게 했으며, 〈법률〉의 감옥 장면은 교도소 생활이 어떻게 마음과 몸을 좀먹는가 하는 문제에 대한 반성을 촉구하여 교도소 규율을 고치게 했다고 한다.

주제의 호소력이 얼마나 큰가를 알 수 있다고 하겠다.

3. 현대극의 주제

1991년 한국연극배우협회 공연 작품으로 선정되어 상연한 윤대성 작의 〈출세기〉는 그런 점에서 시사하는 바가 많다. 이 작품은 몇 해 전에 실제로 있었던 사건을 토대로 하여 이루어진 것이다.

강원도의 한 탄광에서 메탄 가스 폭발로 광부 김창호가 파묻히지만 시체 발굴보다 돈이 더 든다고 광업소측은 구조에 미온적 태도를 보인다. 하지만 그 사실이 기사화되면서 사회의 관심을 끌자 대대적인 매스컴의 위력으로 현장은 홍청대기 시작한다.

그리하여 15일 만에 구출된 김창호는 어느덧 유명 인사가 되고, 돈도 벌게 된다. 그러자 그는 가족을 버리고 접근하는 여자와 동거 생활까지 하게 된다.

그러던 중 부도로 광산이 폐광되고, 가족도 흩어진 후, 매스컴의 관심 밖으로 밀려난 김창호는 알거지가 된다. 그리고 가까스로 가족을 찾게 된 김창호는 자신이 허황된 대중 인기의 꼭두각시였음을 깨닫게 된다.

그러나 때는 이미 늦었다. 그가 갈 곳은 아무데도 없었다. 자살하는 길밖에는…….

이것은 현대 매스컴이라는 비정한 기구와 거기에 이용되고 끝내는 희생되고 마는 소시민의 비극이 테마로 잘 표현되어 있다. 약간 도식적인 흠은 있지만.

또 하나, 극단 '맥토'의 51회 공연(1990년)으로 무대에 오른 이상우 작의 〈모두가 죽이고 싶었던 여자〉 역시 시대적 색채가 짙은 테마의 작품이다.

1970년대부터 우리 둘레에 닥친 물질적인 풍요로움을 정신 세계가 따라가지 못했기 때문에 많은 갈등이 곳곳에서 생겨났다. 그 중에서도 부의 축적 과정에서의 문제와 못 가진 자의 소외감이 가장 첨예화된 갈등의 하나이다.

가난과 절망에 몸부림치며 살았던 설희주는 어려움을 겪으면서도 명석한 두뇌로 대학에 진학한다. 결국 그녀는 운동권에 몸담게 되고, 운동권의 핵심 인물인 최민수와 사랑에 빠진다.

그러나 자신이 겪었던 가난과 절망을 영광과 권력으로 바꾸기 위해 재벌 2세와 결혼하는데, 그들 가족들로부터 미움과 업신여김을 받아 사건은 더욱 미묘하고도 크게 부풀어 오른다.

그리하여 설희주는 결국 죽게 되는데, 그녀는 어느 개인이 죽인 게 아니라, 돈에 눈 먼 모든 사람이 죽였다는 사실을 증명하고, 이들 모두는 사회에서 추방되어야 하는 존재임을 밝혀낸다.

비록 추리극의 형식에 의하고는 있지만 이 작품은 시대성과 아울러 사회성이 짙은 테마로 일관하고 있다. 아니, 도리어 추리극 형식이기에 산업 사회의 황폐하고 비뚤어진 인간 관계를 고발하는 데 걸맞았는지도 모른다. 현대 산업 사회의 기구는 꽉 짜여짐으로써 인간 개인은 소외되고 기구 밖으로 밀려나기 일쑤이다. 그리고 서로의 인간 관계는 언뜻 보기에는 밀접한 관계처럼 보이지만, 실은 그 사이가 단절된 상태인 것이다. 현대인의 소외이며, 고독인 것이다.

추리극 형식에 의하면, 이러한 산업 사회의 모순점과 그 사회에서 삶을 영위하는 현대인의 소외와 고독을 여실하게 그릴 수 있는 것이다. 이런 점을 뚜렷하게 인식하기 위해 〈모두가 죽이고 싶었던 여자〉의 주제가 밝혀진 부분을 특히 여기에 싣기로 하자.

추경감　구본식 씨!

구본식　네?

추경감　다시 사건 전후로 돌아가겠습니다. 설 여사가 별장에 갔다가 곧바로 집으로 돌아갔다고 하셨죠?

구본식　그렇습니다.

추경감 설 여사가 모처럼의 휴가를 즐기지 않고 왜 돌아갔습니까?

구본식 전 모르는 일입니다.

추경감 그럼 설 여사가 돌아간 후 당신은 누구를 만났습니까?

구본식 ………

추경감 말씀하시기 어려우시겠죠. 당신은 당신의 비서 김경숙을 만났습니다. 맞습니까?

구본식 ……네.

(식구들, 웅성거리고)

추경감 그런데 그날 밤 두 사람의 밀회가 있기 전에 두 분은 심하게 다투셨죠?

구본식 저… 그건……

추경감 말씀하세요!

구본식 네……

추경감 그리고 설 여사는 돌아갔습니다. 맞습니까?

구본식 네.

추경감 구정혜 씨!

정 혜 네 ?

추경감 당신 부부도 설 여사와 감정이 많았더군요.

정 혜 너무 하세요. 추 경감님. 추 경감님 말씀대로 시누 올케 사이란 원래 그런 게 아니에요?

추경감 그러나 당신의 경우는 도가 지나쳤지요.

구회장 이것봐요. 추 경감. 무슨 소릴 하는 거요? 도대체 누가 우리 며느리를 죽인 범인이라는 겁니까?

추경감 말씀 드리죠.

(식구들 모두 긴장감 속에서 숙연해진다. 식구들을 천천히 둘러보다가)

추경감 (이윽고) 여러분, 모두는 설희주 씨가 눈엣가시처럼 미웠었고 설희주 씨를 죽이고 싶어했습니다. 그런데 결과적으로 설희주 씨는 죽었습니다. 그리고 설희주 씨를 죽게 한 것은 바로 (사이) 여러분 모두입니다.

(소란스러워진다.)

구회장 뭐라구?

구본식 말도 안되는 소리 하지 마시오.

정 혜 어머머. 생사람 잡을 소리하네.

구본식 추 경감! 당신 보자보자 하니까.

추경감 구본식 씨!

구본식 (주춤)

추경감 당신 아내는 이 사회의 쓰레기 같은 당신 가족 모두를 철저하게 고발하기 위해서 스스로 목숨을 끊었던 겁니다. 아시겠어요?…… 〈월간여성〉에 폭로된 것처럼 설희주 씨가 당신들에 의해 감옥에 들어가는 순간, 설 여사의 인생은 빛이 바랬던 것입니다. 또한 병원에서 혼자 새 생명을 지우고 나왔을 때 그녀는 더 이상의 삶의 의욕도 없었을 뿐 아니라, 특히 구본식 씨, 당신 같은 무능한 남편을 파멸시키고자 스스로 타살을 가장한 자살을 감행했던 겁니다. 먼 친척 뻘 되는 김달식이라는 건달을 고용하여 완벽한 함정을 만들어 놓은 채 말입니다. 표면적으로는 타살, 사실은 자살, 그러나 그 이면엔 또 타살 이런 거죠. 지금 이 사회에서 일어나는 모든 사건은 보이지 않는 고리로 서로 맞물려 있는 셈이거든요. 왜냐하면 가해자라는 것은 힘을 행사하는 위로 뻗어 올라가야만 찾을 수 있는 것입니다. 당신들 모두가 죽이고 싶었던 여자는 이제 죽었습니다. 그것도 자기 손으로 목숨을 끊었습니다. 홀가분하시겠죠. 설희주 씨는 철저하게 당신들 모두를 이 사회에 고발하고 있소. 아직도 한가닥 인간의 양심이 남아 있다면 그녀의 죽음 앞에 진실해지기 바랍니다.

(추 경감, 나가고 실내는 어두워진다.)

또 하나, 1986년부터 2000년 현재까지 오랜 동안 꾸준히 극단 '하나'에서 상연중인 이길재 작의 〈바쁘다 바빠〉 시리즈 1, 2, 3 역시 사회성이 짙은 테마의 작품이다.

산업 사회의 그늘에 도사린 가난한 일가족을 중심으로, 그 가족들의 시각을 통해 우리 사회의 요지경 같은 여러 면을 펼쳐 보인다. 그리고 거기에다 열심히 살아가는 일가족과 대비시켜 우리가 이런 현실에서 어떻게 살아가야 하는가 하는 주제를 살며시 제시해 준다.

거기에는 결코 삶의 주제에 대한 노골적인 사상이나 강요가 없다. 연극을 보는 동안에 시나브로 느끼게끔 삶의 애환으로 감싸여져 있다.

구차한 밑바닥 인생이면서도 옳은 삶을 찾으려는 그 생활 태도가 많은 관객으로부터 오랜동안 호응을 받았을 것이다. 결코 롱런은 까닭없는 우연한 일이 아닐 것이라고 생각한다.

〈모두가 죽이고 싶었던 여자〉

Ⅲ. 희곡의 형식

1. 희곡은 무대를 위한 것

많은 사람들은 희곡을 무대에 올리는 것을 희곡을 입체화한다고 하지만, 이 입체화, 즉 무대에 올려진 희곡은 무대 장치와 광선 조명 속에서 등장 인물이 대사와 동작에 의해 재현된, 아니 표현된 살아 있는 인생을, 생활을 펼쳐 보이는 것이다. 무대 위에서의 삶은 실제 생활보다도 더 빨리 변화한다. 또한 위태로운 위기나 억양, 색조가 풍부한 세계이다.

그러나 그것은 결코 조작은 아니다. 사실 이상의 사실이다. 진실이다. 마치 유명한 화가가 그린 꽃이나 과일이 실제의 그것보다도 훨씬 참다워 보이는 것과 같다. 더구나 무대 위의 그것은 딴 예술과는 달리 무대라는 공간이 시간적 변화에 의해 빠른 놀라운 세계를, 삶을 펼치는 것은 실제의 삶의 몇 갑절이나 된다. 무릇 예술 전반 속에서 완전한 공간적 · 시간적인 것을 아울러 가진 예술은 연극이 갖는 장점이다.

그런 만큼 연극은 가장 복잡한 예술이다. 따라서 어려운 예술이다. '연극은 종합 예술이다' 하는 것은 연극이 숱한 예술의 종합물일 뿐만 아니라 이 복잡성을 지닌 점으로도 그렇게 말하는 것이다. 따라서 모든 희곡 연구가, 극작술의 연구가는 입을 모아 '극장으로 가라' 고 권하고 있는 것이다. 그리고 '거기에서 올려지고 있는 희곡을 여러분 스스로 관찰하고 해부하고 연구해서 여러분 스스로 독특한 극작의 비결을 발견하라' 는 것이다.

이것은 참으로 움직일 수 없는 가장 참다운 진리이다.

희곡은 다른 문예 작품과는 다른 목적과 사명을 지니고 있다. 이것은 희곡을 쓰려는 사람이 첫째로 주의해야 할 중요한 일이지만, 희곡을 잘 모르는 사람은 희곡이란 단지 순수 문학 작품의 한 갈래로 오해하고 있다. 지문(地文)을 뺀 대화체의 소설쯤으로 생각하고 있는 경우가 적지 않다. 이것은 근본적으로 큰 잘못이다. 희곡은 결코 읽기 위한 것이 아니다. 희곡은 무대에 올리는 것, 즉 상연을 목적으로 하고, 상연함으로써 비로소 그 표현이 완성되는 특수 문예 작품이다.

씌어진 채로의 희곡은 그 상연이란 살아 있는 완전한 표현을 예상하고 그려진 밑그림에 지나지 않는다. 머리에 떠오른 구상을 글씨에 의해 나타낸 데생(소묘)인 것이다. 따라서 그것만으로는 불완전한 준비물일 수밖에 없다.

상연되는 연극에는 대사와 동작의 두 중요한 표현 요소가 있다. 주고받는 말을 글자로 써서 표현한 것이 대사이며, 동작을 쓴 것이 지문이다. 희곡은 따라서 대사와 지문으로 이루어지는 경우가 보통이다.

그러나 어떤 경우 대사가 전혀 없는 지문만의 희곡도 있다. 가령 베케트의 〈대사 없는 일막〉같은 작품과 판토마임(무언극 또는 침묵극) 같은 것이다. 현대 연극은 대부분 대사와 동작으로 이루어지는 대사극이지만, 고대 연극은 모두 이 판토마임의 형식으로, 전혀 대사가 없는 몸짓만으로 표현하는 일종의 가면극이었다.

그것이 차츰 발달하는 데 따라 합창이나 독창을 보탠 오페라 형식의 것으로 진화했다. 가령 고대 그리스 극이나 우리 나라의 탈춤놀이 같은 것이 이 시기에 속한다. 여기에다 더욱 복잡한 인물의 성격이나 심리의 움직임을 표현하는 필요상, 운문이 아닌 산문적 대사가 운문적인 합창이나 독창 사이에 짜여 넣어져 차츰 세력을 뻗쳤다. 그리하여 셰익스피어 극 시대의 절반은 운문적이면서 순수한 산문적인 대사를 주로 한 연극이 되었다.

그러나 그 시대로부터 훨씬 후까지도 모두 운율(韻律)을 지닌 운문(韻文)으로 희곡이 씌어진다는 습관을 지켰다. 괴테, 쉴러 등도 이것을 따랐다. 완전하게 연극이 우리가 일상적으로 쓰는 그대로의 사실적인 회화를 무대에서 쓴 건 입센 이후의 근대극에 이르러 비로소 완성한 것이다. 그것은 근대인의 복잡한 사생활이나, 섬세한 심리의 움직임이나, 나오는 사람(등장 인물)의 복잡한 성격을 정확하게 묘사하고 표현하는 건 마땅히 그렇게 하는 수밖에 길이 없었기 때문이다.

희곡의 역사는 연극의 역사가 오래된 만큼 매우 오래되고, 그 형식도 그 시대의 극장 형태에 규정되어 대단히 변화되어 왔다.

그리스 극의 희곡은 동작과 대사를 중심으로 한 장면과 합창과 춤으로 된 장면 등이 서로 어우러져서 전편을 구성하고 있다.

셰익스피어의 희곡에서는 막의 수도 5막, 장면의 수도 20여 장면씩 되어 있어, 삽화적인 사건이 차례차례 전개되고 있으며, 근대극이 되어서는 서너 사람의 적은 등장 인물이 전편을 통하여 같은 장면에서 이야기하고 있는 것도 있어서, 어떠한 형식이 가장 희곡으로서 좋은 형식인가 하는 것은 쉽사리 판단하기 어려운 것이다.

이렇게 형식은 여러 가지로 변화되고 있긴 하지만, 모든 희곡에는 공통으로 희곡을 희곡답게 하는 특질이 있다. 그것은 무엇인가 하면 모든 희곡은 무대 위에서 살아 있는 배우에 의해서 상연하기 위한 극본이라고도 할 수 있는 점이다(물론 인형극의 경우에는 살아 있는 배우를 대신해서 인형이 등장하는 것이나, 인형은 살아 있는 배우로서의 역할을 하고 있는 것이다).

이 특질은 희곡과 연극과의 관계를 밝혀 놓은 것이며, 희곡을 다른 종류의 예술과 구별해 놓은 것이기도 하다.

여기서 잠깐 레제드라마(lesedrama, 읽기 위한 희곡)에 대하여 한마디 말해 둘 필요가 있을 것이다. 그 까닭은 희곡은 무대에서 상연키 위해서뿐만 아니라 순수하게 읽기 위한 것도 있지 않은가 하는 반대론이 나올지 모르기 때문이다. 물론 레제드라마로 씌어진 희곡도 없는 것은 아니다.

그러나 그것은 작가가 그 시대의 극장에 대해서 어떠한 이유로(대개는 그것이 저속하다는 것으로) 반기를 들고, 상연될 것을 일부러 염두에 두지 않고 쓴 것이다. 따라서 이러한 경우, 작가는 이상적인 무대를 염두에 두고 썼다고 할 수도 있을 것이다. 가령 1993년에 극단 '반도'에서 상연한 하이네 뮐러 작의 〈햄릿머신〉은 포스트 모더니즘의 희곡으로 근대극의 틀을 완전히 깨뜨리고 있어 난해의 극치를 이루었기 때문에 발표 당시 공연이 불가능한 것으로 여겨졌다.

희곡이라면 모름지기 장면과 장소, 시간 등이 지정되어 있어야 하고, 논리적으로 연결된 대사가 있어야 하지만, 이 희곡에서는 그런 것들이 전혀 무시되어 있다. 그리고 판토마임과 독백, 은폐된 비유, 인용 등이 어지럽게 뒤섞여 있을 따름이다. 그래서 거의 레제 드라마의 신세를 못 면할 뻔했던 작품이었다.

또한 처음부터 소설처럼 읽는 것으로 쓰기 위하여, 다만 희곡이라는 형식을 빌린 경우도 있겠으나 이러한 것은 극히 이례적인 것이다.

회화는 인물이나 풍경이라는 대상, 때에 따라서는 추상적인 관념이나 심리를 색과 선과 형태 속에 잡는다. 조각은 나무나 대리석을 깎아서 움직이는 물체의 한 순간의 모습을 거기에 고정시킨다. 소설은 언어를 가지고 표현하여 독자 한 사람의 머리에 작가가 그린 세계를 되살린다. 영화는 하나의 세계를 필름에 찍어서 그것을 기계로 되살려 여러 곳에서 스크린에 나타나게 한다. 연극은 극장이라는 하나의 공간에 여러 사람을 모아 놓고 살아 있는 배우를 통하여 하나의 세계를 전개한다.

이와 같이 모든 예술은 그 특질에 따른 형식을 가지고 있는 것이다. 희곡의 형식은 무대 위에서 살아 있는 배우에 의하여 상연하기 위한 형식이다. 희곡을 쓰는 데 있어서 이러한 것은 잠시도 잊어서는 안 될 가장 중요한 일인 것이다. 희곡을 쓰는 기술은 우선 이러한 것에서부터 이해하고 출발해야 한다.

희곡은 잡지나 단행본으로 인쇄되어 상연되기 전에 독자에게 읽히는 경우가 적지 않다. 그러한 경우, 독자는 소설이라도 읽듯 그것을 감상한다. 사실 오늘날에 와서는 몇몇 희곡이 인쇄를 거쳐 읽히고 있어, 상연되지 않은 채 끝나는 경우도 있다. 그러한 경우에는 희곡은 소설 따위와 같이 읽을 거리로서의 구실을 하고 있다. 이것은 희곡이 문학의 하나로서 비록 상연되지 않았더라도 그런대로 하나의 독립된 생명을 가지고 있는 것을 의미하고 있다.

그러나 희곡의 형식은 무대 위에서 배우로 하여금 마치 그 인물답게 실감을 자아내게 할 때, 본질적인 가치를 발휘할 수 있는 것이다. 만약 그렇지 않고 어디까지나 읽는 것으로 통용시키겠다면 구태여 거의 대부분이 대사뿐인 그런 갑갑하고 까다로운 형식으로 쓸 필요가 없을 것이다. 희곡이라는 형식이 대사와 얼마 안 되는 지문(地文)으로 이루어진 것은 그것이 상연을 위한 극본이기 때문인 것이다.

또한 둘째로 알아야 하는 것은 희곡으로 쓸 수 있는 것은 특별한 형태의 인생이어야 한다. 어떠한 인생의 형태도 소설을 쓸 수 있다. 아이가 차츰차츰 커가는 성장의 모습이라든지, 어떤 한 여자가 결혼을 사이에 두고 그 앞뒤의 마음의 변화라든지, 어떤 노인이 차츰차츰 쇠약해져 가는 마음의 쓸쓸함이라든지 인생의 모든 모습은 소설로서야 얼마든지 쓸 수 있다.

그러나 희곡은 그렇지 않다. 희곡은 인생의 특별한 형태를 그리는 것이다. 한마디로 말하면 인생의 극렬한 데를 쓰는 것이다.

연극의 '극(劇)' 자는 심할 극, 몹시 극, 대단할 극, 어려울 극 등의 뜻을 지니고 있다. 희곡은 즉 인생에 있어서 극렬한 곳인 것이다.

인생을 하나의 강으로 생각해 보자. 강에는 여러 가지 흐름의 형태가 있다. 흐름이 작은 실개천의 모습도 있다. 유유히 흐르는 낙동강의 모습도 있다. 대도시로 들어와 유람선을 띄우고 흐르는 한강의 모습도 있다.

그러나 이렇듯 느슨하고 느릿한 인생의 강 모습은 희곡으로는 쓸 수 없다.

소설로는 쓸 수 있지만, 희곡으로는 쓸 수 없는 것이다. 희곡으로 쓸 수 있는 강의 모습은 인생의 강 가운데에서도 극심한 곳, 대단한 곳, 변화무쌍한 곳이다. 이런 곳만이 희곡으로 쓸 수 있다. 희곡은 인생의 강의 소용돌이라든지, 폭포라든지, 몹시 구부러진 커브 등을 쓴 것이다.

왜 희곡이 인생의 극렬한 곳을 쓰는가?

연극이란 시간상 제한을 받고 있는 것이다. 소설은 3일 걸려 읽어도 좋고, 5일 걸려 읽어도 좋지만, 연극은 한두 시간 동안에 끝내야 한다. 그러므로 한두 시간 동안에 인생의 모습을 나타내고 또 인간의 모습을 나타내야 하는 것이다.

짧은 시간 동안에 인생의 모습이나, 인간의 모습을 나타내려면 아무래도 인생이 긴장한 시간, 즉 그 인생의 소용돌이거나, 폭포거나, 커브 등을 쓸 수밖에 없다. 한 아이가 차츰차츰 커가는 데 따른 생활의 변천, 가령 로망 롤랑의 소설 〈장 크리스토프〉 같은 것은 30막쯤 쓸 무모한 각오가 없는 한 희곡으로는 쓸 수 없다. 그러므로 인생의 모든 것은 소설이 되지만, 인생의 모든 것이 희곡이 된다고는 할 수 없다. 그 증거로 소설을 희곡으로 각색하는 경우 아무래도 각색할 수 없는 소설이 있다.

가령, 톨스토이의 소설 〈부활〉은 각색되어 있지만, 역시 그의 소설 〈이반 일리치의 죽음〉은 각색되어 있지 않다. 왜냐 하면 〈부활〉은 인생의 강의 소용돌이도 있고, 폭포도 있으며, 커브도 있지만, 〈이반 일리치의 죽음〉은 이반 일리치가 병에 걸려 그 병이 차츰차츰 무거워져 죽을 때까지의 생활을 그린 것이어서 조금도 극렬한 데가 없기 때문이다. 그러므로 희곡은 인생의 극렬한 곳, 긴장한 순간을 무대 위에 그리는 짧고 극렬한 연극인 것이다. 하기야 인생이나 또는 인간을 무대 위에 한두 시간으로 보여 주기 위해서는 아무래도 인생의 긴장된 순간을 골라야 하는 것이다.

2. 〈S강의 조종〉의 희곡적 형식 구조

왜 희곡이 인생의 극렬한 곳을 써야만 하는가에 대해 여기 실제로 주동운 작의 〈S강의 조종(弔鐘)〉을 들어 따져보자.

이 작품은 지난 1991년도 한국문학상 희곡부문상을 수상한 작품으로 견실한 구성의 1막 2장의 희곡이다. 격렬한 삶을 엮어 가는 인간의 드라마가 펼쳐지는 무대는 다음과 같다.

> 왼편 기슭에 비스듬히 반파된 탱크의 잔해. 심하게 부식된 그 포신은 방향을 잃고, 오랜 잠을 자고 있다.
> 중앙엔 시멘트 기둥이 늑골처럼 앙상하게 파괴된 건축물.
> 오른편에 장 노인의 통나무집, 반이 보인다.
> 탱크와 폐허 사이엔 S강으로 내려가는 언덕길.
> 폐허엔 누래진 잡초가 무성하고 그 중앙 시멘트 기둥과 기둥 위엔 비를 가리기 위한 차양이 쳐져 있다.
> 적당한 곳에 통나무 의자 몇 개.

1장의 막이 열렸을 때의 극적 상황은 이렇다.

> 오후의 햇살이 퍼진다. 바람이 분다.
> 우수수 단풍잎이 떨어진다.
> 이따금 이름 모를 새들의 우짖는 소리.
> 휴전선을 사이에 두고 남북 쌍방의 확성기 소리. 무슨 내용인지 분간할 수 없는 설전이 오가다가 뚝 끊긴다.
> 적막.

작업복 차림의 장 노인, 차양 아래서 듬직한 관을 짜다가 일손 멈추고 S강쪽을 본다. 그리고 긴 한숨 내쉬고는 담뱃불 붙인다.

이 장 노인은 6·25사변 때 이북에서 인민군으로 끌려나와 포로가 되었지만, 석방되어 민통선에서 S강 저쪽에 있는 고향을 그리며 살다가 젊음은 다 가버리고 이제 늙어 버린 것이다.

그 부인은 6·25 당시 반파된 교회 건물에서 겨우 16세의 가련한 몸으로 어떤 인민군에게 겁탈당하고 신음하고 있는 것을 젊었던 장 노인이 구출해서 결혼까지 하게 된 것이다. 그리고 그들 사이에 아들과 딸을 두었는데, 아들은 월남전에 나가 전사하고, 딸 종순만이 지금 부모와 같이 이곳에 살고 있다. 종순에겐 정호란 애인이 있는데, 민통선을 떠나 읍내에 가서 살자고 간청하지만, 망향병이 골수에 사무친 장 노인은 막무가내로 민통선의 그 곳을 떠나지 않으려 한다.

한편 병고에 시달리다가 늙게 된 종순의 어머니는 임종이 얼마 안 남아 장 노인은 그녀의 관을 짜고 있다. 장 노인과 그 부인은 서로 인연을 맺은 지 30여 년이 지나는 동안에 이 지경에 이른 것이었다. 이 작품에서 부인은 직접 등장하진 않지만, 간접적으로 등장 인물의 역할을 한몫 단단히 하고 있다. 그러므로 이를테면 '등장하지 않는 등장 인물' 인 셈이다.

그러던 어느 날 한대치 노인이 이곳을 찾아온다.

장노인 (일을 계속하며) 어디를 찾으쇼?

한대치 아, 예. (장 노인을 보고 반가워서) 일하고 계셨수다레. 저, 여기가 사태골 아닙네까?

장노인 사태골 맞습니다.

한대치 아이구, 겨우 찾았구만, 나무가 수태 우거져서……, 도무지 분간을 할 수 없수다레.

장노인 오래간만에 오시는 게요?

한대치 예, 한 30여 년 만에……

장노인 30여 년? 10년이면 강산도 변한다는데, 그럼, 세 번도 넘게 변했죠. 허지만, 여긴 다른 데 비하면 덜 변한 셈이죠. 민간인 통제 구역이었는데, 해제된 지 겨우 일 년밖에 안됐으니까.

한대치 그렇구만요. (다시 둘러보고) 실은, 나는 반공 포로로 제3국에 갔다가 돌아오는 길이외다.

장노인 (반색하며) 그래요? 나도 반공 포로로 석방됐는데, 이거 반갑군요! (일손을 놓고 악수한다)

한대치 (악수하며) 히야! 동지를 만났구만. 나, 한대치라 하외다.

장노인 난, 장일동이요. (통나무 의자를 가리키며) 자, 이리 좀 앉으시지. 내 꿀차라도 대접하리다.

한대치는 장 노인으로부터 꿀차 대접을 받고 회포를 푼다. 한대치 역시 6·25 때 인민군으로 끌려가 포로가 되었는데, 그 후 휴전으로 포로 교환할 때 남한과 북한을 모두 거부하고 제 3국으로 가기를 희망했다. 그리하여 인도로 건너가 그 후 멕시코로 돌아다니며 숱한 고생 끝에 약간의 성공을 하였는데, 고향 땅이 그리워 그 재산을 챙겨 가지고 돌아온 것이었다.

그 잠시 후, 거기에 또 이중환 노인이 나타난다.

한대치 (그를 발견하고 반갑게) 여! 이중환 동지!

이중환 (역시 반갑게) 오! 한대치 동지!

한대치 약속한 대로 찾아 왔구만.

이중환 죽어두 와야지비.

한대치 난 입때 이 동질 기다리고 있었는데, 어케 거기서 나타나네?

이중환 말도 맙세. 아침부터 저 위 호수 쪽으루 헤맸지비. (장 노인에게) 아까는 고마왔수다.

한대치 (장 노인을 소개하며) 이 분도, 마산 포로 수용소 출신이디.

이중환 그래요? 그럼, 우리 동지 아님매? 나, 이중환이오.

장노인 장일동이오. 반갑소.

이중환 이 아바이가 저 휴전선 가는 길을 아리켜줘서, S리버를 바라보구 왔슴매.

이중환 역시 포로 교환 때 제3국을 택했는데, 그는 인도에서 아르헨티나로 돌며 역시 숱한 고생 끝에 고향이 그립기도 하고, 한대치와의 약속도 있고 해서 이곳까지 온 것이었다. 실로 30여 년 만의 만남이었다.

그 두 노인은 과거의 추억에 잠기는데, 몹시 후회롭게 얘기하는 이중환의 회고담으로써 그가 바로 장 노인의 부인이 16세 때 그녀를 겁탈한 장본인이란 것을 한대치는 알아차리게 된다.

그리하여 한대치는 몹시 곤혹스러워진다. 이 사실을 이중환에게 밝힐 것인가, 아니면 그냥 덮어 두고 넘어갈 것인가 한대치의 극적 국면이 난처하게 되었는데, 그 때 부인의 죽음이 알려진다.

이때, 안에서 종순의 울부짖는 소리.

종 순 (소리) 어머니! 어머니!

두 사람, 딱 동작을 멈추고 서로의 얼굴을 본다.

이윽고, 장 노인 천천히 걸어서 나온다. 마치 넋 나간 허수아비같다. 두 사람, 천천히 물러나며 장 노인의 안색을 살핀다.

장 노인, 마당 가운데로 나오다가 나무토막처럼 털썩 주저앉는다.

두 사람, 찔끔 놀란다.

허탈한 장 노인, 와락 슬픔이 북받친다.

장노인 (짐승의 포효같이) 여보!

여기서 암전(暗轉)되어 1장이 끝난다.
2장이 밝아질 때 무대 상황은 다음과 같다.

전 장면과 같은 무대.
몇 시간 후, 황혼.
진분홍 노을이 짙게 드리우고, 차차 땅거미가 지다가 종국에 이르면서 어두워진다.

음산한 까마귀소리 간간히……
통나무집에서 스님의 목탁 소리와 독경 소리.
이중환과 한대치, 각기 통나무 의자에 앉아서 담배를 피우고 있다.
이윽고, 오토바이 소리.
왼편에서 오토바이 탄 정호, 염장이 1·2를 태우고 들어온다.
정호, 그들을 안내하고 통나무집으로 들어간다.
고엽이 우수수 떨어진다.
이중환, 담배 꽁초를 탁 버리고 발로 끈다.

이중환은 장 노인에게 큰돈을 내놓으며 관을 팔라고 졸라댄다. 부인을 장사지내려고 만든 관이므로 장 노인은 펄쩍 뛴다. 미친 짓이라고 나무란다.

그러나 그 관을 타고 둥둥 떠내려 이북 고향 땅에 가겠다는 이중환의 절실한 애원에 못 이겨, 자기 부인의 관은 다시 짜기로 하고 그 관을 그에게 양보하기로 장 노인은 결심한다.

이중환 (절하며) 고맙수다! 고맙수다!

관을 맞든 두 사람, 언덕으로 해서 아래로 내려간다.
이중환, 절룩거리며 뒤따라간다. 이때, 종순 달려나와 본다.

종 순 (언덕으로 가서) 아버지! 어디 가세요. 어머니 관 가지고 어디 가세요?

그러나, 아무 대답 없다. 이 때, 통나무집에서 정호 달려 나온다.
스님의 독경 소리 계속…….

정 호 왜 그래 ?
정 훈 아버지가 저 사람들하구 관을 들고 철조망 쪽으로 간단 말야.
정 호 어? 한 사람이 철조망 안으로 기어 들어가잖아?
종 순 그래. 아버지하구 또 한 사람이 관을 철조망 속으로 넣어 주구…….
정 호 왜 저러지? 큰일 날려구 (큰소리로) 빨리 올라오세요! 위험해요!

그러자 아무 대답 없다. 적막. 어둠이 깔리기 시작한다.
둥지를 찾는 새소리 들린다. 들짐승 우는 소리도…….

종 순 (큰소리로) 아버지! 빨리 올라오세요!
정 호 어? 저 사람이 관을 강가로 끌고 가잖아?
종 순 어머! 저 사람 돌았나?
정 호 두 분은 돌아오시는군.

독경 소리 계속된다.
이욱고, 장 노인, 한대치 언덕으로 올라온다.

종 순 아버지, 무슨 일이에요?
장노인 어서 들어가 저녁상이나 차려라.

종순, 정호 안으로 들어가다가 멈춰서 돌아본다. 장 노인, 한대치, 언덕에 우뚝 서서 S강쪽을 본다.

한대치 마침내, 강으로 떠내려 가는구만.
장노인 사실은 내가 저렇게 강을 건느고 싶었는데…….
한대치 어드메까지 갈 수 있을까?
장노인 얼마 못 갈 걸…….

적막.
새소리와 들짐승 소리도 멎었다.
독경 소리만…….
두 사람, 숨을 죽이고 S강을 응시.
이 때, 쌍방에서 투사되는 서치 라이트.
순간, 기관총 소리. 따따따따—

이중환 (먼 비명) 으악 —

다시 기관총 소리, 따따따따—
잠시, 멈췄다가 쌍방에서 동시에 집중 사격하는 기관총 소리.
어느 쪽인지 분간할 수도 없다.
두 사람은 목석처럼 우뚝 서 있고……. 기관총 소리와 스님의 독경 소리 고조되면서 —

—조용히 막—

이 작품은 애통한 분단의 비극을 배경으로 하고 장 노인, 한대치, 이중환의 세 노인에다 장 노인의 부인까지 합친 네 노인의 30여 년 만의 만남의 시점을 다룬 것이다. 말하자면 네 개의 강줄기가 하나로 합친 지점의 드라마이다. 그 지점은 바로 극심한 곳, 대단한 곳, 변화무쌍한 곳인 것이다. 그 곳은 강의 소용돌이나, 폭포나, 몹시 구부러진 커브인 것이다.

그 반면 네 줄기의 강물은 차츰차츰 펼쳐지는 생활의 변천(물론 고생은 했지만)의 느슨한 흐름이며, 병 앓는 몸이 차츰차츰 병고에 시달려 죽음에 이르는 투병의 느릿한 흐름이다.

그런 만큼 소설로 다루기는 쉬워도 희곡으로 다루기는 어려운 것이다. 물론 억지로 다루면 안 되는 것은 아니지만, 소설만큼 알맞지 않은 것이다.

3. 대사와 그 성질

희곡은 대사와 지문으로 구성된다. 대사란 배우가 무대 위에서 하는 말을 뜻하는 것이며, 지문이란 장면의 정경이나 배우의 동작을 가리키는 간단한 주의나 지시를 쓴 것이다.

희곡에서는 각 인물의 성격도, 주제의 제시도, 사건의 발전도 모든 것이 대부분의 대사와 짤막한 지문으로 표현되어야 한다. 따라서 희곡의 표현에 있어서는 대사가 거의 전부를 차지하고 있다 해도 지나친 말이 아니며, 희곡의 잘되고 못 되고는 대사를 잘 쓰고 못 쓰고에 달려 있다.

그러므로 대사는 생생하게 약동하는 인상적이고 유동적이며 정확한 것이어야 하며, 그러한 것이 희곡적인 대사인 것이다. 만약 대사가 생경하고 무미건조하면 아무리 명배우가 상연한다 할지라도 좋은 성과를 거두기는 어려울 만큼 대사는 중요한 것이라 생각해도 좋다.

대사는 배우가 무대 위에서 지껄이는 말이다. 이것은 작가 측에서 말하면,

배우에게 지껄이게 하는 말이지만, 지껄인다 해도 배우가 희곡의 대사를 외워 그냥 무대 위에서 소리만을 내어 하라는 것은 아니다. 그것은 각 인물이 저마다의 개성, 생활, 심리에 따라서 지껄이는 말이어야만 된다.

극작가는 주제를 골라 사건을 설정하여 몇 개의 성격을 창조하고 각 인물의 대립을 통하여 사건을 전개하고 주제를 해명하게 한다. 그리고 배우는 작가가 창조한 인물을 가지고 자기의 개성을 통하여 재창조한다. 따라서 대사는 저마다의 인물의 살아 있는 말, 한 마디도 어쩌지 못할 말이어야 한다.

대사는 두 사람이 상대가 되어 이야기하는 대화인 것이며, 몇 사람이 모여서 주고받는 회화인 것이다. 그러면 현실에서는 대화라든지 회화라든지 하는 것은 우리들의 일상 생활에 있어서 어떻게 이루어지고 있는 것일까?

그것은 자기 자신의 개성과 생활을 가지고 있는 개인이, 마찬가지로 독자적인 개성과 생활을 가진 딴 개인에 대하여 어느 내용을, 어느 심리를 통해서 이야기하는 것이며, 그 때 그 인물의 직업, 사회적 신분, 교양, 또는 심리, 육체적 특징 등이 용어의 범위, 말솜씨, 화술(話術), 말버릇 같은 것을 규정하는 것이며, 또 상대와의 상호 관계—사회적 관계, 친소(親疏) 정도, 화제의 내용 같은 것에 따라서도 규정된다.

현실에서의 회화란 그렇게 복잡하고 미묘한 것이나, 우리들은 별로 그것을 의식하지 않으면서 매우 수월하게 말하고 있는 것이 보통이다. 희곡에서의 회화란 그러한 현실의 회화에 기초를 두고 그 회화를 성립시키고 있는 그러한 여러 가지의 관계를 추구하는 데서부터 출발해야 된다. 희곡의 말은 언어를 표현의 수단으로 하고 있다는 점에 있어서는 소설의 경우와 다름이 없다.

그러나 같은 말이라도 소설의 경우는 씌어진 말이 되고 희곡의 경우는 이야기하는 말이므로 거기에 근본적인 차이가 있다.

소설의 말은 독자의 머릿속에 사는 것이고, 희곡의 말은 배우의 입을 통해서 지껄여지므로 사는 것이다. 소설의 경우에서도 많은 사람들이 나와서 회화를 하며, 또한 저마다의 인물이 마치 그 사람처럼 이야기하나, 소설가는 그 인물의 표현을 회화에만 의지하지 않고 여러 가지 묘사와 설명을 붙여 저마다의 인물의 이미지를 독자의 머릿속에 되살리게 한다. 따라서 각 인물의 회화가 그다지 특징 있게 씌어지지 않았어도 독자는 머릿속에 자기의 상상력으로 보충하여 생각하는 것이므로 그다지 지장을 자져오지는 않는다.

이와 반대로 희곡의 경우에는 각 인물의 표현이 회화에만 의지해야 하므로 그것은 충분히 특징 있게 씌어져야만 된다. 그것은 배우의 입을 통해서 말해져야 하므로 이야기하는 말로써 생생한 매력을 지니고 있어야 한다. 더구나 그 말에는 언제나 동작이 함께 따라다닌다는 것을 잊어서는 안 된다.

대사에는 언제나 동작—표정, 움직임, 몸짓 등이 함께 따라야 한다는 것은 대단히 중요한 것이다. 소설에서는 그러한 동작은 묘사하든가, 회화 속에 설명적으로 써 넣을 필요가 있지만, 희곡에서는 배우가 그것을 해 주는 것이므로 일일이 그것을 대사에 쓴다면 설명적이어서 산만해지고 만다. 그러한 점에서 희곡의 대사는 언제나 동작과 연결된 것에서 오는 생략과 간결화가 필요한 것이다.

소설가는 '씌어진 말'을 충분히 사용하지 못하면 재미있는 이야기도 깊은 사상도 표현할 수 없다. 그것에 대해서 극작가는 '이야기하는 말'을 자유자재로 사용하지 못하면 감동적인 장면도 흥미진진한 성격도 창조할 수가 없다.

대사란 그러한 성질의 말인 것이다. 그러면 대사에 대한 공부를 하려면 어떻게 하는 것이 좋을까? 물론 대사만을 따로 떼어 공부한다 해도 희곡을 쓸 수 있는 것이 아니며, 그것은 극작법상에서의 전체적인 기술의 일부를 차지하는 것이다.

그러나 그것은 매우 중요한 일부이므로 극작을 하기 위해서는 대사에 대해서 언제나 신경을 쓰는 것을 잊어서는 안 된다. 그리고 대사에 대해서 보다 더 기본적인 공부는 일상의 회화에 주의 깊게 귀를 기울여 '이야기하는 말'에 대한 감각을 날카롭고 풍부하게 해야 할 것이다. 현실 생활은 어느 때나 살아서 움직이고 있다. 그리하여 신선하고 생생한 회화란 그러한 현실 생활 속에서 생겨나는 것이다.

생각할 수 없을 정도로 교묘한 말, 마음 속의 희로애락(喜怒哀樂)을 들여다보는 말, 웃음을 자아내게 하는 위트(기지), 찌를 듯한 풍자, 절망의 신음, 분노의 울부짖음, 거기에는 가지각색의 표현이 포함되어 있다. 육체의 귀, 정신의 귀를 아울러 기울이고 그것을 듣는다는 것은 대단히 중요한 일이다.

가령, 1997년에 '국립극단'에서 공연한 이만희 작의 〈피고 지고 피고 지고〉의 대사는 이 점에서 매우 뛰어났다. 얘기는 세 늙은 도굴꾼이 떼돈을 벌겠다고 굴을 파들어가다가 문득 참된 인생의 희망은 무엇인가에 대해 스스로 반성하고 살아온 길을 되돌아보며 인생과 물욕의 덧없음을 살며시 느낀다는 매우 평범한 것이다. 그런데 무려 두 시간 10분이란 결코 짧지 않은 상연 시간 동안 순전히 이 세 노인의 대사만으로 끌어나간다.

그러나 싱그럽고 생활감이 넘치는 작자의 대사 감각은 우리말의 폭넓은 쓰임새를 발휘하여 관객에게 조금도 지루함을 느끼지 않게 한다.

4. 승화된 사실의 대사

아일랜드 근대극의 빛나는 존재였던 존 밀링턴 싱(1871~1909)은 희곡의 말이 얼마만큼 현실의 생활에서 배울 것이 많은가를 알게 됨과 동시에 그 현실은 활력과 재미와 상상력이 넘치는 것이 아니면 안 된다고 생각했고, 그 자신의 극작의 터전을 야성적이고 공상력이 풍부하고 생활의 즐거움과 힘이 생생하게 넘치고 있는 아일랜드의 토착 생활에서 발견하고 있는 것이다.

파리에서 유학하고 있던 싱은 고향의 선배인 시인 예이츠의 권유로 파리를 떠나 고국 아일랜드의 어부와 농민의 생활 속에 몸을 두고 그 생활을 관찰하며, 그 말에 귀를 기울임으로써 극작가로서의 자기 재능을 급속도로 뻗쳐 나간 것이었다. 파리의 도시 생활에 공연한 신경을 써 온 그가 아일랜드의 소박한 민중 생활 속에서 솟아 오르는 한없는 시정(詩情)을 찾아내어 거기에 그의 희곡의 근원을 발견한 것이다.

어부나 농민, 목동, 시정의 거지와 속요 가수, 또는 부엌에서 일하는 가정부……. 그러한 민중이 이야기하는 말이 싱의 희곡의 대사가 된 것이다. 그는 도시 생활의 퇴폐적인 세기말에 등을 돌리고 구질구질한, 또는 시들하게 메마른 또는 허황된 겉핥기의 현실에서 떠나, 활력과 상상력으로 가득 찬 소박하고 순진한 아일랜드 민중 생활의 현실 속에 자신의 창작의 원천을 발견한 것이었다. 이러한 의미에서 그의 사실주의는 독자적 경향을 가지고 있는 동시에 한층 고도한 것으로 생각된다. 그리고 무대는 리얼리티(현실성)를 지님과 동시에 조이(즐거움)를 가지고 있어야 한다는 그의 말은 주목할 만한 것이다.

희곡에 뜻을 둔 사람은 누구나 싱이 공상적이고 활력에 가득 찬 아일랜드 민중에 접한 것처럼 좋은 기회의 혜택을 입는다고는 할 수 없다. 필자가 싱을 인용하여 설명한 것은 희곡의 말은 현실 생활에서 얻는 것이 얼마나 많은가를 말하고자 하는 것이다. 희곡의 말은 현실 생활에서 배우고, 거기에서 잡아내야 한다. 그것이 중요한 것이다.

그러나 그것만으로 만사가 끝난 것이 아니고 그것은 어디까지나 기초이며, 출발점인 것이다. 작가의 대상에 대한 태도에 따라서, 혹은 그것을 보는 눈이 무딘 데 따라서, 혹은 현실 생활의 성질에 따라 거기에서 꺼낸 것이 평면적이고 단조로우며, 무미 건조한 경우도 있을 수 있다. 극단적인 경우를 말하면 일상의 인사를 지루하게 늘어놓는다든지, 날씨 이야기만 한다든지, 신세 타령을 중얼거린다든지 하는 장면의 연속은 싫증이 날지언정 결코 극적 감동을 불러일으키지 못한다.

스케치는 사실의 기초로서 대단히 중요하지만 스케치는 뜻 그대로 어디까지나 스케치인 것이다. 희곡의 말은 사실(寫實)에서 출발하여 그것이 승화된 사실에까지 이르러야 한다. 사실 그대로의 사실에 끝나서는 안 된다. 작가의 눈이 대상의 배후를 꿰뚫어 보고 현실 생활의 근원을 꿰뚫어 볼 정도로 날카로우면, 그 말은 언뜻 평범한 사실로 보이면서도 그것은 복잡한 현실 생활의 무게를 짊어지고 있다는 것을 알 수 있다. 희곡의 이러한 말이란 작가의 머리로 걸러서 압축되고 생략되어, 혹은 승화와 고도화를 거친 것이다. 희곡의 말은, 새로운 희곡의 말은 거기까지 도달할 필요가 있다.

체홉이 쓴 희곡인 〈벚꽃 동산〉이나 〈세 자매〉를 주의 깊게 세밀히 읽어 보면, 하나하나의 대사는 간결하지만 인물의 성격이나 생활과 연결을 지니고 있는 점에 있어서 언제나 깊은 내용을 담고 있으며, 또한 그 순간순간의 빈틈없는 말인 점에서 표현이 참으로 정확함을 느낀다. 그것이 희곡의 말인 것이다.

5. 독백과 방백(傍白)

대사에 관한 문제에 있어서 독백(monologue)과 방백(aside)에 대하여 한마디 해야만 되겠다. 독백도 방백도 고전 희곡에는 많이 사용되어 왔으며, 셰익스피어나 몰리에르 등의 희곡을 펼쳐 보면 어디서나 볼 수 있다. 독백이란 배우가 혼자서 지껄이는 대사이며, 방백이란 무대에 있는 다른 인물들에게는 들리지 않는 것으로 하고 관객에게만 들리게 하는 대사이다. 이러한 독백과 방백 같은 것은 일상 생활에서 거의 있을 수 없는 일이므로 부자연스럽다 하여 사실적인 근대극의 출현 이후에는 그 자취를 감추었다.

그러나 근대극 이후의 극작가 중에는 희곡이 가지고 있는 형식상의 제약을 될 수 있는 대로 깨뜨리고 사람의 눈으로 보이지 않는 내면 생활을 그려내기 위하여 방백은 안 쓰더라도 독백을 새로 부활시킨 작가가 있다. 바로 미국의 유진 오닐(1888~1952)이다. 사람이 마음으로 생각하고 있는 여러 가지 일, 결국 내면 생활의 움직임이란 외부에 나타나지 않는 것이 보통이다. 마음의 비밀이 말로써 나타나는 것은 드문 일이다. 표정이 겨우 그것을 나타내는 데 지나지 않는다.

그러나 인간 생활에서 마음의 움직임은 중요한 의미를 가지고 있다. 그야말로 숨겨진 드라마이다. 러시아의 근대 작가 에플레노프는 〈마음의 극장〉이라 제목을 붙여서 개인의 그러한 내면 생활을 무대에 올리는 시도를 했다. 거기에선 마음 속의 여러 가지 움직임이 모두 마치 사람의 움직임처럼 의인화하여 등장한다. 그것은 착안으로서는 확실히 새로운 것이었지만, 일종의 추상화의 영향을 받고 있어서 현실 생활을 그린 강력한 드라마는 되지 못한 채 그쳤다.

유진 오닐은 마음의 감추어진 비밀, 상대편에 대해서 노골적으로 말 못할 비밀을 독백에 의하여 표현하려고 한 것이다. 그의 작품인 〈기묘한 막간 희곡〉(1928)은 이 수법이 훌륭하게 성공한 것을 보여 주고 있다. 여기에서는 회화와 평행하여 마음의 움직임을 말한 독백이 자유로이 끼워져 있다. 두 사람은 대화하고 있는가 하면, 다음 순간 한 사람이 독백으로 마음의 움직임을 말하는데 그 옮기고 변해 가는 것이 조금도 부자연스러움을 느끼지 않게 해낸 것은 비범한 재능이라고 할 수밖에 없다. 그리하여 니나라고 하는 여주인공의 일생과 마음의 일생 또는 그녀를 싸고도는 세 사나이의 생활이 선명하게 그려져 있다. 독백도 이러한 식으로 씀으로써 새로운 뜻을 가질 수 있는 것이다. 오닐은 독백의 이와 같은 새로운 사용법에 의하여 독특한 형식을 창조한 것이다.

6. 해설

대사 문제에 관련해서 한 가지 더 말하고 싶은 것은 해설(narration)이다. 희곡은 일정하게 제한된 시간 안에서 상연되어야만 된다. 현대의 극장에서는 관극(觀劇)의 시간은 대개 두 시간 안팎이 적당하다. 상연 시간을 두 시간으로 한다면 대개 1분 동안에 원고지(200자) 두 매가 소요되므로 두 시간에는 원고지 240매가 된다. 그만큼의 분량에 될 수 있는 대로 풍부한 내용을 담아 넣고 한 인생의 전모를 나타내어야만 된다. 거기서 필요치 않은 산만한 부분이 없도록 압축되는 것이지만, 제재의 성질에 따라서 해설이라는 수법이 쓰여지는 수가 있다.

이것은 사건의 경과라든지 설명을 필요로 하는 일들을 대화 속에 적당히 끼워 넣어서 관객에게 이해시키는 대신에 간결하게 단도직입적(單刀直入的)으로 관객을 향하여 설명하는 것이다. 이러한 해설은 장면의 처음, 혹은 끝에, 혹은 적당한 곳에 끼워진다. 이것은 시나리오나 라디오 드라마 등에서 많이 이용되어 온 수법이지만, 희곡에서도 이용되는 일이 흔히 있다. 나레이터(해설자)가 등장하여 직접 관객을 향해서 이야기하는 것이다. 이 나레이터는 극중의 인물과는 별도인 경우도 있지만, 극중 인물의 한 사람이 겸하기도 한다.

셰익스피어의 희곡 같은 데서도 이러한 해설적인 역할을 가진 대사를 볼 수 있다. 보기를 들어 본다.

> 이 성(城)은 기분이 좋은 곳이다.
> 공기가 상쾌하고 부드럽게
> 오관(五官)에 느껴져서 좋은 기분이다. —〈맥베스〉 제1막 6장

이것은 〈맥베스〉에서 던컨 왕이 성문 앞에 나와서 하는 대사이지만, 셰익스피어의 무대에서는 사실적인 무대 장치라는 것이 없었기 때문에 극중의 인물이 이러한 정경을 설명하여 관객의 상상력에 호소하고 있는 것이다. 고전 희곡 중에서 흔히 이러한 수법을 볼 수 있다.

현대극에서의 해설은 이러한 대사가 갖는 역할의 확대이며, 새로운 용법이라고 보아도 좋을 것이다. 미국의 작가 손튼 와일더(1897~1975)의 〈우리 읍내〉(1938)에서는 이 수법이 무척 대담하게 사용되고 있다. 여기에서는 무대 감독이란 등장 인물이 채 무대 장치도 하지 않은 빈 무대에 등장하여 극 속에 나오는 읍내의 정경과 성격을 말하고 등장 인물을 소개하며, 극이 상연되는 장면을 설명한다. 그렇게 해서 인물이 등장되고 무대 장치가 만들어져 극이

진행되는 것이다.

같은 미국의 현대극 테네시 윌리엄스의 〈유리 동물원〉에서는 극의 중심 인물인 아들이 동시에 해설자를 겸하고 있다. 그는 필요에 따라서 극중 인물의 아들에서 해설자로 변하여 관객을 향하여 설명한다. 막이 올라가 극이 시작되면 아들로 분장한 배우가 무대 가에 나서서 이렇게 이야기한다.

그렇습니다. 이 주머니 속엔 요술이 가득 들어 있습니다. 이 소매 자락 속에도 궁금 보따리가 들어 있죠. 하지만, 나는 마술사와는 다릅니다. 마술사는 진리의 탈을 쓴 환상을 보여 드리지만, 나는 귀여운 환상의 가면을 쓴 진리를 보여 드리겠습니다. 우선 시대를 돌려 놓기로 하겠습니다. 벌써 옛날인 것 같습니다만, 저 30년대로 돌아가기로 합니다. 그 때만 해도 막대한 숫자를 차지하고 있는 아메리카의 중류 계급은 장님이 대학에 입학한 격이었습니다. 그들은 눈뜬 장님이었죠. 장님이 점자판을 더듬듯이 몰락해 가는 경제에 대하여 암중 모색했던 것입니다. 스페인에는 혁명이 있었습니다. 그러나 여기서는 오직 아우성 소리와 혼란이 있을 뿐이었습니다. 스페인에는 게르니카(地名, 혁명이 일어난 곳)가 있었습니다. 그러나 여기는 어떻습니까? 시카고나, 클리블랜드나, 그리고 세인트루이스 같은 평화로운 도시에서도 어수선한 노동 문제와 심지어는 폭력 행위도 종종 있었던 것입니다. 지금 말씀 드린 것은 이 연극의 사회적 배경이었습니다.

(음악) ………

이 연극은 추억을 더듬는 연극입니다. 추억을 더듬는 연극이기 때문에 불도 침침하고 감상적인 데가 있는 것입니다. 말하자면 비현실적이죠. 추억에 있어서는 모든 일이 음악에서 생기는 것 같습니다. 무대 옆에서 바이올린이 그 역할을 하는 셈이죠. 나는 이 연극의 해설자 입니다만 극중 인물로도 나옵니다. 다른 인물로는 내 어머니 아만다, 누님 로라, 그리고 마지막 장면에 나타나는 청년 신사가 있습니다. 그 신사야말로 이 연극에서 가장 현실적인 인물이죠. 말하자면 우리와는 동떨어져 있는 현실의 사자(使者)인 것입니다. 그러나 저는 시인과 같이 상징을 좋아하기 때문에 이 신사를 하나의 상징으로 사용하고 있는 것입니다. 그는 바로 우리가 갈망하고 있으면서도 좀체로 빨리 이루어지지 않는 그러나 항상 희망을 갖게 하는 존재인 것입니다. 사실 이 연극에는 나오지 않지만 저기 맨틀피스 위에 걸려 있는 커다란 사진은 다섯째 인물인 것입니다. 이 분이 바로 오래 전에 집을 떠나가신 우리 아버지십니다. 그 분은 전화 교환수였습니다만 장거리 전화로 어떤 여자와 사랑을 속삭이셨던 것입니다. 결국 전화국을 그만두시고 가벼운 꿈을 안은 채 이 거리를 떠나가시고 말았습니다. 하긴 태평양 연안에 있는 멕시코 마자틀랜드에서 그림 엽서를 보내셨더군요. 그게 마지막 소식이었죠. 두 마디 인사말뿐이었습니다. '잘 있니? 잘 있거라.' 주소도 없는 엽서였습니다. 나머지 이야기는 연극을 보시면 아시겠죠…….

그는 이렇게 말하고 극중 인물인 아들로 옮겨가서 극은 진행되어 가는 것이다. 여기에서는 작가는 해설에 따라서 연극에 대한 자기의 창작 방법, 극의 시대적 배경, 등장 인물과 그 서로의 관계의 설명 등을 간결하게 말하여, 곧 극의 중심적 흐름에 관객을 끌어들이려 하고 있는 것이다.

이른바 제4의 벽을 털어내고 그 방안의 사건을 보이려고 하는 것과 같은 사실극에 있어서는 이러한 수법은 알맞지 않으나, 희곡이라는 형식이 가지고 있는 테두리를 넓혀서 생각하면 좋은 점도 있다. 이러한 수법은 극을 이해시키는 데에 필요한 예비 지식 같은 것을 간결하게, 단적으로 관객에게 전한다는 점에서 한정된 시간을 극도로 활용하는 일도 된다.

희곡의 형식이란 그것이 무대에서 상연되는 것이라는 결정적인 특질을 빼고는 매우 자유롭게 생각해도 좋으며, 요는 극작가의 창작적 상상력에 달려 있는 것이다. 희곡에서의 말이란 배우에 의하여 말하게 되는 것을 전제로 한 회화가 중심이 되며 거의 그것이 전부이지만, 희곡이라는 형식의 다루기 여하에 따라서는 독백이나 해설이나 자유롭게 쓸 수 있는 것이다.

7. 지문(地文)

끝으로 지문(stage-direction)에 대하여 간단히 말하고자 한다.

지문이란 앞에서 말한 바와 같이 인물의 움직임이나 장면의 정경에 대한 설명이다. 다만 희곡적인 대사는 언제나 동작과 연결되어 있는 것이어서 별로 자세한 지문이 없어도 배우는 대사에서 동작을 끄집어내는 것이 보통이다. 그러므로 지문은 인물의 등 · 퇴장이나 움직임을 하나하나 세밀히 설명할 필요 없이 극히 암시적으로 간결히 쓰는 정도로 충분하다. 지문을 쓰는 법도 대사와 같이 이렇게 해야 한다는 뚜렷한 규칙이 있을 리 없다. 쓰는 사람의 자유인 것이다.

그러나 너무 자세하여 산만한 지문이란 그다지 좋은 것이 못 된다. 고전 희곡은 대체로 극장을 위하여 씌어진 것이 많으므로, 배우의 연구에 의해야 하는 곳은 거의 지문으로 씌어져 있지 않다. 셰익스피어나 몰리에르의 희곡을 보면 지문은 배우의 등 · 퇴장이 주이며, 그 밖의 것은 겨우 조금밖에 씌어지지 않았다. 지문이란 원래 그것으로 족한 것이다.

근대극 이후 극작가가 쓰는 지문은 정말로 제멋대로이다. 작가의 취미에 의하여 매우 문학적인 표현을 하는 사람도 있으며, 버나드 쇼(1856~1950)와 같이 희곡을 자기 사상의 발표 기관으로 생각하고 있는 경우에는 무대와 직접 관계가 있고 없고 간에 자기가 쓰고 싶다고 생각하는 것으로 줄기차게 쓰고 있는 것도 있다. 그러한 점에서 체홉이 쓴 희곡의 지문은 간결하고 암시적이어서 대단히 윤기가 있다.

미국의 현대극 등에서는 일반적으로 보아 지문은 간결하나, 배우를 위한 지정이라기보다는 도리어 묘사적으로 되어 있어, 희곡을 읽는 독자가 희곡을 이해하는 데 도움이 되게 한 것이 많다. 또한 상연된 희곡에는 대개 연기판(액팅 에디션)이 별도로 출판되고 있어 이것에는 매우 자세한 지문이 씌어 있으므로 등장 인물이 어디서부터 들어와서 어디로 움직이며, 어디에서 앉는다고 하는 식으로 연기에 관한 것이 구체적으로 세밀하게 표시되어 있다. 그러므로 이것에 따르면 연출자가 여러 가지로 연구하지 않아도 그런 대로 무대에 상연하게끔 되어 있어 대단히 편리하다. 이것은 뉴욕에서 성공한 희곡이 여러 곳에 있는 공공(公共) 연극이라는 아마추어 극단에 의하여 상연되기 때문일 것이라고 생각한다.

이러한 식으로 희곡을 사용하는 목적에 따라서 대사는 같으나 지문은 다르다는 것은 대단히 편리한 방법이며, 미국과 같이 희곡의 쓰임이 많은 나라이기 때문에 가능한 것이라라.

8. 단막(單幕)과 장막(長幕)

희곡에서 장막과 단막의 구별은 실상 매우 막연한 것이다. 가령 비록 막으로는 단막이지만 상연 시간은 두 시간 가까이 걸린다든지, 또는 그 이상 걸리는 경우, 이것은 단막이라기보다도 장막의 성격을 띠게 되는 것이다.

실제 보기를 든다면 스트린드베리의 〈줄리 아씨〉는 한 시간 30분쯤, 로맹 롤랑의 〈사랑과 죽음의 희롱〉은 두 시간쯤, 클라이스트의 〈깨어진 항아리〉도 두 시간쯤, 그리고 필자의 작품 〈회색의 크리스마스〉도 두 시간 20분쯤 걸리게 되어 있다.

또한 많은 장면으로 되어 있지만 막은 한 번밖에 안 내리는 경우 역시 길이로 말하면 장막극이지만 개념상으로는 단막극이라고 할 수 있다. 왜냐하면 장면(scene)은 어디까지나 장면일 뿐, 막(act)이 아니기 때문이다. 따라서 이것은 단막극(one act play)인 것이다.

가령 실례를 들면 하우프트만의 〈하넬레의 승천(昇天)〉은 단막이지만, 여주인공 하넬레가 현실의 장면과 꿈의 장면을 암전(暗轉)으로 여러 번 바꾸게 된다. 이 〈하넬레의 승천〉 외에도 외국의 희곡에는 이런 예가 많다. 필자의 작품을 실례로 하나 더 들기로 한다.

1998년에 '국립극단'에 의해 국립극장에서 공연된 바 있고, 이 책의 제2부 '작법의 실제'에 수록된 필자의 작품 〈꽃그네〉는 14장면이나 되지만, 막은 아예 없어서 한 번의 여닫음조차 없다.

그러므로 보다 정확하게 구별지으려면 장막극에 대해서는 '하나'라는 뜻의 '단막(單幕)'이 아니라 '짧다'는 뜻의 '단막(短幕)'이란 용어를 써야 할 것이며, 단막(單幕) 또는 1막극에 대해서는 막이 많다는 뜻의 '다막극(多幕劇)'이란 말을 써야 할 것이다. 이렇게 따지고 들자면 용어 자체에 난점이 있는 것이다.

그러나 우리들은 상식적인 관습에 의해서 대개 단막극이라면 3·40분 걸리는 것을 말하고, 장막이라면 두 시간 안팎 걸리고, 또한 막이 많은 것을 말한다.

이 상연 시간도 시대에 따라 많이 변질된다. 요 근래에 와선 장막극은 차츰 짧아져 가는 경향이 있고, 반대로 단막극은 차츰 길어져 가는 경향이 있는 것이다. 필자가 데뷔한 1950년대에는 장막극의 경우 보통 세 시간이었다. 필자의 데뷔작 〈딸들의 연인(4막 7장)〉도 원고지(200자)로 360여 매였다. 원고지 두 매가 대개 상연 시간 1분에 해당하니까(물론 가벼운 희극은 시간이 덜 걸리고, 무거운 비극은 더 걸리기는 하지만, 평균적으로 두 매를 1분으로 잡으면 큰 차이는 없다) 180분인 셈이다. 꼭 세 시간이란 계산이 나온다. 그 당시의 신춘 문예의 단막극 모집 요령에는 원고지 장수가 70매 안팎으로 되어 있었다.

그러나 근래는 장막극의 경우 200자 원고지 200매 안팎이 적당한 길이이며, 단막극의 경우 100매 안팎이 적당한 길이로 통용되고 있다. 왜 그런 현상이 일고 있는가? 하는 그 원인을 고찰해 보는 것도 재미있을 것이며, 또한 장막극과 단막극의 성격을 구명하는 데도 도움이 될 것으로 믿어지니 한 번 고찰해 보고자 한다.

장막극의 상연 시간이 짧아져 가는 것은 세계적 추세인 것 같다. 미국은 물론이거니와 프랑스·독일 할 것 없이 그런 경향이 있는 것 같다(물론 그들은 짧아져 간다 해도 두 시간 안쪽으로까지 짧아지는 정도로 심한 것은 아닌 것 같지만).

필자는 1972년에 펜(P.E.N)클럽의 국제 대회에 참가하기 위해서 일본에 간 길에 오사카와 도쿄에서 많은 관극을 한 적이 있었다. 그 결과 옛날과 뚜렷하게 다른 점은 상연 시간이 두 시간 정도로 짧아진 것과 장치를 간략하게 거의 노 세트에 가깝도록 하는 것 등이었다(이것은 신극을 말하는 것이다. 일본의 상업극은 보통 세 시간 정도이며, 장치도 몹시 화려한 것이었다).

왜 세계적으로 장막극이 짧아지는 경향에 있느냐 하면 역시 현대인의 생활이 그만큼 바빠졌으며, 어지럽게 돌아가는 현대에 살다 보니 생활 감각이랄까, 템포감이랄까 그런 것들이 빨라진 것이 아닌가 생각한다. 연극은 사회의 거울이라고 하는 만큼 그런 현상이 민감하게 반영된 것이 아닐까 하는 생각이 든다.

그러면 왜 단막극은 그 반대로 길어지고 있는가? 이것 역시 뒤집어 보면 마찬가지 까닭에서이다. 1960년대까지만 해도 단막극 한 편만을 상연하는 일이라곤 변칙 무대의 경우를 빼놓고는 거의 없었다. 단막극은 장막극에 곁들여져서 했거나, 단막극만을 할 경우에는 두세 편을 동시에 같이 상연했었다. 실제 보기로 1960년대에 극단 '실험극장'에서 김희창의 〈비석〉, 이재현의 〈제10층〉, 오태석의 〈교행(交行)〉의 세 작품을 한꺼번에 상연한 적이 있었다. 이 세 작품이 모두 1막극으로는 짧은 편이 아닌 것들이었다. 필자도 그 때 '실험극장'의 이 공연을 보고 포만감보다도 피로감을 더 느낀 것을 기억하고 있다. 이 분야에 종사하는 필자가 그럴 정도라면 일반 관객은 어떠했을까? 짐작이 가고도 남음이 있다. 실제로 매우 공들인 충실한 공연이었지만, 관객의 반응은 그다지 좋지 않았다.

극단 '창작마을'에서는 해마다 '단막극제'를 개회하고 있는데, 하루의 상연 편수가 번번이 문제 되었다. 1997년의 1회 때와 1998년의 2회 때는 각각 〈수

술대 위에서〉〈쉿!〉〈그림자를 찾아〉와 〈절대사절〉〈나도 부인이 하나 있었으면 좋겠어요〉〈블랙박스〉의 3편씩을 상연했는데, 관객에게 너무 부담감을 주는 것 같아 1999년 3회 때는 〈발칙한 녀석들〉〈K씨의 이야기〉〈귀여운 장난〉을 하루 1편씩 상연해 보았다. 역시 관객에게 부족감을 주는 것 같아 2000년의 4회 때는 2편씩 상연할 계획을 세웠다고 한다. 그럴싸한 얘기이다.

관객이란 너무 길어도 짜증을 내지만, 또한 너무 짧아도 짜증을 내게 마련인 것이다. 자연히 단막극이 길어질 수밖에 별 도리가 없다.

이렇듯이 장막과 단막을 길이로 구별하는 데에는 알쏭달쏭한 점이 있지만, 장막과 단막을 그 성격으로는 뚜렷이 구별할 수 있다. 장막과 단막은 그 성격이 아주 다르기 때문이다. 장막과 단막은 소설에 있어서 장편과 단편의 성격과 엇비슷한 점이 있다. 단편 소설이 장편 소설을 짧게 줄인 것이거나, 또는 그 일부를 잘라낸 것이 아니듯이 단막극 역시 장막극을 줄인 것이거나, 그 일부를 잘라낸 것일 수가 없다.

흔히 장막극과 단막극을 마라톤과 단거리 경주에 비유한다. 마라톤과 단거리 경주는 같은 육상 경주지만, 그 성격이 아주 다르기 때문이다. 성격이 아주 다르기 때문에 그 주법(走法)이 달라야만 한다. 가령 마라톤에서는 그다지 중요시되지 않는 스타트가 단거리에서는 굉장히 중요시되는 따위가 그 좋은 보기이다.

그와 마찬가지로 희곡에서도 단막극은 장막극보다도 훨씬 개막(開幕)의 발단 부분이 중요하다. 이 발단의 성패 여부가 그 작품의 성패 여부를 좌우한다. 발단은 도입부에 해당하는데, 여기서 관객을 꽉 움켜잡고 되도록이면 빨리 전개 부분으로 이끌어가야 하는 것이다.

그러나 이 도입부에서 할 일이 그리 만만치 않은 것이다. 우선 그 극이 벌어지는 장소와 시대, 또 그 극을 벌이는 인물을 소개하며, 막이 열리기 전에 이미 벌어진 사건을 알려야 한다.

장소, 시대, 인물 중에서 가장 까다로운 것은 인물이다. 인물은 성격을 알려야 하고, 처지도 알려야 하며, 사회적 지위, 지식 정도, 직업 등을 알려야 하는 것이다. 그뿐이랴! 인물끼리의 관계를 알려야 하는 것이다. 이것 또한 번거롭기 이를 데 없다. 도입부에서 할 일은 또 있다. 앞으로 벌어질 사건에 대한 암시를 해야 하며(그럼으로써 관객은 기대를 갖고 끌려 들어가는 것이다), 그 극의 방향이나 테마 같은 것도 약간 냄새를 풍겨 놓아야 하는 것이다.

이 많은 일 중에서 인물에 관한 것 못지않게 골치가 아픈 것은 막이 열리기 전에 이미 벌어진 사건(그러니까 과거의 사건)을 알리는 일이다. 비록 이 부분에서 설명 부분이라고는 하지만, 실제 쓰는 데 있어서는 설명을 해서는 안 된다. 흔히 이 부분에서 '지난 얘기를 판다〔賣〕' 고 해서 강매하듯이 과거를 설명한 작품을 보지만, 그런 작품은 실패작의 표본이며 작법의 바른 길이 아닌 것이다. 과거의 사건을 알리는 것은 어디까지나 현재의 극을 진행시키는 사이사이에 끼워 설명이 아니라 묘사로써 이루어져야 하는 것이다.

그러나 이 부분이 장막극의 경우처럼 길 수는 없다. 짧게, 되도록이면 짧게, 간결하게 해야 하는 것이다. 장막극의 경우 첫막을 송두리째 도입부로 충당하는 것을, 단막극에서는 1막 중에서도 앞 부분의 짧은 시간 안에 처리해야 하는 것이다. 어떻게 재치 있게, 기술적으로 솜씨 있게 이 부분을 처리하느냐 하는 것에 작품의 성패가 달려 있다.

이렇듯 장막과 단막은 그 성격이 다른 만큼 자연히 그 소재 면에서도 달라야 된다. 우선 단막극은 장막극처럼 복잡다단한 소재는 알맞지 않다. 단순 간결한 소재가 보다 효과적일 수 있다.

근대극의 시조이며, 소포클레스, 셰익스피어와 더불어 세계 3대 극작가로 손꼽히는 입센의 작품이 그 점을 잘 말해 주고 있다. 입센은 매우 복잡 다단한 소재를 즐겨 다루었다. 그것도 가장 중요한 사건은 이미 끝난 과거의 것으로 해서 다루었다. 다른 극작가라면 이미 끝막이 내려진 데를 기점(起點)으로 해서 첫막을 올리는 것이다.

그의 대표작 〈인형의 집〉을 보기로 들어 보자. 이 작품에서 가장 핵심적인 중요한 사건은 노라가 문서를 위조한 사건이다. 그런데 그 작품의 첫막은 그 위조 사건이 지난 지 몇 년 후이다. 그리하여 그 위조 사건이 차츰차츰 밝혀져 현재의 사건과 유기적으로 연결지어진다. 이중 전개인 것이다. 그러기에 입센의 뛰어난 솜씨와 3막이란 그다지 길지 않은 장막극인데도 이에 매이지 않고 따분한 대목이 더러 있다.

입센은 그런 소재만을 즐겨 다루었기 때문에 장막극에는 걸작이 많지만, 단막극은 하나도 없다. 반대로 단순 소박한 소재를 즐겨 다룬 아일랜드의 극작가들(싱, 그레고리 부인, 예이츠 등)은 장막극보다도 단막극에 걸작이 많다. 요컨대 단막극은 장막극처럼 인생의 전면(全面)을 그리려 하지 말아야 하며, 인생의 한 단면(斷面)을 그려야 하는 것이다. 비록 단면이긴 하지만 날카로운 단면을!

〈수술대 위에서〉

IV. 희곡의 전개

1. 무대의 시간적 · 공간적 제약

희곡은 무대에 올리는 것이므로 희곡이라는 형식은 무대가 갖고 있는 제약을 받아야만 된다. 무대의 제약에는 공간적인 것과, 시간적인 것의 두 가지가 있다.

첫째, 공간적 제약은 일정한 면적을 가진 공간, 즉 너비 6칸, 안쪽 깊이 5칸, 높이 3칸이라는 한정된 공간을 말한다. 물론 극장에 따라서 그 크기는 다르다.

그러나 일정 공간임에는 다름이 없다. 극은 이 안에서 상연되는 것으로서 밖으로 뚫고 나갈 수는 없는 것이다. 이 공간에 대개의 장면, 즉 가정의 한 실내도 농가도 궁전도 바닷가도 배 위도 만들 수 있으며, 끝없는 바다나 큰 숲도 암시적으로 나타내는 일이 가능하지만, 아무래도 만들어 낼 수 없는 것도 있다. 가령 몇백, 몇천 마리의 기마(騎馬)가 대평원을 달려 가는 장면이나, 비행기의 편대가 공중을 날아간다든지 하는 정경은 만들 수가 없다. 어떻게 해서라도 그런 장면을 만들 필요가 있다면, 영화 같은 것을 아울러 쓰든지, 관객의 상상력에 어떠한 방법으로써 호소할 도리밖에 없는 것이다. 또한 등장 인물의 수도, 그 행동의 범위도 이 공간에 한정된다. 그러한 의미에서 희곡은 반드시 공간의 제약을 받는 것이다.

둘째, 시간적 제약은, 극이 일정한 연속된 시간 속에서 상연되어야만 된다는 것이다. 가령 유럽이나 미국에서 하루 저녁의 연극 상연 시간은 대개 두 시간 안팎이며, 그 사이에 10분이라든지 20분의 막간(幕間)이 한두 번쯤 들어 있지만, 극은 그 시간 안에 상연을 모두 끝내야만 된다. 물론 그것보다도 긴 희곡도 있으며, 단막극과 같은 40분이나 한 시간쯤의 짧은 것도 있다.

그러나 어쨌든 간에 그것은 어느 길이의 시간이며, 더욱이 연속된 시간, 즉 오늘 한 시간, 내일 한 시간 하는 식의 토막난 시간이 아니고 쭉 계속되어 있는 시간인 것이다. 희곡은 반드시 이러한 시간의 제약을 받는다.

희곡을 쓰는 데 있어서 이러한 공간과 시간의 제약을 받는다는 것은 대단히 갑갑하고 자유스럽지 못한 일이다. 소설 같은 것에는 이러한 제약은 없다. 얼마든지 긴 것을 쓰든, 얼마든지 많은 장면을 만들든 간에 자유이다. 그런데도 희곡에서는 그렇게 되지가 않는다.

그러나 이런 것은 희곡의 특징이므로 뒤집어 생각하면 이러한 제약을 될 수 있는 대로 활용하는 데에 희곡을 쓰는 재미가 있다고도 말할 수 있다. 극작에 있어서 별다른 법칙이란 없는 것이지만, 지금 말한 두 가지의 제약 속에서 써야만 된다는 것이 희곡이 짊어진 숙명과 같은 것이다. 희곡이 이러한 무대의 제약 속에서 씌어진다는 것은 다른 면에서 말한다면 그 무대 앞에 모여서 무대를 보는 관객이 존재하고 있다는 것을 뜻한다. 따라서 희곡은 극장에 모인 관객에 대해서 두 시간이면 두 시간이라는 상연 시간을 통하여 무엇인가 감동을 주는 것이어야만 한다.

연극이 느릿느릿하게 진행된다면 관객은 하품을 깨물 것이며, 이야기 줄거리가 너무 복잡하면 관객은 뭐가 뭔지 몰라 혼란할 것이며, 설명이 불충분하면 관객은 뜻을 몰라 초조해할 것이다. 그러한 희곡은 모두 성공했다고는 말할 수 없다. 희곡은 어떻게 씌어지든 간에 관객의 관심을 끌어서 하나의 감동 수준(그 종류는 여러 가지이지만)에까지 올리는 것이 중요하다. 만약 이것이 되면 그 희곡은 성공했다고 해도 좋다.

이와 같이 생각한다면 희곡이란 무대가 갖는 제약 속에서 관객의 심리를 얼마만큼 짜임새 있게 조직해야 하느냐 하는 것이 근본 문제가 된다. 희곡 창조에 관한 모든 문제는 결국 여기에 연결되어 있는 것이다. 그러므로 희곡을 어떻게 쓰느냐 하는 것은 이 근본 문제 위에 서 있다. 따라서 쓰려고 하는 내용에 대하여 희곡을 어떠한 구성으로 하면 관객을 더욱 더 강하게 감동시킬 수가 있을까 하는 문제로 돌아간다. 극작상의 여러 가지 기술도 결국은 그것 때문의 기술이라고 해도 지나친 말은 아니다.

그러나 여기에서 주의해야만 될 것은 관객의 심리를 조직한다고 해도 오직 그것에만 초점을 두고 생각하는 것은 위험한 일이다. 중요한 것은 작가가 말하지 않고서는 못 견딜 무엇인가를 가지고 있어야 한다는 것이다. 관객의 심리를 조직한다는 것도 그 무엇인가를 더욱 더 감동적으로 관객에게 전하고 싶기 때문이다. 그러므로 만약 내용을 가볍게 여기고 관객의 관심을 끄는 것에만 힘을 기울이면 관객이 싫증을 느끼지 않게 하는 것에만 주의를 집중하는 결과가 되어 겉만 번지르르한 눈요기만의 연극이 되고 만다.

이러한 극본이란 보는 눈에는 변화가 있어 재미있을지 모르지만 내용이 보잘것없든지, 얄팍하여 깊은 감동을 불러일으킬 수가 없다. 내용보다도 기교가 앞선 작품이 되기 쉽다. 19세기 중엽 프랑스에서 유행된 '잘 만들어진 연극(well made play)' 같은 것은 이러한 경향의 희곡이다. 이러한 작품은 상업용으로서 환영을 받을 수는 있어도 예술적 가치가 낮기 때문에 그 시대뿐이지, 곧 잊혀지는 일이 많다.

2. 스토리와 플롯

희곡은 시간적, 공간적인 제약을 받음으로써 그리려고 하는 사건을 일정한 시간과 일정한 장소에 집중시키는 일이 필요하며, 그러기 위해서는 스토리(이야기 줄거리)를 어떤 식으로 가져가는가 하는 것이 중요한 문제가 된다. 바꾸어 말하면 플롯(짜임새)을 어떠한 식으로 전개하느냐 하는 것이다.

스토리와 플롯은 비슷한 의미의 말 같지만 다분히 다른 점이 있다. 스토리 전개는 사건의 시간적 경과라고 보면 좋다. "어느 나라의 왕이 이웃나라와 사이가 좋지 않아 전쟁을 시작하여 전쟁에는 이겼으나, 그 때의 상처가 원인이 되어 죽었다"라고 하는 것이 스토리이다.

그것에 대하여 왜 사이가 좋지 않았는가? 어떻게 싸웠는가? 어떻게 이겼는가? 어떠한 심경으로 죽었는가? 하는 내면적인 이유나 외면적인 상태의 설명을 붙인 것이 플롯이다. 그러므로 플롯은 어느 사건이 왜 일어났으며, 그것이 어떻게 변화되고, 어떠한 결말로 됐는가의 경위(經緯)라고 생각하면 좋다.

희곡에는 길든 짧든 간에 반드시 스토리가 있다. 그것은 희곡이 가지고 있는 내용의 외면적 윤곽이며, 희곡 속의 주요한 사건의 시간적 경과를 나타낸 것이다.

이 스토리에 대하여, 사건이 시간적 경과 속에서 진전해 갈 때에 필연적으로 만들어지는 외면적 변화가 있으며, 그것이 또 그러한 외면적 변화를 낳게 하는 내면적인 원인이라든지 동기라든지에 밀접하게 연결되어 있는데, 이것이 곧 플롯이다. 따라서 플롯은 하나의 스토리가 필연적으로 변화되고 진전되어 가는 데 따른 외면적 경과인 동시에 그러한 변화를 낳는, 혹은 촉진시키는 내면적 경과이다.

희곡에서는 스토리에 관련해서 반드시 플롯이 설정되어야만 한다. 플롯은 단순한 경우도 복잡한 경우도 있으나, 그것은 희곡 전체를 뚫고 나가는 중심의 흐름이라고 보아도 좋을 것이다. 희곡은 플롯에 따라서 외면적으로도 내면적으로도 전개해 가는 것이며, 작가는 그 전개를 통하여 자기가 말하려고 의도한 것을 뚜렷이 형성화해 가야만 된다. 그러므로 플롯을 어떻게 설정할 것인가 하는 것은 극작상 매우 중요한 것으로 되어 있다. 플롯의 전개가 서투르면 그 극의 흐름은 멈추어지든지, 혼란해진다. 여러 등장 인물의 행동도 플롯의 전개와 긴밀하게 연결되어 있어야만 하며, 각 장면의 설정도 플롯의 전개에 가장 알맞게 해야 한다는 것이 중요하다.

그런데 플롯을 외면적 변화의 면에서만 지나치게 중요시하면 이야기 줄거리의 변화를 신기하게 펼치는 재미만을 노릴 위험이 생긴다. 줄곧 보는 눈의 변화에 마음을 빼앗겨 우발적인 것이나 모순된 것을 대수롭지 않게 집어 넣게 된다. 유럽의 고전 극본에는 그러한 것이 적지 않다.

그러나 현대의 관객에 대하여 그런 재미만으로 감동시킨다는 것은 어렵다. 플롯은 물론 주제, 스토리, 내용, 인물 등에 관련되어 있으므로 그것만을 단독으로 떼어내서 생각한다는 것은 안 되지만, 플롯을 효과적으로 전개하는 데는 어떠한 방법이 있을까? 살펴보기로 하자.

3. 셰익스피어의 작품과 단순 전개

플롯을 전개하는 방법에 대하여 필자는 그것을 단순 전개, 이중 전개, 복합 전개의 셋으로 나누어서 생각해 보려고 한다.

플롯의 전개는 보통은 이야기의 시간적 경과에 따라서 진행된다. 바꾸어 말하면 사건의 시간적 옮겨감[推移]을 좇아서 차츰 제시된다. 아무리 이야기 줄거리가 복잡하다 해도 현재로부터 과거로 뛴다든지, 미래로 뛴다든지 하는 일이 없다. 이것이 가장 자연스럽기 때문이다.

제1막에서 오늘의 사건을 다루고 있는데 특별한 준비 없이 제2막에서 별안간 몇 년 전의 일을 쓴다면 관객은 당황해 버린다. 그러므로 마치 말아 놓은 긴 두루마리 그림을 펼쳐 보이듯이 시간적 경과에 따라서 차츰차츰 옮겨 가는 모습을 보이는 것이다.

필자는 이것을 '단순 전개' 라 부르기로 한다. 대부분의 희곡은 이 단순 전개의 방법에 의하고 있지만 한 보기로서 〈페르 귄트(Per gyunt)〉를 들어 보자.

입센의 〈페르 귄트〉(1867)는 5막 38장이라는 긴 희곡이지만, 여기에서는 페르 귄트라는 한 인간의 일생이 청년 시대, 중년 시대, 노년 시대로 때의 옮겨감을 좇아서 차츰차츰 전개되어 그의 전 생애가 그려져 있다. 공상을 즐기고 허풍선이인 데다 무서운 것이 없는 페르는 근처의 신부를 가로채어 산중으로 도망한다.

그러나 곧 그 신부도 버리고 오직 혼자인 어머니마저 팽개친 채 산속에서 마왕의 딸과 살아가다 결국은 거기서도 뛰쳐나와 고향을 등지고 방랑의 길을 떠난다. 몇 년인가 지나서 페르는 모로코의 바닷가에서 거부가 되어 왕자 행세를 하는가 하면, 사하라 사막에서는 예언자를 흉내내고, 카이로에서는 정신병원에 입원하는 식의 부침(浮沈)이 많은 파란만장한 생활을 해왔지만, 늙고 빈털터리가 되어 다시 노르웨이의 고향으로 돌아온다.

숲속의 오막살이에서 페르와의 약속을 잊지 않고 언제까지나 그가 돌아오기를 기다리고 있는 솔베이지가 지금은 나이를 먹고 두 눈은 멀었지만, 그래도 페르에 대한 변함 없는 사랑 속에서 살고 있는 것이었다. 그리하여 페르는 솔베이지가 부르는 자장가에서 자기의 긴 생애에 걸친 마지막 구원을 발견하는 것이다.

이 희곡은 현실과 공상의 세계가 얽혀 장면으로서의 변화도 많고, 사건의 외면적인 흥미와 함께 인생이라는 것에 대한 작가의 철학적 고찰이 되어 있어 사상적인 깊이를 담은 작품이지만, 전개의 방법으로선 이야기를 시대의 옮겨감을 좇아 차츰차츰 전개시켜 페르의 일생을 요지경이라도 보는 것처럼 펼치고 있다.

셰익스피어는 영국의 16세기를 장식하는 극시인으로서 그의 비극, 희극, 역사극의 대부분은 오늘날에도 상연되고 있어 매우 생명이 긴 위대한 작가이지만, 그 희곡은 모두 단순 전개의 방법을 취하고 있으며, 더구나 그것이 전형적 형태를 갖추고 있다.

셰익스피어 시대의 극장에는 무대 장치가 없었다. 따라서 장치를 만들 필요가 없었으므로 도리어 여러 가지 장면을 계속적으로 바꾸는 일이 가능했다. 이 때문에 작가는 에피소드의 배치, 장면의 선택에 비범한 재능을 발휘했으므로 플롯은 정말로 변화가 많고, 형식은 매우 자유분방한 것으로 되어 있다.

그러나 플롯의 전개는 충실하게 시간적 옮겨감에 따르고 있다. 사건이 아무리 복잡해도 그것은 시간적 경과에 따르면서 발단에서 시작하여 변화하고 대단원에 이르러 끝난다. 그것은 무대 위에서 하나의 이야기가 한 시간 반이나 두 시간 동안에 시작으로부터 끝까지 차례로 이야기되어 가는 것이며, 하나의 극이, 바꾸어 말하면 하나의 세계가 점차적 전개를 통하여 그 전체를 나타내는 것이다.

이것은 셰익스피어의 어느 희곡을 들추어 보더라도 뚜렷하지만, 여기에서는 〈로미오와 줄리엣〉(1595)에 대하여 보기를 들어 보자.

이 희곡에서는 결혼할 수 없는 운명에 있는 두 사람의 비극적인 연애가 테마로 되어 있어 사건은 상당히 변화무쌍한 굴곡이 있지만, 그것을 전개하는 플롯은 어디까지나 시간적 옮겨감에 따르고 있다. 로미오라는 젊은 귀공자가 원한이 있는 집의 딸인 줄리엣을 가장 무도회의 밤 처음으로 만나 열렬한 사랑에 빠지게 된다. 두 집안은 베로나의 명문이었지만, 옛날부터 원수 간이었기 때문에 두 사람은 떳떳이 만날 수도 없을 뿐 아니라, 더구나 결혼 같은 것은 생각조차 할 수 없었다.

그러나 두 사람은 몰래 만나서 변함 없는 사랑을 약속한다. 그러던 중에 로미오가 잘못하여 사람을 죽였다는 이유로 베로나에서 국외(國外)로 추방되고, 한편 줄리엣은 부모로부터 마음도 내키지 않는 딴 남자와 결혼하라는 엄한 분부를 받는다.

생각다 못한 줄리엣은 전부터 믿어 온 수도승에게 사정을 밝히고 도움을 청한다. 그리하여 수도승은 가사(假死) 상태가 되는 수면약을 줄리엣에게 주어 그녀를 마음 내키지 않는 결혼으로부터 피하게 하는 동시에 사람을 급히 보내어 로미오를 몰래 불러들이려고 했지만, 수도승이 보낸 사람이 도중에서 뜻밖의 일을 당하여 로미오와 만날 수가 없게 된다. 로미오는 방랑길에서 줄리엣이 갑자기 죽은 것을 알고, 수도승의 깊은 계획 같은 것을 꿈에도 모른 채 급히 베로나로 돌아와 줄리엣이 들어 있는 무덤으로 간다. 그리고 그녀 옆에서 애통해 한 나머지 자살한다. 수면약의 약효가 다 되어 눈을 뜬 줄리엣은 곁에서 숨이 넘어가려는 로미오를 보고 자기도 스스로 목숨을 끊고 만다.

이 희곡은 등장 인물도 많고 사건의 변화도 많으며, 장면의 수도 많지만 작가는 여러 장면을 교묘하게 꾸며 맞추어 두 연인이 뜻하지 않은 운명의 곡절을 겪으면서 비극적 파국으로 빠져들어가는 모습을 세 시간이 채 못 되는 시간 속에 훌륭하게 정리하고 있다.

그러나 플롯의 전개는 어디까지나 시간적 경과에 따르는 점차적인 단순 전개인 것이다.

여기에서는 〈페르 귄트〉와 〈로미오와 줄리엣〉을 보기로 들었지만, 동서 고금의 희곡 중 대부분은 단순 전개의 방법에 따르고 있다. 무대가 갖는 시간적 제약으로 보아 이 방법이 가장 자연스럽기 때문이다.

4. 입센의 작품과 이중 전개

단순 전개의 경우는 사건의 점차적인 외면적 옮겨감을 앞으로 내세우기 때문에 인간의 운명이나, 성격이나, 심리는 그 외면적 옮겨감을 통하여 그리는 것이 된다. 따라서 인간의 복잡하고 깊은 심리를 다룬다든지, 긴 세월에 걸친 사건을 집중적으로 그리려고 한다든지 하면 이 방법만으로는 아무래도 무리한 경우가 생긴다. 그리하여 근대 극작가 가운데에서 무엇인가 새로운 방법을 찾아내려는 노력이 나타났다.

그러나 새로운 방법이라 해도 무대의 공간적 · 시간적인 제약을 무시할 수 없으므로 그런 제약 속에서 무엇인가 새로운 창조 방법을 만들어 내는 수밖에 없었다. 그것은 무대 위에서는 현재의 시간적 경과에 따라서 사건이 진행되어 가지만, 동시에 극이 진행됨에 따라서 과거의 감추어진 비밀이 차츰 밝혀지는 형식이다. 극이 현재의 진행을 해가는 데 따라서 과거로의 거슬러 올라감〔逆行〕이 동시에 이루어져 간다. 그리하여 극은 이중의 흐름을 가져온다.

이것을 '이중 전개'라 부르기로 하자. 앞에서 〈페르 귄트〉를 보기로 든 것은 입센도 처음에는 단순 전개의 방법에 의했다는 것을 알리고 싶어서였다.

그러나 〈인형의 집〉(1879)을 비롯한 여러 작품은 이중 전개의 방법을 취함으로써 압축된 형식 가운데 매우 복잡하고 깊은 내용을 성공적으로 담아내고 있다.

〈인형의 집〉의 주인공 노라는 은행가의 아름다운 아내이며, 세 아이의 어머니로서 아무 부자유스러운 것 없이 행복하게 살고 있지만, 그녀에게는 하나의 비밀이 있었다. 그것은 아직 수입이 적은 남편이 중병에 걸려 전지(轉地) 요양을 해야만 했을 때, 아무도 모르게 비싼 이자의 돈을 빌려다가 남편을 요양 보내서 완치시켰으나, 그 때 차용 증서에 연대 보증인으로 3일 전 죽은 아버지의 이름을 별 생각 없이 써 넣었던 것이다. 세상 물정을 모르는 노라는 이것이 문서 위조라는 무거운 죄가 될 줄은 몰랐다.

그 돈을 빌려 준 크로그스타드라는 사람은 남편의 은행에 근무하고 있는 말단 직원이었으나, 남편은 그 곳의 은행장이 되어 아무런 사정도 모르고 그를 파면시키려고 한다. 크로그스타드는 노라의 비밀을 쥐고 있으므로 노라에게 부탁하여 자기의 직위를 이어 나가려고 한다. 노라는 남편에게 크로그스타드의 일을 부탁하나, 남편은 그가 위선자라 해서 들어 주지 않는다.

그리하여 크로그스타드는 일체의 비밀을 폭로한 편지를 남편 앞으로 부친다. 노라는 그것을 알지만 남편이 편지를 읽는다 하더라도 자기를 위하여 한 일이므로 용서해 줄 것이 틀림없다고 생각한다. 그러나 비밀을 안 남편은 사회적 체면을 꺼려 노라를 엄하게 나무란다. 감사해 할 줄로만 생각했던 노라는 뜻밖에 남편의 이기적인 마음을 훤히 들여다보게 된다.

거기에 크로그스타드로부터 또다시 편지가 온다. 자신의 태도를 뉘우치고 모든 것을 청산하겠다며, 차용 증서도 돌려 보내 왔다. 그러자 그렇게 노발대발했던 남편은 손바닥을 뒤집듯이 문제가 원만히 해결되었으므로 노라의 행위를 용서한다고 말한다.

노라는 남편이 너무나 이기적이며 자기 멋대로임에 한없는 불만을 품게 되는 동시에, 지금까지 살아온 자기의 내면에 하나의 인간으로서, 여성으로서의 깨달음을 얻게 된다. 노라는 그 깨달음에 자극되어 독립된 자기를 찾아서 집을 나가는 것이다.

이 희곡은 여성의 해방을 다룬 문제극으로서 그것이 발표되었을 때 굉장히 평판이 높았던 작품이지만, 극작법이라는 점에서 보더라도 획기적인 의의를 가지고 있다.

여기에서는 극이 시작되기 이전에 하나의 비밀이 설정되어 있어 극이 진행됨에 따라서 그것이 밝혀지게 되며, 그것이 현재의 진행에 중대한 영향을 미치게 되는 것이다. 아내가 남편을 위하여 남편에게 숨기고 돈을 빌렸다는 비밀이 그것이다. 이 숨겨진 사실과 거기에 관련된 경위가 극의 진행에 따라서 차츰 전체의 모습을 나타낸다. 결국 과거로의 거슬러 올라감이 생긴다.

거기에서 극의 이중의 흐름이 시작된다. 그 결과 남편의 감추어진 이기심이 드러나게 되는 것과 더불어 아내의 인간적 깨달음이 솟아나게 되다. 과거의 비밀 폭로는 이 행복한 가정에 놀랄 만한 변화를 가져다 주고, 그 때문에 깨달음이 없는 가정 생활은 깨어지며 노라라는 여성이 다시 태어나게 되는 것이다.

이 이중 전개의 방법은 〈유령〉(1881)에서 더욱 훌륭하게 결정(結晶)되고 있다. 이 작품은 〈인형의 집〉으로부터 1년을 두고 씌어진 것이지만, 형식은 한층 집중적이며, 과거로 거슬러 올라가는 전개 방법이 전체를 일관하고 있다.

헬레네 어빙은 가난한 미망인의 딸이었지만, 젊고 아름다웠을 무렵 두 사람의 청년이 따랐다. 한 사람은 사관, 한 사람은 목사. 헬레네의 마음은 목사에게 기울어져 있었으나, 어머니와 둘레 사람들의 권고로 돈 많은 사관의 아내가 되었다.

그러나 남편은 사회의 평판과는 달리 방탕한 사나이였다. 헬레네는 견디다 못해서 목사에게로 돌아가 도움을 청하지만, 목사는 그녀에게 신(神)의 길을 설교하여 남편한테 돌아가기를 권고했다. 이리하여 집에 돌아간 헬레네는 신에게 봉사하는 것으로 모든 것을 잊을 결심을 하고 자기를 희생하며 남편을 따랐다. 아들인 오스왈드는 아버지의 병독을 받고 태어났다. 남편은 또 하녀에게 아이(레지네)를 갖게 한다.

그러나 아내 헬레네의 헌신적인 노력에 의하여 어빙은 사회적 지위와 재산을 얻고 세상의 신망도 얻게 된다. 이러한 결혼 생활 20년 후 어빙은 이 세상을 떠났다. 미망인이 된 헬레네는 남편이 죽은 후 남편의 명예를 길이 기념하기 위해 가난한 아이들의 수용소를 건설하기로 한다. 이 건설에 관하여 목사에게 여러 가지 도움을 부탁한 관계로 신축 낙성식에 목사가 사회를 맡게 된다.

어빙이 하녀에게 임신시켜 낳게 한 레지네는 어느덧 성인이 되어 하녀도 딸도 아닌 모호한 처지에 놓여 어빙 집에 살고 있다. 그의 양부에 해당하는 목공은 목사의 주선으로 수용소 일을 하고 있다.

헬레네에게 아들 오스왈드는 오직 하나의 희망이었으므로 그가 철이 들자 아버지의 방종한 생활을 알까봐 외국으로 보냈다. 그는 지금 파리에서 그림 공부를 하며 지내고 있다.

극이 시작되기 이전에 이만큼의 사건이 준비되어 있다. 극은 빈곤아 수용소 낙성식을 다음날로 앞둔 날 오스왈드가 파리에서 돌아왔을 때부터 시작된다.

등장 인물은 어빙 부인, 목사, 하녀가 낳은 레지네, 목공, 오스왈드로 많지 않은 다섯 사람. 장면은 3막을 통하여 어빙 집의 넓은 한 방. 시간은 제1막이 오전에 시작되어 제3막이 이튿날 새벽에 끝나는 하루 동안으로 압축되어 있다.

이 하루 동안에 과거의 비밀이 차츰 밝혀져 20년간의 유령이 남김 없이 정체를 드러내게 된다. 과거로의 거슬러 올라감에 따라서 숨겨진 어빙의 방탕한 생활이 폭로된다. 어빙 부인은 아들 오스왈드가 아버지의 병독을 받아서 심신이 좀먹어 가는 비밀을 처음으로 알게 되며, 레지네는 자기의 어두운 출생의 비밀을 처음으로 알게 된다.

구질구질 비가 내리는 하루에 20년의 비밀이 남김 없이 드러난 것이다. 새벽녘, 비밀의 안개가 활짝 걷힌 것처럼 어둡고 구질구질한 궂은 비가 개어 가는 하늘을 향하여 바보처럼 멍해진 오스왈드가 "태양을, 태양을" 하고 허망하게 외친다. 어빙 부인의 절망과 놀라움 가운데에 막.

이 3막의 희곡은 20여 년의 음탕과 허위의 쓰라린 총결산이다.

한정된 인물, 한정된 장면, 한정된 시간에 긴 세월의 과거를 집중화시켜 그 전체의 그림자를 던지게 한 것은 놀랄 만한 기교라고 말할 수 있다. 입센은 이중 전개의 방법을 뚜렷이 세움에 따라서 희곡의 창조 방법을 한층 더 고도화한 것이다. 그것은 극작법상에 하나의 혁명적 의의조차 가지고 있다.

그러나 모든 희곡이 이 방법에 의하여 성공하느냐, 못하느냐는 다른 문제이다. 이중 전개의 방법에 의하려면 첫째, 제재와의 관계가 있으며, 제재에 따라 맞고 안 맞는 것이 고려된다. 둘째, 이 방법에 의할 때는 과거를 항상 회상적으로 현재의 진행 가운데에 짜 넣어야 하므로 재능이 있는 작가가 면밀한 계산으로 쓰지 않는 한, 대사가 설명적이 된다든지, 기교가 두드러지게 들뜬다든지 하는 위험성이 많아진다.

대체로 극이란 보통 막이 올라 갔을 때, 관객 앞에서 사건이 시작되며 각 인물이 소개된다. 그리고 극이 진행됨에 따라서 사건이 발전되고 각 인물의 성격이 형성되어 간다. 따라서 막이 열렸을 때에는 사건도 인물도 백지 상태로부터 시작되는 것이므로 '극 이전의 극' 을 갖지 않는 것이 보통이다.

그렇지만 이중 전개의 경우는 극 이전에 이미 긴 극이 진행되고 있는 것이다. 바꾸어 말하면 긴 극이 끝난 뒤에 그 총결산으로서의 새로운 극이 시작되는 것이라고 봐도 좋다. 따라서 사건도 인물도 극 이전의 큰 극을 짊어지고 있다. 그러므로 간결한 형식 가운데 큰 내용을 집중화하고 압축하여 그려내는 것이 가능한 것이다.

그런데 이와 같이 이중 전개가 이룬 정도와 같은 효과를 올리고 있는 것으로서 체호프의 여러 희곡이 있다. 여기에서는 뒤에서 자세하게 해부할 〈벚꽃 동산〉을 생각하여 보자. 이 희곡은 단순 전개의 방법을 취하고 있는 것이지만, 보통의 단순 전개는 아니다. 여기에서는 사건도 인물도 모두가 총결산의 광장에 놓여 있다.

그것은 이중 전개의 경우와 마찬가지이다. 그리고 개인적인 과거뿐이 아니고, 역사적인 과거의 결과로서 저마다 자기 생활의 결말을 짓고, 또는 전환을 받아들이며, 더욱 그것이 아득한 미래로 연결되어 있는 것이다. 모든 사건은 우연한 일이 아니며 과거의 필연적 결과이다. 그리고 과거는 회상적으로 이야기되는 것이 아니고 마음의 움직임에 따라서 추억된다. 즉 과거는 심리의 연결에 있어서 살아난다.

전부를 '총결산의 광장'에서 잡아 그것을 심리의 연결에서 나타낸다는 〈벚꽃 동산〉의 수법은 입센의 이중 전개에 뒤떨어지지 않을 만한 집중화를 가능하게 하며, 크고 다채로운 내용을 그리는 것에 성공하고 있다. 더욱이 체호프의 경우에 있어서는 총결산의 광장에서의 결말이나 전환은 시대와 생활의 큰 흐름 속의 결과이므로, 그것은 필연적으로 미래의 그림자를 엿보게 하고 있다.

각 인물의 운명이 밝고, 혹은 어두운 미래로 연결되어 있는 것이 암시되어 있다. 여기에 체호프의 희곡이 지닌 과거에서 미래에 걸친 넓은 전망이 있다. 〈인형의 집〉에서는 집을 나간 노라의 미래가 의문인 채로 남겨져 있으며, 〈유령〉에서는 어빙 부인도 오스왈드도 구원할 길 없는 절망 속에 어두운 인생의 막을 닫을 뿐이다.

그러나 〈벚꽃 동산〉에서는 각 인물의 미래가 저마다 암시되어 있다.

입센의 희곡이 예술적으로 도달한 세계도 높지만, 체홉의 희곡도 그것에 뒤지지 않을 만큼 높다.

5. 아서 밀러의 작품과 복합 전개

현대의 희곡은 창조 방법에 있어서 입센 및 체홉을 밟고 넘어서는 일 없이는 새로운 진전을 할 수가 없다. 그것은 체홉적 창조 방법과의 대결이라고 생각해도 좋다. 현대의 재능있는 야심적인 작가는 무대가 가진 제약과 싸우면서 다각적인 시도를 꾀하고 있다.

그런 작가 가운데에서 특히 주목할 만한 극작가의 한 사람이 미국의 유진 오닐이다. 오닐의 야심작은 모두 희곡에서의 표현 능력의 확대라는 점을 지향하고 있다. 인간의 보이지 않는 내면 생활을 나타내기 위하여 독백이나 방백의 대담하고도 새로운 부활을 꾀한다든지(〈기묘한 막간 희극〉), 한 인간 속에 내재해 있는 상반되는 성격을 구체화하고자 가면의 새로운 사용법을 생각한다든지(〈위대한 신 브라운〉) 해서 무대의 제약을 극한에까지 몰아세워 희곡의 형식을 넓힌 것이다.

제2차 세계 대전 후, 미국의 극작가는 크게 말하여 체홉으로부터 배운 사실적 수법과 오닐에 의하여 개척된 가능성 위에 세워졌다고 볼 수 있지만, 아서 밀러는 이러한 토대를 발판으로 하여 〈세일즈맨의 죽음〉에서 새로운 창작 방법을 확립하였다. 그것은 현재의 진행 중에 과거를 때때로 끼워 넣어 현재와 과거가 나란히 평행하여 겹쳐 진행되어 가는 수법이다.

필자는 이것을 복합 전개라 일컫기로 한다.

아서 밀러는 전후의 미국이 낳은 가장 뛰어난 극작가이다. 그가 체홉에게서 어느 정도 배웠는가는 확실치 않지만, 그의 〈모두 우리 아들〉(1947)에서 나타나는 입센 식의 사실성을 보면 유럽 근대극의 전통을 받아들이고 있는 것을 알 수 있으며, 자기 나라의 대작가 오닐의 여러 작품에 대해서도 무관심했다고는 생각되지 않는다.

그러한 토대가 있었으므로 현재와 과거를 평행시킨다는 혼란에 빠지기 쉬운 수법을 훌륭하게 자기 것으로 소화할 수 있게 된 것이 아닐까? 〈세일즈맨의 죽음〉의 제재는 매우 평범하다. 거기에는 뉴욕의 교외에 살고 있는 한 사람의 평범한 늙은 세일즈맨과 그 가족이 그려져 있다.

윌리 로만은 어느 회사의 세일즈맨으로서 36년이나 근무하고 있다. 구두를 반짝반짝하게 닦아 신고 벙긋 웃는 얼굴로 상품 주문을 맡으며 다닌다. 전에는 1주에 170달러의 수수료가 들어온 때도 있었다.

그러나 지금은 온통 시대가 바뀌어 상품이 좀처럼 팔리지 않을 뿐더러, 낯익은 단골들도 은퇴하지 않았으면 죽어 버렸거나 하여, 아무리 뛰어 다녀도 조금도 성과가 오르지 않는다.

700마일이나 자동차를 달려서 주문 하나 못 맡은 채 또 700마일을 달려서 고달픈 몸으로 돌아온다. 수입이 적어서 이웃 친구로부터 1주일에 50달러씩을 빌려 가지고 자기가 번 돈처럼 가장하여 아내에게 주기에까지 이르렀다. 희망을 걸고 있던 아들도 도무지 신통치 않았다.

몸과 마음이 지칠 대로 지쳐 정신마저 미칠 듯해진 로만은 회사에 부탁하여 월급은 적더라도 뉴욕 안에서 근무하게 해 달라고 하려 하지만, 자기를 잘 알고 있는 사장은 이미 죽고, 그 아들의 시대가 되어 있다. 로만은 36년간이나 근속하여 상품의 판로도 넓혀 놓았고 상표를 많이 선전하여 놓았는데도 젊은 사장은 공로가 큰 그의 희망을 들어 주지 않는다. 그는 몰래 자살을 하려고 마음먹은 일조차 있다.

긴 세월 동안 정숙하게 그를 도와 온 아내 린다는 이렇게 말한다.

"아버지는 위인은 아니야. 큰 돈을 모은 일도 없어. 이름이 신문에 난 일까지도 없어. 그러나 아버지는 인간인 거야. 그 아버지에게 큰 일이 일어나고 있는 것이지. 그러므로 잘 돌보아 주지 않으면 안 돼. 늙어빠져 버려진 개처럼 돌아가시게 해서 되겠니?"

결국 이 늙은 세일즈맨은 오직 보험금을 처자에게 남겨 주고 싶은 마음으로 일부러 자동차 사고를 일으켜서 자살하고 만다. 이것은 오늘날의 미국 사회에 사는 평범하고 전형적인 한 시민의 비극이다.

작가는 2막 및 〈진혼(鎭魂)의 기도〉라고 일컫는 짧은 1막과 도합 3막으로 이 세일즈맨이 죽기 직전의 며칠을 잡아 그의 생애와 그 운명을 남김없이 그렸다. 여기에서는 시간적인 것이 매우 대담하게 무시되어 있다.

첫째로, 현재의 진행 속에 과거가 때때로 끼어들어서 현재와 과거가 겹쳐서 진행된다. 학생 시절, 미래의 희망에 빛나고 있는 아들들과의 생활, 로만이 여행지에서 관계를 가졌던 여자와의 정경, 알래스카에서 부자가 된 형의 출현 같은 것이 주인공 윌리 로만의 심리의 영상으로서 자유롭게 끼어들고 있다. 이러한 수법은 시간적 옮겨감을 무시하고 있으므로 관객에게 혼란을 줄 위험성이 적지 않지만, 이 작품은 훌륭하게 그것을 처리하고 있다.

둘째로, 현재의 시간적 진행도 대담하게 비약시켜, 그 비약한 부분은 음악 같은 것에 의하여 암시되었으며, 필요한 정경에서 정경으로 옮겨져 간다. 이러한 것은 지금까지의 무대 상식에서 본다면 매우 왈가닥스럽고 무모한 일이지만, 여기에서는 그것이 조금도 부자연스러운 느낌을 주지 않는다.

작가는 이러한 수법을 가능하게 하기 위하여 무대 장치에서도 세밀히 머리를 쓰고 있다. 무대는 윌리 로만의 조그마한 집으로 가운데가 부엌, 왼쪽의 한 층 높은 공간이 침실, 뒤쪽으로 더욱 한 층 높은 공간이 아이들의 침실, 앞쪽은 뒤뜰이다.

현재의 사건인 때는 그것들의 공간의 구별이 엄중히 지켜지지만, 과거의 사건으로 옮긴다든지, 다른 장소로 바뀐다든지 하는 경우에는 그것들의 구별이 대담하게 무시된다. 그리고 시간의 비약이나 장면의 이동을 연결하는 것은 빛이며, 소리이며, 음악이다. 이것은 무대상의 표현의 가능성을 막다른 데까지 몰고 간 것이며, '고도의 리얼리즘' 이라 보아도 좋을 것이다.

입센이 뚜렷이 세운 이중 전개의 방법에서는 과거는 '회상'으로서 말해지는 것이었을 따름이지, 눈에 보이는 구상적인 것으로는 표현되지 않았지만, 〈세일즈맨의 죽음〉의 수법에서는 과거가 눈에 보이는 구상적인 것으로서 관객의 눈앞에 나타난다. 따라서 이 편이 보다 시각적이며, 어떤 의미에서는 보다 연극적이라고 할 수 있다.

필자가 복합 전개라고 부르는 이 수법은 영화에서의 플래시 백의 기교이다. 물론 이 수법을 아서 밀러가 아니고는 반드시 생각해낼 수 없다는 것은 아니다. 그러나 밀러는 그것을 훌륭하게 연극적으로 살려서 한 세일즈맨의 비극적 일생뿐 아니라, 그가 살았던 시대의 옮겨감까지도 뚜렷이 나타내는 데에 성공했다. 〈세일즈맨의 죽음〉은 무대에서의 표현 능력이 극한에까지 다다른 것처럼 생각된다. 그런 의미에서 이 작품은 희곡의 창작 방법에 새로운 진전을 가져왔다고 해도 좋을 것이다.

〈맥베스〉

V. 희곡의 전체 구성

1. 구성상의 여러 법칙

희곡에 있어서 플롯의 전개 방법은 단순, 이중, 복합의 어느 것이든지 간에 전체의 진전하는 흐름이 완화와 위급의 알맞은 배열로써 관객의 마음을 사로잡아 놓치지 말아야 한다.

느릿느릿하게 늘어나도 곤란하고, 조급한 긴장의 연속이어도 안 된다. 또 옆길로만 빠지는 것도 서투른 짓이다. 그래서 플롯을 중심의 흐름으로 하고 희곡이라는 전체의 대하(大河)를 어떻게 형성하느냐 하는 것이 문제이다.

결국 전체의 구성의 문제이다.

플롯을 짊어지고 그것을 전개해 가는 것은 여러 등장 인물이므로 그들 인물을 어떻게 배치하며, 어떻게 움직이게 할까? 또 어떠한 장면을 어떻게 설치할까? 그러한 설계를 통하여 사건의 변화, 에피소드의 배열 등이 궁리되어 극 전체의 흐름이 내면적인 것의 필요에 따라서 촉진되어 기복(起伏), 완급(緩急)의 물결을 그리며 진행되어야 한다. 이것이 구성의 문제이다.

희곡을 어떠한 구성으로 다루어야 할 것인가 하는 것은 한 마디로는 말할 수 없다. 그것은 제재나 내용에 관련되는 것이므로, 작가는 플롯의 전개를 통하여 자기가 말하고자 하는 것을 가장 잘 표현할 수 있는 방법과 차례를 생각해 내는 수밖에는 다른 도리가 없다. 이 문제에 관하여 옛부터 알려져 있는 법칙 비슷한 것이 없는 것은 아니다. '기(起), 승(承), 전(轉), 결(結)' 이라든지,

프라이타크의 '5부 3점설' 이 그것이다.

그러나 어떤 희곡이나 이것에 맞춘다고 해서 잘 된 구성이 되며, 좋은 희곡이 씌어진다는 것은 아니다. 그것들은 어디까지나 구성이라는 문제를 생각하는 데 있어서 하나의 참고에 지나지 않는다.

'기, 승, 전, 결' 이란 원래 옛날 당(唐)나라에서 생긴 시작법(詩作法)이다. 한 줄에 일곱 자(字), 네 줄로 된 28자의 시는 이 방식에 따르는 것에 의하여 완성된 형식인 칠언 절구(七言絶句)를 갖출 수 있다고 하는 것이다. 보기를 들면 다음과 같다.

기 近來安否問如何 (요즘 우리 님은 안녕하신지?)
승 月到紗窓妾恨多 (창문에 달 밝으니 내 맘 서러워)
전 若徒夢魂行有跡 (꿈 속에 가는 넋도 자취 있다면)
결 門前石路已成沙 (문 앞의 돌길조차 모래 됐으리) —이옥봉(李玉峰)

기는 시작이며, 승에서 그것을 이어받아 발전시켜, 전에서 그것에 변화가 생기고, 결에서 결말을 짓는다는 것이다. 이 차례는 한시(漢詩)뿐만 아니라 소설이나 희곡과 같이 구성을 필요로 하는 것에 있어서도 간단하면서 요령 있는 설명이라고 할 수 있다.

'5부 3점설' 이란 프라이타크의 유명한 견해이다.

프라이타크는 19세기의 독일의 학자이자 극작가로서 《희곡론(드라마의 기교)》(1863)을 발표하여 희곡의 본질을 구명했는데, 이 책은 이 방면의 연구로서 고전적인 가치를 가지고 있다. 그는 이 책에서 희곡의 구성으로서의 '5부 3점설' 을 말하고 있다. 여기에서 그것을 아주 간단하게 소개하자.

프라이타크는 옛날의 유명한 희곡을 연구하여 희곡 구성에 관한 기본적인 형은 다음과 같이 된다고 생각한 것이다.

① 개막되고 이제부터 플롯이 전개되려고 하는 첫 부분으로서의 '발단(發端)'.
② 그것으로부터 극의 흐름이 차츰 긴장도를 높이면서 발전하여 가는 '상승(上昇)' 의 부분.
③ 그것이 올라갈 대로 올라가서 정점(頂點)에 이른 클라이맥스의 부분.
④ 이번에는 그 정점을 경계로 하여 극의 흐름이 차츰 내리막길이 되는 '하강(下降)' 의 부분.
⑤ 끝으로 전체의 결말로서의 '대단원(大團圓)' 의 부분.

이 다섯 가지의 부분으로 이루어진다. 그리하여 그것에는 세 가지의 중요한 '점' 이 들어 있다 한다.

① 극의 흐름이 하나의 방향으로 향하여 상승하려고 움직이기 시작하는 모멘트(危機).
② 클라이맥스 뒤에 주인공의 운명이나 사건 같은 것이 급격히 전환하는 모멘트. 비극에서는 그것은 비극적 모멘트이며, 일반적으로는 전향점(轉向點)이라고 보아야 할 것이다.
③ 대단원에 앞서 한 번 더 긴장을 만들기 위한 모멘트.

이상의 3점이지만 그 가운데에 제1의 점은 상승의 기점(起點)으로서의 모멘트로 반드시 필요하지만, 제2의 점, 제3의 점의 모멘트는 반드시 있어야만 하는 것은 아니라고 한다.

이 희곡 구조를 프라이타크의 의견에 따라 선(線)으로 표현하면 피라미드형이 된다. 발단으로부터 차츰 상승하여 클라이맥스에 이르는 전반(前半)과 거기서부터 하강하여 결말로 내닫는 후반(後半)과의 두 부분이 클라이맥스를 정점으로 하여 세모꼴을 형성하는 것이다.

그리하여 제1의 점은 전반선(前半線)의 중간 정도보다 약간 앞에 위치하며,

둘째의 점은 후반선(後半線) 클라이맥스의 곧 뒤가 되며, 제3의 점은 대단원의 약간 앞에 위치하는 것이다.

프라이타크가 제창한 법칙은 모든 희곡에 들어맞는 것은 아니며, 또 그는 근대극 이전의 사람이므로 연구의 대상에는 근대극이 들어 있지 않았지만, 그의 고찰은 희곡의 구성에 관하여 기본적인 것을 제시하고 있는 것은 사실일 것이다.

연극이 시간적 제약을 받는다는 것은 동시에 관객의 감각적 · 심리적 연결로써 진행한다는 것이다. 따라서 끊임없이 관객의 주의를 끌게 하여 그 심리적 반응에 맞추어 가면서, 관객의 머리를 혼란시킨다든지, 지루하게 하는 일 없이 전체의 진행이 이룩되어야 한다.

이것은 반대로 극의 흐름의 기복, 완급의 물결을 기본에 두고 자연히 규정되는 것이 있다. 이런 뜻에서 방금 말한 세 가지의 법칙은 그러한 문제에 대하여 기본적인 형태를 나타낸 것이라 볼 수 있다.

필자는 여기에서 〈벚꽃 동산〉을 살펴보고 싶다.

이 작품의 구성은 방금 말한 기본적인 형태에 가깝다. 특히 4막이라는 형식은 '기 · 승 · 전 · 결'의 법칙에 호응되는 것이 있다.

제1막은 '기'에 해당하며, 제2막은 '승'을 포함하고 있고, 제3막은 '전'이 자리하고 있으며, 제4막은 '결'로 되어 있다. 몇 개의 작은 흐름은 그와 같이 되어 있는 것이다.

거기에는 기교가 두드러진 데도 없고, 지나치게 연극다운 꾸밈새를 느끼게 하는 데도 없으며, 교묘하게 잘 만들어 관객에게 거짓된 감동을 강요하는 것 같은 점도 없이 모두 자연스러우며, 그리고 훌륭한 구성으로 되어 있는 것이다.

희곡의 구성은 그것이 어떻게 짜여지든 간에 일정한 시간 안에 관객의 심리적인 반응에 맞추어 가면서 플롯이 멈추는 일 없이 명쾌하게 전개되고, 앞뒤의 관계가 모순되는 일 없이 필연적으로 들어맞으며, 각 부분이 알맞은 비중을 가지고 균형을 갖추어 관객에게 하나의 감동을 주게 하는 것이 중요하다.

만약 이것이 잘 되어 있지 않으면 어떤 뛰어난 내용도, 작가가 그리려고 하는 감동도 관객의 가슴을 울리지 못한 채 어디론가 허망하게 사라져 버릴 것이다.

2. 발단과 예비 설명

다음은 구성상의 각 부분에 대하여 용어의 설명을 겸하면서 일반적인 상식론을 벌이기로 한다.

우선 '발단' 과 '예비 설명' 의 부분이다.

발단은 첫막의 막을 여는 부분이다. 개막의 벨이 울려 어두워진 객석에서 관객은 기대에 불타면서 기다리고 있다. 조용히 막이 오른다. 하나의 장면이 관객의 눈앞에 나타난다. 그로부터 몇 분간에 무대는 관객의 주의를 끌어야 한다. 그것은 매우 중요한 몇 분간이다. 극의 내용에 따라서 천천히 진행되든지, 급속히 진행되든지 간에 이 부분에서 관객의 주의를 모으고 관심을 끌어 일으키지 못하면 그 희곡은 대체로 성공이 어렵다고 봐도 된다. 왜냐하면, 막이 오르는 순간에 관객이 품고 있는 기대가 이 몇 분간에 급속도로 식어 버리고 만다면 그 기대의 긴장을 도로 돌이킨다는 것은 쉬운 일이 아니기 때문이다.

이 부분을 '도입부' 라고 불러도 좋다.

극의 흐름이 될 수 있는 한 빨리 중심적인 흐름으로 옮겨 가야 되는 부분이며, 동시에 그 극이 요구하는 분위기가 만들어져야 하는 부분이다. 쓸데없는 인물이 나오든지, 전체의 플롯과 그다지 관계도 없는 회화가 길게 계속된다든지 하는 산만함은 되도록 피해야 한다.

또 분위기를 만드는 것은 중요하지만, 그 때문에 일부러 설명적인 대사를 시킨다든지, 작은 사건을 끼운다든지 하는 것은 좋은 방법이 아닐 것이다. 막이 열렸을 때, 무대 장치가 그 장면의 정황을 나타내고 있기도 하므로 정황에 대하여 특별히 설명하는 것은 필요치 않으며, 전체의 플롯에 관련하여 대사나 동작이 진행되는 가운데 분위기가 자연히 생기는 것이 가장 좋은 방법이다.

그렇지만 예외는 있을 것으로 생각한다. 가령 무엇인가 특수한 기계 설비 따위에서 관객이 모르는 것이 무대에 놓여져 있는 경우 그것에 대하여 설명이 필요하지만, 그 경우에서도 될 수 있는 한 간단한 말로 알맞게 설명하여 그 이상으로 하지 않는 편이 좋으며, 그것이 플롯에 관련되었을 때에는 충분하게 설명하는 것이 좋다.

셰익스피어의 〈햄릿〉(1603)의 개막은 불안한 긴장 속에 시작된다. 춥고 깊은 밤, 성벽 위에는 몇 명의 파수병이 서성대고 있다. 망령이 나타난다 하여 긴장된 분위기가 떠돌고 있다. 거기에 망령이 말없이 모습을 나타낸다. 그것은 이제부터 진행하는 극이 심상치 않은 공기에 싸여 있는 것을 암시한다. 관객은 막이 열린 지 몇 분도 안 되어 강하게 호기심을 자극받아 무대에 끌리고 만다. 매우 효과적인 발단이라고 할 수 있다.

같은 작가의 〈로미오와 줄리엣〉은 동적(動的)이며, 또한 회화적(繪畵的)인 발단에 의하여 막을 열고 있다.

이른 아침의 베로나 거리. 카플렛과 몬타규 두 집안의 하인들이 거리에서 만나자마자 싸움이 시작되어 칼을 빼들고 서로 겨눈다. 이와 같이 극은 순식간에 격렬한 움직임 속으로 뛰어 들어가 관객의 마음을 강하게 자극하는 동시에 이 비극의 밑바탕을 이루는 두 집안의 싸움을 구체적으로 나타내고, 그 싸움의 뿌리 깊은 점을 뚜렷이 관객에게 인상시키고 있다.

〈벚꽃 동산〉의 개막도 매우 교묘하다. 그것은 어둑어둑한 새벽, 몇 사람의 등장 인물들이 기대와 흥분을 품은 채 조용히 시작된다.

〈로미오와 줄리엣〉이 격렬한 움직임으로 시작되는 '동적(動的)' 인 발단이라고 하면 〈벚꽃 동산〉은 움직임이 극도로 적은 '정적(靜的)' 인 발단이다.

발단은 동적인 것이 좋으냐, 정적인 것이 좋으냐는 그 극의 내용에 의한 것이어서 통틀어 말할 수는 없지만, 발단이 너무 동적이어서 인상이 강하면 뒤에 따르는 긴장감을 덜게 하는 경우가 없는 것도 아니다. 특히 클라이맥스의 강도는 발단의 강도의 몇 배가 되어야만 하기 때문이다.

현대극에 있어서 클라이맥스의 강점은 사건의 외면적인 화려함보다도 내면적인 경우가 많기 때문에 정적인 개막이 실패가 적을 것 같다. 물론 느닷없이 동적인 개막을 함으로써 관객을 놀라게 하는 방법을 쓸 수도 있지만, 다음의 발전이 그것에 따라가지지 않으면 아무 것도 아니다.

이 발단의 부분은 작가로서는 극본을 맨처음 쓰기 시작하는 부분이지만, 인상적이며 간결해야 되므로 기술적으로 가장 어려운 부분인지도 모른다. 이것이 잘 써지면 뒤는 어느 정도 술술 나아갈 것으로 생각된다.

이 발단의 부분 뒤에 '엑스포지션'이라는 것이 있다. 이것은 '예비 설명' 또는 단지 '설명'이라고 생각해도 좋다. 여기서는 등장 인물 서로의 관계나, 이야기 줄거리의 발전에 필요한 예비 지식을 밝혀 두는 것이다. 예비 지식의 성질에 따라서는 뒤의 이야기 줄거리의 전개에 관한 '복선(伏線)'이 되는 경우도 있다. 이런 설명은 맨처음에 솜씨 있게 해 놓지 않으면 뒤에 가서 인물의 관계가 알 수 없게 되든지, 이야기 줄거리의 발전을 이해 못하게 되든지 하는 위험성이 생긴다.

그러나 이 엑스포지션의 부분은 반드시 있어야 하는 것은 아니다. 이 부분에서 해야 할 일들을 발단에서 처리할 수 있다면 그렇게 해도 좋다. 첫막의 첫 부분은 될 수 있는 한 간결하게 하고, 간결한 가운데 무드(분위기)를 조성하면서 중심의 흐름으로 빨리 옮겨 가는 편이 좋다.

흔히 비극이나 신파의 극본에서는 그 극에서 그다지 중요하지 않은 인물인 그 집 가정부와 하인으로 하여금 이 엑스포지션 부분에서 대사를 주고받게 한다. 그 대상인즉 지금 벌어지고 있는 사건을 설명한다든지, 주요 인물에 대하여 설명한다든지 하는 것이 보통이다. 이른바 '이야기 줄거리를 판다〔賣〕'는 것이 바로 이것이지만, 극작술의 올바른 길〔正道〕에서 볼 때 이런 수법은 사건이나 인물의 설명으로서는 유치하며 안이한 것이다.

3. 상승부와 클라이맥스

희곡은 발단에서 중심적인 주류로 향하여 흐르는 것이 보통이지만, 그 흐르기 시작하는 모멘트(계기)가 있다.

프라이타크는 극의 주인공의 영혼 속에 하나의 감정이라든지, 의지가 높아져서 그것이 행동이 되어 밖으로 나타내지는 순간이라든지, 혹은 주인공에게 거슬리는 역류(逆流)가 주인공에 작용하여 행동을 일으키게 하는 순간이라든지를 움직임의 기점으로 생각하고 있다. 프라이타크의 사고 방식은 희곡에는 반드시 주인공이 있다는 것을 전제하고 있다. 따라서 주인공이 자기의 내적 요구에 끌려 행동을 일으키려 하는 순간을 움직임의 기점이라고 본 때문이다.

그러나 근대극 이후는 주인공이 없는 희곡도 적지 않으므로 오늘날 보면 프라이타크의 해석에는 어느 정도 한계가 있다고 말하지 않을 수 없다. 비록 그렇다 하더라도 희곡은 움직여 발전하는 것을 내용으로 하고 있는 이상, 플롯이 움직이기 시작하는 순간이 반드시 존재한다. 그것은 두드러지게 보일 때도 있지만, 흐리멍덩하여 잡기 어려운 경우도 있다. 어떠한 희곡에서도 움직이기 시작하는 모멘트를 반드시 품고 있을 것이다.

〈벚꽃 동산〉에서 그것을 생각해 보면 파리에서 돌아오는 일행들, 그네들을 역에까지 마중 나간 사람들, 그들이 집으로 돌아왔을 때는 이 집의 가족이 모두 모여 다시 전과 같은 생활을 시작한다는 점에서 극 전체의 흐름이 움직이기 시작하는 기점이다.

더구나 첫막의 중간쯤에서 로파힌이 부인들을 향하여 이 벚꽃 동산이 빚으로 넘어가게 될 것이므로, 하루라도 빨리 그것에 대한 대책을 강구해야만 되겠다고 하는 대목은 이 극의 비극으로서의 줄거리가 표면으로 나타나 모든 사람이 좋든 싫든 간에 뚜렷이 그것을 의식해야만 되게 된 때이므로, 비극적인 줄거리가 움직이기 시작하는 기점이다. 이렇게 생각하면 〈벚꽃 동산〉에서는 성질이 다른 두 가지 움직임의 기점이 첫막 속에 준비되어 있는 것이 된다.

이와 같이 두 가지 기점이 있다는 것은 몇 가지의 줄거리가 한데 얽혀서 진행되고 있는 〈벚꽃 동산〉에서는 매우 자연스러운 일이다. 이 움직임의 기점에 의하여 극의 흐름은 긴장과 속도를 더하면서 차츰 상승해 간다. 이 상승을 촉진하는 것은 무엇인가 하면 그것은 희곡이 다루는 제재에 따라서 여러 가지이다.

그것은 상대되는 두 개의 힘의 '투쟁'인 것도 있을 것이며, '위기'가 닥쳐오는 데 따라서 일어나는 일도 있을 것이다. 하나의 비밀을 설정해 놓고 그 때문에 사건이 발전해 가지만, 그 비밀이 좀처럼 폭로되지 않으므로 관객으로 하여금 언제 그것이 밝혀질까 하는 흥미를 품게 하는 경우도 있을 것이다. 또 서스펜스(불안감)를 담아서 사건을 진전시켜 관객으로 하여금 어떠한 결과가 될 것인가 하고 가슴 졸이게 하는 경우도 있다. 뒤의 두 경우는 멜로드라마(통속극)나 추리극 같은 것에 잘 쓰이는 수법이다.

이 상승부는 굵은 한 줄기의 흐름일 수도 있고, 몇 줄기의 작은 흐름이 뒤섞인 것도 있으며, 형형색색의 변화를 가지고 있는 경우도 있다. 또 프라이타크가 부르짖는 바와 같이 주류에 대하여 거꾸로 작용하는 역류가 있어 주류를 막으려고 하며, 그것이 또 주류의 흐름을 촉진시키는 경우도 있을 것이다.

어느 것이든 이 부분이 긴장도를 높이면서 상승선을 그리며 진행하지 않으면 관객은 싫증을 내고 만다.

클라이맥스는 상승해 온 흐름이 최고조에 이르는 장면이다. 프라이타크에 의하면 그것은 '높아가는 투쟁의 결과가 강하게 그리고 결정적으로 나타나는 대목'이다. 극의 내용이 하나의 '투쟁'인 경우에는 그렇다고 할 수 있다.

그러나 내용이 투쟁이 아닌 경우도 있다. 클라이맥스는 극의 흐름이 그 이상 높아질 수 없다는 막다른 극한이라고 생각하면 좋을 것이다. 그것은 주인공의 감정이 가장 고조된 순간인 수도 있고, 몇 사람인가의 중심 인물의 감정이 하나로 합쳐져 뭉쳐진 경우도 있으며, 사건이나 운명이 막다른 데까지 이르러 그 본질을 결정적으로 나타낸 순간인 것도 있을 것이다.

클라이맥스는 관객이 숨을 죽여 손에 땀을 쥐고 무대를 보는 순간이다. 그것은 희곡 구성상의 안목이 되는 곳이다. 연극의 오랜 통념으로 말하면 명배우가 열연하여 한 가락 보일 만한 장면인 것이다.

〈벚꽃 동산〉에서는 이 클라이맥스가 제3막의 마지막에 와 있다. 경매로 벚꽃 동산을 손아귀에 넣은 로파힌이 안드레예프나 부인한테 와서 하늘에라도 올라갈 듯한 기쁨을 터뜨려 부인이 절망과 정신적 충격으로 멍하게 되는 대목이다. 무척 인상적이고 강렬한 클라이맥스를 만들고 있다.

클라이맥스는 한 희곡에서 하나로 한정되어 있는 것은 아니다. 희곡에 따라서는 몇 개의 클라이맥스가 배치되어 있는 일이 있지만, 그러한 경우에는 가장 큰 클라이맥스가 있어야만 된다. 그리하여 클라이맥스는(여러 개 있으면 그 가운데 가장 큰 것이) 극 진행의 3분의 2 정도의 곳에 오는 것이 보통인 듯하며, 관객 심리 면에서 보더라도 마땅한 듯하다.

4. 하강과 종국(결말)

클라이맥스는 발전하여 온 것이 올라갈 대로 올라간 순간이므로 폭발하든지, 응결(凝結)하든지 간에 그 이상 어쩔 수 없는 결정적인 상태를 의미한다. 말하자면 옴쭉달싹 못하는 경지이다. 따라서 그 뒤에 오는 것은 파멸, 죽음, 휴식, 완화, 전환 같은 것임은 당연하다.

극이 클라이맥스를 경계로 하여 급속히 하강의 선을 그리기 시작하는 것은 매우 자연스러운 일이다.

〈벚꽃 동산〉의 로파힌은 벚꽃 동산을 손아귀에 넣은 순간, 농노(農奴)라는 낮은 신분으로부터 일약 큰 장원(莊園)의 소유자로 뛰어 올라간 것이다. 만약 그가 심장이 약한 사나이였다면 너무나 벅찬 기쁨에 숨막혀 죽었을지도 모른다. 한편 벚꽃 동산을 잃은 안드레예프나 부인은 현실의 지주 귀족으로부터 몰락에로의 첫걸음을 내디딘 것이다. 만약 부인이 강하지 못한 여자였다면 자살을 했을지도 모른다.

이와 같이 벚꽃 동산의 소유자가 바뀌었다는 것은 로파힌에 있어서도 안드레예프나 부인에 있어서도 운명의 일대 전환을 의미하고 있다. 이런 의미로 볼 때 〈벚꽃 동산〉에서의 클라이맥스는 동시에 큰 전환을 내포하고 있다.

이 큰 전환으로부터 내리막길이 시작된다. 극은 자연스럽게 하강의 선을 그리며 진행되어 가는 것이다. 〈벚꽃 동산〉에 등장하는 사람들은 벚꽃 동산의 소유자가 바뀌었다는 사실에서 오는 결과를 저마다 받아들여 나름대로 그것에 복종해야만 된다.

제4막은 그와 같은 모습을 그리고 있다. 물론 로파힌이나 트로피모프나 아냐는 이제부터 실생활의 오르막길을 갈 사람일 것이지만, 벚꽃 동산의 몰락이라는 극의 흐름에서는 하강하는 흐름 속에 잠시 동안 몸을 내맡기고 있는 것이다.

하강부는 클라이맥스라고 하는 가장 긴장된 장면의 뒤를 이어받았고, 더욱이나 늦추어지기 쉬운 부분이므로 이 대목을 교묘하게 잘 꾸민다는 것은 개막만큼이나 어려운 것일지도 모른다. 관객은 클라이맥스까지에서 벌써 충분히 만족했을 것이다. 그렇다면 그 뒤가 지루하게 진행된다는 것은 관객이 하품을 깨물어 삼키기 쉬운 것이다.

그리스 극에서 '페리페티아(급격한 전환)' 의 문제도 프라이타크가 말하는 '최후의 긴장점' 도 늦추어지기 쉬운 이 부분에 대하여 다시 한 번 긴장을 만들어 종국(終局)으로 급히 내달리려는 기교라고 할 수 있다.

페리페티아란 아리스토텔레스의 《Poetica(詩學)》에 의하면 희곡에 그려진 사태가 반대의 방향으로, 즉 행복에서 불행으로, 혹은 불행에서 행복으로 급격히 변화하고, 더군다나 그 변화가 필연적인 운행(運行)으로 이루어지는 것이라고 한다.

프라이타크가 말하는 것도 이 '페리페티아'와 같이 종국의 앞에 극의 하강하는 흐름에 갑자기 예상하지 않은 변화를 주어 다시 한 번 긴장을 만드는 경우가 있는 것을 가리키고 있다.

그리스의 고대 비극 〈안티고네〉(소포클레스 작)에서 파국의 바로 앞에 여주인공의 운명이 급격히 전환하려는 대목이 있지만, 그것은 페리페티아로서 알맞은 보기의 하나일 것이다. 젊은 처녀인 안티고네는 자기의 동생이 조국에 반항하여 전사했을 때, 왕 크레온이 그 시체를 묻는 일을 금지시켰음에도 이에 매이지 않고 혈육의 정으로서 그 시체를 몰래 파묻는다. 이것을 안 왕 크레온은 몹시 노여워하여 안티고네를 잡아다가 사형시키기 위하여 굴 속에 가두어 버린다.

그러나 마침내 왕은 예언자의 말에 따라 완고한 마음을 돌려서 안티고네의 석방 명령을 내린다. 이 명령을 내리는 대목이 페리페티아라고 볼 수 있는 곳이다. 여기에서는 여주인공의 운명이 죽음에서 삶으로 급격히 변화하는 것이라고 생각되지만, 그 바로 뒤에 안티고네는 굴 속에서 자살했으며, 그녀의 애인인 왕의 아들도 그 곁에서 자살하고, 왕비도 슬퍼한 나머지 죽음으로써 극은 급속히 비극으로서의 결말을 이룩하고 있다.

하강부에서 극의 흐름이 가라앉은 듯한 경우에는 그런 반전(反轉)에 의한 긴장이 필요하지만, 그래도 줄거리의 필연적인 변화이어야 하는 것이다. 클라이맥스의 뒤에서 하강하기 시작한 극의 흐름은 될 수 있는 한 급속히 종국으로 가져가는 편이 좋다. 하강부에서 너무 시간을 끄는 것은 좋은 방책이 못 된다.

이러한 점에서 보면 아서 밀러의 〈세일즈맨의 죽음〉은 이 부분을 매우 산뜻하게 처리하고 있다.

이 작품에서는 주인공 윌리가 자살을 기도하기 위하여 자동차를 타고 전속력으로 달리는 데를 클라이맥스라고 해석하면 좋을 것이다. 이 클라이맥스는 제2막의 끝, 전편의 거의 끝 가까운 곳에 놓여져 있다. 그리고 뒤의 하강부는 매우 간결하다.

자동차가 내달리면 음악이 광폭한 소리로 터져 나오며, 곧 첼로 단음(單音)의 부드러운 트레몰로(顫音)로 바뀐다. 두 아들은 상장(喪章)을 달고 아내 린다는 상복을 입고 장미 꽃다발을 든 채 조용히 걸어 나온다. 이웃 사람들도 조용히 걸어 나온다. 음악은 장송곡으로 바뀌어진다. 일동은 무덤의 둘레에 모여 그 속을 내려다본다.

이와 같이 클라이맥스의 뒤는 아주 짧은 장면이어서, 더구나 그것이 암시적인 음악과 슬픔에 잠긴 사람들의 말없는 조용한 움직임으로 짜여져 있다. 그리고 그것에 계속되는 제3막은 에필로그(종막)로 볼 수 있는 매우 짧은 일 막으로서 무덤에 모인 사람들의 죽은 이에 대한 최상의 짤막한 대사와 아내 린다의 눈물조차 나오지 않는 깊은 슬픔에 아롱진 탄식의 말이 있을 뿐이다.

이와 같이 〈세일즈맨의 죽음〉에서는 클라이맥스에 계속되는 하강부는 매우 간결하고 암시적이고 효과적이며, 끝의 짧은 국면(局面)은 그 슬픔을 그대로 이어받아서 보는 사람의 마음을 깊은 감동으로 끌어들인다.

'종국' 은 지금까지의 얽혔던 사건이 풀려 해결되는 것이므로 '대단원' 이라고도 말한다. 비극의 경우에는 카타스트로피(파국)라고도 한다. 용어는 어떻든 간에 그것은 발단으로부터 시작된 극의 흐름이 필연적으로 도달한 결과의 부분이다. 여기는 전체의 끝맺음의 부분이므로 관객에게 주는 인상이 특히 중요하다.

이 대목이 중도에서 잘린 듯하다든지, 줄거리의 정리가 안 됐다든지, 설명이 미처 덜된 문제가 있다든지 해서는 안 된다. 관객은 극이 여기에 올 때까지 감동하기도 하고, 때에 따라서는 열광하기도 했을 것이므로, 그러한 관객의 심리를 여기에서 충분한 즐거움으로 옮길 수 있다면 대성공이다.

막이 내려진다. 관객은 안도의 숨을 내리쉬며 긴장 상태로부터 해방된다. 그 때 관객의 마음에 깊은 감동이 남아 있어야만 된다. 그리고 관객이 극장 밖에 나와서까지도 그 감동이 사라지지 않고 살아 있다면 그 희곡은 참으로 영

원한 생명을 갖게 될 것이다.

5. 극중극(劇中劇)의 구성

희곡의 특수한 구성으로 극중극 형식이 있다. 즉 연극 속에서 연극을 하는 구성이다. 너무 오래 전에 읽어서 그 제명은 아리송하지만, 셰익스피어의 희곡에도 그런 형식의 것이 있다. 즉 왕의 처지를 부러워하는 부랑인으로 하여금 술을 잔뜩 먹여 곯아떨어지게 한 다음, 왕궁으로 데려가 가짜 왕으로 꾸며 진짜 왕 앞에서 연극을 시키는 형식이었다.

현대극에서는 이탈리아의 피란델로(1867~1936)의 〈작자를 찾는 6명의 등장 인물〉이 극중극의 형식으로 뛰어났다. 이 작품에는 〈미완성의 어느 희극〉이란 부제가 붙어 있다.

어느 극단의 단원들이 연출가를 중심으로 곧 상연할 연극의 연습을 하고 있는데, 일가족 6명이 그 곳에 찾아든다. 그리고 '우리는 훌륭한 연극의 역할을 할 만한 소재를 가졌다. 그런 만큼 우리는 작자만 만나면 버젓한 등장 인물이 될 수 있다' 고 주장한다.

연출가를 비롯한 극단 단원들은 그 기가 막힌 연극 소재의 내용을 펼쳐 보라고 한다. 그리하여 이 6명 가족은 연극을 꾸며 펼친다. 즉 연극 속에서 연극을 벌이는 것이다. 연극이 한창 클라이맥스를 향했을 때 난데없는 총소리가 들리고 소년이 쓰러진다. 보고 있던 사람들은 그것도 연극으로 흉내를 내는 줄 알고 멋있다고 한다.

그러나 그건 연극이 아니라 실제로 소년이 자살한 것이었다. 괜한 연극에 시간만 낭비한 것이 화가 난 연출가는 외친다.

"흉내든 참말이든 아무러면 어때! 이게 무슨 꼴이람! 이런 뚱딴지 같은 일을 당하다니! 이 패거리 때문에 하루 일을 송두리째 망쳤지 뭐야!"

극단 '연무 무대'가 1993년에 '한국 현대 연극의 재발견' 시리즈의 한 작품으로 상연한 김광림 작의 〈사랑을 찾아서〉 역시 극중극의 형식으로 되어 있다. 이 희곡은 원래 〈그 여자 이순례〉란 제명으로 1990년에 발표했었는데, 이번에 제명을 바꾸어 재상연한 것이다.

1983년의 어느 날, 김억만이란 50대 중반의 남자가 신축 중인 건물에서 자살하는 사건이 일어난다.

이 연극은 김억만이 2년 전 10억 원의 생명 보험에 가입한 사실이 밝혀지면서 시작된다. 보험 회사는 그가 일부러 고의 자살했다는 사실을 설득하기 위해 극중극으로 김억만의 일대기를 꾸미는 것이다.

1951년 겨울 인민군 패잔병 김억만은 이순례라는 여자와 하룻밤 사랑을 나눈다. 그러다가 그들은 국군에게 발견되었는데, 이순례가 그를 극적으로 탈출시킨다. 그 이후로 김억만은 포로 수용소, 학교, 공사장 등으로 인생 유전을 하던 중 30년 만에 이순례와 다시 만난다. 그리하여 그는 그녀를 위해 생명 보험에 가입한다. 그런데 뜻하지 않은 교통 사고로 이순례가 죽게 된다. 그러자 김억만도 뒤따라 자살하게 되는 것이다.

연극을 꾸며 보자고 적극 제안한 보험 회사의 김 대리가 그들의 30년에 걸친 순수하고 고결한 순애보 앞에서 자신의 타산적이고 이기적인 사랑이 얼마나 하찮은 짓인가를 깨닫는 데서 막이 내린다.

이 작품은 극중극의 특수한 형식으로 하여 관객이 처음부터 끝까지 재미를 잃지 않게 꾸미고 있다. 더구나 '사랑'이란 진부한 소재를 다루었음에도 이에 매이지 않고, 하룻밤의 인연으로 평생을 못 잊어하며 목숨까지 내던지는 김억만의 숭고한 사랑을 되새기게 하며, 새삼 진실한 사랑의 의미를 설득력 있게 풀이하고 있다.

참으로 극중극의 형식에 걸맞게 꾸민 좋은 작품이라고 하겠다.

6. 〈학, 외다리로 서다〉의 구성

극 구성을 하나의 계류(溪流)로 비유할 수도 있다. 계류란 산 골짜기를 흐르는 물을 말한다. 계곡에는 경사면이 가파른 데와 완만한 데가 있게 마련이다. 가파른 데서는 물의 흐름이 급격해짐으로써 극적 긴장점을 이룩하고, 느슨한 데서는 물의 흐름이 느려짐으로써 극적 완화점이 이룩된다.

이 긴장점과 완화점이 계류에서는 적당히 번갈아가며 있게 마련이다. 또한 계류에는 반드시 실개천이 흘러들어오는 지류(支流)가 합류(合流)하는 만큼 물의 흐름은 갈수록 커진다. 이건 마치 극의 긴장이 발단에서 클라이맥스(頂点)에 이르기까지 갈수록 커져야 하는 것과 일맥상통한다. 그리고 경사면이 무척 가팔라 거의 낭떠러지와 같은 데가 클라이맥스이며, 그 아래 물이 괴인 웅덩이가 폐막인 것이다.

이것을 필자의 장막 사실극(寫實劇)인 〈학, 외다리로 서다〉에서 살펴보자. 4막 6장은 너무 벅차므로 1막 2장으로서 하기로 하자.

(1) 발단

이 작품의 개막 이전의 사건, 그러니까 이른바 말하는 '극 이전의 극'으로 벌어진 큰 사건은 다음 몇 가지로 설정됐다.

① 김 노인의 선산(先山)이 천민 출신 삼봉(三峰) 노인에게 속아 팔렸다는 것.

② 김 노인이 한창 잘 살 때에 첩에 빠졌기 때문에 그 부인이 대들보에 목을 매달아 죽었다는 것(실은 그와는 달리 책임 문제로 자살한 것이지만).

③ 김 노인의 작은아들 동혁과 삼봉 노인의 딸 미애는 벌써부터 사랑하는 사이이며, 미애는 이미 동혁의 아이를 가졌다는 것.

이 큼직한 긴장점(격렬한 흐름)을 내포한 드라마의 복선을 설명으로 발단에서 기술적으로 깔아야 한다. 그런데 그보다도 급한 것은 우선 지금 벌어지고 있는 김 노인의 재혼 문제이다. 개막 며칠 전부터 서울댁이란 나이 지긋한 과부와 혼담이 있는 것이다. 이 서울댁이 차지하는 극의 비중은 자못 크다. 여기서 충분히 인상 깊게 소개되어야 한다.

또한 이 극이 벌어지는 장소의 환경 묘사, 인물들의 성격 묘사 등 발단에서 할 일이 한두 가지가 아니다. 그렇다고 성급히 서두르면 설명적으로 흐르기 쉬우니까 하나하나 차분하게 해 나가야 한다. 전체를 4막으로 다루기로 플랜이 세워졌으니까, 발단은 여유 있게 돌발적이 아닌 점차적인 수법에 의해야겠다. 즉 느슨한 완화점으로 잡아야겠다.

우선 며느리와 어멈으로 하여금 관객에게 '지난 줄거리를 알리는' 대화를 시켜야겠다. 그렇다고 처음부터 중요한 대화를 시킬 수는 없다. 왜냐하면 처음 막이 올라가서 관객이 무대에 주의를 집중시키기까지는 약간의 시간 여유가 있어야 하기 때문이다. 개막하자마자 중요한 대화를 시켜 관객이 그것을 놓치는 경우, 앞으로의 극 진행상 지장이 많게 되는 것이다.

중요한 대화는 아니지만 암암리에 환경 묘사와 성격 묘사를 할 수 있는, 그러면서도 관객의 흥미를 북돋울 수 있는 대화를 생각해야겠다. 아니, 대화 이전의 개막에 약간 색다른 방법은 없을까……? 까닭 모를 당돌한 두 여인의 웃음 소리는 어떨까?

(막이 닫힌 채 두 여인의 간드러진 웃음 소리. 이윽고 막이 열리면 이른 봄이다. 이따금 종달새 소리가 들려온다. 며느리와 어멈이 마루에 걸터앉아, 나물을 다듬다 말고 허리를 잡고 몸을 비틀며 웃어대고 있다. 그 웃는 폼으로 섹스에 관한 얘기가 절정에 이르렀음을 이내 알 수 있다.)

며느리 아이구 어찌나 웃었던지 뱃창수가 다 땡기는구먼. 어멈 …… 남편이 곱게 보일 땐 증말루 애를 스게 되는 거여?

어 멈 아무럼유. 그리구 여자가 아일 스렬 땐 천리 밖에 있는 남편두 끌어들인다는 거유.

며느리 증말루……?

어 멈 증말이구 말구유, 아 글쎄 우리 영감이 그러는디 내 눈에서 암내 난 암퀭이 눈깔마냥 유난히 빛이 나믄 영락없이 얼마 안 가 내 배가 불러진다는구먼유.

(두 사람. 막이 열릴 때처럼 또 한바탕 웃어제친다.)

며느리 근데 무슨 놈의 조환지 내겐 애가 없으니…… 일치군 맘대루 되는 일이야지. 청주 사는 시고모님은 애가 너무 많어 걱정이라던디 말여. (한숨)

어 멈 누가 아니래유. (위로하듯) 허지만두 애 없을 때가 좋지유. 애새끼라구 하나만 생길라치믄 내외간에 한 자리 잠자리두 어렵구먼유. 아 글쎄 한밤중이라서 쥐두 새두 모를 티지만 버스락 소리만 나두 용케 알구 깨어나서……

(그 때 마침 꼭붙들이, '엄마!' 하고 밖에서 뛰어 들어온다. 두 사람 마주보고 '그것 보라' 는 듯이 헤실피 웃는다.)

이런 대화로서 한가로운 농가지만, 아직도 주종(主從) 관계가 엄연히 존재하는 환경을 알리는 동시에 어멈의 유머러스하고 떠들썩한 성격과 며느리의 흉물스럽고 양반 가문의 출신답지 않게 겉으로는 얌전한 체하나 섹스에 지대한 관심이 있는 이중 성격자인 점 등을 슬그머니 묘사한다.

또한 며느리는 아직 아이를 낳지 못했다는 사실을 알려 준다. 이 일은 후에 김 노인과 동수 부부간의 갈등에 관련을 갖는다. 김 노인으로서 맏며느리에게 소생이 없다는 것은 자못 중대사이다. 그것은 곧 혈통이 끊어지는 것을 뜻하기 때문이다.

그러는 동안에 어멈의 아들 꼭붙들이(자식을 많이 낳긴 했지만 번번이 잃었기에 이 자식만은 꼭 붙들겠다는 뜻으로 그렇게 이름을 지은 것이다)가 나타나 어멈과의 생활 묘사가 잠시 이어진다.

(2) 예비 설명

두 사람의 대화는 핵심으로 들어가 김 노인의 재혼 문제가 언급된다. 즉 제3자의 입을 통해서 소개되는 만큼 설명이다.

이 설명은 자연스러워야 한다. 이 문제로 자연스럽게 유도하기 위해서 앞의 부분에서 섹스와 아이 얘기를 시킨 것이다. 즉 김 노인의 재혼이 아이를 얻기 위해서라면 그럴 필요도 없거니와 불가능에 가까울 것이며, 섹스를 위한 것이라면 나이가 좀 많고 …… 그렇다면 노망 때문에 ……? 의문을 던지면서 자연스럽게 설명하려고 한다.

어 멈 근 이십년 동안이나 홀애비루 지냈으믄 고만이지 이제 와서 장가를 들겠다니 아무래두 노망 기운이 있는가베유?

며느리 노망 기운이 있어서 그러시믄 또 괜찮게. 극성 떠시는 걸루 보믄 아직두 정정허신 걸.

어 멈 그 서울댁이란 여자두 쉰 살이 넘었다지유?

며느리 쉰셋이라드군 …… 참 기구녀이 맥혀서 …… 내가 시집 올 때두 시어머니 시집살이라군 없었는디 이제 와서 팔자에 없는 시집살일 허게 됐다니께.

어 멈 둘다 그 나이에 어쩌자구 그러는지 모르겠구먼유? 다 시들어 빠진 노인네라 내외간에 정분을 나눌 수도 없을 틴디. 허긴 노인네들은 등짝을 맞대구 서루 부벼대는 게 재미라지만서두.

(그 때, 동혁의 방에서 화난 듯한 바이올린 켜는 소리가 들려온다.)

어 멈 (혀를 내두르며) 자지 않었던가베. 그럼 여기서 허는 소리 다 들었겠구먼유?

(바이올린 소리만 커진다.)

어 멈 (속삭이듯) 능구렁이처럼 다 듣구 있었구먼유. 훗훗훗…….

이렇게 동혁이 소개된다. 아직 모습을 볼 수 없는 그에게 관객이 궁금증을 느낄 때, 선병질적으로 가냘프게 생긴 미애를 등장시켜 동혁을 방에서 나오게 한다. 실개천의 지류가 합류한 것이다.

그들의 대화로서 동혁과 미애는 서울서 공부할 때부터 사랑하는 사이였고, 동혁은 음악 대학의 졸업을 몇 개월 앞두고 군문으로 뛰어 들어가 학업을 중단한 사실들이 알려진다.

그러나 동혁의 그런 행동도 다 어렸을 때 겪은 일과 관련이 있는 것이다. 즉 어머니의 자살이다. 이 자살이 이 극에서 중요한 사건으로 되어 있다. 왜냐하면 3막에 가서야 그 진상을 알도록 되어 있지만, 실인즉 동혁의 어머니는 김 노인이 반대하는데도 그녀가 우겨서 서울로 공부하러 보낸 순임(김 노인의 누이동생)이 어느 남학생의 사생아를 낳았기 때문에 책임을 지고 대들보에 목을 매달은 것이다. 이 일만으로도 그들이 가문에 대해서 지난날에 얼마나 엄격했는가를 알 수 있다.

한편 김 노인은 가문의 체면상, 동생이 낳은 딸을 자기 첩이 낳은 것처럼 꾸며 입적시킨 것이다. 그게 바로 동희인 것이다.

동 혁 그럴 수밖에 없었어…… 벽에 부닥친 듯한 절망 의식에서 헤어나기 위해선……

미 애 그래도 불과 몇 개월이면 졸업이었는데.

동 혁 그 땐 졸업이 문제가 아니었어…… 산다는 게 허무하게만 느껴지구 죽어 버리구 싶은 생각만 들었으니까.

미 애 그런 동혁 씰 제대로 위로도 못해 주구 …… 난 정말 바보였어요.

동 혁 (바이올린 줄을 드르륵 긁고) 아냐! 그런 내게 살겠다는 생의 의욕을 북돋아 준 건 미애였어. 하마터면 난 우리 어머니처럼 자살했을지도 몰라.

미 애 동혁 씬 너무 염세적이예요.

동 혁 아홉 살 때 이미 아버질 원망하며 대들보에 목을 매달구 돌아가신 어머닐 봐야만 했으니까…… 그 때부터 난 먼 산을 바라보며 어린 맘에도 산다는 게 덧없다는 생각이 들군 했지…….

이러고 있을 때, 여고생 차림의 동희를 학교에서 돌아오게 한다. 역시 실개천의 지류의 합류이다. 동희는 동혁의 어머니의 자살과 관련 있는 첩의 소생으로 되어 있기 때문에 동혁의 반감을 면할 수 없게 된다.

동 희 (애교 있게) 미애 언니 조심해요. 괜히 우리 작은오빠와 결혼했다간 우울한 일생 보내기 십상일 테니까요. 호호호…….

미 애 (얼굴을 붉히며) 별소릴…….

동 혁 (노려보며) 저게 누굴…….

동 희 작은오빠, 용용 죽겠지! (혀를 빼물어 보이고 냉큼 밖으로)

(어멈, 껄껄 웃으며 나물 씻은 것을 들고 부엌으로)

동 혁 (뱉듯이) 아버지가 너무 귀여워하니까 버릇없이 까불어, 다 큰 게…….

미 애 막내딸인 걸 무리도 아니죠.

동 혁 제 에미 값을 하느라구…….

미 애 참! 동희는 첩에서 났다죠?

동 혁 그것도 기생 첩이야…… 우리 어머닐 목 매달게 한…….

미 애 그렇다구…… 동희까지 미워할 건 없잖아요?

동 혁 아니 누가 미워한댔어? 푼수 없이 까부니까 그렇지.

미 애 그래도 저 때가 좋은 거죠. 철없이 학교 다니던 시절이…….

동 혁 (더욱 우울해진다.)

미 애 동혁씨! 다시 서울로 가서 공부를 계속해요.

이러고 있을 때, 김 노인을 그의 자별한 말벗인 서 영감(서울에서 낙향한 인텔리)과 들이닥치게 한다. 그들은 이곳에서 10여 리쯤 떨어져 있는 읍내에 가서 서울댁과 맞선을 보고 돌아온 길이다. 꽤 큰 지류의 합류이다.

김 노인은 불상놈의 딸년과 무슨 해괴망칙한 짓이냐고 노발대발하게 된다. 동혁도 지지 않고 맞서게 된다. 꽤 가파른 긴장점이다. 여기서 산에 대한 내력을 연결시킨다.

김노인　그러구 그 삼봉이 놈은 우리 선조 대대로 나려온 산을 벳겨 처먹구 부자된 놈이여.

동　혁　누가 산을 팔으랬어요?

김노인　낸들 산을 팔구 싶어 팔었을라구? 느그들 학비 대느라구 팔았제.

동　혁　학비야 얼마나 들었다구 그러세요? 그보다도 고모님과 누님들 혼인할 때 괜히 허세를 부리느라구 얼마나 낭비를 하셨어요?

김노인　그건 낭비가 아녀! 당연히 써야 혔어. 집안 체면상…….

동　혁　아버지, 현실 위에 두 다리로 딱 버티구 서야 해요. 외다리로 선 학처럼 혼자만 고고한 척하는 건 시대 착오란 말예요. 아버지가 아무리 허세를 부린다 해도 아버진 일개 몰락 지주요, 퇴물 양반일 뿐이에요!

김노인　(꿰뚫은 말이기에 더욱 화가 난다.) 아니, 저 저놈이 누굴…….

동　혁　왜 엄연한 현실을 도피해서 부질없는 과거에만 집착하시는 거예요? 마치 화려했던 과거를 내세우는 퇴물 기생처럼…….

김노인　아니 뭐 뭐라구! 퇴물 기생! (옆 배를 웅크려 짚으며) 아이쿠 배야!

서영감　(으레 있는 일인 듯 부엌을 향하여) 여기 물 좀! 어서…… (동혁에게) 이 사람아, 어른 화를 돋구지 말구 나가 보게…… 숙호충비(宿虎衝鼻)라구. 자는 호랑이 코침 놓기지 원 참! 어서 나가 봐!

동　혁　(힐끗 노려보구 불끈 일어난다.)

며느리　(물그릇을 들고 와서) 아버님 물 드세유.

김노인 (물을 마시고는 씻은 듯이) 애야, 술상 좀 차려 온.

며느리 예. (얌전히 물러난다.)

김 노인과 서 영감의 대화로서 삼봉 노인에게 산을 팔게 된 내력 등을 구체화시킨다. 여기서 그들 둘이 견원지간(犬猿之間)이 될 수밖에 없었던 것을 충분히 알려 준다.

그런 다음 화제를 어느덧 서울댁으로 돌리게 한다. 자연스러운 느낌을 주기 위하여 시골에서 별미로 여기는 쓴나물 얘기에 얹어서 시켜야겠다. 흐름이 느슨해진 완화점이다.

(며느리, 술상을 가져다 놓는다.)

김노인 애야, 웬 나물이냐?

며느리 쓴나물이에유.

김노인 쓴나물? 허어 그 참 좋은 술안주 감이구먼.

며느리 아버님이 좋아허시는 거기에 역부러 뜯어 왔어유.

김노인 잘혔다…….

며느리 (얌전히 부엌으로)

서영감 (술을 따르고) 자, 형님 드세요.

김노인 (쭉 키고 나서 쓴나물을 씹으며) 쌉쓰름한 게 아주 별미란 말여.

서영감 달콤한 맛보다두 쌉싸름한 이 쓴나물 같은 맛이 산전수전을 다 겪구 나서야 맛볼 수 있는 노인네들의 구수한 애정이 아니겠어요?

김노인 자네 말 한 번 잘혔네…… 바로 그거여. 내가 오늘 읍내꺼정 가서 보구 온 서울댁헌티 갖는 정이란 바로 그거여.

서영감 어련하시겠어요!

김노인 그런디 그 서울댁이 틀림없이 지체 있는 명문 후손이랬지?

서영감 몇 번 말해야 알겠어요. 아, 그 할아버지 때만 해두 장안에서 쩡쩡 울리던 명문이었대요.

김노인 그리고 틀림없는 수절 과부구?

서영감 온 형님두 딱두 하슈…… 근 삼십년이나 아들 하나만 바래구 수절했다니까요.

김노인 그 아들이 결혼허구 나선 제 예편내만 알구 에미를 소홀히허는 게 적적혀서 재혼허겠단 거렷다?

서영감 네…… 바로 그대로예요.

(3) 암전(暗轉)

그 때, 읍내 여고 교사로 있는 동수를 자전거로 돌아오게 한다. 지류의 합류이다. 서 영감은 술을 한 잔 권한다. 난처해하는 동수에게 김 노인은 들으라고 한다. 동수는 술잔을 받아서 돌아앉아 마신다. 이런 동작으로 동수의 사람됨과 김 노인의 엄격하면서도 일면 대범스러움을 표현한다.

김 노인은 취흥(醉興)이 도도(陶陶)해서 자작(自作) 시조를 흥얼거린다. 느슨하고도 느긋한 완화점이다. 그 때 어멈의 남편인 왕눈이를 헐레벌떡 등장시킨다. 갑작스런 지류의 합류이다.

왕눈이 영감마님! 도랑물을 위에서 막았시유!

김노인 아니, 누가.

왕눈이 삼봉이 영감이유.

김노인 (벌떡 일어나며) 뭐, 삼봉이 놈이!

왕눈이 야아…… 자기네 못자리에 물을 먼저 대겠다구 야단이구먼유.

김노인 그래 그냥 돌아왔어. 이 변변치 못헌 사람아!

왕눈이 머슴을 셋이나 데리구 와서 버티는디 당할 장사 있간디유.

김노인 딸년이 말썽이더니만 이제 애비꺼정 덩달었구나…… 얘 동수야, 네가 가서 야단을 치구 오렴!

동 수 (일어나면서) 참 아버지도…… 윗 논에서 물을 먼저 대는 건 당연하잖어요?

김노인 너 가지군 안 되겠다. 내가 가서 혼구멍을 내줘야제! (나선다.)

서영감 너무 흥분하지 마세요. (따라 나선다.)

(김 노인, 허둥지둥 나가다가 마침 대문에서 들어 서려는 동희와 맞부딪친다.)

동 희 (나가 쓰러지며) 아이구머니나! 아버지, 왜 그러세요?

김노인 나 좀 급한 일이…… (나간다.)

서영감 형님! 너무 흥분하지 마시래니까요. (왕눈이와 같이 쫓아 나간다.)

(동희, 어이없이 그쪽을 보다가 고개를 갸웃거리며 들어온다.)

동 희 오빠…… 왜 그러시죠?

동 수 내가 아니…… 괜한 일 가지구 아버진…… (방으로 들어간다.)

(봄 볕이 약간 기울었다. 하늘로 솟구치며 우는 종달새 소리.)

—암전—

여기에서 조용히 암전시켜야겠다. 암전은 폐막보다도 약간 가볍고 담담한 편이 좋다.

이것으로 개막에서부터 시작된 1막 1장은 끝난 셈이다. 주요 인물 중에 서울댁이 아직도 등장하지 않았지만 설명으로 충분히 소개됐으니까 다음 장면을 은근히 기대하게 만들어야 한다.

또한 삼봉 노인은 직접 등장하지는 않았지만, 마지막 부분에서 간접적으로 등장한 것이나 같다. 관객들은 지금쯤 논에서 벌어졌을 김 노인과 삼봉 노인의 푸짐한 싸움을 상상할 수 있을 것이다.

(4) 전개

2장은 앞 장면으로부터 약 15일 후로 설정했다. 서울댁을 맞이하는 날로 하기 위해서다. 몹시 체면을 찾는 김 노인으로서 모든 예절을 갖추기 위해서는 최소한도 그만한 시일의 여유는 있어야 할 것이다. 그리고 또한 앞 장면에서는 아직 꽃이 피지 않았으니까 이 장면에서 꽃을 피우기 위해서도 그만한 시일이 필요하다. 꽃이 만발한 화창한 봄날에 육친간의 애증(愛憎)과 갈등의 비극은 자못 좋은 대조가 되어 효과적인 것이다.

이윽고 꾀꼬리 우는 소리와 더불어 무대 밝아지면 대청 안 유리문을 통해서 만발한 살구꽃이 보인다.

마루에 동혁과 미애가 고뇌로운 얼굴로 나란히 걸터앉아 있다. 물의 흐름은 느슨하지만 무겁다.

미 애 (한참 만에) 이젠 더 집에 못 있겠어요…….

동 혁 나 역시 …… 오늘 서울댁인가 뭔가 우리집에 들어온대니까 아버지와 결판을 내야겠어.

미 애 동혁씬 아버질 너무 증오하구 있어요.

동 혁 (조용히 일어나 거닐며) 증오뿐만이 아냐. 증오는 그래도 애정과 등을 맞대구 있는 거야. 불신…… 난 아버질 불신해!

미 애 그 일 때문이죠…… 어머니의 자살?

동 혁 (고개를 끄덕이며) 어린 내게 너무나 충격이 컸었지…… 대들보에 목을 매달어 혀를 빼물구 죽은 어머니의 모습은 너무나 비참하구 처절했어. 지옥의 정경도 그만은 못할 거야. 난 그 기억을 떨어 버릴려구 음악을 시작했는지도 몰라. 허지만 헛수고였어…… 요즘은 그 기억이 더 뚜렷해질 뿐야. 허지만 난 세상이 싫으면서도 또한 살구 싶어…… 난 모순 투성이의 인간이야! 나하구 일생을 같이 한다는 건 곧 불행을 의미할 거야…… 미애 잘 생각해 봐. 나 역시 우리 아버지처럼 미애를 자살하게 할지도 몰라.

미 애 또 그런 소리! 이제 와서 왜 망설이는 거예요? 동혁 씨가 그러시면 난 저수지에 몸을 던져 죽구 싶은 생각뿐이에요. (조용히 운다.)

동 혁 (자신도 울고 싶기에 화가 치밀어) 울긴 왜 울어? 바보처럼!

미 애 (더욱 울게 된다.)

동 혁 울지 마래니까! 미애를 사랑하지 않아서가 아냐…… 요즘 부쩍 어머니의 기억이 생생하게 되살아나기 때문이야.

미 애 저…… (하고 싶지는 않지만 꼭 해야 할 말이기에) 난…… 이제…… 홀몸이 아니에요…….

동 혁 (긴장해서 천천히 미애 곁에 바싹 다가앉아 미애의 얼굴을 쳐들어 보며) 언제부터야?

미 애 석달째래요…… 읍내 병원에 가서 진찰하니까…….

동 혁 (다짐하듯) 정말이야?

미 애 (야속한 듯) 몰라요! 몰라요! (하고 불끈 일어나 왈칵 터지려는 울음을 삼키며 밖으로 뛰어나간다.)

동 혁 그럼 그렇다구 진작 말할 꺼지…… (자신에게 퍼붓듯) 바보! 바보! 바보! (벌떡 눕는다.)

저수지에서 뱃놀이하는 젊은이가 부르는 듯한 노랫가락이 가물가물 구성지게 들려온다. 너무나 화창스런 꾀꼬리 울음 소리.

여기에서 비로소 미애의 임신을 알리게 했다. 1장에서 임신까지 알리기는 약간 벅찼고, 또한 '극 이전의 극'으로서의 비중도 다른 두 가지보다 약하기 때문에 보류했던 것이다. 물의 흐름이 갑자기 급해졌다.

또한 이날 김 노인과 대판 싸움을 하고 미애와 같이 서울로 도망치는 동혁의 심리 변화에 작용시키기 위해서도 보류한 것이다.

미애가 뛰쳐 나간 후 동희를 자전거 뒤에 태운 동수가 등장한다. 오늘 새 어머니를 맞기 위해서 학교를 조퇴하고 온 것이다. 희희낙락하는 동희. 어쩔 수 없는 동혁과의 반목(反目)!

물의 흐름은 커졌다.

이윽고 읍내 시장으로 물건을 사러 갔던 며느리와 어멈은 버스 사고로 늦게 돌아오게 했다. 물의 흐름은 더욱 커졌다. 늦게 돌아온 그들이 음식 준비하느라고 분주하게 돌아다니며 수선을 떪으로써 무대에 활기가 생기는 것이다. 또한 분주하기에 거기서 벌어지는 유머러스한 실수의 가지가지…….

(5) 갈등

동혁은 첩의 소생으로 되어 있는 동희와 필연적으로 맞부딪치게 된다.

동　희　(에이프런을 입고 나온다.)
동　혁　(막아서며) 너까지 거들 필요 없어!
동　희　거들고 안 거들고는 내 자유예요.
동　혁　널 못 거들게 하는 건 내 권리야!
동　희　(일부러 놀라며) 어머나! 그런 권리가 다 있어요?
동　혁　돌아가신 어머니의 아들로서의 권리야!
동　희　그렇다면 나도 살아 계신 아버지의 딸로서 그걸 거부할 의무가 있어요. 그리고 또 거들지 말라면 더욱 적극적으로 거들구 싶어지는 게 미묘한 인간 심리거든요.
동　혁　건방진 소리 하지 마! (동희의 따귀를 갈긴다.)
동　희　(멀뚱이 동혁을 쳐다보다 생각난 듯 울음을 터뜨리며 맹렬히 덤벼든다.) 왜 때리는 거예요? 뭘 잘했다구 때리는 거예요? 돌아가신 어머니에 대해서 효도가 그리 지극하다면 왜 살아 계신 아버지에겐 효도를 못하는 거예요!

음식 준비하느라고 한창 소란을 피울 때에 김 노인과 서 영감이 새댁처럼 수줍어하는 서울댁을 데리고 들이닥치게 했다. 물의 흐름이 커지고 격렬해지기 시작했다. 들뜨고 야단스러운 시골 잔칫집의 분위기를 내기 위해서이다.

즐거운 비명을 울리는 며느리와 어멈, 그리고 동희.

착실한 아들 노릇을 하려고 황황히 뛰어 나가는 동수.

새댁에 부딪치면 불길하대서 뒤곁으로 피하게 하려던 꼭붙들이가 도리어 정면으로 부딪치는 등의 소동이 있은 다음 상면(相面) 인사를 하게 된다.

공손히 절을 올리는 동수 부부.

도리어 어리광까지 부리는 동희.

그 때 동혁을 방에서 나오게 하여 일부러 서울댁 앞으로 걸어가게 했다.

위기를 예감하고 긴장하는 동수 부부. 그러나 그들과는 대조적으로 혼자 흐뭇해하는 김 노인.

김노인 (지레 짐작하고) 너 게 있었구나? …… 그렇지. 자진해서 인사드려야지.

서영감 퍽 좋으신 분이라네…….

동 혁 (멸시의 일별을 던지며 태연히 서울댁 앞을 지나쳐 신을 신는다)

김 노인과 서 영감, 어리벙해진다.

동 혁 (내쏘듯) 아버지, 제발 좀 곱게 늙으세요! 늘그막에 주책 좀 자그만치 떨구!

김노인 (그의 이성으로는 이 폭탄 선언을 감당할 수가 없었다. 불끈 일어나 발을 동동 구르며) 저 저 저런 놈 봤나! 이놈! 게 섰거라!

동 혁 도망치지 않을 테니 염려 마세요. 누가 아버지의 허세를 무서워할 줄 아세요?

김노인 (우르르 가서 단장을 집어들며) 이놈! 무서운지 안 무서운지 좀 당혀봐라! (버선발로 뛰어 내려가 마구 갈긴다.)

모두 뒤쫓아 내려가나 동희만은 옴짓하지 않고 방관한다.
동혁, 끄떡없이 맞는다. 그러나 그의 눈에는 자학의 쓴 눈물이 글썽인다. 모두 달려들어 뜯어 말린다.
서울댁은 청천벽력과 같은 이 역전(逆轉)에 어안이벙벙할 뿐이다.

김노인 (부르르 떨며) 이놈! 나가라! 나가! 내 눈앞에서 썩 없어져!
동 혁 (대들며) 나가겠어요! 있어 달라구 고사를 지내도…… 아버지의 체통 없는 그 꼴을 눈꼬리가 셔서 어떻게 보겠냐 말예요!
김노인 (때리려고 몸부림을 치며) 육시헐! 능지처참헐 놈 같으니!
동 혁 지금 땅 속에선 대들보에 목 매달구 돌아가신 어머니가 울구 계실 거예요.
김노인 (약간 질리며) 저…… 저 놈을…… 그저…….
동 수 (동혁을 떠밀며) 어서 나가!
동 혁 왜 이래! (동수의 손을 뿌리치고 어슬렁어슬렁 나간다.)
김노인 저런 능글때 같은 놈 봤나! 이놈 다시는 이 집안에 들어서지 말라!
동 혁 (홱 돌아서며) 걱정 마세요! 아버지가 살아 계실 동안엔 이 문턱을 넘어서지 않을 테니까!
김노인 이놈 아버지라구 부르지두 마! 이가 갈린다. (실제로 부득부득 이를 간다.) 아이쿠 배야! (옆 배를 움켜쥐며 주저앉는다.)
모두, 김 노인을 받들어 마루에 앉힌다.

(6) 폐막

폭풍은 지나갔다. 폭포수와 같은 급격한 물의 흐름을 지나 느슨한 완화점에 이르렀다. 폭풍 뒤의 고요함, 그것은 비극적이다. 아니 희극적이라고 할 수도 있다. 동수를 나무라는 김 노인은 슬프다기보다도 처량하리만큼 우스꽝스럽게 표현해야겠다.

김노인 (숨을 몰아쉬고) 동수야, 넌 왜 그 모양이냐?

동 수 (영문을 모르고) 네?

김노인 자식이 변변칠 못혀…….

동 수 아버지, 무슨 말씀이세요?

김노인 (제풀에 화가 치밀어) 왜 그 놈의 다리 옹두라질 분질러 놓잖었냐 말이여?

동 수 (면목없다는 듯이 푹 고개를 숙이면서도) 참 아버지도…… 저한테만…… (투털댄다.)

서영감 원 형님두 별말씀을…….

김노인 (양반의 체면이 깎인 것을 비로소 깨닫고 서울댁에게 구슬피) 임자두 봐서 알겠지만두 실상…… 나라는 인간두 불쌍한 존재여…… 동병상련(同病相憐)이라구 우리 불쌍한 인간끼리 서로 의지허구 살아 보는 거지…….

동 희 (나이가 나이니만큼 감상적이라서 아버지 품에 안기며) 아버지! (느껴 운다)

김노인 오냐, 울지 마라…….

동 희 (더욱 운다.)

그 때, 중류급 옷차림을 한 순임이, 들어오다가 이 광경을 보고 주춤한다.

순 임 (얼른) 동희야!

동 희 (뛰어 내려오며) 큰 고모! (순임에게 얼싸안겨 운다.)

순 임 (눈물이 글썽해지며) 왜 우니 응?

동 희 (더욱 울며) 아버지가 불쌍하셔!

순 임 그래…… 우지 마라! (하면서 같이 운다.)

그것은 고모와 조카의 상봉 장면이라기보다도 모녀의 상봉 장면이다.

동수와 며느리도 동희의 뒤를 따라 내려와 무춤히 선다.

모두, 숙연한 가운데 꽃잎이 날리며 뫼꼬리가 운다.

—조용히 막—

폐막에 페이소스의 여운을 담기 위해서 김 노인이 조용히 말하게 했다.

또한 동적인 부분 다음에는 정적으로 하는 것이 효과적이기도 하다. 격렬한 흐름의 긴장점 다음에는 느슨한 흐름의 완화점이 있듯이.

폐막 직전의 순임의 출현. 그녀로 하여금 동희를 얼싸안고 울게 했다. 아무리 봐도 그녀는 동희를 대하는 모습이 고모가 아닌 것이 분명하다. 실상 낳은 어머니〔生母〕인 것이다. 꽤 급격한 지류의 합류이다.

관객은 이상스러움을 느끼며 의혹심을 갖고 긴장하게 된다. 즉 새로운 국면을 제시한 것이다. 거기에서 조용히 막.

다음 막에 극적 기대를 갖게 하려는 필자의 의도인 것이다.

이것이 이 작품의 1막 2장의 구성이다. 앞으로 3막이나 남아 있다.

그러나 지면 관계상 여기서 끝내려 한다. 실상 장막극을 쓸 때 1막이 가장 어려운 것이다. 그러기에 1막만 쓰면 3막극이든 4막극이든 절반을 쓴 것이나 같다고 할 수 있다. '시작이 반'이란 속담도 있지만.

다만 한 가지 덧붙여 말하고 싶은 것은 아무리 장막극이라 할지라도 1막의 폐막이 벌써 마지막 폐막과 내부적으로 맥맥히 상통되어 었어야 한다는 것이다. 그래야만 구성이 짜이고 인상이 통일되기 때문이다.

여기에 참고적으로 이 작품의 마지막 장면(4막 2장)의 폐막만을 실어 보기로 하자.

노래 소리(동혁이 작곡한 것)가 흘러 나온다. 애조를 띠우고…….

동희가 조용히 들어와서 듣는다.

동 혁 (갑자기 트랜지스터를 내던지며) 내가 뭣 땜에 작곡 공부를 했단 말야? 미애를 고생 끝에 죽게 하구…… 아버지 맘 한번 편하게 못 해드린 채 돌아가실 때도 뵙지 못하구…… 내가 작곡 공부한 보람이 뭐야? 작곡이구 뭐구 집어쳐야지! 미애, 불쌍한 미애…… 고생만 하다가 죽은 미애…… 난 집어칠 테야!

동 희 (격해서) 오빠! 오빤 비겁해요! 미애 언니가 죽었다구 그렇게 비관하나요?…… 나같이 연약한 여자도 슬픔을 꾹 참으며 희망을 안구 살아가려구 발버둥치구 있는데. 그뿐인가요, 난 어렸을 때부터 첩의 자식이라구 해서 가진 업신여김 속에서 살아왔어요! 허지만…… 난…… (감정을 못이겨 운다.)

순 임 (조용히 나와 심각하게) 동희야! (무슨 말을 할 듯) 넌…… 넌…….

서영감 (당황하며) 청주 동생! (뜻 깊게) 너무 조카 일에 맘 상하지 말아요! 하기야 큰 고모니깐드루 막내조카에게 유달리 정이 가겠지만…….

순 임 동희야…… 넌…… 그렇다구 비관할 것 없다……. 실상 넌…… (말을 할 듯하다.)

서영감 청주 동생! (얼른 방으로 들어가게 하며) 그애 걱정은 말아요! (자리로 돌아오며) 여보게…… 돌아가신 형님의 가장 큰 자랑은 자네가 작곡한 작품이 전국적으로 발표되는 것이었어…… 그러기에 형님은 기꺼이 눈을 감으실 수 있었던 걸세…… 그런데 자네가 지금 이런다면 형님은 땅 속에서 얼마나 섭섭해 하시구 허전해 하시겠나? 자 눈물을 거두게…….

동 수 동혁아, 난 아버지가 항상 말씀하신 대로 변변치 못한 아들이었어…… 아버질 기쁘게 해드리려구 정성껏 했지만도 끝내 그 소원을 이루지 못했지…… 허지만 넌 나완 달러…… 몹시 아버질 기쁘게 해 드릴 수 있었단 말이야…… 난 네가 부러웠어…… 네가 날 업신여기는 줄도 잘 알아…… 한번도 날 형이라구 부른 적이 없으니까…… 허지만 난 네 형으로서 한마디 하겠다! 넌 불효막심한 놈야! 왜 그런 슬픔에 못 이겨 아버지의 자랑을 깨뜨려 버리려느냐 말야? 왜 그런 못생긴 짓을 하려는 거야…… 아버지가 그렇게 기대하신 너까지 말야! 왜? 왜? (하고 격하여 운다.)

동 혁 (동수에게 안기며) 형! 형! 내가 잘못했어…… 용서해 줘!

두 형제가 얼싸안고 느껴 울고, 서울댁과 서영감과 동희가 숙연히 보는데, 가랑비는 자욱히 내리고 밤비둘기 우는 소리…….

—지극히 조용한 막—

〈학, 외다리로 서다〉의 공연장 앞에서의 지은이

Ⅵ. 희곡의 개막과 폐막

1. 개막의 중요성

막이 열릴 때의 첫인상이 얼마나 그 극 전체에 대한 관객의 흥미나 긴장력을 지배하는가는 생각해야 할 문제이다. 입센의 희곡의 개막을 언뜻 보면 매우 조용하고 침착한 인상을 준다.

그러나 그 이면에는 막이 열리기 전의 긴 과거 생활의 음영이 가로놓여 있다. 그 밖의 많은 작가들도 개막 이전에 생활이나 사건이 계속되어 있으며, 거의가 크라이시스(위기)에 가까이 다가선 데서부터 제1막의 막을 여는 방법을 채용하고 있다.

입센의 〈인형의 집〉에서 막이 열리면 텅 빈 무대이다. 곧 노라가 외출에서 돌아와 남편 헬마를 불러내는 것과 또 입센의 〈유령〉에서 엔그스트란드와 레지네의 조용한 대화는 대표적인 제1막의 개막일 것이다. 제2막 이하의 개막은 앞막의 폐막의 뒤를 이어받아 자연스럽게 또한 필연적으로 사건이 발전하고 있는 데서부터 막이 열린다.

〈인형의 집〉이나 〈유령〉도 3막을 통해 똑같은 장치의 장면에서 다만 광선이나 그 밖의 것에 의해 시간의 경과와 분위기의 변화를 나타내는 것이다. 모든 막을 통해 똑같은 장면을 쓰는 것은 리얼리즘(사실주의) 경향의 작가들이 잘 쓰는 예이다.

막이 열릴 때의 첫인상을 깊게 하기 위해 무대의 장치나 광선이나 음향이나 또는 단역들의 회화 따위가 만들어 내는 무대의 분위가가 통일되어 있어야 한다. 무대상의 분위기는 첫 대사가 시작되기 앞서 먼저 이런 장면의 첫인상에 의해 만들어지는 것이다. 따라서 작가는 막이 열릴 때의 무대에 대해 세밀히 필요한 만큼의 주의를 지문(地文)으로써 알려 주는 일을 게을리하지 말아야 한다.

그러나 극 전체에 중요하지 않은 또는 불필요한 주의를 써넣는 것은 매우 어리석은 일이지만, 극 전체에 꼭 필요한 주의는 빠지면 안 된다. 또는 광선이나 음향이나 무대 뒤에서 사람 목소리나 소품 등의 지정도 게을리하지 말아야 한다. 더구나 사실적인 장면에는 계절, 날씨 및 시간과 그 변화를 지정할 필요가 있다. 그럼으로써 무대의 분위기가 이룩되며, 막이 열릴 때의 첫인상이 결정되는 것이다.

가령, 필자의 작품 〈미풍(꽃이 지기로서니)〉은 4막으로 되어 있는데, 그 1막은 봄, 2막은 여름, 3막은 가을, 4막은 겨울로 1년 동안의 4계절을 통해 구성되어 있다. 물론 4막이 모두 송 화백의 화실로 되어 있다. 모든 것이 이 화실에서만 벌어지기 때문에 화실의 설정이 비교적 세밀히 이루어졌다. 그 무대는 다음과 같다.

> 시골에 있는 송 화백의 화실이다.
> 중앙쯤에 커다란 불투명한 유리를 낀 채광 창문이 있다. 왼쪽에 현관으로 통하는 문이 있고 오른쪽에 안으로 통하는 문과 성회의 방문이 있다.
> 성희의 방 곁에 골동품의 장식장이 있는데 청자 꽃병과 백자 두어 개와 자질구레한 자기(磁器)가 몇 개 있을 뿐 비어 있다. 그 곁에 양주병 몇 개와 컵이 있다. 왼쪽에서 중앙 가까이에 탈의막과 모델대가 있고, 창문 앞으로 소파와 테이블, 의자 등 응접 세트가 갖추어져 있다. 벽에는 자기와 풍경을 그린 몇 개의 그림이 걸려 있고, 왼쪽에 삼각자가 있다. 창문을 열면 동백꽃 가지가 왼쪽에서 두어 가지 뻗어 나왔고, 오른쪽에 등나무의 테라스가 있다. 그 저

편 언덕 아래로는 띠와 같은 강이 흐르고 철교가 놓여 있다. 철로가 오른쪽에서 왼쪽으로 가로지르고 있고, 역은 왼쪽편에 있는 것으로 설정한다. 먼 산에는 비교적 나무가 무성하다. 그리고 창 옆으로 벚나무가 한 그루 있는 것으로 설정하고 싶다.

제1막의 개막은 다음과 같다.

제1막은 명수의 조용한 등장으로 시작되지만, 앞으로의 큰 파란을 암시하고 있다. 명수는 별거중인 성희의 남편인 것이다.

하늘로 솟구치며 우는 듯한 화창스런 종달새 소리와 더불어 막이 열리면 채광 창문은 다 닫혀 있고 동백꽃이 두어 가지 불그레하니 불투명 유리에 얼비치고 있다.

송 화백, 고려자기 꽃병을 들고 애석한 듯이 어루만지기도 하고, 모델대에 올려 놓고 진득이 보기도 한다. 그리고는 커다란 파이프를 꺼내서 한 번 어루만지고 담배를 쟁여서 피워 문다(그의 버릇이다).

현관쪽 문에 노크.

송화백 네.

명 수 (들어오면서) 안녕하십니까?

송화백 오, 어서 오게. (반가이 맞이하며) 서울에서 오는 길인가?

명 수 네…….

송화백 그래 그 동안 별고 없었나?

명 수 네.

송화백 여전히 근무하구?

명 수 네…….

송화백 이번 외무부에도 이동이 있나?

명 수 네, 약간…….

송화백 자넨 그냥 그 자리에?

명 수 네…….

송화백 성구한테서 편지가 왔더군…… 잘 있다고…… 서독 봄은 아직도 약간 춘 모양야…… 봄은 단연코 파리야…… 내가 그림 공부하러 가 있을 때만 해도 좋았어…… 전쟁 전 얘기지만.

제2막의 개막은 다음과 같다.
제1막에서 성희와 명호의 관계가 미묘하게 발전한 것이다.

멀리서 은은히 들려오는 교회 종소리와 더불어 막이 열리면, 채광 창문이 활짝 열려 있다. 녹음의 계절이다. 창문 왼쪽으로 보이는 테라스의 등나무가 파랗게 무성하고, 동백꽃이 빨갛다.
명호, 소파에 앉아 편지를 읽으며 혼자 고민하고 있다. 성희, 안쪽 문을 살그머니 열고 방안을 엿보고 들어온다.

성 희 아침 안하세요?

명 호 (얼른 편지를 호주머니에 우그려 넣으며) 생각이 없군요.

성 희 그래도 뭘 잡숴야지요.

명 호 식욕이 나질 않습니다.

성 희 (눈치를 보며) 부인한테서 뭐라고 편지 왔어요?

명 호 말하기조차 싫을 정돕니다.

성 희 아주 이혼하시지 그래요.

명 호 아내가 말을 들어야죠.

성 희 제 남편도 별거를 할 바엔 이혼하자고 주장하지만, 제가 거절하고 있죠.

명 호 왜 거절하는 겁니까?

성 희 남편을 굴복시키려구요. 그래야만 제가 억울하게 당한 분풀일 할 수 있거든요.

명 호 알 수 없는 일이군요. 성희 씨가 이혼만 하면 당장이라도 결혼하겠단 사람이 있잖습니까?

성 희 영철 씨 말야요?

명 호 네.

성 희 제가 그런 사람을 좋아할 것 같애요? 천만에요. 제가 좋아하는 남성은…… (명호의 곁에 앉으며 농담 비슷하게) 명호 씨와 같은 분…… 즉 여자의 의사를 전적으로 존중할 줄 아는 사람…….

명 호 (성희의 참뜻을 알려는 듯 멀거니 본다.)

성 희 훗훗훗…… (짓궂게 나직이 웃고) 농담이에요……. 오늘도 서울 가시죠?

명 호 너무 자주 가는 것 같아서…….

성 희 (다짐하듯이) 안 가시겠어요?

명 호 글쎄요…….

성 희 (슬쩍 돌아서며) 저와 같이 가는 게 싫으세요?

명 호 싫은 건 아니지만…….

성 희 (돌아다보며) 그럼 가시는 거죠?

명 호 가죠!

제3막의 개막은 다음과 같다.

제2막에서 미스 김이 두드러진 것이다. 영철의 자살로 말미암아서이다.

청명한 가을의 대기를 통해서 들려오는 듯한 맑은 기적 소리와 기차 지나가는 소리로 막이 열리면 채광 창문은 다 닫혀져 있고 잎사귀만 남은 동백나무

가지의 그림자가 비쳐 있다.

송 화백, 수건으로 손을 닦으며 안쪽 문으로부터 나온다.

미스 김은 탈의막에서 옷을 입고 단추를 잠그면서 나온다.

소쩍새 우는 소리

가정부, 차를 들고 안에서 나와 테이블에 놓고 나간다.

미스김 (완성된 캔버스의 그림을 보면서) 잘 됐어요.

송화백 잘 되긴…… 무척 힘은 들었지만……. (차를 든다.)

미스김 (차를 들며) 정말 잘 됐어요……. 또 하나의 제가 창조된 셈이군요. 선생님 수고하셨어요.

송화백 나보다도 미스 김이 더 수고했지……. 병난 몸으로 무리했어…….

미스김 (머리를 숙이며) 그건 도리어 제가 미안해요…… 작품을 시작하자마자 한 달 동안이나 눕게 되고…….

송화백 그게 뭐 미스 김의 탓인가…… 뜻하지 않았던 사고 때문이지…….

미스김 (조용히 그림 앞으로 가며) 정말 뜻밖이었어요. 그이가 실망한 건 알았지만, 우물에다 몸을 던져 자살까지 할 줄이야 누가 알았겠어요.

송화백 그러기에 말야. (한숨 쉬며 담배를 피워 문다.)

미스김 그 눈을 잊을 수가 없어요…… 고독하고 애정을 갈망하는 듯하면서도 권태로운 듯이 저를 바라보던 그 침울한 눈…… 전 아마 일생 동안 잊지 못할 거예요…….

송화백 불행을 상징한 눈이라고 했지…….

미스김 (돌아보며) 누가요?

송화백 내 딸이…… 내 딸을 사랑한 적도 있었지.

미스김 따님은 그를 사랑했나요?

송화백 (쓸쓸히 고개를 흔든다.)

미스김 그 눈으로 바라보면 사랑 안할 수 없었을 텐데요…….

송화백 내 딸은 말없이 그런 눈으로 바라본다구 싫어했지.

미스김 구태여 입으로 말할 필요가 없었을 거예요. 숱한 사연을 지니고 있는 눈이었으니까요.

제4막의 개막은 다음과 같다.

제3막에서 성희는 명호와 거의 맺어지는 데까지 이르른다. 그러기에 그에 대한 기대로 한껏 가슴이 부풀고 있다.

크리스마스 이브이다. 멀리서 들려오는 교회 찬송가 합창 소리에 막이 열리면, 채광 창문은 닫혀 있고 무대 중앙쯤에 조그마한 크리스마스 트리가 놓여 있다. 그리고 하수 가까이에 난로가 설치되어 있다.

테이블 위에는 케이크가 있고 촛불이 켜져 있다.

가정부, 세 사람분의 간단한 파티 준비를 하고 있다.

성희, 푸짐한 옷차림을 하고 자기 방에서 나온다.

옥 순 아씨.

성 희 음……?

옥 순 왜 세 사람분 준비를 하나요? 누가 와요?

성 희 (못 들은 척하고) 왜 방안이 이렇게 싸늘할까? 불이 꺼졌나?

옥 순 (냉큼 난로로 가서 조절한다.)

성 희 (혼잣말로) 어째 아버지가 이리 늦으실까?

옥 순 참, 아씨…… 저 오늘밤 아랫마을 예배당에서 성극이란 연극을 한다는데…….

성 희 구경 보내달란 말이냐?

옥 순 네.

성 희 그러렴…… 지금은 나 혼자 적적하니까 아버지가 오시는 대로 가보렴.

옥 순 네.

현관 쪽의 문으로 송 화백, 들어온다.

옥 순 (모자를 받아들며) 이제 오세요.
송화백 음…….
성 희 아버지, 저리 가서 불 쪼이세요.
송화백 아니 춥지 않다. 눈은 안 오지만, 바깥 날씨가 포근하구나. (외투를 벗는다.)
성 희 (외투를 받으며) 왜 늦으셨어요?
송화백 대학에 이사로 있는 친구를 만나서 얘기 좀 하느라구.
옥 순 저녁 진지 어떡할까요?
송화백 했다. (성희에게) 차나 한 잔 다오.
성 희 네…….
옥 순 그럼 저…….
성 희 다녀오렴…… 끝나거든 곧 와.
옥 순 네, 다녀오겠어요. (나간다.)

2. 현대극의 우수한 개막

현대극의 우수한 개막으로는 1986년도 노벨 문학상을 탄 바 있는 월레 소잉카의 대표작인 〈광인들과 전문의들〉을 들기로 하자(그는 아프리카에서 처음으로 노벨 문학상을 탄 시인이며, 희곡작가이고 소설가이다).

막이 열리자마자 여러 등장 인물이 선명하게 인상된다. 앞으로의 사건이 이 군상들로 어떻게 이루어질까 기대를 갖게 된다. 소박하면서도 동적인 개막이라고 하겠다.

베로의 집 겸 외과 병원 앞은 환히 트인 공간으로 되어 있고 외과 병원은 지하실에 있다. 앞에 있는 넓은 마당과 이에 근접된 전면 공간은 나무껍질과 약초의 건조실로서 이용된다. 집 한쪽에는 반은 열린 형태의 오두막 같은 구조물이 서 있고 그 안에는 이야 아그바와 이야 메이트가 앉아 있다. 이야 아그바는 가느다란 파이프를 빨고 있고, 이야 메이트는 작은 불을 지피고 있다.

길 옆으로는 한떼의 거지들이 있다. 불구자, 고이, 장님, 아파이다. 아파가 하고 있는 경련은 못본 척하고 지나가려는 여행자의 마지막 한 푼까지도 빼앗기 위한 술책이다. 고이는 목 위로 보일 듯 말 듯한 기묘한 장치에 의해 꾸부정한 자세를 경직시킨 채 서 있다. 불구자는 그의 무릎을 질질 끌고 다닌다. 그들은 조롱박에다 달그락거리는 주사위를 던지면서 시간을 보내고 있다.

불구자가 주사위를 막 던졌다.

아 파 여섯하고 넷. 아주 좋은데.

불구자 장님, 네 차례야. (주사위와 조롱박을 장님에게 건네 준다.)

장님이 던진다.

장 님 오땡이다. 누가 우리한테 5원짜리를 적선할 것 같은데.

고 이 그런 건 기대하지도 말아. (그는 주사위를 던진다.)

아 파 셋하고 둘, 넌 언제나 질 팔자로군. 무엇을 걸었었지?

고 이 내 왼팔 의수.

불구자 그게 마지막 아냐?

고 이 아냐, 또 하나 남았어.

장 님 그게 마지막이야. 어제 나한테 오른팔 의수를 잃었잖어.

고 이 그걸 지금 줄까. 아니면 나중에 줄까?

장 님 지금.

불구자 난 언제 내 눈을 갖게 되지, 아파?

아 파 그게 오른쪽 거였어. 아니면 왼쪽 거였어?

고 이 그게 무슨 상관이야?

아 파 오, 상관 있구 말구. 만약 그게 오른쪽 눈이라면 지금 당장 그걸 빼줄 수도 있지? 하지만 왼쪽 눈은 악마의 눈이니까, 난 그게 더 오래 필요하거든.

불구자 그것은 오른쪽 눈이었어.

아 파 아, 지금 막 생각이 났는데 오른쪽 눈이 내 악마의 눈이야.

불구자 내가 자네한테 하나 제의하지. 내가 고이의 의수를 위해 자네 둘과 대결해서 주사위를 던지게 해 주게나. 난 아파가 나한테 잃은 그 눈을 걸겠네.

고 이 왜 날 빼려고 그러지? 난 아직 내 행운을 시험해 보고 싶다구.

장 님 자넨 내기에 걸 것이 아무것도 없잖은가.

불구자 고이, 자넨 고무공이나 마찬가지야. 어쨌든 주사위를 던질 손이 필요하지 않은가.

고 이 난 입을 사용할 수 있다구.

아 파 주사위 던지는 데 말이야? 이봐 친구, 자넨 모래를 먹게 될 거야.

장 님 얼마 안 있어 우린 모두 모래를 먹을 텐데 뭐.

불구자 이봐, 자넨 그 늙은 친구와 같은 말을 하는군 그래.

아 파 (목소리를 바꿔서) 자네가 모래를 먹었다구? 자넬 우리 순회 곡마단의 타조로 만들어 주겠네.

또 하나 중국의 희곡 작가인 종복선(宗福先)의 〈소리 없는 곳에서〉를 들기로 하자(그는 직공 출신의 작가이다).

사회주의 국가의 정치적인 변동 후에 나타나는 일가족의 변화를 극명하게 그린 이 작품의 개막답게 견실하게 펼치고 있다. 번거로울 정도로 긴 지문도 그 때문일 것이다.

> 막이 열린다. 시계가 열 시를 알리느라고 열 점을 친다. 유수영이 유리문을 연다. 신경을 건드리는 듯한 성가신 매미 소리가 들려온다. 유수영은 초등학교 교원으로, 지금까지 쭉 아이들이 잘 배우고, 곧바른 인간이 되도록 알기 쉬운 소박한 말로 가르쳐 왔다. 그녀 자신이 그와 같은 선량한 인품이며, 정직하고 진지하고 싹싹하며, 지금까지 거짓말 따위는 한 적이 없다. 마음이 착하고 온순하며, 특히 하시비에게는 무슨 일이든지 그가 하라는 대로 따라왔다. 하시비를 사랑하고 존경하고 있다. 그러나 요즘 노상 혼자 멍청하며, 이따금 알 수 없는 말을 하기도 하고, 또 걸핏하면 울음을 터뜨리기도 한다. 물어보아도 아무 말도 하지 않는다. 무슨 일이 그녀의 신상에 일어났는가, 짐작할 길이 없다. 모두 정신 이상 같다고 생각했다. 결국 병을 이유로 앞당겨 퇴직해야만 했다. 원래가 수다스러운 편은 아니었지만, 지금은 아주 말을 하지 않게 되어 버렸다. 묵묵히 이 몇십 평방 미터의 작은 천지를 걸어다니며 남편과 자녀들을 위해 집안일에 종사하고 있다.
>
> 지금도 묵직한 시계 소리를 듣고나서 아직도 멍청하다.
>
> 계단 소리.
>
> 계단을 내려온 사람은 하시비. 유수영보다도 8세 위지만, 그녀보다 훨씬 젊어 보인다. 검은 머리카락, 좋은 얼굴빛, 정신적으로 충족하며, 언뜻 보아 매우 건강함을 알 수 있다. 키는 중키, 조금 살쪘다. 동작은 침착하고 당당하며, 말할 때는 작은 소리로 천천히 몹시 자신만만하고 분명히 자기 지위를 분별하고 있음을 알 수 있다. 해방 전(옮긴이 주—1949년 중국이 공산화되기 이전)은 외국인이 경영하는 회사의 말단 직원이었는데, 폐가 나빠져 쫓겨났다. 이웃집 지하 당원 책임자의 구원을 받은 덕택으로 가까스로 병을 고쳤

다. 그 이후로 당에 접근하기 시작해서 1949년 비로소 입당, 해방 후는 계속 대외 무역 관계의 일을 해왔다.

그는 이때 마오타이주(募台酒) 한 병과 고급 브랜디 한 병을 들고 계단을 내려온다.

하시비 여보!…… 또 멍청해. 아, 집안일은 뭣이든지 순조로운데, 당신만이…… (유수영은 멍청한 채 입을 열지 않는다.) 여보, 이 2, 3년 사이에 무슨 언짢은 일이 있었소? 말해 봐요! 지금까지 쭉 어떤 고생도 함께 해온 우리가 아니오. 이제 와서 내게도 말할 수 없는 고뇌가 뭣이 있단 말이오?

유수영, 몹시 오들오들 떨고 있다.

하시비 (긴 한숨) 아이들은?

유수영은 머리를 옆으로 흔든다.

하시비 (복도를 향해) 소운아! 소운아!

대답이 없다.

하시비 또 나갔나? 자기 일인데도 남의 일처럼 모를세라 한 얼굴이란 말야. 하위야! 하위야!

하위, 자기 방에서 모습을 나타낸다. 외과 의사로 전에는 장래를 기대했지만, 지금은 빈들빈들하고 아무 일도 안하게 되었으며, 거의 무슨 일이든지 진지하게 하려 들지 않게 되었다. 셔츠의 절반은 아랫바지 속에 밀어넣고 절반은 밖에 내놓았으며, 한 권의 책을 손에 들고 종려 부채를 또 한 손에 들었으며, 슬리퍼 소리를 터벅터벅 내며 훌쩍 나온다.

하 위 뭡니까?

하시비 (비꼬아) 도령님, 도령님도 몸을 움직여야지요. 어머니만 분주하게 만들어선 안 됩니다.

유수영 이 애는 몸이 허약해요, 쉬도록 해야죠. 내가 하겠어요.

하시비 제멋대로 굴게 그냥 둬서는 안 돼요. 전에는 아이들에게 그렇게도 엄격했는데! —몸이 나쁘다니? 어디가 나쁜 거야! 사상의 병이 아냐! 혁명 사업에 소극적으로 게으름만 피우고! 밖에선 격렬한 계급 투쟁을 벌이고 있는데도 참가하려 하지도 않고 날마다 빈둥거리며 진지하게 무슨 일을 하려 들지 않으니 원!

하 위 (손에 든 책을 흔들어 보이며) 지금 우리의 위대한 문예 기수(旗手)가 추천한 세계적 명작 〈바람과 함께 사라지다〉를 연구중입니다. 이 일이야말로 진지하고도 진지한, 참으로 진지한 일입니다!

하시비 (화내며) 이 녀석이…….

하위는 나른하게 하품을 한다.

하시비 (유수영에게) 당신은 요리 준비를 해요. 벌써 열 시가 지났어요. 꾸물거리다가는 손님이 오겠소! 아, 여보, 흰 식탁보는 어디에 있소?

어쩌다 보니 우리에게 별로 알려지지 않은 작가에다, 특수한 나라의 작품이 되고 말았다.

그러나 그것도 우리가 앞으로 꼭 알아야 할 과제로 생각할 때 도움이 되는 일이 아니겠는가.

3. 폐막의 중요성

흔히 '막이 내려진다' 든지 '막이 내려지지 않는다' 든지 하는 것이 논의된다. 이것은 연출에 관계되는 것이기도 하지만, 주로 희곡의 문제이다. 극의 흐름이 잘 되어 있으면 막을 내리기 좋지만, 그렇지 않으면 막을 내리기 힘들다.

폐막은 제1막의 끝에도 제2막의 끝에도 있지만, 맨 끝의 막의 폐막이 가장 중요하다. 그것은 막이 내려지기 전의 몇 분간의 짧은 부분이다. 이 부분이 잘 되어 있지 않으면 막이 내려지지 않는다. 그러한 경우 어떻게 해서든지 교묘한 결말을 지으려고 해서 따다 붙인 듯한 기교를 부리는 것은 옳은 방법이 못 된다. 플롯의 전개가 잘 처리되어 있으면 그 필연적인 끝맺음으로서의 종국(결말)이 생겨 자연히 좋은 폐막이 되는 것이다.

고전 희곡에서는 대단원의 폐막을 기교적으로 처리하고 있는 것이 적지 않다. 셰익스피어의 희곡에서는 대단원의 폐막이 흔히 노래와 춤의 시끌덤벙한 장면으로 되어 있다. 즉 〈한여름 밤의 꿈〉(1596년 무렵 초연)에서는 장난꾸러기인 요정 파크가 온 방안을 뛰어 다니는 것을 신호로 여러 요정들이 머리에 촛불을 얹고 나와서 모두 명랑하게 노래하고 춤추며 돌아간다. 그리고 그들 모두 퇴장하면 파크만이 남아서 관객을 향하여 인사의 대사를 지껄임으로써 극은 끝나게 된다.

보마르셰의 참으로 통쾌하고 재미있는 희극 〈피가로의 결혼〉(1176)에서도 폐막은 보드빌(輕喜歌劇)로 되어 있어, 등장했던 인물 전부가 무대에 나란히 서서 속요(俗謠)를 노래하며 춤추는 것이다. 또 고전 희곡에서는 폐막이 죽어가는 비극의 주인공이 한 가락 엮어내리는 순간이라든지, 애인끼리 포옹하는 순간이라든지, 또는 무대 전체가 회화적인 아름다움으로 가득 찬 순간이라든지 하는 것이 많다. 중심 인물이 저마다 무대에 알맞게 배치되어 위치가 정해지고 동작의 형태가 정해져서 무대가 한 폭의 그림과 같이 된 순간, 벨이 울리며 막이 내려지는 것이다. 이와 같이 고전 희곡에서는 대단원의 폐막이 희극의 경우에는 명랑하고 시끌덤벙하게 궁리되고, 비극 및 그 밖의 경우에는 특히 인상을 강하게 하려고 꾀하는 것이 많다.

그러나 근대극이 출현하여 사실극이 주가 되고서부터는 그러한 폐막은 그다지 환영받지 않게 되었다. 더욱 자연스러운 폐막이 요구되어 효과 있는 대사로 조용히 막을 내리는 것이 많아졌다.

그 좋은 보기를 근대극 중에서 세 가지 들어 보자.

〈인형의 집〉(1879)의 대단원의 폐막에서는 여성으로서 스스로 깨달은 노라가 인형으로서의 옷을 벗고, 집을 버리고 나간다. 그녀가 현관문을 잠그는 소리가 밑에서 울려 온다. 그 소리를 효과음으로 막이 내린다. 드루튼은 "문 잠그는 그 소리는 그 후 50년의 연극사에 반향(反響)을 남겼다"고 말하고 있지만, 그것은 확실히 새로운 폐막이었다.

그러나 문을 '탕!' 잠그는 그 폐막은 오늘날에 와서 보면 역시 아직도 다소 연극적 냄새가 난다는 느낌이 없지도 않다. 좋은 희곡은 모두 좋은 폐막으로 되어 있다. 폐막이 서투르면 좋은 연극으로서의 자격이 없는 것이다. 〈벚꽃 동산〉의 맨 끝의 폐막 같은 것은 매우 인상적이고 우수한 폐막으로서 칭찬할 수 있다.

멀어져 가는 마차 소리, 벚꽃나무를 베는 도끼 소리, 어두컴컴한 방 안에 이 집의 운명의 상징처럼 홀로 남겨진 노쇠(老衰)한 하인…… 그것은 아름다운 여운을 지닌 조용한 폐막이다.

또 하나 근대극 가운데서 특히 우수한 폐막을 보인 작품으로 제임스 배리(1860~1937)의 〈장하다! 크라이턴〉(1902)을 들 수 있다.

폐막에서 크라이턴이 "설령, 아가씨의 입으로라도 영국의 욕은 듣고 싶지 않습니다"라고 하는 대사에 뜻하지 않은 감탄의 한숨을 쉬지 않을 수 없다. 이 한마디는 얄미우리만큼 재치 있는 대사인 것이다. 독자는 이 한마디만으로는 어째서 그렇게 교묘한 대사인가가 이해되지 않을 것이다.

그러나 전편(全篇)을 읽고 여기에 이르면 반드시 감탄하게 될 것이다. 크라이턴이란 사람은 격식이 시끄러운 영국 귀족의 집에서 일하는 하인이다. 한 집안의 가족들이 유람선으로 바다에 나갔다가 조난당하여 무인도에 표착(漂着)한다. 섬에서는 힘이 있는 사람이 지배자가 된다.

마침내 지금까지의 지위가 뒤바뀌어 하인 크라이턴이 주인이 되고 본래의 귀족 일가는 그 하인에 지나지 않는다. 귀족의 딸 메리는 더없는 즐거움으로 크라이턴의 아내가 될 것을 승낙한다.

그러나 그 때 지나가던 배에 일동은 구조되어 영국으로 돌아가게 된다. 거기에서 두 사람의 지위는 또 한 번 뒤바뀐다. 크라이턴은 여러 사람의 입장과 체면을 구원하기 위하여 이 집에서 나가겠다고 말한다. 폐막의 부분은 하인으로서의 크라이턴이 만찬의 준비가 된 것을 알려 가족 일동이 식당으로 가는 대목이다.

크라이턴이 만찬을 알림으로써 일동은 열을 지어 나간다. 메리는 잠깐 뒤로 처져 남아 느닷없이 손을 내민다.

메리　당신의 행복을 빌겠어요.

크라이턴　(끝까지 수수께끼의 인물이다.) 나도 아가씨의 행복을 빕니다.

메리　크라이턴! 당신은 나를 경멸하세요? (절대로 거짓말을 할 수 없는 사나이는 대꾸하려고 하지 않는다.) 당신은 우리들 가운데서 제일 훌륭한 사람이에요.

크라이턴　섬에선 그랬을지도 모르지만, 이 영국에선 다릅니다.

메리　그럼 영국에 어딘가 틀린 데가 있는 거예요.

크라이턴　설령, 아가씨의 입으로도 영국의 욕은 듣고 싶지 않습니다.

메리　한마디만 하겠어요. 당신은 용기를 잃은 건 아니겠지요?

크라이턴　아니오. 아가씨!

메리는 나간다. 크라이턴은 불을 끈다.

여기에서 극은 끝나는 것이지만, 앞에서 말한 한마디 대사는 섬에서 왕자(王者)일 수 있었던 그가, 또한 영국 사회를 꿰뚫고 있는 그가 하인의 입장으로서 그것을 말하는 데에 극의 전내용에 연결되는 깊은 의미가 있다.

동시에 그것은 작가가 의식해서인지, 아닌지는 모르지만 직접적으로 영국 관객의 마음을 쿡 찌르는 것이 있다. 필경, 그것은 작가가 의식해서 한 일일 것이다. 이러한 폐막의 대사는 쉽사리 씌어지는 것이 아니다.

그런데 막이 닫혀지지 않은 채 극이 끝나는 작품도 있다. 아니, 처음부터 막을 필요로 하지 않았기 때문에 막이 없이 극이 이루어지는 것이다. 필자의 작품 가운데에도 그런 것이 몇 작품 되지만, 한 편만 보기로 든다면 〈생활기〉가 있다. 그 폐막은 다음과 같다.

김, 고랑을 채우고 미싱을 들게 한 도둑을 앞세우고 상수에서 등장하여 민의 집으로 간다.

김　미스터 민.
민　오, 김 형사, 웬일이야? 아니 그 사람은……?
김　바로 자네 집에 들었던 도둑님일세.
민　(훑어보며) 아니, 이 자가?!
아내　어머나!
김　아주머니 안녕하십니까?
아내　어머나, 나 좀 봐, 인사도 잊구 그만…… (반기며) 안녕하세요.
김　허허허…… 인사할 경황이 있겠어요. 아주머니가 제일 귀중하게 여기는 미싱이 없어졌으니……. (도둑에게) 여봐, 그 미싱 잠깐 마루에 놔.

도둑, 마루에 미싱을 놓는다.

아내　(얼른 만져보며) 어이구, 도둑맞은 걸 되찾게 되다니…… 어디 상하지나 않았을까?

민　아니, 어떻게 이 자를?

김　음…… 내 골목길을 가려니까 수상한 발 소리가 들려오잖겠나. 그래 숨었다가 느닷없이 튀어나와 불심 검문을 하려니까 도망치기에 쫓아가 잡았지 뭐야.

민　그래…… 용케 잡았군.

김　잡아서 물어보니까 아무래도 자네 집에서 훔친 것 같애서 데리구 온 거야.

아내　아이 참, 고마우셔라. 수고하셨어요.

김　수고하긴요. 내 직책인 걸요.

아내　그래도…… 이 미싱이 없으면 우리 생활에 얼마나 지장이 있다구요.

민　아무튼 반갑네. 자넨 결국 한 건 더 올린 셈이군.

김　참, 내 그 일을 상의하구 싶은데…… 잠깐만. (민을 구석으로 이끈다.)

민　뭘?

김　(속삭이듯) 저 자를 자네가 잡은 걸로 하면 어떨까?

민　무슨 소리야?

김　그래서 자네도 한 건쯤 올려야 할 게 아닌가.

민　이 사람아, 농담이라도 그런 소리 말게.

김　아냐…… 마침 자네 집에 들었던 도둑이니까 자연스럽기도 하구 하니.

민　자연스럽긴…… 도리어 겨우 자기 집에 들은 도둑이니 잡았다구 놀림감되기 십상이지.

김 그도 그렇군. 그럼 저 자를 끌구 곧 서로 가야겠는데.

민 담배나 한 대 피우구 가게. 자……(양쪽 호주머니를 뒤지며) 가만 있자. 내 라이터가 어디 갔을까?

김 라이터 내게 있어. (라이터를 꺼내서 불을 붙인다.)

도둑 선상님. 제게도 한 까치만…… 헤헤…….

민 옛소. (한 까치 준다)

도둑 고맙습니다유, 선상님.

민 (담배를 피우며) 이상하다, 분명 라이터가 이 호주머니 속에 있어야 할텐데…….

김 어디다 빠친 게 아닌가?

민 글쎄 말야.

김 그럼, 이따 만나세.

민 음, 수고하게.

김 음. (도둑에게) 자, 들고 가.

김, 도둑에게 미싱을 들리고 상수로 퇴장.

아내, 방문으로 들어간다.

민, 무대 중앙으로 나온다.

나 주객 전도라더니 정말 내가 그 격입니다. 도둑으로 몰려 쫓기는가 하면, 집에선 도둑을 맞구…… 하지만 출근을 해야겠죠.

민, 수사실로 간다.

주임, 도어를 열고 등장.

민, 공손히 절한다.

주임　(마땅찮게) 내 김 형사한테 자세한 얘기 다 들었소. 민 형사!

민　네…….

주임　경찰관 집에서 도둑을 맞다니. 좀 문단속을 철저히 하도록 해요.

민　명심하겠습니다.

주임　그리구 어젯밤 또 민 형사 담당 구역인 공종식 씨 집에 도둑이 들었다구 신고가 있었소. 다행히도 도둑 맞기 전에 발각되어 혼이 나서 도망쳤다지만…….

민　면목없습니다.

주임　참, 근데 담 밑에 떨어져 있었단 증거물이 있으니 단서를 잡아 수사를 하시오…… 증거물은 바로 이거요. (책상 위에 라이터를 꺼내 놓는다.)

민　그건 라이터가 아닙니까?

주임　분명 범인의 것이 틀림없소. 그리구 또 재빨리 도망쳤다는 목격자들의 증언에 의하면 꽤 익숙한 상습범 같소. 자, 증거물. (라이터를 집어 준다.)

민　어디서 많이 본 듯한 라이터 같은데…… 아니 이건…… (갑자기 크게 웃는다.) 허허허…….

주임　아니, 왜 웃는 거요, 갑자기?

민　허허허…….

주임　아니, 이 사람이. (어이없이 바라본다.)

민이 웃고 있는 동안에 조명을 좁혀 민만을 비춘다.

나　(중앙 앞으로 걸어 나오며) 이 일을 웃잖구 뭘 웃겠습니까? 말할 것도 없이 그 라이터는 내 거였습니다. 난 그 날로 형사직을 관뒀죠. 그리고 출판사 교정원으로 직업을 바꿨습니다. 박봉 생활에 쪼들리긴 매일반이지만, 다시 시를 쓰게 된 것만 해도 얼마나 다행한 일이겠습니까. 하지만 옛날처럼 감미로운 시는 도무지 써지잖습니다. 아마 현실의 쓴맛을 약간이나마 맛봤

기 때문이겠죠…… 참, 최근에 쓴 시 한 편을 피력해 드릴까요? 내 생활을 엿볼 수 있을지도 모릅니다. 제목은 〈생활기〉…….

환경은 하나의 절연체(絶緣體)!
백열하는 의욕도 단절되어
무색무취(無色無臭)의 기체로
변질되는 화학 작용!
나의 생활…….

쓰잘 데 없는 말을 늘어놔서 죄송합니다. 그럼 안녕히…….

민, 정중히 절을 하고 퇴장.

이 〈생활기〉의 개막은 다음과 같다.

애당초 막이 없으므로 주인공 민 형사는 이 극이 다 끝나고 난 다음 관객에게 절하고 퇴장했듯이, 역시 처음 막이 열리는 일 없이 등장해서 관객에게 절을 하는 것이다.

민, 조용히 나온다.
스포트라이트가 중앙에 서 있는 민만을 비춘다.

민　　(관객을 향하여 정중히 절을 하고) 일찍이 난 시인이었습니다. 옛날엔 오, 하늘의 별이여! 땅 위의 꽃이여! 한숨짓는 이 가슴의 안타까움이여! 하는 따위의 감미로운 시를 곧잘 썼었습니다. 하지만 시인이란 비생산적이구, 사치스러운 것이라서 직업이 될 수가 없었습니다. 그래서 직업을 구하다 보니까 난 어쩌다 형사가 됐습니다. 우리 인간에게서 되도록이면 추잡한 점보다 아름다운 점과 악한 점보다 착한 점을 찾아내서 노래하는 게 시인의 사명이라면, 우리 인간에게서 아름다운 점보다 추잡한 점과 착한 점보단 악한 점을 끄집어내서 처벌받도록 하는 게 형사의 직책이 아니겠습니까? 그러기에 난 시인만큼 유능한 형사가 될 수 없었습니다. 내 이름은 민천수, 보통 민 형사로 불리워집니다.

민만을 비쳤던 조명이 넓게 퍼지면, 수사계실이 밝아진다. 김 형사와 몇몇 형사들이 저마다 나와 열을 짓고 선다.

김 (민의 어깨를 툭 치고) 민 형사, 주임의 훈시야. (민, 그 속에 가서 낀다.)

주임, 형사들의 경례를 받으며 등장.

주임 (훈시의 말투로) 에또…… 내가 항상 하는 얘기지만, 우리 수사관에겐 인간의 착하구 악하구의 선악(善惡)의 문제가 있을 수 없소. 다만 죄가 있느냐 없느냐 하는 유죄, 무죄의 문제가 있을 뿐이지……. (화난 소리로) 민 형사!

민 네……?

주임 어딜 보는 거요? 넋빠진 사람처럼…….

민 네……저…… 창밖의 나뭇잎들이 너무나 싱싱해서 그만…….

형사들, 킥킥거린다.

주임 내 훈시를 들어요. 훈시를…… 딴 데 정신 팔리지 말구.

민 네, 주의하겠습니다.

주임 아닌 게 아니라 창밖이 너무 밝군…… 김 형사.

김 네……?

주임 그쪽 커튼을 닫으시오.

김 네. (닫는다.)

주임 에 또…… 여러분도 아다시피 오늘이 강력범 단속 주간의 마지막 날이오. 그동안 성적이 좋은 형사는 범행을 6건 내지는 7건이나 적발했지만, 한편 성적이 불량한 형사는 겨우 한 건 또는 한 건조차도 못 올렸으니, 이건 오로지 자신의 무능함이나, 태만함을 여지없이 폭로한 거나 다름없을 거요.

형사들, 수군거린다.

주임 조용하시오! 특히 강 형사는 간밤에 그간 시민들의 공포의 대상이던 세칭 '독수리' 라는 별명의 권총 강도를 용감하게도 단신으로 대결해서 일대 격투를 전개한 끝에 이를 단연코 체포했소.

형사들, 수군거리며 강 형사로 보이는 우람직스런 형사를 본다.

주임 강 형사의 혁혁한 공훈은 상부에 보고될 테니까 머잖아 특진의 영예가 있을 거요.

형사들 요오! (선망의 환성)

강, 빙글거리며 머리를 긁적거린다.

주임 조용히 해요…… 그런데 한편 성적이 불량한 형사 중에서도 특히 민 형사는 지금까지 강력범은 고사하구 좀도둑 하나도 잡지 못했으니 어찌 된 일이오?

형사들, 킥킥거리기 시작한다.

주임　더군다나 간밤엔 민 형사의 담당 구역에 있는 XX보험회사 임 사장 집에 강도가 들어 많은 금품을 강탈당했다니 민 형사는 너무 근무 태만인 것 같소.

민　저의 근무 태만은 아닙니다.

주임　근무 태만이 아니라구?

민　네…… 아무리 기를 쓰구 돌아다녀도 범행이 눈에 띄지 않는 걸 전들 어떡하겠습니까?

주임　(비꼬아서) 어쩜 그렇게도 그 놈의 범행들이 민 형사만 회피하구 다닐까? 원 참!

형사들, 웃음을 터뜨린다.

나　(관객을 향하여) 왜들 이렇게 웃어대는 걸까요? 마치 뺨을 얻어맞구도 멍청하게 눈만 꾸먹거리는 어릿광대를 대하듯 날 웃어대는군요. 하기야 난 어릿광댈지도 모릅니다. 비현실적인 시인이 격에 맞지도 않게 현실적이어야만 하는 형사가 됐으니까요. 그건 확실히 희극입니다. 아니, 비극일지도 모르죠.

주임　(손을 들어 제지하며) 다들 조용히 해요…… 어쨌든 이번에 성적이 불량한 형사는 스스로 자신의 무능을 깨닫든지, 태만을 뉘우치고 자진해서 물러나기 바라오…… 그렇잖으면 명예롭지 못한 조처가 취해질지도 모르니까. 이상.

김　(크게) 차렷.

형사들, 저마다 경례를 하고 흩어져 퇴장.

민, 우울하게 가로로 걸어 나온다.

김, 주임과 잠깐 무슨 얘기를 하고 뒤쫓아 온다.

김 미스터 민.

민 (멈추어 서며) 오, 김 형사!

김 (곁으로 바싹 다가서며 속삭이듯) 이 사람아, 김 형사가 뭔가? 신분을 숨기기 위해서 사복(私服)까지 하는 형편에…….

민 하긴 그렇지만 김 형사, 김 형사하구 서 안에서 부르던 게 버릇이 돼서…… 어쨌든 난 좀 센스가 모자란가 봐.

김 그 또 무슨 소리야?

민 그러니까 난 사람들의 눈총을 받게 되는 모양이야, 아무래도…….

김 쓸데없는 소리. 그보다도 담배 있나?

민 음, 있어. (담배를 꺼내 주고 자기도 하나 물며 라이터를 켜댄다.)

김 (담배 연기를 내뿜으며) 얻어 피는 담밴 웬 일로 더 맛있단 말야. 하하하…….

민 (우울하게) 난 태만한 형사는 아닐지 몰라도 무능한 형사겠지.

김 실망 말게. 자넨 무능하다기보다도 운이 나빠. 생각해 보게. 어젯밤 권총 강도를 체포한 미스터 강도 뭐가 그리 뾰죽하게 우리보다 유능하단 말인가?

4. 현대극의 우수한 폐막

현대극의 작품으로는 앞에서 말한 〈세일즈맨의 죽음〉이 간결한 형식 가운데에 말할 수 없는 깊은 슬픔을 담아 훌륭한 폐막이 되었다. 종막의 전체가 별로 길지 않으니 여기에 싣기로 하자. 이 장면은 바로앞의 '하강과 종국' 에서 말한 무덤 장면의 계속이다.

찰 리 어둬 갑니다. (린다, 대답이 없이 무덤을 응시한다.)

비 프 어머니, 좀 쉬셔야겠어요. 모두 닫을 시간이 됐으니까요. (린다, 움직이지 않는다. 잠시 사이……)

해 피 (노기를 띠고) 아버진 뭣 때문에 이런 짓을 하시느냐 말야, 그럭하실 필요가 어디 있어. 우리들이 도와 드리려고 했는데.

찰 리 (중얼대며) 음!

비 프 어머니, 그만 가세요.

린 다 왜 아무도 오지 않을까!

찰 리 장례식은 조촐하게 됐습니다.

린 다 허지만 그이가 아는 분들이 좀 많아요? 죽은 이를 욕하는지두 모르죠.

찰 리 그럴 리가 있습니까? 세상이 각박해진 것뿐이죠. 누가 뭐라구 하겠어요?

린 다 참, 알 수 없군요. 다른 때라면 몰라두 하필 이런 때…… 삼십오 년 만에 처음예요. 갚을 건 다 갚고 단출해졌으니까요. 월급으로 몇 푼 받는다면 충분했죠. 이 치료까지 끝냈으니까요.

찰 리 월급만 받아 가지구야 부족합니다.

린 다 정말 알 수 없는 일이에요.

비 프 전에 즐거웠던 일이 한두 번이 아니었죠. 출장 가셨다 돌아오실 때라든지, 공일날엔 현관 계단을 만들구 지하실도 고치구 또 베란다두 내구, 목욕실을 따로 만들군 했죠. 그리구 차고두 만들었지. 찰리 아저씨! 아버지께서 일평생 물건 파신 금액보다두 현관 계단 만드신 것이 훨씬 당신께 맞는 것 같군요.

찰 리 그래, 아버지께선 시멘트라두 개구 계시면 그게 뭣보다두 행복하셨으니까.

린 다 손재주가 많았죠.

비 프 아버진 쓸데없는 꿈이 많으셨어. 당치 않은 꿈!

해 피 (비프에게 싸움이라도 할 것같이) 그런 소린 그만둬요.

찰 리 (해피의 거동과 말대답을 막으며 비프에게) 아버지를 나무랠 사람은 아무도 없다. 넌 모르는 소리야. 아버지께선 외교원이셨어. 세일즈맨에게 생활의 바닥이 드러나면 안 되는 거란다. 나사못에 볼트를 끼지 않는 거나 마찬가지야. 규칙이 있는 것두 아니구 약두 없지. 윤이 나게 구두를 닦아 신구 명랑하게 웃으며 저 푸른 하늘에 떠 있는 그런 분이란 말이다. 웃음을 던졌을 때 웃음을 받지 못한다면 그야말루 지진이 일어난 거나 마찬가지거든. 모자에 뭣이 묻기만 해도 큰 일 나는 판야. 어느 누가 아버질 비난한다면 그건 잘못이다. 외교원이란 꿈 속에서 사는 거란다. 이 꿈이란 건 흡사 주문의 담당 구역과 같이 없어서는 안 되는 거지.

비 프 허지만 아버진 너무도 자신을 모르셨어요.

해 피 (분개하여) 그런 소린 집어치워.

비 프 넌 왜 날 따라 오지 않니?

해 피 쉽사리 갈 수는 없어. 난 여기 머물러서 끝까지 해볼 테야. (결심한 듯 입을 다물고 비프를 본다.) 로만 형제 상회!

비 프 다아 제 격에 맞는 일을 해야 돼.

해 피 난 윌리 로만이 헛되이 죽지 않았다는 걸 형이나 다른 사람들에게 보여줘야겠어. 아버진 훌륭한 꿈 속에서 사신 분이야. 뛰어난 인간이 되기 위해선 가져 볼 만한 꿈이지. 아버진 여기서 그것 때문에 싸워 오셨어. 그러니까 나는 아버지를 위해서 해보자는 거요. 바루 이 거리에서 말요.

비 프 (절망적인 시선을 해피에게 보내며 어머니 쪽으로 허리를 굽히고) 어머니, 그만 가세요.

린 다 금방 가마. (찰리에게) 먼저 가세요. (찰리는 주저한다.) 그이한테 잘 가란 말 한마디 할 기회가 없었군요.

(찰리는 나간다. 그 뒤에 해피, 비프는 린다의 왼쪽 뒤에 조금 떨어져서 남아 있다. 린다는 기운을 차리고 앉는다. 그다지 멀지 않은 곳에서 플루트 소리가 나고 린다 대사의 반주가 된다.)

린 다 여보, 날 야속하게 생각하지 마시우, 눈물두 나오지 않는구려. 내가 왜 이럴까? 울음조차 안 나오니. 뭣 때문에 이런 짓을 했단 말요? 난 어떡하면 좋단 말요? 눈물도 나오지 않어. 오늘두 또 출장 가신 것만 같구려. 다시 돌아오시려우? 올래야 올 수도 없어. 어쩌자구 이런 일을 저질렀단 말유? 아무리 생각해두 알 수 없는 일이구려. 오늘 집세두 마지막으로 다 치른 걸 아시우? 그러나 무슨 소용이 있겠수? 집안이 텅 빌 테니. (목이 메어 운다.) 이젠 빚두 없구 홀가분해졌는데. (울음을 억제할 수 없어 더욱 격해지며) 이젠 맘 편히 살 수 있어! (비프, 조용히 다가온다.) 갚을 건 다아 갚구 이젠 우릴 귀찮게 굴 사람은 없어!

(비프는 어머니를 일으켜 안고 오른쪽 뒤로 간다. 린다, 가볍게 운다. 찰리와 버너드가 나와서 따라간다. 그 뒤에 해피, 플루트 소리만이 어두워 가는 무대 위에 남는다. 동시에 집 뒤에 우뚝 솟은 아파트만이 똑똑하게 보일 때 막이 내린다.)

여기에는 센티멘털한 감상도 없으며, 울부짖는 지나친 몸짓도 없다. 자기 마음을 중얼거리는 듯 죽은 사람에게 말을 건네는 듯, 일상적인 소박한 표현이 있을 뿐이다. 더구나 그것은 한없는 비애를 넘치게 하며, 또한 생활의 흐름을 배후(背後)에 느끼게 하는 조용한 감명 깊은 폐막으로 되어 있다.

테네시 윌리엄스의 〈유리 동물원〉에 대하여는 앞에서도 잠깐 말했지만, 그 폐막은 작가의 감각의 신선함과 형식의 새로움에 의하여 약간 보기 드문 인상적인 것으로 되어 있다.

아파트의 한 방에 살고 있는 이 한 가족. 어머니는 언제나 열등감에 고민하고 있는 딸을 위하여 좋은 결혼 상대를 구하고 있다. 아들 톰은 같은 회사에 근무하는 친구를 저녁 식사에 초대한다.

그러나 그 친구는 이미 약혼한 터이어서, 어머니는 기대에 어긋난 불만으로 노여워하며, 딸은 또다시 절망에 빠진다. 어머니의 노한 것을 기회로 집을 뛰어나온 톰은 비상 계단의 난간을 움켜쥐고 골목의 좁은 골짜기로 비쳐 드는 차거운 달빛 속에 얼굴을 든다. 그러면 지금까지 극이 진행된 아파트의 방 안은 추억의 저쪽으로 멀리 물러간다. 그리고 그것은 추억의 베일에나 싸인 듯이 꿈과 같이 몽롱한 것으로 보인다. 톰은 그것을 배경으로 하고 독백을 시작한다.

희곡에는 이렇게 되어 있다.

(다음의 톰의 폐막의 말은 내부의 무언극(無言劇)과 동시에 진행된다. 내부 장면은 흡사 방음 장치 유리를 통하여 보는 것 같다. 아만다는 소파에 쪼그리고 앉은 로라에게 위로하는 말을 하고 있는 것 같다. 어머니의 말소리를 들을 수 없기 때문에 다른 때 같으면 주책깨나 떨 것이지만, 지금은 제법 위엄과 비극적인 미를 지니고 있는 것이다. 로라의 검은 머리는 얼굴을 가리고 있으며, 어머니의 이야기가 끝날 무렵 비로소 얼굴을 들어 어머니에게 미소한다. 아만다의 동작은 딸을 위로하는 동안 춤을 추듯 느리고 우아하다. 어머니는 말을 끝내고 아버지의 사진을 잠시 보다가 휘장을 통하여 들어가 버린다. 톰의 말이 끝날 때 로라는 촛불을 끄고 그것으로 연극이 끝나게 되는 것이다.)

톰　　난 달나라로 간 것은 아니었습니다. 더 먼 곳으로 갔죠. 시간이란 제일 긴 거리니까요. 그 뒤 얼마 안 가서 구두 상자 뚜껑에 시를 썼다고 해서 나는 딱지를 맞았습니다.

난 세인트루이스를 떠났습니다. 이 비상구 층계를 마지막으로 내려 가서 아버지의 발자취를 따라갔습니다. 잃어버렸던 것을 직접 찾아 보고 싶었던 것이죠.

나는 여기저기 돌아다녔습니다. 도시라는 도시는 낙엽과 같이 내 옆을 스치고 지나갔죠. 그렇습니다. 한때 산뜻한 빛을 내다가 가지에서 떨어져 버리는 잎사귀들이었습니다. 그만두고도 싶었지만 뭣인가가 나를 가만히 있지 못하게 만드는 것이었습니다.

늘 뜻하지 않은 신기한 일들이 일어나곤 했죠. 아마 그것은 귀 익은 음악과 투명한 글래스 때문이었을 것입니다. 나는 저녁이면 낯설은 도시의 거리를 거닐다가 사람을 사귀었죠. 향수 냄새가 풍기는 상점 전등불이 휘황한 창앞을 지나가기도 했죠. 창마다 가지각색 빛깔의 유리 물건들이 가득 진열되어 있었습니다. 흡사 산산이 부서진 무지개와도 같이 오묘한 빛을 내는 조그만 병들…….

그러자 갑자기 로라가 어깨를 칩니다. 나는 돌아서서 그 눈을 들여다보는 것입니다…….

아 로라! 로라! 난 누나 몰래 달아나 오고 싶었소. 그러나 날 나쁜 놈으로만 생각지 마오.

담배를 피워 물고 길을 건너고 극장이나 술집으로 뛰어 들어가고 술을 마시고 옆의 낯선 친구에게 말을 걸고—그 촛불을 꺼 버려요!

(로라, 촛불 위에 몸을 굽힌다.)—어제도 오늘도 세상은 번갯불로 비치고 있는 것이요. 로라! 촛불을 꺼요.—그럼 안녕히……

(로라는 촛불을 끈다. 무대는 차츰 어두워진다.)

이와 같이 실내는 얇은 사(紗)의 막을 통하여 희미하고 몽롱하게 보이고, 그 앞 쪽에서 톰이 푸른 달빛을 받으면서 홀로 말하고 있는 것이다.

그것은 추억과 현실을 이중적으로 나타낸 것이다. 이리하여 이 '추억의 드라마'의 폐막은 아련한 애수를 떠돌게 하며 어딘지 서정미를 풍기고, 일종의 말할 수 없는 아름다움을 가진 조용한 폐막으로 되어 있다.

추억과 현실의 이중 영사적(映寫的)인 형식도 새롭지만, 그것이 내용과 꼭

들어맞았기 때문에 독특한 매력을 꾸미고 있는 것이다.

한국 최초의 〈세일즈맨의 죽음〉(극단 신협)

최근의 〈세일즈맨의 죽음〉(극단 성좌)

VII. 희곡의 전체 인상

1. 인상의 통일

극작법에 관하여 그리스 극에서는 '세 가지의 통일(Three United)' 이라는 법칙이 지켜졌었다. 이것은 '3통일' 또는 '3일치' 라고도 번역되는데, 희곡에 나타내는 '때' 와 '곳' 과 '줄거리' 는 통일되어야 한다는 생각에서이다.

즉 '때' 는 무제한으로 긴 세월이 걸리는 것이 아니고 길어야 하루 24시간 중으로 한정한다. '곳' 은 여러 곳으로 걸치는 것이 아니고 한 곳에 집중한다. '줄거리' 는 하나의 테마를 중심으로 하여 발전해야 할 것이며, 빈번하게 곁 줄거리로 갈라져서는 안 된다.

이것이 이 법칙의 주장이다. 그리스 극은 야외의 큼직한 반원형 극장에서 상연되어 근대 극장에서처럼 무대 장치나 막이란 것이 없었으므로 희곡을 쓰는 데에 어느 정도 이러한 참작을 필요로 한 것은 사실이다.

'때' 의 문제에 관해서는 합창단이 등장하여 사건의 경과, 때의 옮겨감을 말한다는 편의는 있었지만, 지금과 같이 막을 내려서 막간에 긴 세월의 경과를 표시하며, 배우가 분장을 바꾸고 나타난다는 편의는 없었다. 따라서 무대에서 사건을 긴 세월에 걸쳐 전개한다는 것은 불가능하지는 않겠지만 상책은 아니었다.

'곳' 의 문제에 있어서도 장면이 바뀌는 것을 합창단으로 설명시킬 수는 있지만, 너무 장면을 바꾸는 것은 쓸데없이 관객의 인상을 혼란시키는 결과가 되기 쉬웠을 것이다.

'줄거리'의 통일이란 문제에서는 ① 중요한 곁 줄거리가 들어와서는 안 된다, ② 희극미와 비극미가 섞여서는 안 된다라는 두 문제가 포함되어 있다. 관객에게 주는 인상을 통일한다는 점에서 이것은 고려해서 좋은 것임에 틀림없지만, 절대적인 것은 아니다. 곁 줄거리의 설정이나, 비극미와 희극미의 혼합도 처리의 방법을 잘 쓰면 희곡에 복잡성을 주는 것으로서 도리어 환영할 만한 것이다.

이런 식으로 생각하면 '세 가지의 통일'의 법칙은 그리스 극에서는 어느 정도 필요했지만, 절대적인 것은 아니었다 해도 좋다. 그렇지만 이 법칙이 그리스 극에서 엄수되었던 것으로 생각한 것은 르네상스(16세기의 이탈리아의 문예 부흥)의 비평가이다. 그들이 그리스 극을 논한 아리스토텔레스의 《Poetica(詩學)》를 곡해한 것이 잘못의 시작이다.

그러나 그것이 곡해에 말미암은 것이라고는 해도 이 법칙은 극작상의 기본적인 것에 결부되어 있기 때문에, 르네상스 이후 극작상의 중요한 법칙으로 보여져 온 것이다.

〈르 시드〉의 작가인 프랑스의 코르네유(1606~1684) 등이 이 법칙을 극작상의 거점으로 한 것은 유명한 사실이다.

근대에서는 입센도 이 법칙을 중요시하여 만년의 여러 작품, 즉 앞에서 말한 〈유령〉 같은 데서 보는 바와 같이 때, 곳, 줄거리에 극도의 집중화를 이루어 매우 긴밀한 구성을 마련하는 데 성공하고 있다.

오늘날에는 '3통일'의 법칙은 그다지 문제삼지 않게 되었으며, 또 문제삼을 필요도 없을 것이다. 그런데도 불구하고 '통일'이란 극작상 매우 중요한 것이다. 이것은 관객과의 관련에서 말하면 관객에게 주는 '인상의 통일'이란 것이 된다. 희곡은 그것이 무대에서 전개되어 감에 따라서 차츰 관객의 심리를 조직하여 하나의 감동에까지 이끌어야 되는 것으므로 관객이 무대를 보고 있는 동안에 인상이 산만하게 되거나, 혼란하게 되어서는 그 목적을 이룰 수가 없다.

이 '인상의 통일'은 희곡 전체의 '조화(調和)'라고 생각해도 좋다. 물론 희곡 전체의 구성이 잘 되어 있어 플롯의 전개가 교묘하게 옮겨져 있다면, 거기에 자연스러운 전체의 통일이 생길 것이다.

그러나 작가로서는 한층 그 위에 전체의 통일이 이루어져 있는가? 조화가 유지되어 있는가? 하는 것을 마지막의 끝맺음의 자세에서 생각해 볼 필요가 있다.

이것은 가령 작가가 어느 에피소드에 매우 마음이 끌렸기 때문에 그 부분을 정성껏 쓴 결과 구성상의 밸런스(균형)가 무너졌다는 것은 아니다. 그것은 구성상의 문제이다.

여기서 말하는 것은 전체에 빛나는 듯한 생명을 주는 그 무엇이다. 그 무엇이란, ① 스타일(양식), ② 톤(음조 또는 색조), ③ 폼(형식) 따위에 관련되어 있는 문제이다.

스타일이란 모든 종류의 예술 창조에 있어서 중요한 문제이지만, 이것은 낱낱의 작품이 갖는 외형적 경향이라고 생각해도 좋다. 그것은 크게는 시대의 동향(動向)이나 민중의 취미와 관련되며, 작게는 작가 개인의 개성과 연결을 가지는 것이다. 따라서 외면적인 것이지만, 그것은 내면적인 것에 규정되어 밖으로 나타난 것이다.

크게 말하여 사실주의에는 사실주의의 스타일이 있고, 상징주의에는 상징주의의 스타일, 표현주의에는 표현주의의 스타일이 있다. 시극(詩劇)에는 시극의 스타일이 있으며, 실존주의에는 실존주의의 스타일이 있다.

가령 표현주의란 제1차 세계 대전 후에 일어난 예술 운동으로 10년 남짓 예술의 주류가 된 것이지만, 이것은 강렬한 주관을 생생하게 표현한 것과 주제를 이지적으로 냉철하게 구성한 것의 두 가지 경향을 가지고 있다.

게오르그 카이저(1878~1945)의 〈아침부터 밤중까지〉(1920)는 뒤의 경향에 속하는데 그 무렵 높이 평가된 희곡이지만, 여기에서는 한 사람의 평범한 은행원이 어느 날 창구에 나타난 아름다운 부인에게 유혹되어 은행에서 큰 돈을 훔쳐내어 삶의 충실과 인생의 구원을 찾아 방황하는 모습이 그려져 있다.

이 작품과 가령 체호프의 희곡과 비교해 보면 스타일이 얼마나 다르냐 하는 것을 확실히 알 수 있다. 또 실존주의자 사르트르의 〈존경할 창부〉(1946)를 앞의 두 작품과 비교해 보면 여기에서도 스타일의 차이를 뚜렷이 느낄 수 있다.

이렇게 스타일의 큰 차이 외에 또한 작가 개개인에 따라서도 스타일이 달라진다. 이 경우의 스타일은 매우 특징적으로 나타날 때도 있으며, 그다지 크게 나타나지 않을 때도 있는데, 그런 때에는 스타일이라기보다도 작품의 살결과 같이 느껴지는 듯한 것도 있다.

스타일이란 평범하게 말하면 상품의 라벨과 같은 것이다. 희곡은 다 씌어졌을 때에는 무엇인가 스타일을 갖게 되지만, 작가의 제재에 대한 내면적 연소가 부족하든지, 기술이 서투르든지 하면 작품이 어떠한 스타일에까지 높아지지 않으며, 스타일이 통일되지 못하는 경우가 있다. 이러한 작품은 습작의 테두리를 벗어나지 못한 것이며, 물론 일류 작품으로서는 통용되지 않는다.

최악의 경우를 극단의 보기로 설명한다면 이해하기 쉬울 것이라고 생각되지만, 가령 3막의 희곡에서 2막까지를 사실적으로 쓰고, 제3막에서 갑자기 상징적으로 쓴다면 관객은 당황할 것이며, 또 전반에 사투리가 섞인 말을 한 여러 인물이 후반에서 그럴 만한 필연적 이유도 없이 돌연 표준어로 이야기한다면 관객은 그러한 인물을 받아들이지 않을 것이다.

하나의 희곡에 거는 스타일의 통일이란 작가가 의식하지 않더라도 결과적으로 되어지는 경우도 많을 것으로 생각되지만, 스타일의 통일이란 대단히 중요한 것이다.

톤이란 말은 희곡의 경우, 의미를 명확하게 규정하는 데 약간 곤란을 느끼지만, 음조(音調)라든지, 색조(色調)라든지 하는 말이다. 하나의 희곡은 정리된 톤을 가지고 있어야 하며, 그것이 어지러워지면 관객에게 주는 인상이 산만하게 된다.

가령 전반이 매우 동적으로 진행되었는데, 후반에 와서는 필연성 없이 정적인 톤으로 바뀌었다면 그 희곡은 실패한 것이다. 또 회화로 치면 엷은 빛깔로 담담하게 그려졌던 것이 도중에서 유화처럼 짙게 그려진다면 관객은 이러한 희곡에도 반응을 나타내지 않을 것이다.

폼이란 말도 뚜렷한 의미로 규정하기는 어렵지만, 여기에서는 내용에 대한 형식이 아니고 종류로서의 형식을 가리키고 있다. 대체로 형식, 형태, 형(型, 타입)이라는 말은 알쏭달쏭하게 쓰여지고 있어서 이해를 뚜렷이 하기 위하여 이 기회에 좀 설명해 두자.

드라마, 오페라, 뮤지컬 플레이(음악극) 등은 연극에 속하는 종류이다. 희극, 비극, 멜로드라마, 파스(笑劇) 등은 희곡에 속하는 종류이며, 희곡의 형식(이 경우는 형태라고 해도 좋다)의 차이이다.

가정 비극, 영웅 비극, 사회 비극, 성격 비극 같은 것은 비극에 속한 타입의 차이이며 풍자극, 센티멘털 코미디, 성격 희극 같은 것은 희극에 있어서의 타입의 차이라고 보아도 괜찮을 것이다.

희곡의 역사에서는 이와 같이 특정의 이름으로써 불려지는 타입의 희곡이 있지만, 극작상의 문제로서는 그다지 중요하지 않을 것이다. 오직 하나의 희곡에 있어서는, 전체의 통일이라는 점으로 보아 여러 가지의 형식이나 타입이 뒤섞이는 것은 피해야 한다.

2. 〈주노와 공작〉의 인상(희극에서 비극으로)

'3통일' 의 법칙에 있어서 희극미와 비극미가 섞이는 것은 피해야 한다고 되어 있지만, 이 두 가지가 혼연히 융합되어 있다면 도리어 환영해야 한다. 그러나 희극이 도중에서 갑자기 비극으로 바뀐다든지, 비극이 갑자기 희극으로 바뀐다든지 하는 것은 관객에게 주는 인상을 분열시킬 위험성이 있어 재미가 적다.

가령 2막까지 비극으로서 진행되어 온 극이 제3막에서 갑자기 희극이 되었다면, 관객은 이 새로운 사태에 대하여 심리적으로 당황하게 된다. 즉 관객은 제2막의 끝에서 받은 인상 및 그것에 따르는 감동을 잠시 동안 보류한 채 제3막의 새로운 진전을 새삼스럽게 이해하려고 노력해야만 된다. 그리고 만약 거기에서 새로운 감동을 받아들여 그것이 제2막의 끝나는 데까지 형성된 감동에 연결되어 가는 경우에는 그런 대로 구원할 길이 있지만, 만약 그것이 연결되지 않을 경우 관객들의 인상은 무참하게 깨어지고, 그 극은 쓰라린 실패로 끝나는 수밖에 없다.

그렇지만 희극이 비극으로, 비극이 희극으로 갑자기 옮겨지는 것은 어떠한 경우에서나 절대로 나쁘다고 말할 수는 없다. 작가의 비범한 솜씨나 제재의 성질에 따라서 더러 성공하는 일도 있다. 그렇게 성공한 드문 보기로서 아일랜드의 숀 오케이시의 여러 작품이 있다.

〈주노와 공작(孔雀)〉(1925)은 오케이시의 대표적 희극이지만, 이 드라마는 마지막의 폐막 가까이에서 희극적인 것이 갑자기 비극으로 옮겨져서 훌륭하게 성공하고 있는 드문 보기이다.

아일랜드가 독립하기 전의 내란 시대의 더블린을 무대로 하여 공동 주택에 사는 노동자의 일가족을 중심으로 1920년대의 사회의 모습을 마음껏 우스꽝스럽게 그리고 있어 품위 높은 희극으로 되어 있다.

공작이란 별명의 보일은 매일 술동무인 족사와 함께 아내 주노의 눈을 피하여 굉장한 울퐛술을 마시며 다닌다. 일가족은 이 부부에 아들과 딸의 네 사람이지만, 아들은 어렸을 때 다쳐서 절름발이가 되었기 때문에 벌이를 하러 나가지 않고 집에 틀어박혀 있는 날이 많다. 그리하여 아내와 딸이 벌어서 남자 두 사람을 먹여 살려야 되는 판국이다. 딸은 스트라이크(동맹 파업)에 참가하고 있다. 리더 격의 젊은 노동자 제리가 딸에게 마음을 두고 있으나, 그녀는 학교의 교사 벤삼을 생각하고 있다.

그런데 이 벤삼이 보일의 친척으로 최근에 죽은 사나이의 유언장 사본(寫本)을 가지고 와서 보일의 집안에 막대한 유산이 굴러 들어온다고 알려 준다. 이 이야기를 들은 보일 집안은 대단한 기쁨에 넘쳐 새로운 가구를 사들인다, 이웃 사람들에게 축하 술을 대접한다 해서 야단법석을 떤다. 이렇게 법석이는 참인데 근처에 독립 당원이었다가 피살된 청년의 장례식이 치러진다.

그로부터 두 달이 지났다. 학교의 교원은 영국으로 가 버렸다. 유산의 이야기는 허사가 되어 보일 집안의 꿈은 여지없이 깨어지고, 사들인 가구들은 도로 가져가 버린다. 딸은 교원의 아이를 가졌다. 절름발이 아들은 독립 당원으로 죽은 청년을 밀고한 스파이라 하여 피살된다.

마음껏 명랑하고 우스꽝스러웠던 희극은 아들이 독립 당원에게 납치되어 가는 순간, 갑자기 비극으로 반전되는 것이다.

이 작품은 희비극이라 해도 좋을지 모른다.

그러나 웃음의 분량이 많은데도 불구하고 마지막에 깊은 비극감을 주는 점에서 역시 비극이라고 불려야 할 것이다.

이 희곡이 풍부한 웃음 가운데 심각한 비극을 창조하는 데 성공한 것은 작가의 재능에 의한 것이기도 하지만, 한편으로는 '독립 전야의 혼란한 시대에 놓인 생활 묘사'를 했다는 점이 희극으로부터 비극으로 갑작스레 옮겨 가는 실패율이 많은 기교를 지탱하고 있는 것이다.

그러한 시대의 생활이란 평온한 시대보다도 불안정하여 균형을 잃고 있어서 희극으로나, 비극으로나 크게 떨칠 수 있는 요소를 가지고 있기 때문이다.

그러나 〈주노와 공작〉과 같은, 다시 말하면 일종의 곡예와 같은 수법은 결코 쓸 만한 것이 못 되리라.

희곡의 창작에서는 마지막의 손질로서 전체의 통일이 되어 있는가, 어떠한가를 확실히 살펴두는 것이 매우 중요하다는 것을 잊어서는 안 된다.

3. 〈연인과 방〉의 인상(비극에서 희극으로)

〈주노와 공작〉과는 반대의 경우의 좋은 보기로, 1993년에 발표된 하지찬 희곡집 《연인과 방》에 수록된 바 있는 하지찬 작의 〈연인과 방〉이 있다. 이 작품의 경우는 비극의 분위기였다가 마지막 장면에서 희극의 분위기가 되는 것이다. 말하자면 비희극이라고 할 수 있다.

준우는 시골에 틀어박혀 답답한 생활을 하고 있다가 선희와 사랑하게 되어 결혼까지 맹세했지만, 아버지인 박 노인의 완강한 반대에 부딪혀 둘이서 서울로 도망쳐 온다. 그리고 대학 때 친구인 석규에게 의지해 보려고 그를 찾아간다.

그런데, 석규 역시 시골에서 올라와 경영 부진의 초라한 출판사에서 적은 월급에 시달리고 있었다. 그러기에 시골에 계신 홀어머니에게 다달이 그 월급 일부를 송금해야만 했으나, 그것조차도 못하고 있었다. 그래서 변변한 셋방에 들지도 못하고 달동네의 무허가 건물에서 기거하고 있었다. 그런 처지인데 준우와 선희가 신세지게 되었으니 그 옹색함은 이루 말할 수 없었다.

석규의 집 바로 이웃에는 역시 무허가 건물에서 환자인 재환이 어린 딸 윤경과 어린 아들 윤식을 데리고 구차하게 살고 있었다. 재환의 부인 정옥은 남편의 약값을 벌어 오겠다고 집을 나간 후 소식이 없었다.

친구와 친구의 연인과 한 방에서 생활해야 하는 석규의 처지도 어렵기는 마찬가지였다. 생각다 못해 방을 하나 더 달아내기로 했다. 이리저리 돈을 마련해서 옆에 증축한 방은 구청의 철거반원에 의해 여지없이 부서지게 된다. 결국 준우는 그렇게 애써 하려던 취직은 못 하고, 피를 팔아 마련한 돈까지 털리게 되어 하는 수 없이 재환과 더불어 공사판에서 막일을 하게 된다.

한편 선희는 석규가 쓰고 있는 시나리오 〈연인과 방〉의 원고 정리를 해 주면서 신세지고 있는 미안함을 덜려고 애쓴다. 그러던 중 그들에겐 엷은 연정이 살며시 스며든다.

그러나 애써 쓴 시나리오는 현상 모집에 낙선하고, 석규는 실의에 빠진다. 준우와 재환은 공사판에서 애는 쓰지만 원래 해보지 않던 막일이라서 영 서툴다. 게다가 재환은 몸까지 허약해 벽돌 지게로 벽돌을 나르다가 쓰러져 다쳐서 그 막일마저도 못하게 되었다.

그날 밤 재환은 사이다에다 농약을 타서 어린 남매에게 마시게 하고, 자기는 소주에다 농약을 타서 마시고 일가 집단 자살을 하려 한다. 때마침 그 광경을 목격하게 된 준우는 뛰어들어가 그 위기 일발의 순간을 모면케 한다. 공교롭게도 그 자리에 집을 나가 소식이 없던 정옥이 들이닥치는 통에 온통 눈물바다가 된다. 정옥은 남편의 약값 마련에 눈이 뒤집혀 시장 바닥에서 도둑질을 하려다가 미수로 끝나 그 바람에 유치장에서 수감 생활을 하느라고 소식을 전하지 못했던 것이다.

준우와 석규는 상의 끝에 재환과 정옥 부부를 돕기로 한다. 구차한 사람들이 도우려 하는 것이니 오죽하랴! 그래도 성심껏 도운 보람이 있어 변두리에 작은 포장마차를 차리지만, 그것조차도 무허가 음식점이라고 해서 단속반원에게 시달림을 받아야만 했다. 참으로 살기 힘겨운 처지였다.

그럴 즈음 준우가 일하는 공사장을 알게 된 박 노인이 그 곳에 찾아와 고향으로 내려가지 않으면 차에 치어 죽겠다고 하는 통에 하는 수 없이 따라 내려간다.

한편 선희는 준우의 갑작스런 귀향에 고민한다. 석규는 그런 선희를 위로하기 위해, 그녀를 감싸고 다독거린다. 때마침 준우는 집에서 돈을 훔쳐 가지고 돌아와 그 광경을 목격, 두 사람의 관계를 곡해하고 선희에게 "창녀!"라고 외치며 비참해지는 것이었다. 그런 소동이 있은 후 준우는 훔쳐온 돈으로 변두리에 작은 구멍가게를 마련하고 초라한 홀로서기를 한다.

그 몇 달 후, 선희가 임신했다고 하자, 준우는 그 아이가 석규의 아이인 것으로 오해하고 그녀와 대판 싸움을 벌인다. 그 후 선희는 영원히 떠나겠다는 편지를 써 놓고 어디론지 사라져 소식이 완전히 끊겼다.

대충 이 줄거리에서도 볼 수 있듯이 전반은 물론, 후반도 거의 모두 어두운 분위기로 진행된다. 그런데 마지막 장면은 그 10년 후로 설정되어 있으며, 그 분위기는 밝다.

석규와 준우를 비추던 라이트 꺼지고 무대 전체에 조명 밝아지면,
무대 전체를 차지한 밝고 세련된 식당 안
〈연인과 방〉 포스터가 벽에 붙어 있다.
이젠 어엿한 주인이 된 재환과 정옥, 종업원들을 부리며 바삐 돌아간다.
여대생 차림의 윤경과 고교생 차림의 윤식도 일을 돕고 있다. 석규 가족과 준우 가족, 테이블에 둘러 앉아 식사를 끝마치고 즐겁게 이야기하고 있다.

정 옥 난 영화를 보고 얼마나 울었는지 몰라.
윤 식 아빠가 더 울던데 뭘…….
재 환 땀이 나서 땀을 닦았는데…….
윤 경 냉방이 그렇게 잘 되었는데 무슨 땀이에요, 눈물이지.
윤 식 남 말 하시네, 누난 숫제 엉엉 울고는…….
안여사 (악의 없이) 이 양반은 속으로 더 울었을 거예요.
준 우 쓸데없는 소리! 울긴 내가 왜 울어…… 이렇게 웃잖아…… (웃는 표정을 짓는다는 것이 일그러져 오히려 우는 표정에 가깝다.)

안여사 그게 어디 웃는 표정예요, 우는 표정이지.

눈길을 마주 주며 따뜻이 웃는 조 여사와 안 여사.
씁쓰름한 표정의 석규와 준우.

조여사 여보, 그러고 보니 오늘 여기에 있을 만한 사람은 다 모인 것 같은데, 딱 한 사람이 빠졌군요. 선희가 어떤 여자예요?
석 규 선희가 선희지 누구야…… 당신 픽션인 작품과 실생활을 착각하지 마…… 당신 그런 소리 하면 나 작품 못 써…….
조여사 작품 못 쓴다면 겁낼까봐. 겁주시네.

조여사, 입을 삐쭉하자 모두들 즐겁게 웃는다.

준 우 (화제를 돌리려고) 장사는 잘 되세요?
재 환 상호가 좋아서 그런지 '희망과 행복을 파는 집' 이란 간판만 내걸면 어디 가서 하든지 손님이 줄줄이 줄사탕이랍니다.
안여사 그것도 상호를 지어 준 선희 씨 덕이네요. 호호호…….
재 환 그렇군요. (농담조로) 그래서 저도 선희 씰 한 번 만나고…… 하하하.
조여사 아저씨, 선희가 실제 인물이지요?
석 규 쓸데없는 소리, 자 그만 일어납시다.

모두들, 자리에서 일어나 갈 차비를 하는데,
선희 내외가 아이들을 데리고 식당 안으로 들어선다.
표정이 굳어지는 선희, 준우, 석규, 재환, 정옥, 윤경, 윤식…….

윤 경 아……!

재 환 (윤경을 가로막고) 어서 오십시오…… 앉으시지요.

선 희 아, 아니에요. 여보 나갑시다.

남 편 아니…… 영화에 나오는 식당이 실제 있다고 들어가자고 하더니…… 실례했습니다.

선희 내외, 아이들과 나가면서—

남 편 당신 아는 사람들이오?

선 희 (남편의 팔짱을 끼고 나서며) 당신도 참…… 식당 분위기가 어수선하잖아요.

안여사 당신 아는 여자예요?

준 우 ………… (고개를 가로 흔든다.)

조여사 (의심없이 즐겁게 석규에게) 혹시 저 여자가 선희 씨 아니에요?

석 규 쓸데없는 소리…… (꼬마를 불끈 안고 나가려 한다)

안여사 윤 선생님이 작품 안 쓰시면 어쩔라구 자꾸 그러세요? 호호호…….

조여사 호호호…… 참 그렇군요.

조 여사와 안 여사, 즐겁게 재환네 식구와 작별 인사를 하고 나간다. 뒤따라 나가는 준우와 석규, 어딘가 허전해 보인다.

환송을 하고 들어오는 재환, 정옥, 윤경, 윤식—

윤 경 (눈물이 글썽해서) 아빠, 아까 그 아줌마 선희 아줌마 맞지?

재 환 그래…….

정 옥 세월이 흘러도 잊지 않고 있었군요.

재 환 잊을 수가 없지. 어떻게 잊겠소? …… 불가에서는 옷깃만 스쳐도 인연이라고 했는데, 살을 부비며 정을 주고 살았는데…….

윤 식 그 아줌마는 십 년 전에도 이뻤는데, 지금도 이쁘데요.

정 옥 결혼을 잘한 모양이더라. 남편도 잘 생기고 행복해 보이더구나.

윤 경 정말 보고 싶었는데…… 아줌마를 보는 순간 끌어안고 울고 싶었는데…… 두 사람은 얼마나 마음 아팠을까? …… 사랑을 했는데…… 10년 만에 만나 손 한 번 잡아 보지 못하고 따뜻한 눈길 한 번 나누지 못하고 헤어지다니…… 너무나 안타까운 만남이었어…….

재 환 사노라면 또 만날 날이 있겠지…….

재환, 마음 아파하는 윤경을 조용히 감싸 안는다.

—막—

비극적인 어둔 분위기에서 마지막에 희극적인 밝은 분위기로 쉽사리 전환할 수 있었던 것은 급격한 산업 사회화에서 빚어지는 서민의 어둔 삶을 그린 것이기 때문에, 그 밑바닥에는 약간의 밝은 분위기를 빚어낼 수 있는 희극적 요소가 도사리고 있었기 때문이 아닌가 생각된다.

〈주노와 공작〉

Ⅷ. 희곡의 등장 인물

1. 인간의 묘사

희곡에서 이야기를 전개하고 주제를 뚜렷이 하며 하나의 생활 모습, 말하자면 작은 우주를 만들어 내는 것은 등장 인물밖에 없다. 몇 사람, 또는 수십 명의 등장 인물이 저마다의 성격, 저마다의 생활에서 지껄이며 움직이고 그 대립, 교섭, 갈등 따위를 통하여 하나의 소우주가 창조되는 것이다.

이것은 연극의 입장에서 생각하면 배우가 무대 위에서 희곡에 쓰여진 여러 인물을, 배우의 개성과 기술을 통하여 '재현' 해서, 연극이라는 예술을 만드는 것이다. 희곡의 여러 인물은 그러한 배우를 위한 소재인 것이며, 배우라는 연주가를 위한 악보인 것이다. 그러므로 희곡은 여러 인물을 그 말과 행동〔言動〕에 의하여 그리는 것만으로 성립되고, 그 밖의 방법으로는 성립되지 않는다. 이것은 희곡의 가장 중요한 특질인 것이다.

희곡의 형식을 외적으로 볼 때 등장 인물의 대사와 얼마 안 되는 지문으로 이루어지고 있는 것은 이 때문이다. 여기에서 배우 예술에 대하여 언급할 여유는 없지만, 배우는 창조적 예술가이기보다도 오히려 극작가가 창조한 인물을 산 모습으로 구상화하는 재생적(再生的) 예술가이다.

희곡은 몇 사람, 또는 몇십 명의 등장 인물에 따라서 이루어진다. 때로는 몇 명의 등장 인물이 모조리 여성인 경우도 있다. 1999년 11월부터 2000년 3월까지 극단 '로열 시어터' 에서 연장 공연되는 일본 작품 이노우에 히사시 작의

〈인연(일명: 달님은 이쁘기도 하셔라)〉은 6명의 등장 인물을 여자로 몰방하고 있었다. 또한 그 6명이 주역, 조역의 구별없이 균등하게 등장하는 이색작으로 관객의 호기심을 끌었다.

플롯의 전개라든지, 전체의 구성이라든지 모두 이 등장 인물과 관련되고 있다. 여러 형태의 인물이 나타나 행동하는 것에 따라서 이야기 줄거리를 전개하고 전체를 형성하여 가는 것이다.

희곡을 쓰는 데에 주제나 플롯이 먼저 결정되어 그것에서 그것에 필요한 인물이 골라지는 것인가? 혹은 흥미 있는 인물이 먼저 설정되어 그 후에 주제나 플롯이 결정되는 것인가? 그것은 어느 쪽으로도 판정하기 어려운 문제이다. 작가의 그 때그 때의 생각〔發想〕에 따라서 다를 것이다.

그러나 그 두 가지는 서로 밀접하게 관련되어 있어, 뗄래야 뗄 수 없는 관계에 놓여 있다.

이야기를 극적으로 전개하여 주제를 뚜렷이 떠오르게 하기 위해서는 등장 인물을 고르는 법과 그것들 서로의 관계를 정하는 법이 중요하며, 또 몇 사람의 생활이나 운명을 극적으로 그리는 데는 플롯의 전개나 전체의 구성이 중요하다. 이 두 가지가 통일과 균형을 가지는 데 따라서 희곡으로서의 형성화가 이루어지는 것이다. 그런데 등장 인물은 어떻게 그려야 할까? 이것은 간단하게 말할 수 없는 문제이지만, 결국은 인간이 그려져 있는가, 어떤가에 귀착된다고 생각한다.

그러나 인간이 그려져 있는가, 어떤가 해도 대단히 막연하게 말하는 것이므로 더욱 구체적으로 생각해 볼 필요가 있다. 인간은 개인적 · 사적 존재임과 동시에 사회적 · 공적 존재이지만, 그러한 존재로서 각자가 저마다의 개성과 성격을 가지고 있다. 이것은 평범한 시정인이거나, 사회적으로 권력과 지위가 있는 사람이거나 변함이 없다.

희곡에서는 이러한 개개인이 개성적으로 그려져 있어야 한다는 것이 중요하다. 더욱이 이러한 개개인이 심리상의, 환경상의 혹은 생활상의 변화와 전환에 부딪쳤을 때, 그 사람의 특징이 더욱 더 강하게 나타나는 것이므로 그러한 상태에서 붙잡는 것이 희곡의 등장 인물로서 생기와 매력을 자아내게 되는 것이다.

더욱이 그런 심리상의 또는 생활상의 변화와 전환이 시대의 흐름에 의하여 일으켜졌을 때, 거기에 역사적 현실과 대결하는 개인의 모습이 떠오른다. 그리하여 그 대결이 개인의 승리가 되든지, 패배로 끝나든지 거기에 그 새대에 사는 인간의 전형이 그림자를 던지게〔投影〕 되는 것이다.

가령 그 인물이 평범한 사람인 경우에 있어서도 마찬가지이다. 후세에 남는 고전적 가치를 가진 희곡의 여러 인물은 대개 이러한 전형적인 면을 가진 인간상이다.

2. 전형화

여기에서 또 〈벚꽃 동산〉을 생각해 보자. 여기에 등장하는 여러 인물은 모두 역사의 흐름 속에 인간으로서의 전형적인 모습을 가지고 있다. 더욱이 그 전형적인 인물들은 얼마나 인간적이며, 개성적인가?

각 인물의 감정, 심리, 사상의 내면 생활뿐만 아니라 외면상의 자질구레한 특징까지 교묘하게 그려져 있는 점에 있어서 참으로 개성적이다.

가령 가예프의 경우이다. 그는 지주 귀족의 한 사람으로서 풍부한 교양도 인간으로서의 좋은 점도 갖추고 있지만, 어쩐지 무기력하고, 소극적이고 시대의 흐름에 밀려 나간다. 가예프는 그러한 인간으로서 훌륭하게 그려져 있는 것이지만, 작가 체홉은 어느 정도 외면상의 버릇을 만들어 줌으로써 이 인물을 한층 인상적으로 부각시킨다. 항상 얼음사탕을 깨물고 있는 것, 곧 당구를 치는 흉내를 내고 입으로 당구 알이 부딪치는 소리를 내는 것, 걸핏하면 연설을 시작하는 것 따위의 버릇이다.

더욱이 이런 버릇은 아무런 목적없이 쓸데없게 만들어진 것이 아니다. 가예프의 소비 생활, 게으름, 생활의 힘이 되지 못하는 교양, 얼마 안 되는 자기 표시 같은 것을 버릇에 의하여 관객에게 감각적으로 느껴지게 하기 위하여 세밀히 다룬 작가의 솜씨랄 할 수 있다.

초기의 자연주의 극작가들은 일반적인 경향으로서 등장 인물의 생활을 사실적으로 될 수 있는 대로 세밀하고 충실하게 묘사하는 데에 온 힘을 기울이고 있다. 가령 독일에서 자연주의 근대극을 일으키는 도화선이 된 게르하르트 하우프트만의 〈해 뜨기 전〉(1889)은 슐레지엔의 탄광 지대를 무대로 한 희곡이지만, 이 지방의 사투리까지 충실하게 구사되어 있다.

이러한 경향은 내용이 공허했던 앞 시대의 연극에 대하여 인생의 진실한 모습을 무대에 담으려고 한 것이어서 그런 의미로는 혁명적 의의를 가지고 있으나, 오늘날에 보면 이러한 방식은 번잡한 일상적인 것을 너무나 지나치게 무대에 담으려고 하는 것이어서 현명한 방법이라고는 말할 수 없다.

이것에 대하여 제1차 세계 대전 전후 독일에서 일어나 약 10년간 예술의 주류가 된 표현주의에서는 일상적인 사실을 버리고, 추상화하며 관념화하는 경향이 생겼다. 가령 표현주의 희곡 속에는 등장 인물을 어디의 누구라고 하는 것처럼 특정한 개인으로 하지 않고, 아버지라든지, 어머니라든지, 아이들이라든지, 아가씨라든지 하는 일반적인 것으로 그린 것이다. 아버지라고 이름지은 등장 인물은 모든 아버지를 대표하고, 아들이라고 이름지은 등장 인물은 모든 아들을 대표하며, 아버지와 아들의 다투는 모습은 그 시대에 있어서의 모든 아버지와 아들들의 투쟁을 대표한 것으로 다루어지고 있는 것이다.

이러한 방법은 어떤 문제를 보편적으로 다루려고 하는 경우, 어느 정도 인정될 방법이기는 하지만, 이것도 오늘날 보면 너무나 도식적이며, 관념으로만 흘러 무대에서 정서나 시정(詩情)을 빼앗아 무대를 메마르게 하고 말았다.

초기 자연주의에서 보는 극단의 번거로운 사실성, 표현주의의 어느 작품에 나타난 극단의 관념화, 이 두 극단은 등장 인물을 그리는 방법으로서는 어느 것이나 불충분하고 부적당한 것처럼 보인다. 그렇게 생각하면 인물 창조의 방법에 있어서 우리의 눈은 자연히 체홉적 방법으로 되돌아간다.

인간과 그 생활을 그리는 데 있어서 사실적으로 정확히 잡는 것은 기본으로서는 대단히 중요한 것이다.

그러나 동시에 번잡하고 불필요한 것을 빼 버리고, 그 인간과 생활의 본질적인 모습이 떠오르도록 어느 정도의 추상화를 할 필요가 있다고 생각한다. 체홉의 희곡에서는 사실을 다치지 않을 정도로 추상화가 교묘하게 이루어지고 있다.

단지 여기서 주의해야 하는 것은 이러한 추상화가 개념화와 혼동되어서는 안 된다는 것이다. 아무개라는 어느 인물을 그리는 데 있어서 그것이 상인인 경우, 상인이라는 것은 이러이러한 특징을 가지고 있으므로 그러한 것으로 그리려고 한다든지, 혹은 그것이 노동자인 경우 노동자는 이러해야 하니까 그와 같이 그리려고 한다든지 하는 것은 그 인물을 개념화하여 보는 것이다.

그러한 식으로 개념화한 인물은 유형(類型)이 되고 만다. 그것은 양복의 본과 같은 것으로 산 호흡이 느껴지지 않는다. 유형과 전형과는 전혀 정반대의 것이다. 전형은 개성적인 인간이 그 본질을 보다 뚜렷이 나타낸 모습이다.

이제부터의 새로운 희곡은 그것이 예술적으로 높은 것이며 참으로 새롭다고 불릴 것이라면, 거기에 나타나는 등장 인물은 사실적으로 그려지고 현실성이 주어져 있어도 작품의 노리는 바와 양식에 따라서 어떠한 추상화가 이루어져 차원이 한층 높은 전형적 모습을 지닌 인물로서 그려지는 것이 아닐까 생각한다.

이런 점으로 볼 때, 1993년에 예술극장 '이화'에서 상연한 〈말뚱가리〉는 비교적 등장 인물의 전형화가 제대로 이루어진 작품이라 할 수 있다. 또한 이 작품은 한 사람의 작가에 의해 씌어진 게 아니라, 출연자 모두가 참여해 이루어진 이색적인 작품이기도 하다.

이 작품에 등장하는 인물은 모두 5명이다. 날마다 죽은 언니가 온다고 예언하는 신들린 여자, 군대에서 총기 사고를 내고 탈영하여 철창 신세와 정신 병원 신세를 진 박가, 길거리나 전철에서 구걸을 해서 살아가는 강가, 남의 말에 참견하기를 좋아하는 이가, '말뚱가리' 란 말을 화두처럼 내뱉는 정신 이상자 세레나 등이다.

그들이 삶의 터전으로 삼는 곳은 서울 근교의 폐허로 변한 미군 캠프의 지하실이다. 이곳의 그들은 자본주의의 산업화가 빚어낸 소외되고 버려진 인물들이다. 그들은 상대방의 삶을 존중하면서도 한편 서로 헐뜯고 다치게 한다. 작가는 그들에게 그렇게 행동하게 함으로써 산업화 사회의 그늘에서의 어둡고 일그러진 삶의 단면을 여실히 그리고 있다.

또한 그랜드호텔 식의 구성으로 이루어져 뚜렷한 주인공이 없는 것도 이 작품의 특징이다. 그리고 이 작품은 줄거리가 연결되지 않고 끊기는데, 도리어 이 기법으로 말미암아 등장 인물들의 소외감과 절망감이 표출되었다고 할 수 있다. 그야 여러 사람의 팀워크로 이루어진 희곡이기 때문에 줄기찬 일관성이 없다고도 볼 수 있지만.

또 하나, 극단 '제3무대' 가 1973년에 창립 공연으로 무대에 올렸다가 또 1993년에 창립 20주년 기념 공연으로 무대에 올린 A. 크리스티 작의 〈쥐덫〉도 비교적 등장 인물의 전형화가 잘 이루어지고 있다. 약간 유형적이긴 하지만.

가일즈와 몰리 부부가 운영하는 여인숙에 손님들이 투숙하는데, 그들은 저마다 개성적이다. 이 작품도 〈말뚱가리〉와 마찬가지로 그랜드호텔 스타일의 구성이라 숱한 인물이 거의 균등하게 등장한다. 즉 첫손님 렌은 치기만만한 젊은이고, 둘째 손님은 둘인데 그 중에서 보일은 트집잡기 좋아하고 매카프는 강직하며, 셋째 손님 웰은 남녀의 식별이 어려운 여장부이고, 넷째 손님 파리비치는 엉뚱한 행동을 한다.

그들이 연쇄 살인 사건에 말려들어 저마다의 성격대로 반응하는 게 무척 재미있다. 뛰어난 솜씨의 추리극이다. 런던에서 50년간이나 연속 장기 공연한 데는 그만한 까닭이 있다고 하겠다.

3. 주인공

희곡의 중심이 되어 활약하는 것이 주인공(히어로)이며, 그것이 여성인 경우는 여주인공(히로인)이다.

그리스 고대극에서 근대극에 이르기까지의 모든 고전극에는 주인공 혹은 여주인공의 활약에 따라서 극이 전개되는 것이 많고, 비극에서 이 경향이 흔하다. 그들 주인공은 영웅, 위인, 고상한 미녀 등으로 자기에게 덮쳐 온 불행한 운명과 싸워서 그것에 이기고 또는 져서 파멸해 간다든지, 혹은 자기의 성격에 잠긴 오만 · 질투 · 야망 따위 때문에 몸을 망쳐 버린다든지, 그러한 모습을 그린 것이 많다.

프라이타크는 〈희곡의 기교〉(1863)에서 이렇게 말하고 있다.

"희곡은 오직 한 사람의 중요한 한 주인공을 가져야 할 것이며, 모든 인물은 그 수효가 아무리 많든 간에 그 한 사람의 주인공을 둘러싸고 여러 가지로 배치되어야 한다. 희곡은 군주 정체적(君主政體的)인 구성을 가지고 있어 그 줄거리의 통일은 본질적으로는 그 줄거리와 지도적 중심 인물을 중심으로 해서 전개한다는 점에 달려 있다."

그러나 프라이타크는 예외를 인정하고 있다. 그것은 "두 사람의 연인끼리의 관계가 이야기 줄거리의 주요한 점을 이루는 경우에는, 이 내면적으로 연결된 인물은 같은 자격의 것으로 보여지고, 그들의 생활과 운명은 하나의 통일로서 이해된다"는 것이다.

프라이타크의 의견은 고전 비극의 일반적 구조를 견지하고 있다. 이러한 희곡에서는 주인공의 운명의 변화가 곧 희곡의 이야기 줄거리의 전개인 것이다.

따라서 여기에서는 주인공을 중심으로 하여 그것에 대립하는 힘으로써 상대역이라든지, 이야기 줄거리를 옮기는 데 필요한 조역이라든지, 또는 프라이타크가 예외적이라고 생각하는 연인이라든지, 여러 가지 인물이 주인공의 둘레에 배치되어 그들 여러 인물이 주인공과 함께 주인공의 운명의 흐름을 밀고 나가는 것이다.

그러나 근대극이 나타나면서 이러한 문제는 그다지 중요시하지 않게 되었다. 이 한 가지 원인은 드라마의 주요 인물로서의 영웅, 위인, 미녀 대신 평범한 시정의 남녀가 등장하게 되었기 때문이며, 또 한 가지 원인은 무대 위에서 우리 둘레의 생활을 그리려고 하게 되었기 때문이다.

영웅이나 미녀가 자기의 파멸을 앞두고 비통한 독백과 과장된 큰 동작(오버 액션)을 하는 드라마는 그 자취를 감추고, 그 대신 평범한 생활과 거기에 사는 시정인의 심리의 명암(明暗), 영혼의 몸부림이 그려진다. 가령, 아서 밀러의 〈세일즈맨의 죽음〉에서는 린다 부인의 대사에서처럼 "신문 한 구석에 나온 적도 없고, 흔해빠진 TV에 한번도 얼굴을 비친 적이 없는" 하찮은 세일즈맨이 주인공인 것이다.

막심 고리키의 〈밤주막〉(1902)은 무허가 하숙집 같은 주막을 무대로 하고 그 집의 가족들과 거기 모이는 인생의 낙오자들의 생활을 그리고 있지만, 누가 주인공인지 결정할 수 없다. 아니 주인공이 없다고 말하는 것이 옳을 것이다. 하우프트만의 〈직공(織工)〉(1892)에서는 굶주림에 지친 직공들이 폭동을 일으키는 모습이 그려져 있지만, 여기에서도 주인공인 듯한 사람은 아무 데도 없다. 직공이라는 집단이 주인공이다.

위대한 인물을 주인공으로 하여 이야기 줄거리를 펼쳐 나가는 고전 비극의 수법은 이제 시대에 뒤떨어져 있음이 확실하다. 이제 주인공에게만 초점을 둔 묘사 방법으로 현대를 그린다는 것은 어려우며, 현대의 관객을 감동시킨다는 것도 무리일 것이다.

그러나 고전극이 가지고 있는 구성상의 뼈대는 '전체의 구성'에서 말한 바와 같이 오늘날에 있어서도 배워야 할 점이 많다. 또한 새로운 희곡에서도 영웅이나 위인을 그려서 안 된다는 까닭은 하나도 없다. 요컨대 등장 인물을 그리는 방법과 극 전체가 관객에게 주는 감명 여하에 달려 있다.

4. 조역 및 단역

주인공을 중심으로 전개하는 고전 비극에서의 조역이나 단역 중에는 때때로 이야기 줄거리를 전개할 필요성만으로 만들어진 것 같은 인물이 있다. 이러한 인물은 작가가 이야기 줄거리를 전개하는 데에 편의상 만든 인형이므로 살을 붙이는 일이 어지간히 잘 되지 않으면 살아 있는 인간으로서의 숨결을 느끼지 못하는 수가 있다.

근대극이 나타난 이래, 그러한 허수아비 같은 인물은 작가의 극작술이 서투른 경우에는 몰라도 거의 자취를 감추었다. 작은 단역에서도 살아 있는 인간이기를 요구하고 있다. 근대극 이래, 인물의 묘사 방법이 그렇게 변하여 온 것이다.

그러나 오직 표현주의와 같이 어떤 경향의 작가는 인물을 관념으로 다루는 것 같은 경우도 있지만, 전반적 경향으로서는 모든 등장 인물을 살아 있는 인간으로 그리려 하고 있다.

오늘날의 희곡에서는 어떤 작은 역이라도 거기에 전개하는 세계 가운데의 한 사람의 살아 있는 인간으로서의 형성화를 이루지 않고는 예술적 가치를 갖기 어렵다. 더구나 그들 여러 인물은 살아 있는 인간으로서의 형성화뿐만 아니라, 앞에서 말한 바와 같이 어떠한 의미에서 전형화에의 방향이 있어야 한다.

희곡의 등장 인물은 제재(題材), 내용, 주제 등에 응하여, 그 희곡에서 차지하고 있는 분량이 각 인물마다 다른 것은 당연하다. 무거운 역이 있는가 하면 가벼운 역도 있다.

그러나 어느 인물도 인간으로서 그려져야 한다는 것이 첫째로 중요한 것이지만, 동시에 극작상 다음의 것이 고려되어야 한다.

하나는 각 인물의 희곡 전체에서 차지하고 있는 분량이 내용이나 주제에 따라서, 밸런스가 잡혀야만 된다는 것이다. 내용으로 보아서 가벼운 역의 인물이 큰 분량을 차지하여 필요도 없는 말을 지루하게 지껄인다면, 가령 그것이 매력적인 회화라 할지라도 희곡 전체의 구성상의 밸런스가 깨뜨려지고 만다.

또 하나는 어떤 인물이건 일관된 톤으로 그려야 한다는 것이다. 어느 인물이 처음에는 매우 침착한 사람으로 그려져 있었는데, 후반에 가서는 그럴 만한 필연적인 까닭 없이 경박한 인간으로 변했다고 한다면, 관객은 다른 인물이 나온 것인가 하고 어리둥절하게 된다. 이것은 결국 인간이 그려져 있지 않다는 것에 귀착하는 문제이지만, 관객에게 주는 인상을 어지럽힌다는 점에서 서투른 짓이다. 근대극 이래, 인물의 묘사 방법이 그렇게 변하여 온 것이다.

희곡의 인물 가운데에는 희곡 중에서 큰 역할을 하면서 끝까지 등장하지 않는 경우가 더러 있다. 이러한 인물을 다루는 법도 제재의 성질에 따라서는 반드시 배척할 것은 아니다. 어떠한 까닭에서 거기에 그려져 있는 세계에는 등장하지 못하지만, 그 생활에 중요한 관계를 가지고 있는 인간이 때때로 그러한 등장하지 않는 등장 인물이 된다.

언뜻 생각나는 보기로는 테네시 윌리엄스의 〈유리 동물원〉에서 집을 나가 행방을 모르는 아버지이다. 아버지가 갑자기 집을 나간 것은, 어머니와 딸과 아들의 가정에 큰 타격을 주고 생활을 여지없이 바꾸어 놓았기 때문이다. 어머니는 집안의 생활이나 아이들의 미래에 마음을 쓰면서도 그와 결혼했던 젊은 날의 행복한 추억을 잊지 못하고 있다. 방 한 구석에는 그의 몸과 똑같은 크기의 사진이 걸려 있다. 아내와 두 아이들은 저마다의 생각으로 이 사진에 마음이 얽혀 있다. 등장하지 않는 이 사진의 주인은 형체 없는 주인공이라고도 말할 수 있다.

그런데 여기 특이한 등장 인물의 보기가 있다. 가령 '북촌창우극장'의 개관 공연(1993) 작품인 이만희 작의 〈돼지와 오토바이〉이다. 이 작품은 '2인극'으로 되어 있어, 남녀 두 사람만이 등장하지만, 여자는 아내, 간호사, 수녀, 학자, 법관, 친구의 아내 등 무려 8명의 조역으로 분장을 바꾸어 번갈아 등장한다. 물론 외국에서 일찍이 시도한 바 있는 것이지만, 등장 인물이 변화무쌍해서 좋다.

5. 작가와 인물 사이의 거리

입센은 때때로 카페의 한쪽 구석에 앉아서 입구를 향해 있는 거울을 보며, 이 카페에 들어오는 사람들을 쭉 관찰하고 있었다 한다. 이것은 위대한 극작가가 작중의 인물을 창조하기 위하여 인간 관찰에 남 모르는 노력을 기울이고 있었다는 것을 뜻하고 있다. 또 입센은 자기 서재의 책상 위에서 몇 개의 인형을 이리저리 움직이면서 희곡을 구상했다고 한다. 그가 펜을 잡기 전에 희곡으로서의 구성, 각 인물의 등 · 퇴장과 배치에 충분한 구상을 거듭했다는 것을 엿볼 수 있다.

대체로 희곡에서 등장 인물은 작가가 만들어 낸 것에 틀림이 없지만, 작가는 그들 인물을 통하여 자기를 직접적으로 말한다는 것은 거의 불가능에 가까운 것처럼 생각된다. 극작가는 희곡 전체를 통하여 자기의 말하려고 하는 것을 나타낼 수 있지만, 희곡 중의 등장 인물은 한 사람도 작가의 대변자가 아니며, 작가와는 별개의 개성적 인간으로 존재하고 있다. 또 그렇게 하지 않으면 희곡도 등장 인물도 성립되지 않는 것으로 생각된다.

소설에서는 작가가 자기를 직접적으로 말한다는 것이 그다지 어렵지 않다. 작중 인물의 한 사람을 자기의 대변자로 할 수 있으며, 더구나 자서전적 소설이라든지, 사소설(私小說)에서는 작가는 자기라는 존재를 객관시하고 있기는 하지만, 자기를 직접적으로 말하고 있다.

그러나 희곡에서는 이러한 식으로 자기를 직접적으로 말한다는 자기 표현의 수단이 없다. 버나드 쇼는 몇십 편의 희곡을 썼으며, 그것에 의하여 몇백 명, 아니 어쩌면 몇천 명이라는 인물을 창조하고 있지만, 그들 등장 인물의 어느 한 사람도 작가 자신을 말하고 있다고 생각되는 인물은 없다. 적어도 작가 자신이라고 생각할 수 있는 인물은 없다. 그럼에도 이에 매이지 않고 희곡의 하나하나가 쇼 자신도 말했듯이 그의 인생관, 그의 사상의 전개로 되어 있는 것이다.

이런 식으로 생각하면 희곡이란 작가에 의하여 만들어진 하나의 세계, 하나의 작은 우주이며, 등장 인물은 그 우주의 질서를 좇아 행동하는 독립된 개성적인 인간이라고도 말할 수 있다. 따라서 극작가와 등장 인물의 관계에는 매우 미묘한 것이 있으며, 그 관계를 뚜렷하게 설명한다는 것은 불가능한 것처럼도 생각된다.

그러한 점에서 언제나 작가와 등장 인물 사이의 거리라는 것을 생각해야 한다. 모든 등장 인물은 작가가 낳은 것이므로 혈연적인 연결을 가지고는 있지만, 그것이 창조되어 가는 과정에서 작가는 항상 등장 인물을 일정한 거리에 두고 관찰하며, 한 사람 한 사람이 개성을 가진 살아 있는 인간으로까지 높여 리얼하게 그려 가는 것이 아닐까 생각한다.

여기에 다섯 사람의 인물이 등장하는 희곡을 작가가 창작하고 있다고 하자. 작가에게 그 다섯 사람 가운데 한 사람이 특히 좋아하는 타입의 인물인 경우, 작가는 그 한 사람만을 가까이 끌어들여 거기에 애정을 기울여 썼다고 하자. 그러면 작가와 이 한 사람과 다른 네 사람과의 거리가 달라진다. 작가는 한 사람과의 사이가 가깝고, 다른 네 사람과의 거리가 멀다.

이렇게 씌어진 희곡은 어딘가 전체로서의 조화와 통일을 잃고 작은 우주로서 그 자신의 질서를 가지고 사는 통일체가 되지 못하는 것으로 생각된다. 이는 등장 인물의 주역은 정성껏 쓰고, 조역은 대충 쓰는 것 같은 문제가 아니다. 등장 인물 한 사람 한 사람에 대한 작가의 애정이랄까, 관심이랄까 그러한 것의 쏟아 넣어진 방법이 문제이다.

작가는 다섯 사람의 등장 인물에 대해 그것이 어떠한 인간이든, 업신여길 인간, 미워할 인간일지라도 한 사람 한 사람을 같은 애정을 가지고 그려야 할 것이다. 바꿔 말하면, 한 사람 한 사람에 대한 작가의 거리가 일정해야 한다는 문제이다. 필자는 극작가와 등장 인물의 관계는 그러한 것이 아닐까 생각한다.

체홉의 여러 희곡을 세밀히 읽어 보면 더욱 그런 생각이 굳어진다. 체홉은 등장 인물을 모두 일정한 거리를 두고 바라보았으며, 어느 인물에도 똑같은 애정을 준 것처럼 보인다. 그러기에 그의 희곡은 그토록 훌륭한 작은 우주를 만들 수 있었던 것이 아닐까 생각한다.

제정 러시아의 극작가인 니콜라이 고골리(1809~1852)의 희곡을 두세 편 읽는 가운데, 이 작가는 등장 인물 모두에게 미움을 가지고 있지 않았을까 하는 생각이 언뜻 들기도 한다. 그의 대표적 희극인 〈검찰관〉(1836)은 수도에서 떨어진 지방을 무대로 하여 그 지방에 있는 관리의 타락하고 썩어빠진 꼴이 풍자되어 있다.

시장도 경찰서장도 뇌물을 먹으며 관비를 낭비하고, 우체국장은 오는 편지를 제멋대로 뜯어 보고 있다. 그들 관리가 두려워하고 있는 것은 이따금 중앙 정부에서 시찰차 내려 오는 검찰관뿐이다. 그런데 우체국장이 뜯어 본 편지 속에 검찰관이 변장하고 곧 이 지방에 온다고 씌어져 있다. 이거 큰 일이라고 관리들은 야단법석을 떨기 시작한다. 거기에 도회풍의 옷차림을 한 빈털터리 청년이 갑자기 나타나게 된다. 모두들 그 청년을 검찰관으로 생각하고 대환영을 한다. 청년은 자신을 검찰관으로 잘못 인정하고 있다는 것을 알고 멋대로 놀아난 후에 그 지방을 떠나간다. 그 다음에 진짜 검찰관이 도착했다는 보고가 온다. 모두들 멍하니 화석처럼 되어 버린다.

고골리는 이 〈검찰관〉에 등장한 각 인물에 대하여 그 부패, 부정, 악덕, 허

영 같은 것에 굉장한 비웃음을 던지고 있다. 그것은 작가의 노여움을 집어 넣은 미움의 감정이다.

체홉의 경우는 등장 인물에 대하여 따뜻한 애정으로 차 있다. 그것은 글자 그대로 애정이다. 그와 반대로 고골리의 경우는 증오이다. 그것은 인간을 너무나 사랑한 나머지 그것에 대한 절망에서 오는 반작용으로서의 격렬한 미움인지도 모른다.

그러나 미움임에는 틀림이 없다. 그는 이 세상의 추악한 것을 미워하고 비웃으며, 그렇게 함으로써 그것을 파괴하려고 한 것 같다. 그러므로 그는 등장 인물 모두를 똑같이 내팽개치고 있다.

이런 의미에서 등장 인물 한 사람 한 사람에 대한 작가의 거리는 체홉의 경우와는 다른 의미로 일정하다고 할 수 있다. 이렇게 보면 작가의 등장 인물에 대한 감정은 사랑이든, 미움이든 간에 인물 한 사람 한 사람에 대한 거리가 일정하다는 것이 희곡을 작은 우주로서의 통일체에까지 높이는 중요한 조건으로 생각된다.

6. 〈드라이빙 미스 데이지〉와 〈아Q정전〉의 인물

작가가 인물에게 사랑의 눈길을 골고루 보내 준 작품으로는 1988년도 영예의 퓰리쳐 희곡상을 탄 바 있고, 이 희곡을 영화화하여 1991년도 아카데미 작품상까지 탄 바 있는 앨프레드 우리(1936~)의 〈드라이빙 미스 데이지〉를 보기로 들 수 있다.

작가는 애틀랜타에 사는 늙은 미망인과 그녀를 위해 25년 동안이나 운전해 준 흑인 운전 기사와의 끈끈한 인간애를 밀도 있게 그리고 있는데, 매우 빼어난 작품이다.

72세의 늙은 몸으로 운전을 하고 다니다가 교통 사고를 낸 여주인공 데이지가 차량 보험 문제로 손수 운전을 하기 어렵게 되자, 그녀의 아들 불리는 흑인 운전 기사 호크를 어머니 운전 기사로 고용한다. 그런데 데이지는 처음부터 운전 기사를 고용한다는 것을 못마땅하게 생각했다. 완고하고 편협적이며, 까다로운 데이지는 호크를 쉽게 받아들이지 않았다.

그러나 우여곡절 끝에 데이지와 호크는 인간적인 접근을 했으며, 서로를 이해하게 되었다. 데이지는 97세의 나이 때문에 정신 분열증 현상을 일으켜 병원에 입원하게 되었다. 그래서 호크가 병문안을 가는데, 그 역시 늙어 눈이 잘 안 보여 운전을 못하게 되어 손녀가 운전하는 차를 타고 가는 것이었다.

인정의 기미를 아기자기하게 그려낸 흐뭇하고 뭉클한 감동을 주는 작품이었다. 이 〈드라이빙 미스 데이지〉와 정반대로 작가가 등장 인물에게 미움이라기보다도 차디찬 비판의 눈길로 내려다본 작품이 있다. 중국의 노신(魯迅 : 1881~1936)의 세계적 명작 소설을 진백진(陳白塵)이 희곡으로 각색했으며, 1999년에 '국립극단'에 의해 국립극장에서 공연된 바 있는 〈아큐정전(阿Q正傳)〉이다.

노신 탄생 100주년을 기념하기 위해 1981년에 씌어진 이 작품은 시나리오로 각색해서 영화화되기도 했다.

주인공 아큐는 날품팔이 농민이다. 자기의 어리석음과 약함은 모르고 제 잘났다고 생각한다. 싸움에 졌을 때에는 자기가 양보했다고 자랑하고, 상대가 약한 사람이면 큰소리치는 성격의 소유자이다. 신해 혁명의 소용돌이 속에 아무것도 모르는 채 축제 같은 들뜬 기분으로 폭동에 가담했다가 폭동의 일당으로 오해를 받고 마침내 자기 혼자만이 사형에 처해진다.

아큐는 반식민지적 중국 사회의 전형적 인간이며, 인간이 가진 노예 근성의 소유자로서 신랄하게 비판되고 있다.

이 작품이 세계적으로 유명해지자, 중국인의 정신으로까지 일반화되었다. 이른바 '아큐 정신'이다. 남에게서 업신여김과 학대를 받으면서도 관념 속에서 자기와 남을 뒤바꾸어 참다운 승리자는 자기라고 여기는 '정신 승리법'을 말한다.

작가의 의도는 인간이 자기의 약점과 실패를 은폐하려는 심리가 봉건 사회의 붕괴기에 극도로 다다른 추악한 모습을 비판하려는 것이다. 최근에는 무지몽매한 날품팔이인 아큐라는 인간 전형과 아큐 정신이라는 의식 구조를 구별하여 앞의 것을 긍정적으로 보고, 뒤의 것을 부정적으로 보는 경향으로 바뀌었다. 이것은 말하자면 일종의 약자의 자기 변호 철학이라고 단정할 수 있겠다.

아무튼 그런 작가의 의도는 1막 첫머리부터 다음과 같이 밝혀지고 있다.

> 봄이 왔다. 웨이장에도 봄빛이 만연하다. 샤오디, 강가에서 세수를 한다. 아큐, 먼 곳에서 빠른 걸음으로 걸어 온다. 샤오디를 보자 같이 앉아 세수를 한다.

해설자 아큐는 고정된 직업이 없다. 쌀을 찧으라면 쌀을 찧고, 보리를 베라면 보리를 베고, 방아를 찧으라면 방아를 찧고, 배를 저으라면 배를 저었다. 이렇게 집집마다 불려 다니며 날품팔이를 했다. 한 번은 "아큐, 일을 정말 잘하는데"라고 칭찬을 들었다. 또 여러 성을 드나들어 견식도 많았다. 보태어 말하면 자오수재보담 삼대나 위라서 아큐는 정신적으로 특히 자오 씨 부자를 숭배하지는 않는다. 아큐는 거의 '완벽한 인간'이었다. 단지 애석하게도…….

아 큐 (물속의 그림자를 보고 멍청해진다. 햇빛이 부스럼이 생긴 대머리를 비추자 손으로 가리며 싱긋이 웃는다. 그러나 손을 떼자 화가 치민다. 한줌의 흙을 쥐어 물 속에 던지며) 제기랄!

해설자 …… 그는 신체상 결점이 있는데, 바로 머리 꼭대기에 부스럼 자국이 많다. 그래서 부스럼이란 '부 자(字)' 조차 꺼려 했다. 나중엔 심지어 빛날 광도 싫어했고, 밝을 량도 꺼려 했다. 또한 등불이니, 촛불이니 하는 말조차 사용하는 걸 꺼려 했다.

샤오디 (아큐와 물속에 비친 그림자를 번갈아 보며 웃음을 참지 못해) 밝아졌다!

해설자 "저런" 샤오디가 아큐의 신경을 건드리는 말을 하고 말았다.

아 큐 (눈을 부라리며) 제기랄! 샤오디! 네가 감히…… (일어나 샤오디를 때리려 한다.)

샤오디 (도망치며, 돈을 꺼내며) 아큐 형! 못 주겠어.

아큐, 샤오디를 붙잡고 때리려 하자, 빨간코 꽁씨가 아오와 함께 나타난다.

꽁 씨 (웃으며) 여기 보험등(保險燈)이 있어 밝아졌구만.

아 큐 (꽁씨에게) 당신도 자격 없어!

꽁 씨 가만! (손으로 아큐 머리를 쓰다듬으며) 좀 보자구.

아 큐 (겁을 먹고 꽁씨의 손을 뿌리치며) 장난치지 말아요!

꽁 씨 (화가 나서) 네놈이! 나한테 손을 대, 네 이놈! (아큐의 가느다란 변발을 움켜쥔다. 아큐, 팔을 뻗어 상대의 댕기 머리를 잡으려고 하다가 꽁씨에게 붙잡혀 비틀거린다.)

아 오 (큰 소리로) 머리를 박아 버려!

꽁 씨 (버드나무 앞으로 끌고 가서 머리를 나무에 박으며) 하나, 둘, 셋, 넷, 다섯!

아 오 (폭소) 보험등이 터졌다! 가자, 술 마시러 가! (꽁씨를 끌고 간다.)

샤오디는 싸움이 시작될 때 나무 뒤에 숨는다. 아큐는 눈을 부라린다.

해설자 "당신은 아큐가 패배를 당한 줄 아십니까? 절대로 그렇지 않습니다."

아 큐 (털모자를 쓰며) 젠장! 세상이 정말 돼먹지 않았거든! 아들이 지애비를 때리다니! (더 큰소리로) 아들 녀석이! 큰아들 녀석이!

샤오디 (머리를 쑥 내밀고) 히히, 아큐 형, 정말 대단해! (도망친다.)

아큐, 득의만면하여 당당하게 걸어 간다.

해설자 아큐는 이런 정신적인 승리법이 있어 패배를 승리로 돌려 버렸다.

〈드라이빙 미스데이지〉

IX. 희곡의 기교

1. 비약

단막물의 발단이나 도입부는 다막물(多幕物)의 그것과는 다르다. 단막물의 발단이나 도입부를 쓰는 방법으로 다막물을 쓴다면 아무래도 약한 것이 된다. 다막물의 경우는 상당한 중후함과 함축성이 있어야만 한다. 따라서 단막물의 재치 있는 발단은 다막물에는 맞지 않는 경우가 많다.

다막물의 구성에 대해서는 프라이타크의 5단계로 나누는 법이 있으며, 그 사이에 3요인이 포함된다. 즉 5부 3점설이다.

A 도입부
　① 자극 요인(제1요인)
B 상승부
C 정점(클라이맥스)
　② 비극적 요인(제2요인)
D 하강부(반전)
　③ 마지막의 긴장 요인(제3요인)
E 파국—결말

이것을 5막물에 맞추어 보면 다음과 같다.

제1막 A — ①
제2막 ① — B
제3막 B — C — ②
제4막 ② — D — ③
제5막 ③ — E

4막물에서는,
제1막 A — ①
제2막 ① — B
제3막 B — C — ② — D
제4막 D — ③ — E

3막물이면
제1막 A — ① — B
제2막 B — C — ② — D
제3막 D — ③ — E가 된다.

도입부에는 발단이 포함되어 있으며, 자극 요인은 서스펜스에 해당된다.

상승부는 단말물의 어택(공격)과 발전이지만, 이 부분에는 두 층으로 짜여져 있다. 하나는 '엑스퍼지션'(설명), 또 하나는 '디벨로프먼트'(전개)이다. 엑스퍼지션은 인물의 과거, 성격, 희곡의 줄거리나 의도 같은 것을 차츰 밝히는 것이고, 디벨로프먼트는 그것을 기초로 하여 앞으로 나아가게 된다.

엑스퍼지션은 과거에 관계되고, 디벨로트먼트는 현재로부터 미래로 진전된다. 그런데 엑스퍼지션의 대사는 다음과 같은 점에 유의해야 한다.

① 될 수 있으면 간단히 말한다. 중요하지 않는 디테일(세부)은 관객의 상상에 맡긴다.

② 이야기한 말은 곧 동작에 연결시킨다.

③ 짤막한 에피소드를 짜 넣는다.

엑스퍼지션은 한 인물에만 시키지 말고 몇 사람의 등장 인물에 의하여 단편적으로 차츰 강조하면서 말 시키는 것이 좋을 것이다. 엑스퍼지션은 아무튼 평범하게 되기 쉽다. 그것을 막고 치켜 올리는 비약의 역할을 하는 급소가 있다.

가령 몇 명의 인물이 이야기를 주고받고 있다고 한다면, 거기에 매우 인상적인 한 사람이 나타나 지금 화제가 되고 있는 사건에 강하고 새로운 사실을 보탠다. 관객은 그것으로 말미암아 확 끌려 들어가게 된다.

도입부를 지나 상승부에 들어가 정점에 이르기까지 더욱 비약의 급소가 필요하게 된다. 그리고 하강부에서 종국(결말)에 이르기까지는 물론 상승부에서만큼은 강하지 않더라도 역시 비약의 급소는 있어야 한다. 어쨌든 간에 희곡에는 군데군데 비약의 급소가 있어야 한다. 그래야만 작품의 지루함과 산만함에서 구원될 수 있는 것이다.

가령 1993년에 극단 '목화'와 무용단 '창무회'가 합동으로 상연한 오태석 작의 〈아침 한때 눈이나 비〉는 연극과 무용의 벽을 허물고 새로운 무대를 시도한 작품이다. 그런데 이질적인 두 가지 무대 공연을 합친 데서 오는 위화감과 산만함을 지양하기 위해 비약의 급소를 보다 많이 마련했다. 궁여지책이라고 볼 수도 있겠지만, 매우 타당한 극작 방법이었다고 본다.

처음에 히로시마 원폭 희생자로서 48년간이나 캄캄한 다락방에서 지내는 어머니가 소개된다. 그리고 다음은 교환양인 딸이 두 명의 깡패에게 성폭행의 급박함에 몰리는 것으로 비약한다. 그러자 아버지가 딸을 구하려다가 도리어 죽임을 당하는 것으로 비약한다. 결국 그녀들은 깡패들의 노예가 된 비참한 생활로 비약한다. 그런데 그 어머니와 딸이 복수하기는커녕 도리어 그 깡패들을 용서함으로써 거듭나는 것으로 또 비약한다.

이렇듯 비약을 거듭함으로써 8·15 광복 이후의 변화무쌍한 수난 가운데 이룩된 한국 민주주의의 형성 과정이 표현된다. 즉 애초 어머니의 원폭 희생은 광복과 더불어 불구로 시작된 한국의 민주주의를 나타낸 것이며, 아버지를 죽이고 딸을 폭행하는 깡패들의 행패는 군사 정권의 군화 아래 민주주의가 여지없이 짓밟힌 것을 나타낸 것으로 볼 수 있다.

그렇다면 모녀가 용서하는 행위는 한국 민주주의의 불행했던 지난날을 '아침 한때 눈이나 비'로 여기고 너그럽게 대하며 복수보다는 새로운 민주주의 건설에 힘쓰자는 작가의 의도가 엿보인다고도 할 수 있다. 참으로 비약의 급소를 효과적으로 잘 다루고 있다고 하겠다.

2. 복선

소설에서 복선이 필요한 것과 같이 희곡에서도 복선은 중요한 테크닉(기교)이다. 희곡 복선은 세 개의 요소에 의하여 설정된다.

① 행위에 의하여

② 성격에 의하여

③ 대사에 의하여

복선은 장차 일어날 사건의 준비이다.

가령 어느 남편이 질투를 한 나머지 아내를 죽이는 결과가 되었다고 하자. 그 살해에 엽총을 사용했다고 하자. 그 곳에 이르러 갑자기 엽총을 가지고 나오는 것으로는 아무래도 당돌하여 관객은 곧 형편에 따라 이리저리 바뀌는 형편주의(形便主義)의 희곡처럼 느끼게 된다.

그렇지만 앞에서 남편이 엽총으로 사냥을 하는 장면을 넣어 두면 살해하는 장면이 필연적으로 된다. 항상 엽총을 만지고 있는 사나이이므로 아내를 죽일 때, 엽총을 사용했다는 것은 당연하며, 앞에서의 일을 연상하게 되어 납득이 간다. 이것이 행위에 의한 복선이다.

성격에 의한 복선이란 가령 발끈 성이 나서 상대방을 죽이는 장면이 있다고 하자. 발끈해지면 물불을 가릴 줄 모르는 성격을 앞에서 어딘가에 암시해 둘 필요가 있다. 가령 무엇인가 하찮은 일에도 발끈해져서 그릇이라도 때려 부수는 장면을 보여 준다. 그리하면 발끈 성이 나서 사람을 죽이는 장면이 부자연스럽지 않다.

대사에 의한 복선은 회화 속에 암시한다. 가령 매우 온화한 인물이 어떤 동기로 크게 난폭해지는 장면이 있다고 하자. 지금까지 온화했던 인물이 갑자기 난폭해지면 아무래도 부자연한 느낌을 감출 수가 없다. 그것을 필연적인 것으로서 관객을 납득시키려면 앞에서 타인에게 그 인물에 대한 이야기를 시켜 둔다.

"저 사람이 지금은 저렇게 온화해졌지만, 옛날에는 무척 왈패였다오……."

이러한 대사가 앞에 있으면, 난폭해진 것이 조금도 부자연스럽지 않고 결국 이전의 본성을 나타낸 것으로 관객은 충분히 납득하게 된다. 이와 같이 복선은 희곡의 우연을 없애고 필연성을 갖게 하기 때문에 중요한 기교이므로 초보자는 요령을 잘 연구하여 작품 구성상에 활용해야 할 것이다.

가령, 월간 문예지 〈동양문학〉 희곡 모집의 1989년도 당선작인 이중기 작 〈그림자 밟기〉의 첫머리 부분에 나오는 짤막한 다음 장면은 행위 · 성격 · 대사가 잘 조화된 복선이라고 하겠다. 즉 임기응변의 침착한 옥분의 행위는 총명하고 의지적인 성격과 더불어 매우 적절한 말을 서슴없이 하고 있다. 그럼으로써 형사뿐만이 아니라, 온 가족조차 모르게 경찰에 쫓기고 있는 남편을 여섯 달 남짓이나 2층 다락방에 숨겨 올 수 있었다는 믿기 어려운 사실의 복선을 살며시 깔고 있는 것이다.

박형사　집을 나간 지는 얼마나 되었지요?

옥 분　일 년 가까이 된 것 같아요.

박형사 네? 일 년씩이나요? (잠시 머뭇거리다가 정색을 하고) 형사라고 하는 직업은 때로는 아주 난처한 질문 내지는 입에 담기 어려운 말을 하지 않으면 안 될 때가 있어요. 직업의 특성이지요.

옥 분 무슨 말인가요?

박형사 최근에 유산을 시키려고 산부인과엘 다녀온 적이 있었더군요.

옥 분 네? —사이— 당돌하군요.

박형사 미안합니다. 그렇다면 그 아기 아빠는? (옥분의 눈치를 살핀다.)

옥 분 할 수 없이 말을 해야겠군요. —사이 —난 근수 씨를 포기했어요. 그리고 내 갈 길을 선택할 것을 결심했어요. 이제 되었나요? —사이 —그렇다고 나를 비정한 여자라고는 생각지 마세요.

박형사 그럼 곧 재혼을 해야겠군요.

옥 분 당연하지요.

3. 예시

희곡에서 첫 막은 극의 발단과 예비 설명의 부분이거니와 일단 막이 닫히고 다음 막이 열리기 전, 관객은 다음 막에서는 어떻게 될 것인가, 또 어떻게 되어 갈 것인가 하는 기대를 갖게 되는 것이다. 이와 같이 막은 내렸는데도 사건은 계속 진행되고 있다. 즉 연극은 거기서 정지된 것이 아니고 아직 진행되고 있는 것이다.

이것을 막간(幕間)이라고 한다. 이 막간이란 막과 막 사이, 다시 말하면 한 막이 닫히고나서부터 다음 막이 열릴 때까지의 사이를 말한다. 이 막간으로 작가는 관객의 눈 앞에 내어 놓을 수 있는 장면과 내어 놓을 수 없는 장면을 나누어서, 중요하고 가장 희곡적인 동작만을 골라 무대에 올리며, 그 밖의 비희곡적인 것과 관객의 눈 앞에 내놓아 보이기에 불가능한 장면 같은 것은 이 막간을 이용하여 음성적으로, 즉 간접적으로 나타낼 수 있는 것이다.

이 음성적인 막으로 나타내진다는 것은, 즉 막간일지라도 그 희곡은 계속되고 있다는 것을 뜻한다. 물론 어느 사건을 음성적으로 나타낸다는 것은 막이 열려 있을 때도 사용된다. 즉 어느 중요하지 않은 장면이라든지, 중요하지만 희곡으로서 무대 위에 나타내기에 너무나 부자연스런 장면 같은 것은 도리어 그것을 음성적으로 하는 편이 교묘하게 나타내지는 수가 있다. 이것은 관객의 주의를 너무 피로하지 않게 하고 그 흥미를 어지럽히지 않게 하기 위한 한 방법으로서 그만큼 본질적인 것을 더욱 뚜렷하게 그려낼 수 있게 되는 것이다.

막간을 숨겨진 일막이라고도 하고, 한 막에서 다음 막으로 건너가는 '다리〔橋〕'라고도 한다. 그것은 여러 부분으로 나누어진 극중 사건을 은연중에 연결하여 주는 역할을 하고 있기 때문이다. 그러므로 이 중요한 막간이란 것을 교묘하게 다루어 관객의 흥미를 끊임없이 끌고 가는 것이 되어야 한다. 그렇게 하려면 첫 막간의 끝 부분에서 더욱 흥미를 돋울 만한 것을 미리 보여 주어야 한다. 그러나 이것은 그 희곡의 전체가 지니고 있는 비밀을 관객에게 내통하여 보이고 마는 것은 결코 아니다. 다만 이것은 작가가 손 안에 쥐고 있는 것이 무엇인가 하는 것을 한끝〔一端〕의 꼬리만 살짝 보여 주고 지나치는 방법인 것이다.

다음에 몇 가지 보기를 들어 설명하고자 한다.

오스카 와일드의 〈빈다미아 부인의 부채〉라는 희곡에서 빈다미아 부인은 그녀의 남편이 에루린느 부인이라는 여자의 집에 다닌다는 것을 알고 의심이 나서 남편의 책상을 뒤지다가 수첩을 발견하게 되어 펴 보니 그 속에 이 의문의 부인을 위하여 끊어 놓은 수표가 나타난다. 거기에 공교롭게도 빈다미아 경이 오늘 밤 에루린느 부인을 초대하겠다고 동의를 구해 온다. 부인은 분개하여 거절한다. 남편은 끝내 자기가 말한 것을 주장하여 마침내 초대장 속에 그것을 넣어 가지고 하인을 시켜 보낸다.

보통 작가 같으면 여기에서 막을 내릴 것이다. 빈다미아 부인의 분노와 다가올 초대석상에 어떠한 일이 일어날 것인가 하는 것은 관객이 상상할 수 있는 것이지만, 와일드는 그런 막연한 기대만으로는 만족하지 못했다. 그리하여 그 날을 빈다미아 부인의 생일로 설정하고, 남편이 그녀에게 화려한 타조의 날개로 된 부채를 제1막의 첫머리에서 준 것으로 하고 있다. 거기에서 빈다미아 경이 하인을 보냈을 때, 부인은 남편에게 "만약 그 여자가 집에 발을 들여놓는 일이 있다면 나는 이 부채로 그 얼굴을 갈기겠어요" 한다.

대부분의 작가는 여기에서 만족하여 막을 내릴 것이다. 빈다미아 부인의 심리가 한층 뚜렷하게 나타났으므로……. 그렇지만 이것으로도 아직 와일드는 충분하다고 느끼지 않았다. 부인은 벨을 울려 하인을 부른다.

"오늘 밤은 손님의 이름을 하나하나 알아들을 수 있도록 불러 주게. 너는 때때로 말을 빨리 하니까 난 잘못 알아듣게 돼. 아무쪼록 잘못 듣지 않도록 확실한 이름을 듣고 싶은 것이니까."

부인은 이렇게 말한다. 여기에서 비로소 막이 내려지는 것이다.

관객은 다음 막, 즉 빈다미아 부인이 연회에 나오는 것을 보지 않고서는 극장을 나올 수가 없게 된다. 이 부인과 하인과의 짤막한 대목으로 와일드는 희곡적 설화(說話)의 기술이 능숙함을 보여 주고 있다.

또한 가튼이 쓴 〈차바퀴 속의 차바퀴〉를 들 수 있다.

몇 년간 해외로 돌아다니던 에리크 샴드렐 경이 귀국하여 제일 먼저 늙은 친구 에가튼 와트레의 집을 찾아간다. 그런데 와트레는 그날 밤 스코틀랜드로 떠난 뒤여서 집에는 하인만이 홀로 있다. 그 하인도 곧 떠나기로 되어 있지만, 그는 주인으로부터 새로 오는 손님에게 이 집을 내어 주도록 지시를 받았으므로 지시대로 하고 떠나 버린다.

에리크는 옷을 갈아입으려고 침실로 들어간다. 잠시 무대가 비어진다. 그런데 자물쇠를 여는 소리가 밖에서 들리며 이윽고 이브닝 드레스를 입은 부인이 혼자서 들어온다. 그녀는 무대의 안쪽에 있는 서류함을 열고 그 속의 것을 꺼내려고 한다. 거기에 에리크가 나타난다. 그는 흠칫 놀란다. 그래도 부인은 우스꽝스럴 정도로 태연한 척하려고 정색한다.

이윽고 두 사람은 이야기를 시작한다. 그러던 중 에리크는 점점 맵시 있는 도둑에게 매혹된다. 그녀는 상대편이 누구인지 곧 알게 된다.

그러나 자기의 신분은 알리지 않는다. 그리하여 인사를 하고 돌아가려고 하는데, 에리크는 친밀해지고 싶다는 소망을 열심히 말한다. 그러자 부인은 "내가 당신 친구의 방에 왜 들어왔는지 당신은 그것을 조금도 의심스럽게 생각하지 않습니까? 어째서 왔는지 보여 드리죠" 하고 자물쇠의 열쇠를 꺼내서 남자의 눈 앞에 들이댄다. 그리고 그것을 테이블 위에 놓고, "당신 자신의 판단에 맡기겠어요" 하고 나가 버린다.

대체로 희곡의 첫 막이란 어려운 것이다. 첫 막이 재미있으면 관객의 주의를 잡은 것이 되지만, 자칫 잘못하면 그 흥미를 다음 막 이후에까지 이어 갈 준비가 소홀해진다.

입센의 〈사회의 지주(支柱)〉를 보면, 로나와 요한이 돌아온다는 것으로 관객은 무슨 일이든 일어날 것이라는 예감을 충분히 갖게 되지만, 그 닥쳐올 일이 어떠한 일인지는 충분히 알 수 없다. 반대로 그의 〈청년 결사〉를 보면 스텐스골드가 부라벨그를 공격하는 연설을 한다. 그런데 부라벨그는 직접 자신에게 공격의 화살이 향해지고 있는 것은 모르고 오히려 자신의 적 몬젠이 공격된 것으로 생각하고 스텐스골드를 자기의 연회에 초대한다. 스텐스골드는 이 초대를 비겁한 강화책이라고 생각한다. 이러한 오해가 연극을 더욱 심각하게 하므로 관객은 자연히 제2막의 연회를 기대하게 되는 것이다.

여기에서 예시를 하나의 창으로 비유하여 보기로 한다. 첫 막을 완전한 것으로 하려고 생각하면 어떤 일이 있어도 극을 아무것도 없는 벽에서 끝내서는 안 된다. 거기에는 반드시 하나의 창이 있어야 한다. 그 창을 통하여 흥미 있는 사건의 그림자가 내다보이도록 해야 하는 것이다. 〈사회의 지주〉에도 첫 막의 끝에 이 창이 있지만, 그것은 반투명체 창인 것이다.

4. 비밀

희곡에는 반드시 그 속에 하나의 비밀이 묻혀 있어야 한다. 연극이 진행되는 가운데 그 숨겨진 비밀이 천천히 풀려 나감으로써 이른바 줄거리가 지닌 사건의 진상이 밝혀지는 것이며, 그것으로 하여금 처음부터 끝까지 관객의 이목이 주의 깊게 집중되고 끊임없는 흥미를 느끼게 되는 것이다.

만약 그러한 비밀이 그 연극 속에 담겨져 있지 않다면 관객의 심리는 산산히 흩어져 흥미는 물론 긴장감을 가져다 줄 수가 없으므로 곧 싫증을 느끼게 될 것이다. 또한 희곡의 밑바닥을 흐르고 있는 이 비밀이 전반에서 미리 드러나 버려도 후반에 가서는 아주 싱거운 이야기로 끝나는 것이 되고 말 것이다. 그러면 이 비밀을 어떻게 하여 관객의 흥미와 주목을 놓치지 않고 원만히 이끌고 갈 것인가? 여기에 대하여 연구해 보기로 하자.

이 비밀을 어느 시기까지 묻어 두고 보여 주지 않을 것인가? 그리고 어느 언저리에서 그것을 폭로시킬 것인가? 이것이 여기에서의 문제점인 것이다.

라루다 휘리스가 쓴 〈그 여자의 변호사〉를 보면, 변호사가 변호를 의뢰한 부인에게 사랑을 느끼게 된다. 그는 그녀에게 죄가 없을 것으로 믿고 구해 주겠다고 약속했던 것이지만, 재판할 때에는 그녀가 다른 남자를 깊이 사랑하고 있다는 사실을 알게 된다. 다만 여기서 문제가 되는 것은 이 희곡이 지닌 비밀을 어디쯤에서 공개해야 될 것인가 하는 것이다.

이러한 경우에는 일찍이 사건의 진상을 관객에게 눈치채게 해 두는 것이 좋다고 생각한다. 이러한 때 비밀을 너무 길게 묶어 두면 관객을 트릿한 생각을 가진 변호사와 같은 위치에 놓는 결과가 된다.

또 하나 모리스 돈네의 〈애통한 여인〉을 보면 전 4막으로 되어 있는 이 희곡이 제2막까지 극중 인물의 애인들끼리의 사이에 아무런 장애도 없는 것이 조심성 있게 보류되어 있다. 첫 막의 마지막에서 조각가 필립이 유부녀 헬렌의 연인이라는 것을 보여 준다. 그리고 막이 내리게 될 무렵 부인의 남편 앨던이 자살을 하게 된다. 그러므로 이 막은 애인들끼리 아무런 걸림돌도 생기지 않고 오히려 걸림돌이 되는 한쪽이 없어진 것으로 끝이 난다. 2막째가 진행되어도 역시 아무런 걸림돌이 생기지 않는다. 과부가 된 헬렌은 얼마간의 세월이 흘렀으므로 이제는 필립과 결혼을 하려고 한다. 이쯤 이르고 보면 원만하고 안전하다고 할 수 있다.

그런데 제2막의 마지막 장면에서 헬렌의 친구 고테도 또한 이 조각가를 사랑하고 있다는 것이 알려진다. 고테는 자기의 속마음을 남자에게 털어 놓으려고 하나, 필립은 그녀를 가까이 해 주지 않는다. 이리하여 2막이 끝나기까지 아무 일 없이 순조롭게 진행된다.

돈네가 이 작품에서 관객에게 비밀을 냉큼 풀어 놓지 않고 있는 것은 조각가가 헬렌의 첫 애인이 아니고, 그녀의 아들 조르주도 자살한 전 남편과의 사이에서 낳지 않았다는 사실을 고테만이 알고 있는 것으로 되어 있기 때문이다. 즉 고테가 자기만이 이 비밀을 쥐고 있었던 것이다.

그리하여 고테는 필립의 태도가 쌀쌀하자 배채기로 헬렌의 비밀을 털어 놓는다. 필립은 그것을 헬렌에게 말한다. 헬렌은 어째서 그가 그 사실을 알고 있을까 짚어 본다. 헬렌이 행복하고 평온한 마음으로 필립의 방에 들어왔다가 그 말을 듣고 상심하여 그 곳을 나가 버리는 대목은 이른바 고대 그리스 극의 페리페티아(운명의 격심한 변화)의 좋은 하나의 보기이다.

그러나 이 장면의 효과는 그다지 크다고는 할 수 없다. 왜냐하면 어렴풋이나마 그것을 미리 알 수 있도록 관객을 이끌어 가고 있기 때문이다. 비밀을 보류한다는 이 '희곡의 비밀' 에 관한 가르침은 한마디로 말해서 "결코 관객으로부터 비밀을 보류하고 있어서는 안 된다"이다. 비밀을 보류하고 있다는 것은 극작상 위험하기도 하고 또한 부질없는 짓이기도 하다.

그러나 작가로 하여금 맨 처음에 닥쳐온 기회를 잡아서 모든 비밀을 털어놓아야 한다는 것은 아니다. 어느 정도 오래 비밀을 간직하고 있다가 그것을 어느 대목에서 공개해 보이면 좋을까? 꼭 알맞은 그 때를 잡는 것이 참다운 기교라고 하겠다. 그것은 공연히 오래일 것이 아니라, 명백히 나타내기 위하여 충분히 오래도록 또는 충분히 주의하여 보류해 두어야 된다.

이 점은 1999년 11월에서 12월에 걸쳐 거의 1개월간이나 극단 '신화'에 의하여 공연된 오은희 작의 〈사랑〉을 보기로 들 수 있다. 이 작품은 여류 작가 특유의 섬세한 감성으로 꾸며져 있어 좋았지만, 큰 감동으로 가슴에 와 닿지는 않았다. 그 까닭인 즉 어머니와 딸이 한 남자를 사랑하고 있다는 비밀이 너무 일찍 관객에게 알려졌기 때문에(물론 본인들은 몰랐지만), 즉 비밀의 보류의 타이밍이 적절하지 못했기 때문에 저질러진 결과인 것이다.

또한 비밀이 지켜져 있어야 할 경우에는 거기에 그만한 값어치가 있어야 한다. 즉 수수께끼가 던져지면 해답은 유쾌한 것이며, 교묘하게 풀이되는 것이어야 한다. 그렇지 않으면 관객은 무익 또는 불쾌로 그 정신력을 낭비하게 되기 때문이다.

그러나 이 비밀 문제를 자칫 잘못 다루면 관객이 엉뚱한 해석을 하게 되는 경우도 있다. 이것은 작가가 관객 심리를 확실히 잡고 있지 못한 데서 오는 것이다. 그러므로 작가는 선천적인 소질만으로 되는 것이 아니라, 숙달된 기교가 필요하며, 자기 작품을 보아 주는 관객의 마음을 꿰뚫고 언제나 그 통찰력의 정확을 잃어서는 안 된다.

5. 반전(反轉)

희곡은 5막인 경우, 대개 그 4막째 혹은 결말이 가까운 대목에서 이루어지는 이 반전은 두 가지로 나누어 볼 수 있다. 즉 하나는 의지의 반전이고 또 하나는 감정의 반전이다.

이 두 가지를 비교하여 보면 감정의 반전은 희곡에서 가장 중요한 것이지만, 동시에 그 다루는 방법에서도 한층 어려움을 느끼게 되는 것이다. 왜냐하면 의지의 변화는 형태상으로 나타낼 수가 있지만, 단지 감정에 변화를 가져온 경우에는 이것을 외면적으로 뚜렷이 나타낸다는 것이 쉽지 않기 때문이다.

희곡의 결말이 이러한 유의 반전에서 끝날 때에는 흔히 관객이 보고 그것을 확인한다기보다는 작가에 의하여 그와 같이 증명된다는 경우가 많다.

〈인형의 집〉으로부터 〈볼크만〉에 이르기까지의 입센의 완성된 작품을 보면, 그 중에서 〈바다의 부인〉만이 이 난점(難點)이 있다. 바다의 부인 에리다가 그녀의 남편 완겔과 낯 모르는 외국인의 사이에서 어느 편을 따라야 할 것인가 하는 대목을 보기로 들기로 한다.

완 겔 자! 당신은 지금 자기 자신이 취할 길을 선택할 수가 있소. 마음대로 얼마든지 마음대로…….

에리다 (자기 남편을 쏘아 보며) 정말이에요? 당신의 말은…… 참으로 진정한 마음에서 그렇게 말하는 거예요?

완 겔 그렇소. 내 괴로운 마음 속으로부터 그렇게 말하는 거요. 자! 당신 자신의 참된 생활이 다시 그 올바른 궤도로 돌아갈 거요. 당신은 지금 자유롭게 선택할 수가 있소. 그리고 자기 자신의 책임을 가지고서.

에리다 자유롭게. 그리고 자기 자신의 책임을 가지고…… 자! 책임, 이것이, 이것이! 만사를 바꿔 버릴 거예요.

여기에서 그녀는 외국인을 따라가는 것을 단념하게 된다. 이 결말은 반전이 약하게 되어 있다. 왜냐하면 완겔의 마음속에 일어난 일은 하나도 외부적으로 나타나 있지 않기 때문이다. 사건이 지나치게 말만으로 이루어져 있다.

에리다에게는 그것만으로 충분할지 모르지만, 이 해결을 보고 있는 관객에게는 충분하다고 말할 수 없다. 만약 작가가 무엇인가 외부적으로 나타낼 수 있는 어떠한 것을 보여 주든지, 또한 적어도 무엇인가 인상적인 표징(表徵)에 의해서라도 완겔의 마음의 전환을 뚜렷하게 할 수 있는 증거를 보여 주었다면 이 작품은 입센의 작품 중에서도 빼어난 작품이 되었을 것이다.

여기에서 어느 유머 소설의 한 토막을 인용해 보자.

어느 남자가 짝사랑해 오던 부인을 유괴하여 산중의 성 속에 가두었는데, 나중에 자기는 부인이 생각하고 있는 정도의 바보가 아니라는 것을 보여 주기 위해서 "자! 자유로 해 줄 테니 가십시오" 하고 성문을 열어 준다. 문이 열린 것을 보고는 부인은 갑자기 돌아가기가 싫어져서 도리어 자기를 유괴하여다가 감금했던 남자에게 몸을 맡긴다는 것이 대강의 줄거리이다.

이것을 〈바다의 부인〉의 경우와 비교해 보면 작품이 지닌 품격의 차이는 있을지라도 잘못만은 뒤의 것이 면하고 있는 것이다. 여기에서 주인공의 전환은 성문을 열었다는 행위, 즉 동작으로서 명백하다. 〈바다의 부인〉에서 완겔의 마음의 전환이 여기에 따르는 희곡적 동작을 빠뜨렸기 때문에 관객에게는 납득이 가지 않는 것이다.

입센은 〈바다의 부인〉에서는 이 마음의 전환에 실패하였지만, 그의 또 다른 작품 〈로스머 호름〉에서는 성공하고 있다. 로스머는 레베카가 전에 그의 아내 베아타를 물레방아의 격류 속에 몰아넣어 죽여 버린 그런 비정의 이기주의적인 여자가 이제는 아니라는 것을 아무래도 믿을 수가 없다.

그런데 레베카는 "오늘부터 당신은 내가 얘기한 말만으로 나를 믿을 수가 있을까요?" 라고 말하고, 베아타의 뒤를 좇는다는 오직 하나의 증거를 보인다. 로스머는 만약 레베카가 죽지 않으면 그녀를 믿지 않을 것이며, 만약 죽는다면 자기도 살지는 않을 것으로 생각하고 그녀와 같이 나간다.

이 〈로스머 호름〉보다도 더 격렬한 행동으로 이루어진 전환에 독일의 게오르그 카이저의 대표작 〈칼레의 시민〉이 있다. 이 작품은 실제로 있었던 역사적 기록에서 취재해 작품화한 것인데, 그 반전이 매우 뛰어났다.

영국과 프랑스와의 백년 전쟁 때 일이다.

두 나라의 100년에 걸친 끈질긴 싸움은 프랑스 군의 패배로 돌아가 칼레 시는 영국군에게 포위된다. 영국군으로부터 왕의 사절이 와서 내일 아침에 6명의 시민을 희생해서 영국 왕한테 보내면 온 시민을 살려 주겠지만, 그렇지 않으면 칼레 시 전부를 온통 파괴하고 항만을 묻어 버리겠다고 전한다.

그리하여 칼레 시에서는 시의회가 열리고 골똘히 의논했다. 군국주의의 대표자인 한 사관은 이와 같은 불명예스런 조건을 참느니보다는 차라리 깨끗이 싸우다 죽자고 주장한다. 이에 대해 인도주의자의 대표자인 산피엘은 보다 고상한 입장에서 영국 왕의 조건을 받아들이기를 주장했다. 칼레 시의 자랑인 동시에 세계 인류를 위해 꼭 필요한 이 항만을 보존하려면 어떠한 희생일지라도 망설이지 말아야 한다고 산피엘은 강력히 주장하는 것이었다. 그리고 자기 자신이 그 6명 가운데 한 명의 희생자가 되겠다고 자청했다. 그러자 그의 결심에 격려되어 희생자가 되겠다고 신청하는 의원이 6명이나 나타났다. 그러므로 이 6명에다 애초에 신청한 산피엘을 합치면 7명이 되는 셈이다. 그런데 영국 왕의 요구는 6명이니까 신청자가 7명이면 한 명이 더 많은 것이 된다. 그래서 산피엘은 이런 제안을 한다. 즉 내일 아침 약속 장소에 마지막에 나타난 의원을 희생의 명예를 떠맡을 자격이 없는 것으로 규정하고 빼 버리자는 것이었다. 드디어 그 이튿날 희생을 자청한 의원들은 약속한 시간까지 약속한 장소인 교회 앞의 시장으로 모여들었다. 그런데 어정쩡하게도 산피엘만이 나타나지 않았다. 맨 먼저 희생자가 되기를 자청했으며, 오늘 아침 맨 마지막으로 오는 의원은 희생의 명예에서 빼자는 제안을 한 산피엘이 나타나지 않는 만큼 모든 시민은 그의 인도주의를 무척 의심하게 된다.

그러던 중 그 곳에 산피엘의 시체가 운반되어 온다. 그는 마지막으로 나타난 것이 아니라 맨 처음의 희생자로서 딴 신청자들에게 앞서 스스로 희생한 것이었다. 이렇듯 숭고한 그의 죽음에 고무되어 남은 6명의 신청 의원들은 의젓하게 영국군의 진중으로 향하려 한다. 그러자 또다시 영국군으로부터 사절이 와서 영국군의 진중에서는 어젯밤에 왕자가 태어났으므로 그 축하로 영국 왕은 6명의 시민을 특사한다는 왕명을 전하는 것이었다.

이윽고 영국 왕이 이 칼레 시의 교회에서 감사의 기도를 드릴 때 칼레 시의 시의원들은 산피엘의 관을 제단에 안치하고 승리자인 영국 왕으로 하여금 보다 크나큰 정복자인 산피엘의 관 앞에 무릎꿇게 하는 것이었다.

이 작품의 반전은 산피엘의 시체가 운반되어 옴으로써 6명의 신청 의원들이 영국군의 진중으로 의젓하게 향하려 할 때 사절이 와서 영국 왕의 특사령을 전하는 데에 있다. 모든 게 다 잘 짜여졌는데, 다만 그 반전의 결정적 역할을 하는 왕명이 우연의 성질이 짙은 것이었다는 게 이 반전을 완벽한 것으로까지는 이끌어가지 못한 것이다.

그러나 이와 같이 격렬한 증거가 쓰이는 경우는 드물다. 작가는 언제나 그 내면에 이루어지는 것을 그대로 외부면으로 나타내 보일 것을 잊어서는 안 된다. 그것을 하려면 충분한 연구를 필요로 하는 것이다.

〈칼레의 시민〉

X 희곡의 요령

1. 무대의 조건에 대하여

끝으로 극작상의 아주 초보적인 문제를 들어 두자.

희곡은 글자에 의해 씌어지고 있는 것인 이상, 그 작품 값어치를 알아주는 사람을 백 년 후에 만날 수도 있다. 그런 의미에서 작가가 자기의 이상으로 하는 극장을 머릿속에 떠올리고, 그 극장에서 상연될 것을 전제로 현재 있는 극장에 매이지 않는 희곡을 쓰는 수도 있을 것이다.

그러나 희곡이 무대를 위한 것인 이상, 극작가는 자기와 같은 시대의 연극을 위하여 쓰는 것이 보통이다. 그것은 원래가 그 시대 시대에 상연되고, 같은 시대의 관객으로부터 비판되며, 그 중에서 몇 편인가가 후세에 남는다는 성질의 것이다. 이런 의미에서 극작가는 둘레의 실제적인 여러 조건을 염두에 두지 않을 수 없는 것이다. 이렇게 말했다고 해서 그것은 극장측이나 특정한 배우의 입맛에 맞도록 작품을 쓴다는 것은 아니다. 현재의 극장에서 상연이 가능한 희곡을 쓰는 것을 말한다.

실제적인 여러 조건 가운데서 중요한 것의 하나는 극장이다. 극장의 크기, 설비, 기구 같은 것에 대하여 극작가는 그것에 정통하지 않아도 좋지만, 대강 알고 있는 것이 편리하다.

현대 극장의 기본적인 형태는 첫째 옥내의 극장이며, 둘째 무대는 액면(額面) 무대라는 것이다. 그리스나 로마와 같이 야외의 원형 극장도 아니며, 셰익스피어 시대와 같이 객석 위에 지붕이 없는 건물도 아니다. 객석과 무대가 한 건물 안에 포함되어 있는 옥내 극장인 것이다.

그리하여 무대는 그 앞쪽이 그림의 액면처럼 되어 있는 액면(프로시니엄 아치) 무대로서 객석과 무대를 뚜렷하게 구별하고 있다. 관객은 무대를 둘러싸고 보는 것이 아니고 무대를 향하여 보고 있는 것이다.

제2차 세계 대전 후, 축제극(페스티벌 플레이)이라 하여 야외에서 극을 상연하는 경향이 세계 각국에서 푸짐하게 이룩되어 옛 성터라든가, 교회의 광장 같은 것을 무대로 쓰고 있으며, 그리고 미국에서는 원형 극장이라 하여 관객이 둥그렇게 둘러 앉은 가운데서 극을 상연하는 새로운 시도도 일어났다.

그러나 그런 것들은 특수한 것이고, 일반적으로는 역시 지금 말한 형태의 극장이 오늘날의 극장을 대표하고 있는 것이다. 현대의 극자가는 이러한 액면 무대를 염두에 두고 희곡을 쓰고 있다. 염두에 둔다는 정도로 뚜렷이 의식하고 있지 않아도 무의식 중에 그것을 인정하고 있는 것이다. 물론 그러한 무대에서도 야외 원형 극장에서 상연된 그리스 고대극도 상연될 수 있고, 무대의 앞쪽이 객석으로 뻗친 극장에서 상연된 셰익스피어의 희곡도 상연할 수 있다. 그러므로 작가는 현재의 무대에 반드시 얽매일 필요는 없다. 어디까지나 자유롭게 쓰고 여러 가지 형태의 시도를 해도 좋지만, 이러한 액면 무대에서 예술적 성과를 올리려면 어떻게 하면 좋은가 하는 것은 역시 잊어서는 안 될 문제이다.

다음에는 무대의 넓이의 문제이지만, 같은 액면 무대도 소극장이나 중(中) 극장에서는 무대 폭의 넓이가 5, 6칸에서부터 10칸 정도이지만, 대극장이 되면 폭의 넓이가 20칸 가까이 된다.

대사를 중심으로 한 희곡은 그리 넓지 않은 무대를 목표로 하고 쓰는 것이 좋다. 20칸이나 되는 대무대가 되면 대사를 주로 하는 희곡은 상연에 알맞지 않은 것이어서 음악이라든가, 무용이라든가 많은 구경 거리(스펙터클)로서의 요소가 차지한다. 따라서 희곡의 구조가 자연히 달라진다.

체홉의 〈백조(白鳥)의 노래〉라는 1막극이 있다. 시들어 빠진 늙은 배우가 연극이 끝난 뒤 관객이 한 사람도 없는 캄캄한 객석을 향하여 과거의 추억이나 허무한 포부를 혼자서 지껄이는 연극이다. 아기자기한 맛을 가진 소품(小品)으로 작은 무대에서 상연한다면 성공할 것이지만, 큰 무대에서 상연하면 무척 따분한 것이 되고 말 것이 틀림없다.

제2차 세계 대전 후 미국에서 인기가 있는 음악극(뮤지컬 플레이)은 노래나 춤 같은 군중 장면이 많으며 고급 오락극으로서 성공하고 있지만, 이러한 희곡은 넓은 무대가 아니면 상연될 수 없다. 그러므로 대사와 동작을 주로 한 정통극에서는 무대의 넓이 5, 6칸에서 넓어야 10칸까지를 목표로 하여 쓰는 것이 가장 알맞은 것 같다.

액면 무대의 특징의 하나는 막을 내릴 수 있다는 것이다. 막을 내리는 것은 그 사이에 무대의 장면을 바꾼다든가 극의 시간적 경과를 표시하는 구실을 함과 더불어 관객에게 쉬는 시간을 준다.

막의 문제는 희곡의 구조에 있어서 중대한 관계를 가지고 있다. 하나의 희곡을 3막으로 나누느냐, 5막으로 나누느냐 하는 문제는 플롯의 전개, 전체의 구성과 밀접한 관계가 있다. 희곡의 쓰는 방법으로서 장면을 자주 바꾸는 것은 제재와의 관계에도 달렸지만, 일반적으로 보아 그다지 좋은 방법은 아니다. 회전 무대가 있는 극장에서는 장면이 자주 바뀌어도 손쉽게 처리할 수 있지만, 회전 무대가 없는 극장에서는 장면을 바꿀 때마다 장치를 바꾸는 데에 수고와 시간이 걸리고, 그 때마다 막을 올렸다 내렸다 하면 극의 흐름이 중단되는 것이 되며, 관객의 인상도 조각조각이 된다.

가령 3막의 희곡에서 세 장면을 설정했다고 하면 아무런 지장을 가져오지 않지만, 몇십 장면을 만들었다고 한다면, 그 희곡은 지금 말한 바와 같은 결점을 드러내게 된다. 그러므로 한 장면에 될 수 있으면 사건을 집중화해 가는 편이 좋다.

그러나 제재의 관계로 아무래도 수많은 장면을 필요로 해야 할 때는 구성하는 데에 특별한 고려를 하여 한 무대 장치에 몇 장면이 처리되게 하는 편이 좋다. 〈세일즈맨의 죽음〉은 이 문제를 잘 처리하고 있는 한 가지 보기로 들 수가 있다.

2. 희곡의 길이에 대하여

다음은 희곡의 길이의 문제가 있다. 대체 희곡의 길이, 말하자면 상연 시간은 어느 정도가 알맞을까? 이것은 어느만큼의 길이가 아니면 안 된다는 규칙이 있는 것은 아니다. 긴 희곡도 있는가 하면, 짧은 희곡도 있다.

그러나 상연 시간의 길이는 사회 생활과 관련을 가지고 있다. 사회 생활상으로 보아 관극에 어느 정도의 시간을 들이는 것이 알맞으냐 하는 문제가 된다. 유럽이나 미국에서도 하룻밤의 연극은 대개 2시간 안팎인 것이 보통이다. 하루 일을 마치고 극장에 가서 연극을 보고 내일의 일에 지장을 가져오지 않는 시간에 집에 돌아오게끔 되어 있다.

상연 시간을 2시간 정도로 하면, 관극(觀劇) 도중 두 번 정도 휴식의 막간이 있는 것이 좋다. 만약 두 번의 막간을 갖는다면, 그 희곡은 3막이라는 형식을 갖게 된다.

만약 관객이 극장에 가서 진득하게 연극을 보다가 도중에 한 번 쉬고, 화장실에 간다든지, 담배를 피운다든지 하고 이어 후반을 보고 돌아간다면 2막의 형식이 환영받는 것이 된다. 희곡에서 몇 막이 알맞느냐 하는 것은 결정하기 어려운 것이지만, 그것은 한편 작품이 내용에 규정되는 것이며, 한편 사회 생활과도 관련되는 것이다.

희곡의 길이는 또한 제재의 무게에 비례된다. 무게란 제재가 가지고 있는 내면의 의미의 문제이다. 다루어진 사건이 외면적으로 큰 사건처럼 보여도 그다지 의미가 없는 것은 가벼운 것이며, 작은 사건으로 보여도 내면적으로 깊은 의미를 가지고 있는 것은 무거운 것이다.

제재에 있어서 무거운 것은 긴 분량을 필요로 한다. 만약 그것을 짧게 쓰려고 하면 무리가 된다. 또 제재에 있어서 가벼운 것을 긴 분량으로 쓰면 산만하게 되어 감명이 엷아진다. 이러한 점을 잘 짐작해서 다루어야만 좋다. '이 제재로는 3막은 길고, 1막으로 충분하다' 라고 하는 것 같은 비평은 이러한 것에 관한 문제인 것이다.

3. 등장 인물의 수에 대하여

희곡에서 등장 인물은 몇 사람이 알맞을까?

이것도 몇 사람이 아니면 안 된다는 규칙은 없다. 역시 작품의 내용에 관련을 갖는 문제이다. 내용에 따라서는 많은 사람의 군중이 나오는 편이 성과를 올리는 경우도 있지만, 대사 중심의 희곡은 일반적으로 불필요한 인물을 되도록이면 없애고 적은 수의 필요한 인물로 집중해 가는 편이 희곡으로서 성공하는 경우가 많은 것 같다.

등장 인물에 대하여 초보자가 빠지기 쉬운 실패의 몇 가지를 들어 보자.

그 한 가지는 인물의 등 · 퇴장을 깜빡 잊는 것이다. 각 인물은 나타나야 할 때에 등장하며, 사라져야 할 때에 퇴장해야 한다. 이것은 가령 지문(地文)에 '등장' 이라든가, '퇴장' 이라고 씌어 있지 않아도 어느 특수한 작법에 따라서는 등 · 퇴장을 잘 알 수 있다. 그렇지만 어느 틈에 나와서 회화에 끼다가, 어느 틈에 모습을 감추게 되는 일이 있지만, 이것은 작가로서의 설계가 면밀하지 못하기 때문이다. 또 무대에 몇 사람이 등장하여 그 가운데 한 사람이 필요가 없는데도 긴 시간 동안 잠자코 있게 되는 일이 있다. 이런 것들은 작가가 그 인물의 존재를 잊어버렸기 때문이다.

이러한 인물을 맡게 된 배우는 잠자코 있는 동안 무엇을 해야 좋을지 몰라 쩔쩔 맬 것이 틀림없다. 또 등장 인물이 무엇인가 필요하여 옷차림을 바꿔야 할 경우, 가령 급히 나들이 차림으로 나가게 되었을 때, 이웃 방에 들어가서 곧 옷을 바꿔 입고 나온다는 식으로 써서는 안 된다.

빠른 변화로 관객을 깜짝 놀라게 하려는 경우는 몰라도 사실적인 극이라면 옷을 바꿔 입는 시간은, 그것이 실제의 시간보다도 짧을지언정 계산에 넣어 두어야 한다. 이러한 실수는 꼬치꼬치 캐 나가면 이 밖에도 또 있을 것이다. 이러한 문제는 각 인물의 말과 행동〔言動〕이 작가의 머릿속에서 충분하게 구체적으로 살아 있지 않은 데서 오는 일이 많다. 각 인물에 어딘가 유령처럼 흐리멍덩한 일면이 있기 때문이다.

가령, 등장 인물이 추상화된다든지, 상징화된다든지 하는 경우가 있어도 그 밑바탕에 있어서는 인물의 이미지가 현실적으로 뚜렷하게 파악되어 있어야 한다. 작가에 따라서는 현재 활약하고 있는 유명한 배우를 염두에 두고 그 사람의 모든 조건을 생각하면서 인물을 창조하는 일이 있다. 이러한 방법도 반드시 나쁘진 않다.

그러나 옛날 신파극단의 전속 작가와 같이 그 극단 배우들의 지위나 관록에 따라 역할의 가벼움과 무거움〔輕重〕, 인물의 성격 등을 고려해서 쓰는 방법은 오늘날에 와서는 아주 시대에 뒤떨어진 일이다. 이러한 방법은 한 극단의 배우를 충분히 활약시켜 보기에는 재미있는 무대가 될지 모르지만, 내용 본위로 생각할 때에는 알맞지 않다.

오늘날의 희곡은 오늘날의 극장에서 상연하기 위한 여러 조건을 생각한다고는 해도 특정의 극단을 목표로 해서 씌어지는 것은 거의 없고, 시대의 문제를 잡아서 그것을 어떻게 그리느냐 하는 내용 본위에다 중점을 두고 있다.

희곡을 쓰는 데에 장소, 계절, 시간 같은 것도 작가의 머릿속에서 구상적으로 뚜렷하게 살아 있어야 한다. 극이 이룩되는 지형(地形)이며 옥내의 상태 등이 지문에는 얼마 안 씌어져 있어도 작가는 구석구석까지 알고 있을 필요가 있다. 그렇지 않으면 희곡을 무대에 상연했을 경우, 인물의 출입구가 도중에 서 갑자기 바뀌는 것과 같은 혼란이 생기곤 해서 바로잡지 않고서는 처리 못 하는 일이 있다. 또 계절이나 시간의 문제는 방안의 장식, 자연계의 상황, 인물의 의상, 무대의 분위기 같은 것에 관계가 있는 것으므로 봄인지 여름인지 알 수 없게 되면 곤란하며, 아침의 사건이라고 생각하고 있는데 갑자기 저녁때가 됐다는 것은 곤란하다.

희곡이란 여러 가지 조건을 생각하면서 쌓아올리는 건축과 같은 것이므로 단숨에 쓰는 일은 흔치 않아 보인다. 전체의 구성뿐만 아니라 디테일〔細部〕까지도 충분히 구체적으로 생각한 다음에 써야 할 것 같다. 이것은 작가의 기질에 따라 조금씩 달라서 한마디로 말할 수는 없지만, 희곡이란 성질상 그러한 작법이 요구되는 예술이다.

4. 인물의 성격에 대하여

등장 인물에는 저마다 성격을 갖게 해야 한다. 인원 수가 한정되는 것이므로 저마다 다른 성격을 갖게 해야 하는 것이어서 같은 성격의 인물을 두 사람 내놓는다든지, 서로 비슷한 성격의 인물을 등장시킨다든지 해서는 특색을 서로 죽이게 되어 평면적으로 된다. 성격은 될 수 있으면 콘트라스트(대조)를 이루는 편이 재미있다. 보기를 들자.

마음이 강함—마음이 약함

참을성이 있음—화를 잘 냄

느릿함—성급함

냉정형—격정형

변덕스러움—완고함

꼼꼼함 — 거칠음
명랑함 — 침울함
대담함 — 비겁함
화려함 — 소박함
현실형 — 몽상형
인정파 — 비정파
관용(寬容) — 협량(狹量)
대범함 — 옹졸함
정직 — 거짓
신중 — 경솔
천진난만 — 의심암귀(疑心暗鬼)
낙천형(樂天型) — 염세형(厭世型)
결벽(潔癖) — 무신경(無神經)
겸손 — 오만
직선형(直線型) — 완곡형(婉曲型)
온후(溫厚) — 횡포(橫暴)

성격은 타고난 소질과 환경에 의하여 갖추어진 것으로서 세월의 흐름에 의해서도 쉽게 변하지 않는 것이다. 따라서 희곡에 씌어 있는 인물의 성격도 처음과 끝이 틀려서는 안 된다. 만약 성격이 변한다면 그럴 만한 필연적인 동기가 없어서는 안 된다. 아무런 동기도 없이 성격이 변한다는 것은 작가가 그 인물의 성격을 잘 다루지 못한 증거이다.

흔히 나쁜 인간, 착한 인간이 성격과 같이 생각되기 쉽지만, 선 · 악은 행위에 대한 평가이므로 결코 성격은 아니다. 그 증거로는 선인으로 불리던 사람이라도 어느 때에는 악행(惡行)을 하는 수가 있으며, 악인이라도 남을 돕는다든지 하는 선행(善行)을 하는 수가 있다. 세상에서 악인이란 눈에 띄게 악한 행위를 한 일이 있는 사람이나, 비교적 악한 행위가 많은 사람을 가리킨다. 선인도 역시 마찬가지이다.

희곡에서 성격을 말로 표현하는 데는 직접법과 간접법 등이 있다. 직접법은 자기의 입으로 이야기하며, 간접법은 남들이 이야기하는 회화 속에서 그 사람의 성격을 말하게 하는 것이다.

등장 인물의 이름에 대하여 주의할 점은 간단히 말하자면 소설의 경우와 같으나 매우 외우기 쉬운 이름이라든가, 인상적인 이름이라든가의 어느 쪽이 되어야 한다. 그것도 될 수 있으면 그 인물의 성격, 연령, 직업, 성별(性別), 처지 같은 것에 어울리는 이름을 붙이는 것이 좋다. 마음이 약한 인물을 '강일(剛一)'이라고 한다든가, 인텔리 청년에게 '돌이'라고 한다든가, 남자에게 '난주(蘭珠)'라고 한다든가 하는 이름을 붙여서는 안 된다. 이름에서 오는 이미지와 그 인물이 동떨어지면 혼란을 빚어내기 쉽기 때문이다.

소설에서의 사람 이름은 활자로부터 눈으로 들어오지만, 연극에서는 대사에 의하여 귀로 들어온다. 따라서 말하기 어렵고 듣기 어려운 이름은 쓰지 말아야 한다.

5. 대사의 활용에 대하여

연극은 인물의 동작과 대사로 진행된다. 따라서 희곡의 대사가 맡은 역할은 매우 복잡하다.

대사가 맡은 역할을 간추려 말하면 다음과 같다.

① 차츰 희곡의 줄거리를 뚜렷하게 한다.
② 연극의 정경을 변화시킨다. 또는 장면과 장면을 접속시킨다.
③ 이야기 줄거리를 진행시킨다.

④ 인물의 성격을 단적으로 드러낸다.
⑤ 클라이맥스에 즈음하여 주인공의 사상과 감정을 표현한다.
⑥ 인물의 교양, 환경, 직업을 상상시킨다.
⑦ 사투리에 의하여 지방색을 낸다.

희곡을 쓸 때 초보자가 대사에 대하여 주의해야 할 점은 다음과 같다.

① 인물의 성격에 알맞게 할 것.
② 연극의 분위기에 어울리도록 할 것.
③ 명쾌(明快), 간결로 꾸밈새가 없을 것.
④ 듣기 좋은 대사를 고를 것.
⑤ 다이내믹할 것. 그것은 생생한 동적(動的) 대사를 의미한다.
⑥ 될 수 있으면 짧은 대사가 좋다.

조지 베이커는 "대사로 가장 중요한 것은 인포메이션, 즉 분명하게 알린다는 것으로서, 극단적으로 말하면 이것밖에 없다"고 말했지만, 확실히 그렇다.

초보자가 곧잘 빠지기 쉬운 것은 감동적인 장면이 되면 자기도 모르게 대사에 형용사가 많은 수식적인 말을 집어 넣으려고 드는 것이다. 본인은 대만족이겠지만, 다른 사람이 보면 독단적인 공허한 대사에 지나지 않는다. 대사는 지나치게 문학적일 필요는 없다. 관객에게 정확하게 알리는 것이 무엇보다도 중요하다.

그런데 대사의 진행법에 있어서 그냥 평면적으로 흘러서는 안 된다. 하나의 대사는 관객에게 새로운 흥미, 또는 불안을 강하게 안겨 주어야 한다. 거기에 대한 해답이 풀리면 더욱 다시 새로운 흥미나 불안, 또는 기대를 갖게 한다는 식으로 끊임없이 관객의 심리를 치켜올려 끌고 가야만 한다.

6. 제명의 선택에 대하여

무슨 작품이든지 간에 제명은 바로 그 작품의 성격을 나타내는 것이므로 매우 중요하다. 아무리 좋은 내용도 제명이 서툴든지, 엉뚱하든지 하면 제대로 빛을 내지 못하거나, 오해를 받게 된다. 그런 만큼 제명에 대해 세심한 신경을 쓰는 편이 좋다.

제명은 보거나, 듣기에 인상적이면서도 작품 내용을 단적으로 상징하거나, 암시하고 있는 것이 좋다. 말하자면 제명은 그 작품의 테마를 나타낸 것으로도 볼 수 있는 만큼 테마가 응축되어 있으면 관객은 그 작품의 성격을 파악하기에 좋을 것이다. 그리고 제명은 또 특이해야 할 것이다. 제명이 평범하거나 진부하면 관객이 잘 끌려들어가지 않을 것이다.

제명이 특이하면서도 극 내용과 걸맞게 어울리는 작품으로 극단 '신협'의 135회 정기 공연인 동시에, 이해랑 선생 10주기 추모 공연으로 1999년에 공연된 전세권 작의 〈퇴짜 아저씨와 거목〉이 있다.

1970년대 초, 서울은 도시 계획권하에 있었다. 당시 파고다 공원 뒤 인사동 골목에 보기 드문 아름드리 고목과 나지막한 기와집 한 채가 있었다. 그 집 주인인 인쇄 중개업자 태공은 현대화되어 가는 주변에는 아랑곳없이 집마당에 있는 고목을 자기 자신같이 아끼고 숭상하며 그 나무가 서울 천도와 같은 세월인 육백 년을 지켜 왔으리라 생각하고 문화재 관리국에 감정을 의뢰하는 등 각별한 관심을 가지며 살아왔다. 그 '태공'의 가족적인 인생 애환과 그 주변 사람들의 모습을 담고 있다.

철새같이 바람 따라, 물결 따라 무위 도식하며 만담인지 약장수인지를 하는 '양념'의 마이동풍적 삶. 지금은 생사조차 알 수 없는 첫사랑 순임과의 약속을 저버릴 수 없어 대서소를 하면서도 고등 고시에 번번이 도전하는 낙방 거사 '공염불'의 염불기, 그리고 기성 세대의 덧없어 보이는 삶을 바라보며 문학을 하는 '영웅'. '영웅'은 아버지의 '거목'을 '거목'이 아닌 '고목'으로 매김하는 현실적 이기주의의 가치관적 성향을 드러낸다. 무식하지만 정에 약한 한국적 어머니상인 '박씨'의 토종적 삶. 언제나 아버지를 동정하는 착하고 순진한 처녀 '영숙'. 그녀는 착한 마음 탓에 인쇄소 공장 감독인 '장 감독'의 꼬임에 빠져 상처를 받는 순애보이다. 그런 '영숙'을 멀리서 짝사랑하는 '공염불'의 제자 '박군'. 어느 날 기타를 사 주었더니 가출하여 전국을 누비며 떠돌이 가수가 된 막내 '영남'. 선머슴아 같은 천애 고아 '옥경이'…….

이러한 인물들이 어우러지는 세태 풍자를 1970년대 초 도시 계획권하의 수도 서울이라는 환경 속에 용해시킨 서울의 소시민사이다.

또 하나, 극단 '까망'에서 1993년에 공연한 이용우 작의 〈찔레와 장미〉는 평범한 것 같지만, 이 작품의 내용과 테마를 잘 나타내고 있다.

이 작품에 나오는 인물들은 공사판에서 땀흘려 일하는 막일꾼들이다. 그들의 삶의 애환을 솔직 담백하게 그리고 있다. 마치 잡초처럼 우거지는 소박한 찔레 인생이다. 그들의 그 소박한 삶의 배경을 이루고 있는 부유한 지도층들은 화려한 장미 인생이다. 그들은 '정경 유착'이란 보호를 받고 온실에서 파렴치한 치부 행위를 하며, 사치스런 생활로 그 아름다움을 한껏 자랑했다.

그런데 부정 적발의 찬바람이 불어오자, 그들은 여지없이 망가졌지만, 찔레는 강인한 생명력이 있었다. 어지간한 바람에는 끄떡도 하지 않고 찔레 넝쿨처럼 뻗어 나간다.

그 두 꽃을 비교할 때 마땅히 찔레가 장미의 윗자리를 차지하게 마련이다. 찔레 같은 강인한 생명력의 밑바닥 인생 만세!

그런데, 작품 내용과 얼토당토 않은 제명으로 관객의 의표를 찌른 제명도 있다. 가령 이오네스크의 〈대머리 여가수〉 같은 제명이 바로 그것이다. 그 작품에서 대머리 여가수는커녕, 그냥 여가수도 등장하지 않는다. 등장은 고사하고라도 대사에조차 한마디 안 나온다. 안티 드라마(반연극)를 내세우는 부조리극의 기수다운 제명이라고 하겠다.

이오네스크는 확실히 기발한 극작가였다. 그 후의 작품 〈수업〉에서 그는 또 한 번 관객의 의표를 찌른다. 〈대머리 여가수〉의 작자의 작품인 만큼 또 수업과는 얼토당토 않은 작품이려니 했는데, 웬 걸! 선생인 교수와 학생인 여학생이 처음부터 끝까지 수업하는 내용이었다.

참으로 이오네스크다운 제명 선택이 아닐 수 없다.

7. 극작의 순서에 대하여

희곡을 쓰려고 생각했을 때, 어디서부터 어떻게 손을 댈 것인가 하는 것은 사실 어려운 일이다. 테마(주제)를 먼저 정할 것인가? 사건의 설정을 먼저 할 것인가? 또는 인물의 성격을 먼저 결정할 것인가? 여러 가지로 갈피를 잡기가 어렵게 된다.

그러나 희곡을 쓰려고 결심했을 때에는 그저 막연하게 희곡을 쓰려고 했다면 몰라도, 쓰려고 결심한 이상 무엇인가 반드시 쓰고 싶은 것이 있고, 머리에 떠오른 것이 있을 것이다. 이와 같이 머리에 떠오른 것, 쓰고 싶다고 생각한 것을 무대에 상연한다는 점을 염두에 두면서 집을 짓듯 이리저리 설계해 보는 것 외에 별다른 방법이 있는 것은 아니다.

작가에 따라서 주제가 강하여 마음이 끌리는 경우도 있고, 사건이 재미있어 마음이 끌리는 경우도 있으며, 어느 성격에 감동되는 경우도 있으리라. 이것은 어느 것을 먼저 설정하든 상관이 없다. 그것은 저마다 작가에 따라 틀리는 것이며, 글을 쓰는 저마다의 창작상의 신비한 영역에 속하는 것이기 때문이다. 그러므로 희곡 작법에는 사실상 일정한 순서가 없는 것이다.

괴테(1749~1832)가 대작 〈파우스트〉를 쓰려고 생각했던 것은 소년 시절에 인형극 〈파우스트〉를 본 것에 말미암았다고 한다. 중세기의 전설적 인물 파우스트의 자취가 이 시인의 마음을 충동시켜, 집필에 착수하게 한 것은 괴테의 나이 23세 때의 일이다. 그리하여 처음의 원고를 여러 번 고쳐 썼으며 〈파우스트〉 제2부가 탈고된 것은 82세 때였다고 한다. 그것이 어떠한 대작이라 할지라도 하나의 희곡에 일생에 걸친 긴 세월이 걸렸다는 것은 드문 일일 것이다. 이처럼 작가가 전생애를 바친 작품도 그 집필의 동기는 대단히 간단한 것이었으며, 인형극의 한 주인공의 모습이 젊은 괴테의 창조적 의욕을 발휘케 한 것에 지나지 않은 것이다.

창작의 동기란 헤아릴 수 없을 정도로 여러 가지일 것이다.

작가가 날카로운 관찰의 눈과 민첩한 감수성과 풍부한 상상력을 가지고 있다면 언뜻 보아 아무것도 아닌 것에서 창작에의 힌트를 얻게 되고 자신의 인스피레이션(영감)을 불러일으키게 될 것이다. 그런 경우, 머릿속에 최초로 번득이는 것이 인물인가, 사건인가, 주제인가는 쉽사리 결정지을 수 없는 것이다. 다만 그것이 우수한 작품이 되느냐, 안 되느냐 하는 것은 작가의 창조적 이미지네이션(상상력)과 그것을 작품으로 완성하기까지의 연구, 결국 기술에 달려 있는 문제이다.

무엇인가 쓰고 싶었을 경우, 흥미가 느껴지는 대로 쓰기 시작했다면 스토리는 될지 몰라도 희곡은 되기 어렵다. 소설의 경우에는 써 나가는 도중에 작가도 예기치 못한 방향으로 사건이 발전하는 일이 있을지 모르지만, 희곡에는 그런 일이 없는 것이 보통이다. 희곡은 작가가 붓을 들기 전에 결말까지를 내다본 전체의 구성이 대강 세워져 있어야만 된다.

세부적인 것은 제쳐놓고라도 주요 인물, 그 성격, 그 배치, 사건의 줄거리, 그 전개 방법 등이 작가의 정성어린 노고를 거쳐 대충 형성되어야만 된다. 그런 점으로 보아 극작이란 건축에 있어서 설계도를 그리는 일과 같은 것이다.

희곡을 쓰는 공부의 첫걸음은 자기 둘레의 생활 속에서 이것은 희곡이 되겠다고 생각되는 것이 있으면 그것을 스케치식으로 써 보는 일이다. 인물도 저마다 개성을 가진 인간이 가까이에 얼마든지 있을 것이며, 장면의 상황이나 사건의 옮김 같은 것도 자세히 알고 있으므로 공상만으로 쓰는 것보다 대단히 쓰기 쉬울 것이다. 그러한 수업을 쌓아 가면서 희곡을 쓰는 기술을 갖추어 그 다음에 3막이나 4막 같은 대작을 쓰게끔 돼야 한다.

희곡을 어떠한 작풍(作風)으로 쓸 것인가 하는 것은 개개인에 관한 문제이니까 일반론으로 그것을 설명한다는 것은 불가능하지만, 인물의 배치라든지 등·퇴장은 어떠한 식으로 하면 좋을까, 전체의 구성과 사건의 발전은 어떠한 식의 방법이 효과적일까 하는 문제라면 다소 설명할 수가 있다. 또 이러한 것은 무대에서 성공한 걸작을 몇 편 해부함으로써 결론을 말할 수 있다. 이러한 것은 기술 그 자체라 할 수는 없지만, 희곡을 쓰는 데 있어서의 기술상의 참고는 될 것이다.

이러한 것들을 적당한 희곡을 보기로 들어서 설명하는 것이 보다 구체적인 것이 될 것이라고 생각하기 때문에 〈벚꽃 동산〉(1904)을 골라서 뒤에서 해부하고 충분히 설명을 하기로 하자.

〈검찰관〉

XI. 특수한 희곡

1. 판토마임(무언극)

요즘 판토마임의 공연이 무척 활발해졌다. '예술의 전당' 개관 때에 합동 공연으로 판토마임제를 연 것도 특기할 만하다. 그 때 판토마임을 익히 보게 된 필자는 매우 놀랍고도 희한했다. 그 동안 우리 나라 판토마임의 수준이 많이 향상되었음을 실감할 수 있었다. 특히 창작 극본에 의해 새로이 마련된 판토마임에 눈부신 발전이 엿보였다.

판토마임은 고대의 그리스 어인 판토스(모든)와 미소스(흉내)가 합쳐져 이룩된 말이다. 즉 말을 하지 않은 채 몸짓 · 표정에 의해 표현하는 그 극본, 그 예능, 그 기술, 그 배우, 그 공연 등을 통틀어 판토마임이라고 일컫는다. 물론 여기에서는 극본, 즉 희곡을 말한다.

그 실제로서는 고대 인도의 시바 춤, 이집트의 종교 의식, 히브리의 다윗 춤 등처럼 원시 시대에서부터 종교와 춤과 연결되어 존재했다고 생각된다.

그러나 독립된 예능으로서의 기록은 없다. 다만 고대 그리스의 3대 비극 시인의 한 사람인 아이스킬로스 시대의 명배우 테레스테스는 춤과 손가락에 의한 표현을 완성했다고 한다.

로마 시대에 한 명의 무용가가 합창대와 악기 연주에 맞추어 시인들이 엮은 얘기를 표현했었다. 그런데 그 흉내내는 것이 더 강조되어 아우구스투스 황제 때에 판토미무스라고 일컫게 되었다.

그 완성은 기원전 22년 무렵으로 무용가로서나 판토미무스 배우로서나 뛰어난 재능을 가졌던 퓰라데스의 공로가 컸다. 그는 특히 비극적 판토미무스에 능해 유리피데스의 〈바코스의 무녀들〉의 각색으로 이름을 날렸다.

그 이후로 서기 5세기 무렵까지 판토미무스는 트라이아누스 황제의 금지나, 그리스도 교회나, 도학자들의 비난에도 매이지 않은 채 번창하고 융성해져 경연까지 하게끔 되었다. 특히 테오도라는 황제의 총애를 받고 왕비의 자리에까지 올랐다.

그 유행은 로마뿐만 아니라 나폴리나 카르타고에까지 번졌다. 마치 요원의 불길처럼 퍼져 나간 것이다.

로마 시대의 판토미무스의 첫번째 특징은 연기자가 늘 한 사람이라 동시에 또는 차례로 몇 가지 역을 겸한 것이다. 두번째 특징은 가면을 쓴 것이다. 그럼으로써 신체의 표현이 중시된 것이다. 특히 손 및 손가락의 연기가 발달했다. 이 사실적인 흉내의 세련은 유연성이 빈약했던 고대의 연기에서는 볼 수 없었던 자유성을 유럽 연극에도 가져왔다고 할 수 있다.

그러나 로마제국의 해체와 함께 판토미무스는 중세의 파스(笑劇) 속에 흡수되어 없어진 것처럼 보였지만, 17세기에 오페라 창설과 더불어 베르사유에서 거행된 무용극이 판토미무스의 이름을 다시 일으킨다.

이후로 18세기까지 가면을 쓰고 신화에 취재한 발레가 이 이름으로 불려졌다.

19세기가 되자 영국 · 프랑스의 판토마임은 더불어 전성기를 맞이했다. 그런데 19세기말 자연주의가 휩쓸자 판토마임은 한때 잊혀졌다.

그러나 현대 연극이 배우의 조형성을 중시하기 시작했다. 한편 무성 영화의 유행에 따라 그 가치가 재인식되었다. 찰리 채플린은 영국 판토마임의 전통을 무성 영화에 들여와 독자적인 스타일을 창조해 판토마임의 요소를 오늘날에 살렸다.

또한 자크 코포는 서커스의 어릿광대를 교사로 초청해서 가면을 쓰고 연기자의 훈련을 시켰다. 그리고 스타니라프스키를 비롯하여 많은 연극인이 연기자 양성을 위해 대사를 빼고 신체적 행동을 지도했다.

따라서 판토마임이란 말은 자주 연기 훈련의 한 과목 이름으로 쓰이게 되었다. 그 한편 무대 예술의 한 양식으로서의 판토마임에 대한 연구는 꾸준히 계속되었다.

현대적 판토마임의 탐구는 특히 에첸 드클에 의해 크게 이루어졌다. 드클은 코포의 학교에서 배우고 1931년에 〈원시 시대〉를 발표했다.

이 무렵에 판토마임의 대명사처럼 여겨진 장 루이 발로를 만나 협력해서 〈중세 시대〉를 발표했다. 그 후 1941년부터 학교를 만들고 시연회를 거듭했으며, 1945년에는 발로와 함께 발표회를 열어 대성황을 이루었다.

드클은 고전적 판토마임이나 19세기 판토마임에 포함된 음악 · 무용의 요소를 빼고 독립된 신체 표현으로서의 '마임'을 생각하고, 시간과 공간의 압축과 근육의 보상적 반응을 표현 수단으로 하는 사람의 신체에 의한 조형적인 운동의 예술을 목표로 삼고 있다.

발로는 1931년에 드클을 만나 같이 협력해서 1935년에 〈한 어머니의 둘레에서〉, 1937년에 〈느망시아〉, 1939년에 〈굶주림〉 등을 상연, 연극과 마임을 연결시켰다. 그 후 1947년에 〈주반느의 우물〉, 1954년에 〈여우〉, 1955년에 〈경마의 뒤〉 등의 판토마임을 상연했다. 과연 판토마임의 대명사로 불려질 만한 활약이었다.

발로는 고전적 마임의 형식에 매이지 않고 많은 대사극 가운데에 판토마임을 끼워넣는 것도 마다하지 않았다. 그러나 한편 순수한 형태로서의 비극적 마임 창조를 주장하고 있다. 그에 의하면 인간이 내적(內的) 생명을 유지하기 위해 외적(外的) 환경과 싸워 외적 사물을 취사 선택해 나가는 과정에 비극의 모멘트를 찾았다. 그리고 외적 세계와의 그 접촉을 위한 신체적 행동과 접촉에 대한 반응을 표현해 나가는 것과 같은 마임이 현대적이라고 했다.

마르셀 마루소는 드클과 발로의 마임을 보고 자극을 받아 열심히 연기를 닦은 결과, 1947년에 〈새벽의 죽음〉으로 마임상을 탔다. 그리고 그 후로 1949년에 〈시(市)〉, 1951년에 〈고골리의 외투〉, 1952년에 〈몽마르트의 피에로〉, 1953년에 〈세 개의 가발〉, 1956년에 〈파리제〉 등의 작품으로, 특히 1950년대 이후 세계적인 성공을 거두었다.

또한 그는 '비프' 란 인물상을 창조해서 가장 대중적인 스타일을 통해 서정적인 몸짓에 의한 시(詩)를 노리고 있다. 그는 특히 발레나 현대 무용의 판토마임화(化)와는 달리 연기의 시간적인 규정을 음악에 의하지 않고 마임의 내적 리듬을 확립한 데 특색이 있다. 그 점은 채플린과 일맥 상통하고 있다고 할 수 있다.

우리 나라에서는 한국마임협회에 의해 1999년 12월에 한국마임 '99가 푸짐하게 공연되었다. 1989년 '한국마임 페스티벌' 로부터 출발, '춘천국제마임 페스티벌' 로 발전, 1996년부터 본격적으로 시작된 한국 판토마임의 총결산이다. 〈잡화 군생〉, 〈개구리들의 댄스 파티〉, 〈빛깔 있는 꿈〉, 〈새〉, 〈무서운 사람들〉, 〈산업 스파이〉, 〈마임송〉, 〈빈손 2〉, 〈상상력의 반란〉, 〈1+1+1=0〉 등이 화려하게 공연되었다.

여기 실리는 〈화려한 상자〉는 필자가 즉흥적으로 써 본 것이다.

- 막이 열리면—
- 무대에는 길다란 테이블이 하나 덜렁 놓여 있는 채로 텅 비어 있다.
- A, 크고 화려한 네모 상자를 매우 무겁게 들고 들어온다.
- 그 상자를 테이블 가운데에 놓는다. 그리고 지나가는 사람을 기다린다.
- 이윽고 B가 나타난다.
- A, 냉큼 가서 B를 붙든다.
- B, 화를 낸다.

- A, 상자를 보이며 그 안에 굉장히 좋은 것이 들어 있다고 과장되게 설명한다.
- B, A의 온갖 설득에 따라 차츰 흥미가 깊어진다.
- A, 그 상자를 사라고 몸짓한다.
- B, 얼마냐고 묻는다. 손짓으로
- A, 손가락 열 개를 펴보인다.
- B, 고개를 흔든다.
- A, 손가락 아홉 개를—
- B, 고개를—
- A, 손가락 여덟 개를—
- B, 고개를—
- A, 손가락 일곱 개를—
- B, 고개를—

…………………………

- 그리하여 A는 결국 손가락 한 개를 펴보인다.
- B, 고개를 끄덕인다. 그리고 호주머니를 이리저리 뒤져 꼬깃꼬깃 구겨진 만 원권을 꺼낸다.
- A, 돈 만 원을 받는다.
- B, 상자를 열려고 하자 A, 살며시 퇴장한다.
- B, 상자 뚜껑 열기에 골몰한다. 그런데 상자가 잘 안 열린다.
- B, 애써 뚜껑을 열고 조금 작고 조금 덜 화려한 상자를 꺼낸다.
- B, 그 상자를 테이블에 놓고 호기심에 차서 뚜껑을 열어 조금 더 작고, 조금 덜 화려한 상자를 꺼낸다.
- B, 또 그 상자에서 조금 더 작고, 조금 덜 화려한 상자를 꺼낸다.

…………………………

- B, 이리하여 아주 작고, 아주 볼품 없는 상자를 꺼낸다. 그리고 그 속에서

착착 몇 겹으로 접은 종이를 꺼낸다.

- B, 희망에 차서 한 겹 한 겹 풀어 가면 큰 종이가 펼쳐진다.
- B, 그 종이를 두 손으로 들어 보인다. 거기에는 '이 상자가 비었듯이 우리 인생도 텅비었느니라' 고 씌어져 있다.
- B, 처음에는 울상을 지었다가 차츰 깨달은 듯 체념의 씁쓰름한 잔웃음을 띄운다.
- 또는 이 판토마임을 파스(笑劇)로 가져가고 싶다면 '찬물을 마시고 속차려라!' 라고 쓰면 된다.
- B, 빠른 동작으로 종이를 다시 착착 집어 넣고, 상자를 크기 차례대로 넣어 애초의 큰 상자를 이룬다.
- B, 지나는 사람을 기다린다.
- 이윽고 C가 지나간다.
- B, 냉큼 붙들고 A가 하던 짓을 되풀이한다. 그러나 C와 B의 행동은 A와 B의 행동하고는 달라야 한다.
- 결국 C는 D에게—
- D는 E에게—
- 되풀이한다. 마치 인생의 부질없는 되풀이처럼!
- 그러나 이것 역시 파스로 끝내고 싶다면 B가 C와 흥정할 때, C는 아예 거져 달라고 버틴다.
- 발끈해진 B는 C의 멱살을 잡고 푸짐하게 싸운다. 그 바람에 C의 변장이 탄로난다. 어랍쇼! C는 A였다. 화가 머리끝까지 치솟은 B는 A를 추격한다.
- A · B 무대에서 이리저리 피하고 쫓고 하느라고 엎치락 뒤치락하다가 끝내는 무대 밖으로 퇴장.
- 빈 무대에 막이 내린다.
- 앞의 경우에는 부질없는 되풀이를 하고 있는 동안에 막이 내린다. 그런데

이 경우, A · B가 번갈아 변장해서 C · D · E를 하면 더 재미있을 것이다.

2. 뮤지컬 플레이(음악극)

'뮤지컬' 이란 넓게 해석하면 음악에 의해 양식화된 연극이란 뜻이지만, 오늘날에는 주로 현대 미국에서 크게 유행하고 있는 뮤지컬 및 그것과 비슷한 형태로 시도하려는 뮤지컬을 가리킨다.

목적 형태에 따라 뮤지컬 플레이, 뮤지컬 코미디, 뮤지컬 파스, 뮤지컬 팬터지, 뮤지컬 쇼 등이 있다. 이것들을 통틀어 뮤지컬이라고 한다. 크게 나누어 오페레타 계의 일관된 플롯을 갖는 연극과 플롯은 중요시하지 않고 다만 음악적으로 구성된 연예물의 두 가지가 있다.

그러나 미국의 것을 모델 케이스로 삼는 오늘날의 뮤지컬은 앞의 것을 가리킨다. 그것은 그랜드 오페라가 독립된 가곡에 의한 청각적 요소를 주안으로 하고, 또 발레가 무용 그 자체에 의한 시각적 요소를 주안으로 하는 데 대해 기악 반주, 가곡, 무용(주로 모던 발레) 등이 저마다 고립된 존재가 아니라 보통 대사와 연기, 그밖의 여러 요소와 더불어 혼연 융합 통일되어 하나의 플롯으로 추진, 정리된 극적 감동을 낳는 연극의 한 형태이다.

따라서 그것은 독일의 바그너가 제창한 극시(劇詩)와 음악과 무용으로 이루어지는 종합 예술로서의 악극(musik drama)의 이념을 현대적으로 실현시킨 하나의 양식이라고 볼 수 있다. 뮤지컬 플레이는 다양하고 다채롭다. 탐욕스럽게 모든 데서 소재를 구하고 있는 것이다.

감미롭고 화려한 꿈과 같은 세계만이 뮤지컬 플레이가 되는 건 아니다. 1990년대에 뉴욕 브로드웨이에서 절찬리에 상연되었던 〈루트레스〉는 어느 평범한 가정에서 일어나는 아주 수수터분한 소재였다.

뮤지컬 플레이는 변화무쌍이다. 각양각색이다. 그 양상을 한 번 살펴보기로 하자.

1999년 11월에 셰익스피어의 희곡 〈태풍〉을 뮤지컬 플레이로 각색, 대성황을 이루었고, 또한 1999년 12월에서 2000년의 현재까지 역시 셰익스피어의 〈햄릿〉을 록뮤지컬로 각색하여 공연하고 있는 〈록 햄릿〉이 화제가 되고 있다.

〈돈키호테〉나 〈레미제라블〉이나 〈스크루지〉처럼 세계 명작 소설을 각색한 것이 있는가 하면, 〈재즈〉나 〈코러스라인〉처럼 연예계의 특유한 소재의 것도 있다.

〈캐츠〉처럼 고양이의 세계를 그린 것이 있는가 하면, 1999년 12월에서 2000년 2월까지를 온통 떠들썩하게 한 〈황구도(黃狗圖)〉처럼 개를 소재로 한 것도 있다. 똥개 아담과 스피츠 캐시는 서로 사랑하지만, 주인은 아담이 똥개라는 이유로 같은 스피츠인 거칠이에게 시집보내게 된다. 낙담한 아담은 떠돌이 눈썹과 떠돌아 다니게 되지만 다시 캐시에게로 돌아온다. 그러나 사랑도 잠시, 둘의 사이엔 불신이 싹트기 시작해서 파탄이 일어난다는 희한한 얘기이다. 또한 남자 수녀까지 등장한 〈남센스〉(남자 넌센스)의 굉장한 수녀의 세계를 그린 것도 있다.

〈갈 길이 먼데……〉와 〈꿈꾸는 철마〉, 〈팔만대장경〉처럼 우리 민족의 역사적 사건을 현재와 조명해 보는 것이 있는가 하면, 우리 민족의 갈망인 금강산 관광이 한창이었던 1999년에 금강산 관광선에서 펼쳐졌던 〈Love is… 우연 설레임 그리고 무덤덤〉 같은 것도 있다.

〈핏줄〉처럼 혈육의 비극적인 내용의 것이 있는가 하면, 〈피아노 살인〉처럼 단순한 살인 사건을 추리하는 것도 있고, 〈루트레스〉처럼 삶의 잔인성을 고발한 것도 있다.

〈신데렐라〉처럼 눈요깃거리가 푸짐한 것이 있는가 하면, 〈광대 학교〉처럼 아기자기한 재미 가운데 경각심을 주는 것도 있다.

아무튼 천국이든지, 지옥이든지, 우주거나, 미래의 세계거나 또는 찬란한 이상 세계일 수도 있으며, 비참한 현실 생활일 수도 있는 것이 뮤지컬 플레이의 소재이다. 그리고 뮤지컬 플레이는 차원이 높은 표현으로까지 높여진 것이다. 게다가 턱없이 즐겁다. 그러기에 관객 대중들의 환영을 받는다. 극단 '학전'의 〈지하철 1호선〉은 1994년 초연 이래 2000년의 현재까지 900회에 가까운 공연을 했다. 물론 이 작품의 작자는 외국인인 볼커 루두비지만, 수정과 보완을 거쳐 완벽하게 우리의 얘기로 만들고 있다.

백두산에서 풋사랑을 나눈 한국인 '제비'를 찾아 서울로 오게 된 연변 처녀 '선녀'가 하루 동안 지하철 1호선과 그 둘레에서 부딪치고 만나게 되는 서울 사람들의 모습을 해학과 익살로 재미있게 그려 호평을 받고 있다.

필자가 뮤지컬 플레이에 대한 관심이 많은 까닭과 말미암음이 실로 여기에 있는 것이다.

필자가 쓴 뮤지컬 플레이가 몇 편 있다. 그 가운데에서 필자가 가장 좋아하는 작품이 〈젊은이들〉이다.

이 작품은 한마디로 말해서 지상(地上)의 예찬이다. 천상(天上)도 사랑과 젊음과 희망이 생동하는 지상보다 못한 것이다. 또한 지상의 예찬은 지상의 특권인 남녀의 사랑의 예찬이기도 하다.

그리하여 공간적으로 지상과 천상을 대조시켰으며, 시간적으로는 현대의 대한민국과 옛날의 조선 왕조를 대조시켰다. 그럼으로써 지상과 현대의 의미와 가치를 찾으려 한 것이다.

벅찬 앞날의 희망에 가슴 부푼 현대 젊은이들의 꿈과 사랑을 노래와 춤으로 승화시키고 싶었다. 그러기에 뮤지컬 플레이의 형식을 취하게 된 것이다.

한편 초현실적인 천상과 현실적인 지상과의 조화를 염두에 두었으며, 고전적이고 양식적인 조선 왕조와 드라이하고 다이내믹한 현대와의 계산도 염두에 두었다. 그리고 한 사람이 두 가지 역을 하는 일인이역(一人二役)의 묘미도 한껏 살려 보았다.

그 〈젊은이들〉의 2막 10장 가운데 지면 관계상 2막 1장까지만 여기에 싣기로 하자.

제1막은 주로 천상과 옛날 장면인 만큼 신비와 우아가 감돌고 있어야겠다. 천상 장면은 초현실적이고, 조선조(朝鮮朝) 장면은 고전적일 필요가 있다. 모든 선(線)은 섬세하고 색채는 조화적이라 부드럽다. 따라서 인물들의 움직임도 매우 아담하고 약간 양식적이다.

제2막은 현대 도시인 만큼 제1막과는 대조적이다. 모더니티하고 구성적일 필요가 있다. 모든 선은 굵직하고 색채도 원색적이라 강렬하다. 따라서 인물들의 움직임도 매우 드라이하고 다이내믹하다.

나오는 사람들

재판장
서기장
미옥(美玉)
영욱(榮旭)
경옥(庚玉)
떡쇠(후에 천사 A)
이월(二月, 후에 천사 B)
윤진사(尹進士)
오씨(吳氏)
길녀(吉女)
영주(英珠, 미옥과 1인 2역)
인수(寅秀, 영욱과 1인 2역)
은주(銀珠, 경옥과 1인 2역)
민사장(閔社長, 윤 진사와 1인 2역)
신여사(申女史, 오 씨와 1인 2역)
신자(信子, 길녀와 1인 2역)
처녀 A
처녀 B
처녀 C
처녀 D
남자 A
남자 B
떡장수
배장수
처녀들, 남녀 학생들, 선녀들

제1막

1장

천상 재판소를 상징하는 장엄하고도 환상적인 전주곡.

이윽고 막이 열리면, 천상 재판소이다.

지금 재판이 한창 벌어지고 있다.

지상의 재판소보다 현대적이며 장엄하다.

재판은 법관을 제외한 모든 직원은 남녀 노소의 천사들이다.

그들은 모두 무용을 곁들인 장엄하고도 화려한 합창을 한다.

노래 1 천상 재판소

이곳은 유서깊은 천상 재판소
옛날로 말한다면 염라대왕청
지상에 살았을 때 행위에 따라
천국에 들어가게 되기도 하고
지옥에 떨어지게 되기도 하네

간주곡(사람들이 재판 결과에 따라 천국에 들어가고 지옥으로 떨어지는데 그 모습이 코믹한 안무로 처리된다.)

이곳은 유서깊은 천상 재판소
옛날로 말한다면 염라대왕청
지상에 살았을 때 행위에 따라
좋도록 태어나게 되기도 하고
나쁘게 태어나게 되기도 하네

(무용과 합창이 절정에 이르렀을 때 암전)

2장

천상 재판소 재판장의 거실이다.

실내의 모든 장식, 가재 도구들은 초현실적이며 최신형이다. 중앙에서 커다란 괘종, 한쪽 구석에 지상을 내려다볼 수 있는 특수 텔레비전 장치 등이 있고, 괘종 앞면에 응접 세트가 있다.

고급 철제 책상 위에는 타이프라이터가 놓여 있다. 괘종의 소리가 은은하게 아홉 점을 메아리치며 울려 퍼진다. 현대식 옷차림에 훌륭한 노신사인 재판장이 책을 읽다가 팽개치고 크게 기지개를 켠다.

재판장 이제사 겨우 9시군…… (하품) 아, 따분해! 천상이란 너무나 무사태평한 곳이야…… 정말 무료해서 견딜 수가 있어야지 …… 천상 한쪽 귀퉁이가 떨어져 나가기 전엔…… 아하. (하품)

서기장, 서류를 들고 상수(上手)에서 등장, 노크한다.

재판장 (갑자기 위엄있게) 거 누구요?
서기장 기록부 서기장올습니다.
재판장 웬일이오, 이 밤중에?
서기장 급히 여쭐 일이 있어서…… 밤중을 무릅쓰고 이렇게…….
재판장 들어 오우.
서기장 (핸들을 틀어 보고) 안 열립니다.
재판장 아참! 잠깐만…… 컴퓨터로 잠가 두었던 걸 깜빡 잊었군…… 천상도 요즘은 불온해서…… (컴퓨터를 조작하고 나서) 자.
서기장 (황송해서 무의식중에) 죄송천만이옵니다, 염라대왕님…….
재판장 (짜증을 내며) 아 또! 염라대왕님이 뭐요?
서기장 아 참! 재판장 각하!

재판장 조심해요…… 유서 깊은 우리 염라대왕청을 시대의 사조에 따라 천상 재판소라구 이름을 고친 의의를 잊지 말도록 해요. 원래 염라대왕이란 인도의 '염라쟈'란 말에서 유래한 것으로 '염'은 묶는다는 뜻, '라쟈'는 왕이란 뜻, 따라서 '염라쟈'란 묶는 왕이란 뜻이오. 허지만 덮어놓구 묶는다는 건 인권 유린이오. 더구나 지상에선 인권 존중, 인권 옹호의 사상이 바야흐로 무르익은 이때, 우리 천상에서도 그 대책으로 이름까지 천상 재판소라고 고친 게 아니겠소.

서기장 네, 명심하겠습니다, 재판장 각하!

재판장 그래 급한 일이란?

서기장 실은…… 저…… 재판에 누락된 게 있어서…….

재판장 누락?

서기장 네…… 죄송 천만이오나 제 실수로 그만…….

재판장 그런 사무적인 건 내일로 합시다. 오늘은 밤 9시가 됐으니까.

서기장 그러기에 급하단 겁니다. 실은 이 재판 건은 오늘 12시가 지나면 재판 시효가 지나서, 영원토록 미결로 있게 됩니다. 각하!

재판장 아니 언제 일이기에 100년의 시효가 벌써……?

서기장 서기 1898년의 일입니다.

재판장 어느 나라 일이오?

서기장 그 당시는 이씨 조선, 이른바 조선조라구 불리던 지금의 대한민국에서의 일입니다.

재판장 아, 10년 전에 서울 올림픽을 치른 나라말이군.

서기장 네…… 연대로 말하면 고종 35년 한국의 단기로 따져 4231…….

재판장 에이…… 단기니 서기니 지상의 기원은 도시 제멋대로라 번거롭기 한이 없소…… 유구한 우리 천상의 기원으로 따지시오.

서기장 네…… 천상 기원으로 따지면 천기(天紀) 4999899년 …….

재판장 음, 그렇겠군…… 100년 전이라면…… 금년이 천기 4999999년이니까.

서기장 그렇습니다, 각하! 내년이 바로 우리 천상 재판소 창설 5천만 주년이 아닙니까?

재판장 암, 그렇지. 내년은 이 천상의 재판소 유사 이래 가장 성대하구 찬란한 5천만 주년 축제가 있을 거요.

서기장 그러기에 전 더욱 초조롭습니다. 만약 이 누락된 재판 건이, 오늘밤 12시의 시효를 지나 영원히 미결이 된다면, 우리 천상 재판소 창설 5천만 주년의 찬란한 역사에 얼마나 통탄스런 하나의 오점이 되겠습니까, 각하?

재판장 과연 그렇소! 귀하는 언제나 직무에 충실한 걸 나는 아오.

서기장 (또 황송해서) 황공무지로소이다, 대왕님…… 아니 각하!

재판장 근데 재판을 받을 사람은 누구요? 12시까진 겨우 2시간 50분밖에 안 남았으니 급히 서둡시다. 누구요?

서기장 (서류를 들추며) 서울의 양반집 규수로 미옥이란 19살 난 처녀올습니다.

재판장 (어조가 풀어지며) 뭐, 19살 난 처녀라구?

서기장 네, 은장도로 스스로 염통을 찌르고……

재판장 (짜증스럽게) 잠깐만! 염통이 뭐요?

서기장 네?

재판장 염통이 뭐냐 말요?

서기장 염통은…… 염통이죠. 즉 우리 체내 기구의 하나로서……

재판장 아니, 그걸 몰라서가 아니오. 염통이라구 하는 거보단 심장이라구 하는게 얼마나 고상하게 발음되오? 가령 시를 쓸 때 (포즈를 취하며) "내 염통의 야릇한 두근거림이여!" 하는 것보단 "내 심장의 야릇한 두근거림이여!" 하는 게 얼마나 듣기 고상하구 부드럽소?

서기장 아차! 각하께서 옛날에 시를 쓰셨단 사실을 까막 잊었군요. 정정하겠습니다…… 은장도로 스스로, 염통…… 아니, 심장을 찌르고 자결한 처녑니다.

재판장 애틋한 일이구려! 무슨 연유와 곡절 있어 처녀의 꽃다운 몸으로 스스로의 목숨을 끊었단 말이오?

서기장 이 서류에 의하면 그 사유인즉, 미옥이란 그 처녀는 불행히도 갓난애적에 어머니를 여의구 계모를 맞이하게 되었죠. 근데 그 계모에게선 경옥이란 딸이 태어났더랍니다. 그래 미옥 아가씨에겐 매일같이 비단 짜는 고된 일만 시켰다는군요.

서기장의 대사 중간에서부터 무대 회전.

3장

완전 회전되면—윤진사네 집 후원 초당 앞. 중앙에 초당, 그 뒤엔 높은 돌담이 있고 앞엔 꽃밭이 있다.

미옥, 초당 안에 놓여 있는 틀에 앉아 비단을 짜며 구슬피 노래한다.

노래 2 '비원'

실오리를 모아 짜면 아름다운 비단되듯
그의 말도 모아 보면 그리운 속삭임이지
그이의 말을 모아 비단을 만들고자
밤마다 꿈마다에 비단을 만들고자

실오리를 모아 짜면 아름다운 비단되듯
그의 말도 모아 보면 달콤한 그리움이지
그이의 모습 그려 비단에 수놓고자
밤마다 꿈마다에 비단에 수놓고자

이월이 냉큼 등장.

이 월 미옥 아가씨…….

미 옥 뭐니, 이월아?

이 월 저, 마님께서 오라시와요.

미 옥 (일어나며) 나를? (불안해지며) 어머님이?

이 월 네. 속히 오라시와요.

미 옥 왜 오라실까?

이 월 모르겠습죠. 오라시기만 하니 쇤넨들 알 도리가 있겠사와요.

미 옥 (불안해하며 퇴장)

경옥과 길녀를 비롯한 처녀들, 안에서 시시덕거리며 떼지어 나온다. 뒤집어썼던 장옷을 벗어 놓는다. 이월이는 남아서 구경한다.

노래 3 '강실 도령'

강실강실 강실 도령 강실책을 옆에 끼고
삼간 초간 지나가서 동실동실 동서방네
막내딸이 쏙 나서서 저기저기 저 도령님
우리집에 들어가서 하룻밤만 자고 가오
내 일 바빠 못 가겠네 한 마디만 남겨 놓고
강실강실 강실 도령 무정하게 사라지네

길 녀 강실 도령이 무정하다지만 건너 마을 영욱 도령만큼 무정하진 못할 거야.

처녀A 암, 못하구말구! 영욱 도령은 목석인 걸, 목석!

처녀B 얘 경옥아, 너 영욱 도령한테 편질 냈다면서.

경　옥　음, 서너 번 냈어.

처녀C　답장 있었니?

경옥, 고개만 흔든다

길　녀　답장은커녕 길에서 만나도 거들떠보기조차 않을 걸.

처녀A　목석이야, 목석. (노래하듯) 영욱 도령 목석 도령 편지질을 하려 해도 가는 편지 함흥차사 경옥 아씨 속만 타네.

경　옥　아니 얘가 누굴!

처녀A　용용 죽겠지!

처녀A, 도망치고 경옥 뒤쫓아 뺑뺑이질 친다.

처녀들, 손뼉을 치며 놀려댄다.

처녀A　영욱 도령 목석 도령

처녀B　편지질 하려 해도

처녀C　가는 편지 함흥차사

처녀D　경옥 아씨 속만 타네

경　옥　아니 너희들 작당해서 날 놀리기야?

노래 4 '골났니, 성났니'

처녀A　골났니 성났니?

경　옥　골도 나고 성도 났다.

처녀B　성났니 불났니?

경　옥　성도 나고 불도 났다.

처녀C　불났니 병났니?

경 옥 불도 나고 병도 났다.

처녀들 장지문을 열어라 연지문을 열어라.
호박국을 끓여라 김칫국을 끓여라.

경 옥 시큼한 김칫국을 누가 좋아한댔나?
김칫국 먹을 바엔 수수개떡 먹겠다!

길 녀 김칫국 싫다거든 호박국을 주어라.

처녀A 호박국은 안 될 말!

처녀B 호박국을 끓여도

처녀C 경옥 주자 끓이나!

처녀들 우리 먹자 끓이지.

경 옥 (때릴 듯이 손을 둘러메고) 망할 것들!

처녀A 골을 풀어라 성을 풀어라.

처녀B 함박 벌어진다 쪽박 벌어진다. 해해 해해해……

경 옥 내가 풀릴까 봐, 천만에 말씀!

길 녀 불을 끄어라, 병을 낫겨라.

처녀들 함박 벌어진다, 쪽박 벌어진다. 해해 해해해……

경 옥 내가 웃을까 봐 천만의 말씀!

처녀들 웃지 않나 보자. 해해 해해해……

경 옥 훗훗훗…… (웃음을 참으려다 터지고 만다.)

처녀들 호호호…… (허리를 잡고 웃는다.)

길 녀 모두들 고만고만…….

처녀A 경옥아, 널 놀릴래서가 아니라, 그 영욱 도령이 너무 냉정하단 거지 뭐.

처녀B 풍채는 두목지요, 문장은 소동파요, 필적은 왕휘지인데…….

처녀C 냉정하긴 목석이란 말이지.

경옥, 크게 한숨을 내쉰다. 처녀들, 따라서 크게 한숨을 내쉰다.

이 월 (쏙 나서서) 아가씨들, 그 영욱 도령님이 왜 목석처럼 냉정해 구는지 아세요?

처녀들 몰라.

이 월 그게 다 연유가 있사와요.

경 옥 무슨 연윤데? 빨리 말해 봐.

이 월 영욱 도령님은 우리 큰아가씰 사랑하구 있거든요.

처녀들 뭐, 미옥 언니를?

경 옥 언니를 사랑한다구?

이 월 네.

경 옥 너 그게 정말이지?

이 월 네, 이 두 눈으로 똑똑히 봤거든요.

경 옥 뭘 봐?

이 월 둘이 남몰래 뒷산에서 만나는 걸.

처녀들 뭐, 만나는 걸?

경 옥 너, 분명 봤지.

이 월 네, 이 쉰네 주둥아린 더러 거짓말을 할지 몰라도 이 두 눈은 거짓말 않사와요.

경 옥 아이 분해! 등잔 밑이 어둡다더니…… 앙큼하게 언니가 그럴 줄은 정말…… 그냥 이러구 있을 게 아냐. 내 안에 가 어머니한테 일러 혼구멍을 내게 해야지.

이 월 혼구멍 낸들 뭘해요? 인력으로 어쩔 수 없는 게 사랑이라던데.

처녀들 아무렴. (웃는다.)

경 옥 아니 이게 누굴!

경옥, 이월이를 잔뜩 노려보다가 안으로 퇴장.

길 녀 자, 우리들도 그만 가자, 어지간히 놀았으니…….

저마다 벗어 놓았던 녹색 장옷을 뒤집어쓰고 얼굴을 가린 처녀들, 뒤따라 퇴장.

이 월 아무래도 내가 괜한 소릴 했나봐. 허지만 엉뚱한 소릴 하는 것 보구 이 놈의 주둥아리가 그냥 얌전히 배겨날 수 있어야지. 한 번 저지른 일, 에라! 될대로 돼라! 제기랄!

이월이, 뒷정리를 한다. 더벅머리 노총각인 떡쇠, 성큼 등장.

떡 쇠 치렁치렁 검은 머리 뒷일 하는 이 큰애기 머리 끝에 드린 댕기 공단인가, 매단인가? 공단이건 날 좀 주게.
이 월 더벅머리 노총각아, 뭘 할려고 달라는고?
떡 쇠 망근당근 꿔어 쓰고 자네 집에 장가감세.

떡쇠, 노래하며 이월이를 얼싸안자 이월이는 기겁을 하고 뿌리친다.

떡 쇠 이크! 작은 고추가 맵다더니…….
이 월 (두 주먹을 둘러메고 때릴 듯이) 이게 누굴…….
떡 쇠 (이리저리 도망치며) 얘 이월아. 너 내가 정말 싫으니?
이 월 누가 싫댔어.

떡 쇠 그럼 왜?

이 월 부끄러우니까 그러지.,

떡 쇠 그럼 너 내게 시집올 의향이 있다 그 말이지?

이 월 부끄럽다니까 왜 자꾸만 이럴까?

떡 쇠 됐어됐어. 그럼 내, 마님한테 잠깐 다녀와야지.

이 월 갑자기 마님한텐 왜?

떡 쇠 쇠뿔도 단김에 빼랬다구 당장에 마님의 승낙을 맡고, 택일을 해서 성례를 해야 할 게 아냐?

이 월 성미 급하긴…… 우물에 가서 숭늉 달라겠네. 이봐! 넌 마님의 그 까다롭구 짓궂은 성품을 몰라? 괜히 잘못 주책 떨다간 아예 볼장 다 보게 돼.

떡 쇠 허긴 그래…… 그럼 그건 다음 기회를 보기루 하구…… 허지만 일이 이쯤 되구 보니 맘이 뒤숭숭해서…….

이 월 맘이 싱숭생숭허긴 나도 마찬가지야.

떡 쇠 그래, 그럼 참아야지…… 근데, 너 나한테 시집오면 맨 먼저 뭘 할래?

이 월 난 우리 고향 집에 가고 싶어.

떡 쇠 참! 넌 어렸을 때 종으로 팔려 왔지.

노래 5 '우리집에 가고지고'

이 월 우리집에 가고지고,

우리집에 가고지고

오랜만에 돌아갈 때

무엇이나 하여 갈꼬?

떡 쇠 송기절편 담아 가지

이 월 무엇에다 담아 갈까?

떡 쇠 은쟁반에 담아 가지

이 월 무엇으로 덮어 갈까?

떡 쇠 자면지로 덮어 가지

이 월 무엇이나 입고 갈까?

떡 쇠 장삼이나 입고 가지

이 월 무엇이나 쓰고 갈까?

떡 쇠 노파리나 쓰고 가지

이 월 무엇이나 신고 갈까?

떡 쇠 꽃신이나 신고 가지

이 월 무엇이나 타고 갈까?

떡 쇠 청노새나 타고 가지

이 월 앞구중은 누가 잡나?

떡 쇠 앞구중은 내가 잡지

이 월 뒷구중은 누가 잡나?

떡 쇠 뒷구중도 내가 잡지

노래하며 어느덧 둘이서 손을 맞잡고 춤춘다.

이 월 이봐! 넌 나한테 장가들면 뭘 할래?

떡 쇠 난 군사가 될 테야.

이 월 전쟁하는 군사?

떡 쇠 음…… 지금 우리 나란 존망지추(存亡之秋)래.

이 월 존망지추가 뭐니?

떡 쇠 (기세 좋게) 것도 몰라!

이 월 몰라, 뭐지?

떡 쇠 존망지추란…… 존망지추란…… 바로 나도 몰라.

이 월 뭐 !

떡 쇠 실은 나도 들은 풍월이야, 영욱 도령님한테.

이 월 영욱 도령님?

떡 쇠 음, 그 영욱 도령님 말씀이 우리 나라를 호시탐탐이…….

이 월 호시탐탐이는 뭐지?

떡 쇠 그것도…… 들은 풍월야.

이 월 전부 들은 풍월이구나.

떡 쇠 우라 나랄 엿보는 나라가 한둘이 아니래. 아라사, 청국, 일본, 그러니까 우리 젊은인 군사가 돼서 이 풍전등화(風前燈火)와 같은 (속삭이듯) 이것도 들은 풍월이다…… 우리 나랄 지켜야 한 대, 그러니까 나도 영문에 들어가 훈련을 받구 씩씩한 군사가 돼야지. 그리하여……

이 월 그럼 난 너한테 시집가자마자 독수공방의 신세가 되게?

떡 쇠 그래도 참아야지. 이 떡쇠가 훌륭한 군사가 되는 걸 보려거든.

이 월 그래도 난…… (운다.)

노래 6 '가지 마소, 우지 마소'

이 월 마소마소 가지 마소 정든 님과 작별이란
생각조차 하기 싫소! 가지 마소 가지 마소
달도 저문 동지 섣달 하구장창 기나긴 밤
정든 님과 오손도손 섬섬옥수 기나긴 밤
백년가약 하던 말과 일남일녀 자식 농사
애지중지 풀어 놓소 애지중지 풀어 놓소

떡 쇠 마소마소 우지 마소 정든 님과 작별할 때
오죽이나 서러우랴! 그렇지만 우지 마소
해가 가고 춘삼월에 행화 도화 만발할 제
정든 님이 오거들랑 일천 간장 녹여 가며
더부살이 살던 말과 독수공방 애달픔을
서리서리 풀어 놓소 서리서리 풀어 놓소.

미옥, 수심스럽게 등장.

이 월 (혼잣말로) 어이쿠, 일이 결국 들통난 게군…… 미옥 아가씨, 왜 그러세요? 또 마님한테 꾸중 들으셨군요?

미 옥 아냐, 암것도…….

이 월 참! 마님도 짓궂으시지. 미옥 아가씨의 어디가 못마땅해서 그러실까?

미 옥 이월아! 그런 소리 하면 못 써!

이 월 못 써도 해야겠어요.

떡 쇠 암, 해야 할 말은 해야지!

이 월 흥! 자기 속으로 난 딸이 귀여우면 남의 속으로 난 딸 귀여운 줄은 모르나!

오씨, 살며시 등장.

이 월 (그런 줄도 모르고 신바람이 나서) 경옥 아가씨의 인물이라든지, 맘씨라든지, 재주라든지 제반사가 미옥 아가씨만 못하니까 시기가 나서…… 허지만 콩 밭에선 콩 나고, 팥 밭에선 팥 나는 법이지. 그게 어디 미옥 아가씨의 죄람!

미 옥 이월아!

떡 쇠 내버려 두세요, 아가씨.

이 월 아! 하늘도 무심하시지. 그 심통 부리는 모녀 머리 위에다 그저 대짜고짜 날벼락을 앵기지 못하구…….

오 씨 (손에 든 담뱃대로 이월이를 냅다 갈기며) 옛다! 네년이나 날벼락을 맞아라!

이 월 (주저 앉으며) 어이쿠! 떡쇠야! 사람 살려!

오 씨 (분에 못 이겨 몽둥이를 집어들고) 이년, 뭐가 어쩌구 어째!

떡 쇠 (가로막느라고 얻어맞으며) 마님! 분하시면 절 녹초가 되도록 대신 때릴진대 이월인 제발 고만…….

오 씨 저리 비키지 못해!

떡 쇠 마님! 분부를 거역하긴 뭣합니다만…….

오 씨 저년이 뭐길래 네가?

떡 쇠 네, 부끄럽습니다만 머잖아 저와 (느긋해서) 히히히…….

오 씨 아니 이것들이? (다시 몽둥이를 쳐든다.)

떡쇠, 쩔쩔 매는 이월이를 이끌고 부리나케 퇴장.

오 씨 (그 뒷모습에다 대고) 이 주릿대를 앵길 년아! 다시 한 번 그 따위 주둥아릴 놀렸다 봐라, 육모방망이로 등갈비가 작신작신 으스러지도록 후려갈겨 줄 테니…….

미 옥 어머니, 고정하세요.

오 씨 (들은 척도 않고) 너 저 초당에 틀어박혀 비단이나 짜구 있거라. 네가 영욱 도령과 만나구 있단 해괴한 사실을 안 이상, 내 그냥 있을 수 없다. 전부터 말해 오던 네 혼인 건을 서두르기 위해 내 급히 친정에 다녀오겠으니.

미 옥 어머님, 전…… 혼인 않겠어요…….

오 씨 뭐가 어째, 이 소갈머리 없는 것아! 그럼 혼인 않구 처녀로 늙어 죽어 몽달귀신이 되겠단 말이냐? 난 세상의 아니꼽구, 기구살스럽구, 망칙한 꼴 다 봐도, 네년의 그 늙는 꼬락서닌 못 보겠다, 못 봐! 아무 소리 말구 내가 돌아올 때까지 초당 안에 틀어박혀 있어. 만약에 내 말을 어기구 또다시 그 영욱 도령과 만나는 날이면 네년도 이월이 년과 같은 곤욕을 면치 못할 테니 알아서 해!

오씨, 식식거리며 퇴장.

미옥, 한 손으로 나무를 붙들고 비쓸거리는 몸을 겨우 가누며 구슬피 노래한다.

노래 7 '이루지 못할 소원'

온 누리에

봄바람 휘돌아도

하늘엔—

흐려져 가는 별이 있고

이 땅엔—

꽃피지 않는 나무가 있고

내 가슴엔—

이루지 못할 소원!

온누리에 봄바람 휘돌아도

하늘엔—

흘러 떨어진 별이 있고

이 땅엔—

애틋이 짓밟힌 꽃이 있고

내 가슴엔—

시름에 겨운 소원.

애절한 연주와 더불어 조용히 어두워진다.

4장

절절한 미옥의 가야금 소리와 더불어, 무대 밝아지면—

앞 장면과 같은 초당 앞.

뭇 별들이 반짝이는 춘소(春宵)…… 윤 진사, 오씨와 함께 등장.

미옥, 얼른 가야금을 치우고 얌전히 절을 한다.

미 옥 아버님, 어머님, 웬일로 나오셨어요?

윤진사 음…… 네겐 아직 말 안했다만, 네 혼사 문제 말이다. 네 어머닐 통해서 신 대감 댁 둘째아들과 말이 있기에 내 승낙했다.

미 옥 ……

윤진사 너도 이미 소문을 들어 알겠지만, 그 신랑될 사람이 좀 어리숙하다더라. 허되 맘은 무던하대니까 아내 귀여워하는 건 고만일 게다.

오 씨 (천연덕스럽게) 또한 네 인물이 남의 축에 안 빠지는 데야 남편의 귀염 받는 건 맡아 놓은 당상이 아니겠니?

윤진사 그야 항간에선 그 사람을 '바보 도령' 이니 '멍청이 도령' 이니 비웃는 모양이더라만…… 네가 그런 걸 개의할 게 뭐 있겠니? 도리어 똑똑하구 잘난 남편 얻어가면, 항상 눌려서 지내느라 남모르는 고생이 많은 법이니라.

오 씨 너도 역사 얘길 들어서 알게다. 공주의 몸으로 일개 나무꾼인 바보 온달에게 출가해서 남편을 훌륭한 장군으로 만들어 낸 얘기 말이다. 얼마나 갸륵한 일이냐?

미 옥 흑흑…… (느껴 운다.)

윤진사 울긴 왜 우니? 네가 지금 우는 건 아직 세상 물정을 몰라서 그럴 게다. 앞으로 출가해서 돌이켜 생각하면 내 말이 새삼 고맙게 느껴질 게다.

오 씨 꿈에라도 내가 널 낳잖았대서 거뜬히 집어치우려구 이 혼사를 서두른 줄 생각지 마라. 또한 내 만일 널 미끼로 부귀 영화나 낚으려는 맘 털끝만큼이라도 있었다면, 이 자리서 당장 칼을 물구 거꾸러져 죽겠다.

윤진사 나도 다만 권세가 당당한 신 대감 댁과 사돈이 돼서 해로울 게 없다구 생각했을 뿐이다. 그러니 너도…….

미 옥 (용기백배) 아버지, 전 싫어요.

윤진사 (있을 수 없는 일이란 듯) 뭐 싫다구? 네가 어른 하시는 일을 기어코 어길 작정이냐? 이 발칙한 것아!

오 씨 이 소갈머리 없는 년아! 네년이 죽어 없어지면 모르되, 이 땅의 흙을 밟고 숨을 쉬는 동안엔 어른 말을 어기진 못할 게다, 이년아!

윤진사 (겁을 내며) 여보 부인, 고정해요, 고정해.

오 씨 (더욱 기승해서) 이년아! 일찌감치 맘 돌리구 생각을 고쳐먹는 게 네 년 신상에도 좋을 게다!

윤진사 (오씨를 끌고 들어가며) 여보, 안으로 들어갑시다. 내 그애는 후에 잘 타이를 테니…… 자, 어서…….

오씨, 못 이기는 척 윤 진사에게 끌려 퇴장.

미옥, 마당으로 내려와 나무에 이마를 대고 느껴 운다.

경옥, 살그머니 등장.

경 옥 울긴 왜 울어? 을씨년스럽게, 저러니 엄말 일찍 잃었지, 이제 모두가 허사 됐으니 영욱 도령을 단념하고서 한때 꿈으로 잊어버리지.

미 옥 영욱 도령님 얘긴 하지 마, 그 이름 네 입에 오르내리니 송구스러워 못 견디겠다.

경 옥 어머나! 아주 대단하신데, 그럼 신 도령 얘기나 할까? 그자는 바보 천치라니까 딴데 맘쓸 줄 전혀 모르고 언니에게만 정 쏟을 테니 얼마나 좋고 복된 일일까! 호호호…….

미 옥 경옥아! 제발 나 혼자 있게 해 다우.

경 옥 내가 있으면 어때? 심심찮구 좋을 텐데…….

미 옥 난 혼자 있구 싶다. 그러니 부디 날…….

경 옥 아니 왜 이리 성활까! 어쩜 남의 몸을 자기 몸 부리듯 하려구 든담!

미 옥 내 마지막 부탁이 될지도 모르니 제발……!

경 옥 아니 마지막 부탁이라니? 언니 혹시 (목매다는 시늉을 하고) 이럴려구 그러는 건 아니겠지?

미 옥 그럴지도 모르지…… 난 이 세상이 싫어졌으니까.

경 옥 흥, 괜히 입에 붙은 소리! 죽기란 살기보다 더 어렵다던데…….

미 옥 그야 이 세상의 부귀 영화에 집착하면 죽음이란 어려울 거야. 하지만 난 달러…… 난 저 세상을 믿구 있어…… 서로 미워하지 않구, 모함하지 않구, 시기하지 않는 아름다운 세상을…… 거기에 어머님도 계실 거야.

경 옥 어련하겠어! 하지만 내 안으로 들어가 드릴 테니 죽을 생각일랑 아예 말아요.

미 옥 고맙다.

경 옥 내 뭐 언닐 생각해서 그러는 건 아냐. 언니가 죽으면 어머니나 내가 들볶아서 죽은 양으로 쑥덕거릴 말썽 많은 주둥아리들이 역겨워서 그러는 거지.

미 옥 알았다. 걱정마.

경 옥 만일의 경우, 죽는 일이 있대도 원귀가 돼서 어머니나 날 못살게 굴진 마. 다 언니가 사주팔자를 잘못 타구난 탓으로 생각하구.

미 옥 걱정 마래니까…….

경 옥 한때의 울적한 맘에 그러는 거겠지만…….

경옥, 안으로 퇴장.

이윽고 반대쪽으로 영욱 도령, 등장.

영 욱 미옥 낭자!

미 옥 (너무나 반가워) 아니, 도령님! 어떻게?

영 욱 담을 뛰어넘어 왔소. 왜 한 번도 만나 주지 않는 거요.

미 옥 나갈 수가 없었어요. 초당에 갇힌 채…….

영 욱 가야금 소린 들려오구, 얼굴은 볼 수 없구, 정말 미칠 것만 같았소.

미옥, 슬퍼진다.

영 욱 아니 울었구려? 어이 하여…… 또 계모한테 꾸중 들었소?

미 옥 아뇨.

영 욱 그럼 왜?

미 옥 암것도 아니에요.

영 욱 그리 숨기지 말구 어서 말하오. 낭자가 나한테 말 못할 게 뭐 있겠소.

미 옥 돌아가신 어머님을 생각하니 서러워져 눈물을 흘렸어요. 눈만 감으면 선녀와 같이 아름다운 어머님이 선히 떠올라오죠. …… 그렇게 아름다운 어머님을 운명은 어찌하여 그리 재촉했을까요?

영 욱 아마 낭자의 어머님이 너무나 아름다우시니까 하늘도 샘이 나서 그랬나 보오.

미 옥 어머님이 살아 계시면 마흔이세요 …… 마흔이면 이마에 주름이 생기셨겠죠.

영 욱 낭자! 어머님 얘긴 그만 합시다.

미 옥 오늘은 어쩐지 자꾸 하구 싶어요.

영 욱 그보다도 저기……. (별을 가리키며 노래한다.)

노래 8 '저 빛나는 별 하나'

영 욱 저 하늘의 별을 보오 반짝반짝 반짝이며
보석처럼 박힌 것이 그 얼마나 아름답소?
저 크나큰 별을 보오 찬란히 빛나면서
온누리를 감싼 것이 그 얼마나 아름답소

미 옥 그렇지만 소녀 눈엔 슬픔으로 흐려 뵈요
모든 사람은 죽은 후에 큰 별, 작은 별 된다는데
어머님 별은 어느 걸까? 저 빛나는 별 하나가

우리 어머님 별인가 봐요. 진정 어머님 별인가 봐요.

영　욱　글쎄 그럴지도 모르지요.

미　옥　아! 별이 떨어졌어요!

영　욱　어디요! 별이 떨어진 게.

미　옥　늦었어요. 별은 벌써 찬란한 금을 그으며 어둠 속으로 사라졌어요.

영　욱　안타까운 일이구려. 별이 하나 떨어지면 사람 하나 죽는다는데?

미　옥　그럼 혹시나 소녀가 죽으려는 게 아닐까요?

영　욱　아니 왜 그런 소릴? 설혹 농담이라도 그런 소린 아예 마오! 무슨 일 있었구려?

미　옥　아뇨, 아무 일도…….

영　욱　말하오, 그럴 리 없소.

미　옥　정말 아무 일도…….

영　욱　정말이오?

미옥, 짐짓 미소를 머금고 끄덕인다.

영　욱　미옥 낭자! (힘껏 포옹한다.)

경옥, 살며시 등장. 진득이 본다.

경　옥　(질투심에 불타) 흥! 정말 목불 인견이군!

미　옥　(놀라서) 아니, 너 보구 있었구나!

경　옥　왜 보면 안돼? 바로 이렇게까지 된 걸 난…… 아이 분해! 내가 그냥 보구만 있을 줄 알구…… 어머니한테 곧 일러바칠 테다.

경옥, 씨근거리며 퇴장.

미 옥 어서 가세요! 어머니가 오시기 전에 어서.
영 욱 그럼 또……. (끌리는 정을 두고 퇴장.)

노래 9 '어머니의 환영'

미 옥 별들은 오늘사 말고 유난히도 반짝이네
저 큰 별은 어머님의 인자하신 눈매처럼
고요히 내려다보네 어머님 슬프신가요?
소녀가 어머님 곁에 가는 게 슬프신가요?
그럴 리야 없겠지요 소녀 눈에 눈물 괴어
그렇게 뵈는 거겠죠 아! 어머님 웃으셨군요
소녀가 어머님 곁에 가는 게 기쁘신 거죠?
아! 오라고 눈짓하시네 어서 오라 눈짓하시네
가겠어요 곧 가겠어요 어머님 기다리세요

미옥, 은장도를 빼들고 자결하는 것을 무용하듯이 표현한다. 마치 발레 〈빈사의 백조〉에서의 백조처럼 애절히 죽는다. 그러자 무대 양쪽에서 하얗게 소복한 선녀들이 일제히 나와 미옥의 죽은 넋을 어루만지듯 우아한 진혼(鎭魂)의 군무(群舞)가 벌어진다.

5장

다시 천상 재판장 거실
서기장이 마침 기록을 다 얘기한 기분이다.

서기장 …… 이리하여 그 처녀는 자살했던 겁니다. 각하!

재판장 아! 딱한 일이로군…… 그러니까 부모의 억압으로 인한 이루지 못한 사랑과 맘에도 없는 결혼의 강요 때문이었군.

서기장 그렇습니다. 백 년 전만 해도 이러한 부모들의 횡포는 보통 일이었습니다.

재판장 진정 애틋한 그 처녀의 죽음…… 내 심금을 울려 주고도 남음이 있소.

서기장 허지만 각하, 그런 억압을 당하면서도 애인에게 하소연을 변변히 못하고 죽은 어머니가 어쩌니, 하늘의 별이 어쩌니…… 딴전만 부린 건 도무지…….

재판장 아, 모르는 소리! 남모르는 고민을 혼자서 가슴 깊이 간직하구 맑은 눈물로 두 볼을 적시던 그 촉촉한 아름다움…… 그 운치! 현대 여성은 너무 헤벌어져 이런 멋이 없어 탈이거든, 탈이야.

서기장 각하! 개탄만 하구 있을 때가 아닙니다. 12시까진 얼마…….

재판장 음 그렇지! 빨리 해결해야지…… 허지만 좋아! 이루지 못한 애달픈 사랑의 여운이란…… 차라리 평범하게 이루어진 속된 사랑보다도 몇 갑절이나 좋지.

서기장 각하! 12시까진…….

재판장 음, 알았소 (갑자기 위엄을 갖추며). 사연을 알아본즉 가히 딱하오. 정상을 참작하여 판결하건대, 다시 생을 향유하여 지상에 태어나도록 집행하오.

서기장 허지만 각하! 그 처녀의 자결 때문에 그 아버지로 하여금 극도의 비탄에 빠져 결국엔 병으로 쓰러지게 한 죄상을…….

재판장 그건 이해성 없는 돌대가리 아버지의 자업 자득이오. 아무리 예편네의 혓바닥에 놀아났기로서니 딸의 자유 의사를 여지없이 짓밟은 그 소행 괘씸하기 짝이 없소!

서기장 각하! 너무 소리가 크십니다. 그렇잖아도 각하가 너무 진보적이라구 일부 보수파의 불평 분자들이…….

재판장 걱정마오! 이 방은 특수 장치로 겹겹이 무장되어 있으니까.

서기장 현명하신 처삽니다. 언제 어느 때 정치 테러 사건이 없으리라고 장담할 순 없으니까요.

재판장 그건 그렇구…… 지상에 지금 마침 죽어가는 열아홉 살 된 처녀는 없을까? 죽어가는 그 처녀에게 미옥 낭자의 혼을 집어 넣어 되살아나게 했으면 안성맞춤이겠는데…….

서기장 곧 천사를 지상에 내려보내 찾도록 하겠습니다.

재판장 천사들이란 원래가 굼뜨고 뜨뜻미지근한 법…… 그 일을 어디 12시까지 해낼 것 같소?

서기장 아니 적임자가 있습니다.

재판장 누구요?

서기장 할아버지 천삽니다.

재판장 할아버지 천사?

서기장 네…… 그가 바로 옛날에 미옥 낭자네 집의 하인이었던 떡쇠올시다.

재판장 떡쇠?

서기장 네…… 떡쇠는 약 50년 전에 이곳에 오게 되어 재판을 받은 결과 그 맘씨가 착하구 의협심이 있는 데다 출신이 남에게 봉사만 해온 종이구 해서 천사로 채용됐습니다.

재판장 그래요…… 너무 많은 사람들을 다루어서 누가 누군지…… 도무지…….

서기장 그러시죠…… 지금 천사부 지상과에 근무하구 있습니다.

재판장 그렇다면 곧 소환하도록 하오.

서기장 네…… (무선 전화기에다 대고) 아 교환, 교환…… 교환, 아니 야간 근무 시간에 졸면 되오……? 천사부 지상과를 대 주쇼, 빨리…… 아 거 천사부 지상과요……? 여기 재판장실인데 할아버지 천사에게 곧 출장갈 준비를 하구 출두하라구 하쇼, 속히! 알았죠?…… 참, 각하! 한 가지 제가 잊었습니다만…… 이 할아버지 천사는 언제나 꼭 부부 동반입니다. 출장이든 바캉스든…….

재판장 부인도 천사부 지상과 근무요?

서기장 네…….

재판장 부부간 금실이 좋은 게군.

서기장 글쎄요…… 제가 보기엔 아옹다옹 다투는 일도 많습니다만…….

재판장 그게 사랑 싸움이지…… 하기야 사랑 싸움이 아니라도, 다투는 일마저 없다면야 이 무사 태평한 천상에서 무슨 재미의 살맛이 있겠소. 노상 하품만 깨물어 삼킬 수도 없을 테구…….

서기장 각하! 이 천상에서 그건 소위 불온 사상입니다.

재판장 불온 사상? 허지만 사실이 그렇잖소?

서기장 사실이 그렇다 해도 불온 사상은 불온 사상입니다. 이 천상에선…… 각하!

재판장 음…… (기분이 언짢다.)

할아버지 천사, 부부 동반으로 등장.

부인은 갈 데 없는 이월이다(물론 노파).

그들은 최신형 외출용 예복을 입고 흰 장갑을 꼈다.

천사A 빨리 와요! 급한 일인 모양인데 꾸물거리구 뭐야!

천사B 아니 먼저 가면 될 게 아뇨! 성화도 팔자지 원! 영감인가 땡감인가…….

천사A 아니 지금 뭐라구 지랄깠어? 이 할망구야!

천사B 뭐 할망구? 이놈의 영감탱이가 노망 기운이 뻗쳤나, 환장을 했나?

천사A 아니 뭐가, 어쩌구 어째?

서기장 (얼른 뛰쳐 나와 말리며) 아니 왜들 이래요? 소위 천사의 직책에 있으면서 이게 무슨 꼴이오! 천사직에서 파면되구 싶소?

천사A 서기장님, 그런 게 아니라, 이 여편네가 억척배기가 돼서…….

천사B (동시에) 서기장님, 그런 게 아니라 이 영감이 딱장떼가 돼서…….

서기장 듣기 싫소! 일이 급하니 어서 들어가요!

그들, 실내로 들어가 재판장에게 정중히 절한다.

재판장 일이 시급하니 단도직입으로 말하겠소…… 귀하들은 곧 지상에 출장 가도록 하오.

천사A 지상에요?

천사B 저희들이 살던 인간 세상 말입죠?

재판장 그렇소!

천사A (B의 손을 맞잡고 날뛰며) 드디어 소원 성취요, 마누라!

천사B 천사가 된 보람이 있구려, 영감!

천사A 있구 말구! 이런 맛에 그 무재미한 하품꺼리의 천사직을……

서기장 입 다물어요! 놀러가는 게 아니오! 중대 사명이 있소.

재판장 아, 그 사명을 설명해 주도록 하오.

서기장 네!

천상의 모티프 음악이 연주되면서 괘종이 은은히 열 점을 친다.
천사들이 나와 노래하기 시작한다.
마치 교회 성가대 같은 느낌을 준다.

노래 10 '사랑이 으뜸(Love it' s Best)'
사랑이 으뜸, 사랑이 으뜸, 사랑이 으뜸
사랑은 오래 참고 사랑은 온유하며

투기하는 자가 되지 아니하며
사랑은 자랑하지 아니하며
교만하지 아니하며 무례히 행하지 아니하며
자기의 이익을 구하지 아니하며
성내지 아니하며 악한 것을 생각치 아니하며
불의를 기뻐하지 아니하며
진리와 함께 기뻐하고 모든 것을 참으며
모든 것을 믿으며 모든 것을 바라며 모든 것을 견딘다네.
사랑이 으뜸, 사랑이 으뜸, 사랑이 으뜸

—천천히 막이 내린다—

제2막

1장

지상의 모티프 전주곡.

막이 열리면 현대풍의 한 지하철역 앞. 떡장수와 배장수, 고무풍선 장수, 과자 장수 등이 형형색색의 상품을 나란히 진열하고 있다.

뒤로 도심 지대가 바라보인다. 거리의 소음이 리드미컬하게 배음으로 깔리다가 노래와 춤으로 발전한다.

천사 A, B 등장하여 신기한 듯 구경한다.

노래 11 '젊은 세대의 찬가'

남자들 우리들은 새 세대의 젊은이
달나라도 이제 우리들의 것
어서 가자 우리들의 달나라로

지구는 너무나 복작거린다.

남 녀 그래서 우리들은 앞만 보며 간다.
과거는 무용지물 무덤에 묻고
앞날의 희망에 가슴 부풀며
힘차게 노래하고 춤을 추자.

여자들 우리들은 새 세대의 젊은이
달나라도 이제 우리들의 것
어서 가자 우리들의 달나라로
지구는 너무나 숨이 막힌다.

남 녀 그러나 우리들은 땅을 밟고 산다.
이상은 사치 품목 무덤에 묻고
이 땅의 현실에 부닥쳐 가며
힘차게 노래하고 춤을 추자.

천사A 많이 달라졌어. 아주 딴판야!

천사B 얼떨떨하구려, 영감.

천사A 옛날엔 여자가 나들이할 때 초록 장옷으로 얼굴을 가리구 다녔는데…… 지금은…… 어휴!

천사B 그뿐이유…… 옛날엔 내외하느라구 어디 남녀가 어울릴 뻔이나 했수? 어림도 없지!

천사A 허벅지까지 드러낸 그 미끈한 종아리…… 싱싱하기 마치 팔딱팔딱 뛰는 물고기 같은 젊은이들…… 지상은 이렇게 활기에 넘쳐 사람 사는 세상 같은데 빌어먹을 놈의 천상은 뭐야! 골샌님처럼 얌전만 빼구…… 주눅들린 놈들처럼 무기력하니…… 우라질 것들!

천사B 여보 영감! 영감은 천사란 걸 잊지 마오! 천사가 욕을 한 대서야 되겠수? 볼상 사납게.

천사A 걱정 마오! 지상 사람들에겐 우리 천사의 모습이 안 뵈구 소리도 안 들리는 법이니까.

천사B 영감, 정신 차리우! 지상 사람에겐 안 보이구 안 들려도 이 극장 안의 손님들에겐 다 보이구 들리게 마련이니까요.

천사A 아참, 그렇지! 이 늙은 게 고만…… (객석을 향하여) 죄송합니다. 여러 손님들…….

천사B 어서 가유! 여기서 이러다가 미옥 아가씨의 혼백을 12시까지 되살아나게 못한다면 얼마나 원통하겠수?

천사A 12시까진 아직 멀었어요. 이제 겨우 저녁인데.

천사B 아니, 이 영감이 정신이 있나 없나? 왜 지상의 시간으로 따지우? 천상의 시간으로 따져야지.

천사A 아 참! 그렇지! 천상에선 지금이 밤중이렷다.

천사B 천상의 시간으로 따지면 (시계를 보며) 12시까진 겨우 한 시간밖엔 안 남았어요.

천사A 어서 갑시다! 미옥 아가씨 되살아나게 하는 일을 늑장부리다 실수한대서야 무슨 면목으로…….

천사B 어서 가요!

천사A 아 배가 약간 고픈데…… 아, 그 떡 먹음직스럽다. 어디……. (떡을 서너 개 집어 먹는다.)

천사B 여보! 천사가 그러면 쓰나요?

천사A 제기럴! 천사도 먹어야 천사요…… 자, 마누라도 먹어 봐요.

천사B 아니 왜 이럴까? 천사답잖게!

천사A 걱정마오. 나도 천사에 알맞은 정도의 그까짓 양심은 있으니까. (금화를 꺼내어 떡목판에 놓는다) 천국의 선물로 몇 개……. (떡 서너 개를 가방에 넣는다.)

떡장수 얼래! 아니 떡이 여나믄 개나 온데간데 없네. 이게 뭐라냐? 금돈이 아니란가?

배장수 어디 봅시데이. 맞심더! 금돈이구마!

떡장수 떡 여나믄 개에 금돈 한 닢이면 횡재했지라우?

배장수 아므! 금돈이락 카모 하느님이 내려 준 거겠지예?

떡장수 아니 하느님도 사람 봐서 봐 준다요. 우리네처럼 똥구멍이 째지게 가난한 잡것들헌티 무슨 얼어죽을 놈의 하느님이여! 어떤 멍청이 영감탱이가 떡을 훔쳐가다 빠치구 간 거지라우. (금화에 침을 탁 뱉으며) 퉷퉷! 두구두구 재수나 좋소야!

천사A (떡장수의 말에 떡을 먹다가) 어이쿠!

천사B (A의 등을 두드리며) 왜 그러우? 얹혔수?

천사A 아니 괜찮소…… 에헤, 그 예편네 입심도 좋다! 허긴 틀린 말은 아냐. 하느님은 무슨 얼어죽을 놈의 하느님!

천사B 천사가 이제 배짱이군…… 말조심해요, 말조심.

배장수 (자기에게도 행운이 깃들기를 바라는 듯 목청을 돋우어) 내 배 사이소! 물이 찔꺽찔꺽 나는 내 배 사이소!

3. 모노드라마(일인극)

요즘 우리 나라 연극계는 남녀 배우를 불문하고 모노드라마의 상연이 부쩍 늘었다. 그 전에는 극히 드문 일이었다.

1992년부터 1999년까지 상연된 모노드라마를 대충 훑으면 다음과 같다.

극단 '가가'에서 상연한 김시라 작의 〈품바〉, 극단 '산울림'에서 아놀드 웨커스 작의 〈딸에게 보내는 편지〉, 극단 '하나'에서 상연한 이길재 편극의 〈이길재 모노드라마〉, 극단 '대학로극장'에서 상연한 김영무 작의 〈하늘천따지〉, 극단 '포스트극장'에서 상연한 김재숙 각색의 〈엘리펀트맨〉, 극단 '청파 기획'에서 상연한 안중선 작의 〈부처가 간 길에서 예수가 오더니만〉, 극단 '전원'에서 상연한 오태석 작의 〈롤러스케이트를 타는 오뚝이〉 등이 있다. 특히 〈품바〉는 아마 20년 이상 상연을 계속하고 있는 것으로 알고 있다.

모노드라마는 혼자서 할 수 있는 만큼 상연 여건이 간편하고, 또한 개인 연기력도 마음껏 발휘할 수 있는 데다 제대로만 되면 흥행 수입도 짭짤하기 때문인 모양이다. 아무튼 이 현상은 언짢아할 현상은 아니다. 도리어 많이 상연되기를 바라는 마음 간절하다. 그런데 문제가 있다. 모노드라마는 특수한 형식의 작품인 만큼 좋은 희곡이 드물다는 것이다. 희곡을 쓰는 사람이면 모노드라마의 특성을 대충 알고 나서 한 번 써볼 만도 한 것이다. 필자가 특히 이 단원을 마련한 까닭과 말미암음이 여기에 있다.

모노드라마의 모노(mono)는 단일, 즉 하나를 뜻한다. 따라서 모노드라마는 한 명의 연기자가 하는 연극, 즉 '일인극'을 말하는 것이다.

중세의 세속극 속에서 싹트기 시작했지만, 제대로 된 것은 18세기 후반에 와서 독일 배우 브란데스가 혼자 하는 연극을 곧잘 함으로써 유행의 계기를 만들었다.

그 당시는 대사보다도 몸짓에 의한 판토마임, 즉 무언극(無言劇)과 또는 코러스(합창)를 곁들인 뮤지컬 비슷한 것이 많았다.

또한 당시 매우 유행했던 듀오드라마(Duodrama)는 같은 뜻으로 배우 둘이서만 하는 연극을 말했다. 이 극에서는 둘이 주고 받는 대사가 많아졌다.

체홉의 〈백조의 노래〉와 같은 작품은 이 듀오드라마와 모노드라마를 겸하고 있는 묘한 연극이다. 즉 늙은 배우의 추억과 술회에 대해 극단 스텝의 한 사람이 이따금씩 응해 주는 짤막한 대사를 하는 것이다.

이런 형식의 더 극단적인 희곡으로 스트린드베리의 〈강자〉를 들 수 있다. 이 작품에서는 두 여자가 나오는데, 대사를 하는 것은 한 여자뿐이고, 또 한 여자는 몸짓으로 반응만 보일 뿐이다.

그러나 듀오드라마는 2인극이니까 1인극에는 해당이 안 된다. 그 당시 이 두 형태의 연극은 새로이 창작하기도 했지만, 대개 긴 작품을 압축해서 다시 구성한 것이 위주였다.

그러니까 모노드라마란 이를테면 판토마임에서 몸짓을, 그리고 듀오드라마에서 대사를 가져다가 합쳐 한 사람이 하는 것으로 만든 연극쯤으로 생각하면 큰 차이가 없을 것이다.

독자적인 모노드라마론으로서는 러시아의 상징파 시인이며, 극작가인 에브레이노프의 의견이 주목을 끈다. 즉 그는 "1인 출연 희곡은 내적 자아(內的自我)의 객관화를 목표로 하고, 등장 인물은 모두 같은 한 사람의 여러 가지 측면을 표현해야 한다. 그럼으로써 무대와 관객은 융합되어야 한다"고 말했다.

근대 이후로 유명한 모노드라마로서는 러시아의 체홉이 쓴 〈담배의 해독에 대하여〉와 프랑스의 장 콕토가 쓴 〈목소리〉가 있다.

앞의 것은 관객을 연설회의 청중으로 여기고, 뒤의 것은 전화를 통해 오는 목소리를 상대로 여기고 혼자 연극을 하는 것이다.그리하여 대화의 묘미를 한껏 살리고 있는 것이다. 결코 혼자서 독백을 하고 있는 것이 아니다.

모노드라마의 특성으로 볼 때 체홉이나 장 콕토는 한 명의 연기자가 연기를 하는 상대방의 설정을 잘했다고 볼 수 있다.

필자도 그럭저럭 모노드라마를 5편 썼는데, 그 가운데 가장 마음에 드는 작품은 〈미친 여자와 유령의 남자〉와 〈서글픈 대화〉의 2편이다. 그런데 공교롭게도 오직 한 사람뿐인 등장 인물이 앞의 것은 여자이고, 뒤의 것은 남자이다. 그리고 앞의 것은 미친 여자가 남자 유령을 상대로 연극을 하는 것이며, 뒤의 것은 상대가 여대생들, 애인, 젊은 술친구였다가 마지막에는 애인을 죽이고 자른 목이 된다. 좀 변화가 많은 편이다.

모노드라마는 무엇보다도 등장 인물이 격정적이어야 한다. 그리고 감정의 변화가 풍부해야 하는 것이다. 혼자서 하는 연극인데, 등장 인물이 뜨뜻미지근하고 감정의 변화도 허수룩해서 밋밋하다면 극적인 상승은 바라볼 수 없을 것이다.

가령 지난 1990년부터 여배우 김지숙에 의해 1993년까지 계속 꾸준히 공연되어 온 하랄트 뮬러 작의 〈로젤〉의 등장 인물(로젤)은 이만저만 격정적이고, 감정 변화가 풍부한 게 아니다. 이 희곡은 로젤이 그녀의 친구에게 들려주는 고백 형식으로 이루어지고 있는데, 그 내용이 변화무쌍이다. 권위주의적 성격의 군의관 출신 아버지와 남편에게 순종하며 자신의 삶을 체념한 채 살아가는 어머니 사이에서 자라난 로젤은 세계 제일의 바이올린 연주자를 꿈꾼다.

그러나 아버지의 강요로 음악 대학을 포기하고, 호텔 직업 학교를 택함으로써 그녀의 삶은 일그러지기 시작한다. 호텔에 취직한 로젤은 첫남자 볼프강을 만나지만, 그녀의 결혼의 꿈은 좌절되고 여러 남자를 거치면서 사회로부터 소외당하고 파괴되어 간다. 어느덧 거리의 여자가 된 30대의 로젤은 이렇게 독백한다. "이게 내 인생의 전부였단 말이냐! 나도 다르게 살 수 있었던 것 아니냐. 단지 음악을 사랑한 소녀였을 뿐인데……."

1999년부터 2000년 1월까지 여배우 손숙에 의해 극단 '산울림'에서 공연한 시몬 드 보부아르 원작, 오증자 각색의 〈그 여자〉도 모노드라마로서 빼어났었다.

안정된 중류 가정의 한 행복한 여성이 어느 날 뜻하지 않던 암초에 부딪친다. 인생을 사랑과 결혼에 걸고, 그 결혼에 성공했다고 굳게 믿고 있는 여자. 그 여자는 어느 날 밤, 남편에게 애인이 있다는 사실을 남편의 고백을 통해 알게 된다. 자타가 공인해 온 모범 부부 사이에 균열은 이미 오래 전부터 시작되었던 것이다. 놀라움과 분노, 초조, 불안의 소용돌이 속에서 처음으로 그 여자의 자기 성찰이 시작된다. 주인공은 자기 자신을 우선 자신의 눈으로 바라보려고 하며 또 한편으로는 타인의 눈에 비친 자신의 모습을 찾아내려고 노력한다.

"나는 과연 행복한 가정을 이루어 왔는가?" "남편과의 사랑은 진실이었나?" "그 행복은 한낱 허상에 불과했던가?" 결국 오랜 회의와 절망의 수렁 속에서 그 여자는 다시 어두운 현실로 돌아온다. 구원은 누구에게도 청할 수 없다. 미래의 문은 자기 스스로 열어야 한다. 그리고 그 여자는 그 문이 열리리라는 것을 자각한다.

1999년도(제4회) 탐미문학상 대상을 받은 김정률 작의 모노드라마 〈생방(生放)〉도 빼어난 작품이다. 실존 인물이었던 욕쟁이 할머니가 TV에서 생방으로 자아류(自我流)의 요리 강좌를 한다는 설정부터가 재미있는 발상이었다. 게다가 혐오감을 느낄 수 없는 구수한 우리의 전통적 욕을 섞어가며 너스레를 늘어놓는 것이 볼 만하다.

필자가 〈미친 여자와 유령의 남자〉에서 미친 여자로 설정한 것도 미친 여자는 웃고 울고, 슬퍼했는가 하면 곧 기뻐하고 하는 감정의 변화가 풍부한 데다 또한 광기(狂氣) 어린 열정을 발휘할 수 있기 때문이었다. 그리고 또 〈서글픈 대화〉에서 등장 인물이 자기 애인을 죽이고 그 목을 잘라 들고 헤매는 반미치광이로 설정한 것도 다 앞의 것과 마찬가지의 까닭과 말미암음 때문이었다.

또한 그래야만 에브레이노프의 의견처럼 내적 자아의 객관화를 목표로 하고, 등장 인물은 모두 같은 한 사람의 여러 가지 측면을 표현할 수 있기 때문이기도 하다.

이 두 작품이 짤막한 소품이므로 모두 수록하고 싶었지만, 지면 관계상 〈미친 여자와 유령의 남자〉만 수록하기로 했다.

이 작품은 1970년에 발행된 단행본 〈단막 희곡 28인선〉에 수록되었다.

이 작품에 대하여 문학평론가 김상일(金相一) 씨는 이렇게 말했다.

> 〈미친 여자와 유령의 남자〉는 정신 분열 또는 강박 관념의 포로가 된 인물을 다루고 있다.
>
> 미친 여자와 실재하지 않는 망령과의 대화에 의해서 사건이 전개되는데, 이를테면 모노드라마이다. 이 여자는 환각에 사로잡혀 있지만, 작품의 주제는 육

체와 의식의 문제를 다루고 있는 것이다. 망령은 생존하고 있을 때 육체(여자)에게 배신을 당하고 있었지만, 육체와 의식의 대립 문제는 예수를 팔았다고 하는 유다 이래의 의식의 드라마이기도 했던 것이다.

이 작품도 살아 있는 인간(미친 여자)의 그러한 육체적 한계를 보여 주고 있는 셈이다.

나오는 사람

숙이

무대

아파트의 일실.

피아노, 소파, 전화기 등 기구는 제법 갖추어져 있으나 어수선하게 흩어져 있다. 또는 연출하기에 따라서는 장치나 소품을 전혀 없이 하고 숙이의 환각 세계만으로 처리할 수도 있다.

막이 오르기 전부터 숙이의 노래 소리가 들려온다.

막이 오르면 숙이가 지나친 제스처로 노래를 부르고 있는데, 그 가락이 엉망이며 얼빠진 구석이 있다. 즐거운 노래를 시작했다가 채 끝나기도 전에 슬픈 노래를 부르는 것으로 감정의 급격한 변화가 표현된다. 이 웃었다 울었다 하는 감정의 난조(亂調)는 이 작품을 일관하는 기조가 된다.

숙 이 우리들의 노래 소리/랄랄랄랄랄 랄랄랄라
정답게 노래하세/랄랄랄랄랄 랄랄랄라
산에 산에 모여서/랄랄랄랄랄 랄랄랄라
즐겁게 놀아 보세/랄랄랄랄랄 랄랄랄라

(이상은 〈즐거운 공일날〉)

해는 져서 어두운데/찾아오는 사람 없어
밝은 달만 쳐다보니/외롭기 한이 없다
내 동무 어디 두고/이 홀로 앉아서
이일 저일을 생각하니/눈물만 흐른다.
(이상은 〈고향 생각〉)

어느덧 훌쩍거리며 운다.
전화 벨이 울린다.

숙 이 (필요 이상으로 엄숙하게) 아, 여보세요. 네 그렇습니다만…… 여기가 바로 신생 아파트 303호실입니다…… 댁은 누구십니까?…… 뭐요? (급격한 충격) 정신 병원이라구! 입원 수속!

수화기를 내던지듯 놓는다.

숙 이 (숨이 턱에 닿으며) 망할 자식들! 내가 돈 줄 알아! 왜 성화들이야! 돈 건 네놈들이야! 난 정신이 멀쩡하단 말야! 난 다 알 수 있어…… 이건 테이블이구…… 이건 소파구…… 이건 피아노…… 그렇지! 피아노도 칠 줄 안단 말야! 썩 잘 칠 줄 안단 말야!

피아노를 친다기보다도 건반을 마구 두드리다가 지쳐서 천천히 친다.
뚜벅뚜벅, 목발 소리 천천히 다가온다. 그러나 그 소리는 숙이의 환청(幻聽)이니까 비현실감을 주어야 한다.

숙 이 (공포에 떨며) 저 목발 소리! 또 영진 씨의 유령이 오는 모양이군…… 어쩌지?

노크. 이윽고 목발 소리 천천히 다가든다.

숙 이 (환각에 사로잡혀) 왜 또 왔어요? 그렇게 괴롭히고도 아직 시원치 않단 말인가요? 제발 그런 눈으로 노려보지 마세요. 난 영진 씨의 싸늘한 그 시선을 대하면 심장이 얼어붙는 것만 같애요. 정말이에요. 그러니 제발, 그런 눈으로 노려보지 마세요. 그야 내가 영진씨와 같이 죽길 맹세하고도 혼자 살아 남은 게 밉겠죠. 이를 악무는군요. 이가 갈리도록 밉단 말인가요? 하지만 낸들 어쩔 수 없는 일이었어요. 내가 자발적으로 죽길 맹세한 게 아니니까요. 난 영진 씨의 강압에 못 이겨 맹세했었죠. 내게 죽어야 할 이유는 아무것도 없었어요. 난 영진씨가 불구의 몸이 된 걸 동정은 했죠. 그리구 그런 영진씰 사랑할려구 애도 썼어요. 불구가 된 후론 비뚤어져 가기만 하는 영진 씨의 마음을 이해하려구 애도 무척 썼어요. 그건 영진 씨도 부정 못할 거예요. 입가에 차디찬 웃음을 띠우는군요. 거짓말 말라는 거겠죠? 하지만 정말예요. 난 영진 씰 동정하구 사랑하구 이해하려구 무척 애썼던 건 사실이니까요. 입가의 그 웃음을 거두세요! 기분 나빠요! 영진 씬 유령이 되고도 살았을 때처럼 남을 비웃길 즐기는군요. 비웃구 싶으면 비웃으세요. 겁날 건 하나도 없어요. 다만 좀 기분이 나쁠 뿐이지. 하지만 난 영진 씰 사랑했었죠. 정말이에요! 그건 영진 씨가 교통 사고를 당했을 때의 내 태도가 증명할 거예요.

자동차의 급브레이크 소리 크게.

숙 이 아앗! (비명) 영진 씨! 영진 씨! 아! 다리가!! 다리가!! 으으으…… (격정적으로 흐느낀다.) 난 거짓 없는 울음을 터뜨렸어요. 영진 씨의 뜻밖의 사고로 인한 부상을 슬퍼했기 때문이죠. 하지만 한바탕 울고 나니까 후련한 생각이 들었어요. 기쁨과도 같은 후련한 생각이죠. 난 그렇게 모순 많은 성격의 여자랍니다. 하지만 오해하진 마세요. 그 후련함과 기쁨은 영진 씨의 부상을 후련하게 여긴다든지, 기쁘게 생각하기 때문은 아니었어요. 다리 한 쪽만 잃고 목숨에는 아무 지장이 없었던 사실을 확인한 때문이었지. 영진 씬 더욱 싸늘한 웃음을 띠우는군요. 입술이 씰룩이도록 비웃는군요. 마치 그것만의 이유로 네가 기뻐했냐 하는 듯한 태도군요? 영진 씬 살았을 때부터 사물을 비뚤어지게 보는 결점은 있었지만 관찰력은 날카로웠어요. 그건 내가 인정하죠. 물론 난 그것만의 이유로 기뻐했던 건 아니에요. 솔직히 말해서 영진 씨의 부상이 앞으로의 우리들 성생활에 조금도 지장이 없다는 걸 확인한 때문이었어요. 그 징글맞은 비웃음을 거두세요! 그게 뭐 어떻단 거예요! 목숨이 붙었어도 성적 불구라면 산 송장과 같은 거죠. 그건 회색의 세계예요. 사막과도 같은 삭막의 세계죠. 앉아 있을 수도 서 있을 수도 없는 안절부절 못하는 심정! 그런 심정은 적어도 나와 같은 특이한 경험이 없는 사람은 이해할 수 없을 거예요. 왜 코웃음치는 거죠? 알았어요! 이까짓 게 무슨 특이한 경험이냐는 거겠죠? 영진 씨가 아는 범위에서 난 극히 별다른 일 없이 성장해서 영진 씨와 동거 생활을 하게까지 된 걸로 생각하구 있을 테니…… 하지만 영진 씨가 알구 있는 내 과거는 극히 피상적인 일부에 지나지 않죠. 난 영진 씨가 상상치도 못할 굉장한 과거를 가지구 있어요. 또 거짓말 말라는 눈치군요. 하지만 정말이에요. 영진 씬 날 처녀로 생각하구 있었죠? 그렇죠? 고개를 끄덕이는군요. 하지만 난 처녀가 아녔어요! 난 어느 남자와 결혼했던 몸이에요. 부부 생활을 오 년간이나 한 몸이에요. 왜 고개를 그렇게 흔드세요? 단연코 거짓말이라는 거겠죠? 하지만 유감스럽게도 정말이에요.

광적으로 웃는다.

숙 이 왜 고개를 더 흔드는 거죠? 정말이라니까! 영진 씬 나한테 속은 거죠. 분하겠지만 속은 건 사실이에요. 내가 감쪽같이 속였거든요. 하지만 내게도 양심은 있어요. 영진 씰 속이는 게 가책이 돼서 영진 씨가 한사코 결혼하자는 걸 이 핑계 저 핑계로 거절했던 거죠. 여자로서 누가 결혼을 마다구 하겠어요? (긴 한숨을 쉬고) 떳떳이 결혼식을 올리구 부부 생활을 영위하고 싶은 건 남자의 몇 갑절일 거예요. 하지만 난 영진 씨를 사랑하기 때문에 이를 악물고 결혼만은 반대했던 거예요. 뜨거운 눈물을 머금고 반대했던 거예요.

정말 뜨거운 눈물을 흘리며 훌쩍거린다.

숙 이 정말 난 얼마나 영진 씨와 결혼식을 올리고 싶었는지 몰라요. 하지만 내가 과거에 결혼 생활을 오 년이나 한 여자란 사실을 영진 씨에게 속이고 있는 걸 생각할 때, 도저히 그럴 순 없었어요. 영진 씬 여전히 코웃음을 치는군요. 믿지 않겠단 거죠? 알았어요. 영진 씬 내가 처녀였단 걸 육체적 교섭에 의한 경험으로 안다는 거죠? 하기야 영진 씬 나와 만나기 전에 여자와의 경험이 많았다니까 처년가 아닌가를 틀림없이 판단할 수 있단 거겠죠. 나도 영진 씨의 그 정확한 판단력은 인정해요.

호들갑스럽게 웃는다.

숙 이 영진 씨, 영진 씨가 자기의 생각만을 고집하는 게 도리어 우습군요. 그럼 속 시원하게 나의 결혼 사진을 보여드릴까요? 여기 간직하구 있죠…….

사진을 꺼내든다.

숙 이 이보세요, 여기 사진이 있어요. 영진 씬 내 생활에 깊이 관여하는 주의가 아니었으니까, 이런 사진을 지금까지 몰래 간직할 수 있었죠. 여기 면사포를 쓰고 순진스럽게 서 있는 신부가 난가 아닌가 확인해 보세요.

사진을 앞으로 내민다.

숙 이 틀림없죠? 어머, 왜 그리 풀이 죽으세요? 실망하셨군요. 하지만 내가 처녀가 아니었단 사실보다도 영진 씨의 그 자신만만한 판단력이 어긋났다는 사실에 더 실망했겠죠? 너무 실망마세요. 영진 씨의 판단력이 전혀 틀린 건 아니니까요. 실상 난 처녀이면서 처녀가 아니었죠. 무슨 말인지 어리둥절하신 표정이군요?

광적으로 웃는다.

숙 이 그 어리둥절하는 꼴이라니 영진 씨답지도 않군요. 내가 처녀이면서 처녀가 아녔던 그 이유를 몹시 알구 싶은 모양이군요. 알으켜 드리죠……. 난 육체적으론 처녀구 정신적으론 처녀가 아니었어요. 그러니까 영진 씬 내 육체적인 처녀에 속은 셈이죠. 영진 씬 결혼 생활을 오 년이나 했다면서 육체적으로 처녀라니 당치도 않은 말! 그런 표정이군요. 하지만 그게 사실이죠. 그러니까 난 특이한 경험을 했다는 게 아니겠어요. 영진 씨! 다시 한 번 이 사진을 보세요. 이 신부의 얼굴이 얼마나 순진스러워요? 그 때의 나는 정말 육체적으로나 정신적으로나 순진한 숫처녀였어요. 또한 독실한 가톨릭 신자이기도 했죠. 아베 마리아 앞에서 경건히 기도드리며 해가 설풋이 저무는 것도 몰랐으리만큼 기도에 열중하군 했죠…….

성당 종 소리, 은은히 뒤에 깔린다. 그 때처럼 열광적인 기도를 드린다.

숙 이 성모 마리아! 이 몸도 성모 마리아처럼 순결과 신성으로 충만케 해 주십시오! 성모 마리아! 때때로 이 몸을 휩쓰는 고뇌와 이 땅에 가득 찬 오욕으로부터 이 몸을 구하여 주시옵고 지켜 주십시오! 그리고 이 몸을 영원토록 성모 마리아처럼 순결과 신성으로 충만케 해 주십시오. 성모 마리아! 성모 마리아! 성모 마리아!

음악.

숙 이 (조용히) 열광적인 기도에 지쳐서 도리어 허탈 상태에 빠졌을 때였어요. 길게 뻗은 그림자 하나가 내 앞으로 조용히 다가오고 있었죠. 어느 남자였어요…… 미남형이었지만 그 얼굴엔 고독이 그늘지구 그 두 눈엔 고뇌로움이 감돌구 있었죠. 그는 첫눈에 내 작은 가슴을 설레게 하는 것이었어요. 그도 내 옆에 무릎 꿇고 열심히 입속으로 기도를 드리는 것이었어요. 난 기도도 잊은 채 가슴 설레이며 그 모습을 지켜봤죠. 그 후로 그와 난 사랑하는 사이가 됐어요. 그는 나와 만나 즐거운 시간을 보내는 때도 그 얼굴엔 여전히 고독이 그늘지구 그 두 눈엔 고뇌로움이 감돌구 있었죠. 보다 못해 난, 그 이유를 집요하게 캐물었어요. 영진 씬 벌써 알겠단 그런 눈치군요. 하긴 그럴 거예요. 영진 씬 원래가 판단력이 빠른 편이었으니까요. 하지만 끝까지 들어 보세요. 이제부터가 본격적인 얘기니까. (한숨) 그랬더니 그는 내 간청에 못 이겨 고백하는 것이었어요. 조용히 자기는 성 불구자라구……. 어렸을 때 중추 신경을 다쳐서 성 기능이 불능이란 거였죠. 흥, 영진 씨의 판단이 들어맞은 모양이군요. 거보라는 듯이 의기양양한 꼴이. 하지만 자랑스러워 할 건 하나도 없어요. (긴 한숨) 그의 고백을 들었을 때, 난 벌써 그와의 결혼을 결심하구 있었어요. 결혼만이 그를 구하는 유일한 길이라구 믿었기 때문이죠. 그는 여러 차례의 내 청혼을 번번이 물리쳤어요. 나까지 불행하게 하구 싶지 않다는 거였죠. 하지만 난 도리어 그 길이 날 행복하게 하리란 걸 역설

했어요. 실상 나 자신 그렇게 믿구 있었죠. 그 믿음이 내겐 곧 신앙이었어요! 그 길이 그와 나 두 사람을 모두 불행하게끔 한다는 걸 알기엔 난 너무나 순진하구 철부지였죠. 그가 거절하면 거절할수록 더욱 달라붙어 애원하다시피 청혼했어요. 실상 지금은 미친 게 아니구 그 때야말로 미쳤던 거죠.

그 때처럼 실감나게—

숙 이 나와 결혼해 주세요, 네, 제발…… 나와 결혼해 주세요! 난 우리의 결혼으로 두 사람의 행복을 자신해요! 무한한 행복을! 그까짓 육체적인 행복이 뭐예요! 정신적인 행복만이 진정한 행복이 아니겠어요! 오, 정신적인 행복! 그러니 나와 결혼해 주세요, 네! 난 우리의 결혼 생활에서 육체적인 쾌락을 배제하구 오직 정신적인 쾌락으로 충만시키겠어요! 그러니 제발……

허공을 붙들고 앞으로 거꾸러진다.

숙 이 아이 미안해요…… 그 때처럼 열을 올리다 보니 영진 씰 붙들려구까지 했군요. 그 때 그에게 한 것처럼……. 하지만 유령이 붙들릴 리가 있나요? 내가 허공을 붙들구 고만 앞으로 거꾸러진 게 고작이죠. 호호호…… 내가 왜 이럴까? 나도 참 쑥이지. (긴 한숨) 결국 우린 결혼했어요.

웨딩 마치가 은은히 깔린다.

숙 이 (흐느껴 울며 중얼거리듯) 아, 성모 마리아…… 성모 마리아…… 은총을 감사합니다! 성모 마리아. (사이) 난 결혼식장에서 부끄러움도 없이 흐느껴 울었어요. 결혼에 이르기까지의 시련을 생각할 때, 감격의 눈물이 자꾸만 치솟는 것이었어요. 하지만 결혼 후에 닥쳐올 더욱 심각한 시련을 생각지도 못한 헛된 감격이었죠.

음악. 엷은 바람 소리.

숙 이 우린 석고상의 성모 마리아를 사다가 모시고 그 앞에 무릎을 꿇고 같이 기도드리면서 부부 생활을 영위했어요. 하지만 시일이 지남에 다라 기도만 가지고는 부부 생활이 만족스러울 수 없단 걸 절실히 깨달았죠. 역시 육체는 어쩔 수 없는 거였어요. 또한 우리 부부는 서로가 서로의 짐이 되구 있는 걸 절실히 깨달아야만 했어요! 사랑한다는 사실이 괴로움의 결과가 될 줄이야! (긴 한숨) 그는 그런 괴로움에서 벗어날려구 먹지고 않던 술을 마구 먹게 되구 술만 먹으면 내게 모진 매질까지 하게 되었죠.

날카로운 매질 소리

숙 이 (매를 맞는 것처럼 처절하게 허덕이며) 여보! 윽! 왜 이러는 거예요! 여보! 정신 차리세요! 난 당신의 아내예요. 당신을 누구보다도 사랑하는 아내란 말예요! 여보! 윽! 아파요, 아파! 아얏! 아낼 이렇게 매질하는 법이 어딨단 말예요! 여보! 여보! 응! 피가 나요! 피가! 하지만 당신이 이 매질로 육체에서 얻을 수 없는 쾌감을…… 윽! 지금까지 얻을 수 없었던 쾌감을 얻을 수만 있다면 얼마든지 때리세요! 때리세요! 여보! 윽! (숨이 턱에 닿게 허덕이며) 난 이 고통을 쾌감으로 달게 받겠어요! 이 고통을 쾌감으로…… 윽! (단말마의 짐승처럼 처절하게) 여보! 당신의 쾌감이 절정에 이를 때까지 더 때리세요! 더! 더! 더! 아아……

까무러친다.
음악.

숙 이 (깨어나서 너무나 조용히) 그로부터 몇 시간 후, 눈을 뜬 난 성모 마리아상에 오줌을 깔기구서 대들보에 목을 매구 죽은 그를 발견해야만 했어요……. (조용히 느껴운다.) 영진 씨도 고갤 숙였군요……. 영진 씨가 고갤 숙인 걸 보니 퍽이나 측은한 모양이군요. 하지만 고갤 드세요. 보다시피 이젠 아무렇지도 않답니다. 내가 왜 영진 씨와의 결혼을 반대했나 아시겠죠? 그리구 또 내가 왜 영진 씨가 교통 사고로 다리가 잘린 후 적극 결혼을 추진시켰는가도 아시겠죠? 정신적으로 결합되고 육체적으로 결합된 결혼 생활은 행복할 수 있는 거예요. 그까짓 다리 하나가 있든 없든 무슨 문제가 되겠어요! 영진 씨, 고갤 끄덕이는군요. 그렇죠? 그까짓 다리 하나가 무슨! 영진 씬 이제사 내 참뜻을 깨달은 모양이군요. 그렇다면 난 참 기뻐요! 하지만 때는 이니 늦었어요. 영진 씬 죽어 유령이 됐으니…… 유령과 결합할 순 없는 노릇…….

긴 한숨. 격해지며—

숙 이 왜 내가 결혼하자구 조를 때 그 차디찬 비웃음으로 대했죠? 왜 그런 값싼 동정은 도리어 내가 고문을 하는 거나 마찬가지라구 큰소리쳤죠? (고조되며) 왜 사랑을 가장한 위선자라구 마구 날 욕했죠? 왜! 왜! 그리구 왜 날더러 같이 죽자구 독약 마시길 강요했죠? 왜! 왜! 왜!

흐느껴 운다. (사이) 호들갑스럽게 광적으로 웃는다.

숙 이 하지만 난 죽고 싶지 않았어요. 아니 죽으면서까지 그 시시껄렁한 사랑이란 걸 증명하고 싶지 않았어요. 그래 난 독약을 먹는 척 딴전을 부리구, 영진 씨가 쓰러진 걸 확인한 후 그 곳을 탈출했죠. (대들 듯) 그런 내가 뭘 잘못했단 말예요! 왜 자꾸만 내 앞에 나타나 그런 눈으로 날 노려보는 거죠! 정

이런다면 나도 생각이 있어요! 똑똑히 들으세요! 똑똑히! 나도 독약을 먹구 영진 씨 같은 유령이 되겠단 말예요! 나도 유령이 되면 영진 씨의 유령을 무서워할 게 없죠. 알아들었어요? 나도 유령이 되겠단 말 알아 들었으면 썩, 없어져요! 없어져!

광적으로 웃는다.

숙 이 영진 씨도 유령이 되니까 별 수 없군. 내가 자기와 똑같은 유령이 되겠다니까 온데간데없어졌네! 이렇게 효과 있는 말을 이제까지 생각 못했다니, 참 나도 바보지.

광적으로 웃는다. 전화 벨이 울리자 웃음 소리 뚝 그친다.

숙 이 (수화기를 들고 엄숙하게) 아, 여보세요 내가 숙이란 사람입니다만…… (놀라며) 뭐라구요! 영진 씨? 유령의 영진 씨가 아니구 살아 있는……? 뭐라구요? 그 때 먹은 건 독약이 아니구…… 위장약? 내 사랑을 테스트하기 위해서 그런 짓을……?

숨을 크게 들이마시고 수화기를 탕 놓는다. 겁을 집어먹고—

숙 이 이젠 실제 독약을 가지구 여기로 오겠다구……?

점점 다가오는 목발 소리, 절정에 달했을 때 째는 듯한 비명!

숙 이 아앗! (쿵하고 쓰러진다.)

4. 포에틱드라마(시극)

운문으로 씌어진 희곡을 말한다. 부분적으로 산문을 섞은 것도 여기에 들어가지만, 산문에 의한 이른바 시적인 희곡은 제외된다. 유럽에서는 원래 희곡에 운문을 쓰는 것이 원칙으로 되어 있었다. 영국에서는 종래의 단조롭게 흐르기 일쑤인 운문이 16세기 말 무렵에 힘차고도 유연하며 굴절이 풍부한 연극적 운문으로까지 높여졌다.

독일어나 영어에서는 말의 악센트를 소리의 강약에 의하고 있기 때문에 음조(音調)가 높고 힘찬 리듬을 이루는 것이 가능하다. 괴테의 〈파우스트〉도 운문이다. 셰익스피어는 블랭크 버스(無韻詩)라는 형식을 채용했다. 블랭크 버스란 라임(韻)이 없는 운문을 말한다. 라임이란 악센트가 소리의 강약에 따른 언어에 있어서 1행의 첫머리, 또는 중간쯤 혹은 끝에 같은 종류의 소리를 배열하는 것에 의하여 리듬을 이루는 것이다. 이것은 짧은 시 따위의 경우에는 리듬을 만드는 유력한 기교가 되지만, 희곡과 같이 긴 것이 되면 이러한 기교는 기교 쪽에 치우쳐 버려서 도리어 단조로워질 위험성이 있다. 그래서 셰익스피어는 그보다 조금 전 시대에 이탈리아에서 들어온 블랭크 버스, 말하자면 라임을 갖지 않은 시 형식을 채용하여 그것을 그의 재능에 따라 마음대로 고친 것이다.

블랭크 버스의 주요한 형식은 '약강오음각(弱强五音脚)'이라 불리고 있다. 간단히 말하면 1행이 10음절(音節)로 되고, 그것이 약한 음, 강한 음으로 배열되어 약강(弱强)의 5부분으로 되어 있는 것을 가리키고 있다.

1660년 왕정 복고 이후의 영국은 산문극의 진출이 눈에 띄었다. 당시 비극에는 낭송에 알맞은 운문을 썼지만, 희극에는 산문을 썼다. 17세기 말의 영국은 산문극으로 푸짐했다. 이성과 상식의 시대라고 하는 18세기 이후는 산문극이 주류를 이루고 운문극은 부산물적인 취급을 받게쯤 되었다.

그러나 운문극의 명맥은 다한 것이 아니라 주로 비극의 영역에서 옛날의 영광이야 볼 수 없었지만, 그래도 그 전통은 유지했다. 19세기에 들어서 이 경향은 더욱 커져 더구나 근대극의 발전에 의해 시극은 연극계의 한 구석에 쫓겨난 느낌을 주기에 이르렀지만, 시극의 전통은 아주 없어지지는 않았다. 특히 근년에 큰 과제로 채택되게끔 되었다. 그 까닭인즉 동맥 경화의 증상을 보인 리얼리즘 연극에 대한 하나의 반성인 것이다. 여기에는 T. S. 엘리엇의 이론과 실천에 힘입은 바가 크다.

따라서 현대의 시극론은 영국 연극을 중심으로 이루어지는 것이 많다. 그야 엘리엇의 본령은 시이지만, 극에 대한 관심이 깊어 그 이상적 상태로서 시와 극의 일치를 생각하게 되었다.

또한 적은 독자를 대상으로 하는 시(詩)의 커뮤니케이션의 장소를 극장으로까지 넓히는 것을 생각해낸 것은 당연했다. 더욱이 질서를 중요시하는 그가 명확한 스타일을 갖는 시극에 강하게 마음을 사로잡힌 것도 자연스런 일이었다.

옛날에는 "산문극은 운문극의 부산물에 지나지 않는다"고 강한 표현을 한 적도 있지만, 엘리엇는 결코 산문극을 부정하는 것은 아니다. 그의 시극론은 적지 않으며, 어떤 의미로든 그 '극작가론'의 모든 것을 '시극론'이라고 불러도 괜찮을 정도이다. 그 가운데에서도 가장 포괄적이고 또 해설적인 〈시와 극〉에 의하면, 행위에 향해진 의식적 생활의 명확한 정서와 동기를 그리는 것이 산문극이며, 말하자면 눈의 한구석에서 가까스로 식별할 수 있는 감정, 또 행위에서 일시적으로 유리된 상태에서만이 의식되는 감정은 시극에 의해서만이 표현이 가능하다고 생각하는 것이다.

엘리엇이 제창한 시극은 물론 상연을 목표로 한 것이며, 그의 희곡은 모두 그 수준에 이르고 있다. 엘리엇은 실제로 〈칵테일 파티〉와 〈비밀의 비서〉 등을 발표하고, 이어 이 작품들이 상연되어 굉장히 문제가 되었다. 두 작품이 모두 현대 생활을 그린 것이므로 대사는 일상적인 것이지만, 그것이 운문으로 되어 있어서 유동감이 있고 정신을 고양시킨 장면 같은 데에는 산문으로서는 도저히 표현할 수 없을 만한 높은 율조(律調)가 나오고 있다.

그 밖의 크리스토퍼 플라이라고 하는 작가가 〈관찰된 비너스〉 등의 시극을 써서 굉장한 평판을 받고 있다.

시극이란 기교만이 두드러지고 내용이 공허한 미사여구(美辭麗句)를 늘어놓는 것에 떨어지는 일이 적지 않다. 현실 생활의 복잡하고 깊은 내용을 운문 속에 잡으려고 하는 것은 피나는 노력에 의하여 비로소 성공할 수 있는 것이다. 최근의 작가 중에는 형식을 운문화하는 대신에 산문 그것에 리듬이 있는 유동감을 주려고 하는 경향도 나타나고 있다.

그런데, 시극을 희곡의 한 갈래로 보기보다도 오히려 시의 한 형식으로 생각하는 경향이 인정되는 점은 주목할 만하다. 실상 제2차 세계 대전 후에 시극작가로서 이름을 떨친 영국 작가의 거의가 시인을 본업으로 하고 있었다. 현대 미국의 시극 작가에 대해서도 마찬가지이다.

우리 나라에서 운문이란 것은 대개 글자 수를 맞추는 정률시(定律詩) 형식이 주가 된다. 7·5조(調), 6·5조, 5·5조, 4·4조 등이 있다. 물론 자유시 형식으로 써서 운문을 이루는 것도 있다. 이른바 내재율(內在律)의 운률이다.

아무튼 우리 나라에는 글자의 발음으로서, 즉 음률(音律)로서 운문을 이루는 것은 뚜렷이 되어 있지 않다. 매우 막연한 것이다.

여기에 싣는 포에틱드라마 〈윤회〉는 필자의 최신작으로, 작품의 내용에 대한 건 '작자라고 일컫는 시큰둥한 사나이'가 이 드라마가 시작되기 전에 막 앞에서 외우는 '서사(序詞)'에 씌어 있으니 여기에선 생략하기로 한다. 그리고 이 작품은 8장으로 이루어져 있지만, 지면 관계상 여기에선 2장만 싣기로 하자.

나오는 사람

작자라고 일컫는 시큰둥한 사나이

욱희(旭姬)

용희(龍姬)

어멈

승욱(昇旭)

승룡(昇龍)

경주(景珠)

지숙(芝淑)

장치

1. 구렁덩덩네집

무대 중앙에서 약간 상수(上手) 쪽으로 커다란 항아리가 놓여 있고, 하수(下手) 쪽으로 초가집이 반쯤 드러나 보인다.

집의 맨 끝에 부엌, 그리고 마루와 방이 있다. 이 집은 민화풍(民畵風)의 아늑한 집이고 싶다.

2. 승욱의 화실

중앙에 커튼을 드리운 큰 창문이 있고, 상수 쪽에 도어가 있다. 하수쪽의 밖으로는 이 건물의 딴데로 가는 도어가 있는 것으로 설정한다.

중앙에서 약간 상수 쪽으로 소파가 있고, 모델대와 이젤 등이 적당히 자리하고 있다. 이 화실은 현대풍의 산뜻한 실내이고 싶다.

3. 숲속

중간막 앞에다 간단한 나무 세트를 하면 된다.

시작의 벨이 울리면, 작자라고 일컫는 시큰둥한 사나이(물론 연기자이다)가 막 앞에 나타나 관객에게 정중히 인사하고 서사(序詞)를 외운다.

서사

우주—
드넓고 크나커 가이 없는 우주
신비로운 베일을 쓴 우주
그러나 이 우주에다
생명체가 없는
커다란 돌덩이들을
그야말로 천문학적 수효만큼
왜 흩뿌려 놓았을까
생명체가 없다면
무의미하게 생각되는 이런 존재가
왜 인간 앞에
불가사의하게 버티고 있을까
까마득한 옛부터 이제까지
그 숱한 시인들로 하여금
밤이면
그 돌덩이가 별이 되어 반짝여
아름다운 시를 읊게 하기 위해서였을까
아니면 반짝이는 별을 보고
눈을 빛내는 점성가들로 하여금
인간의
희한한 점괘를 풀게 하기 위해서였을까

인간은—
죽으면 몸은 없어지고
오직 카르마(業)만이 남아서
다시 다른 생명체에 태어나네
인간은—
이 세상에서 몸이 없어진 뒤에도
카르마는 계속 남아 있어서
전(前)·현(現)·내(來)의 삼세(三世)에
걸쳐 면면히 이어지네
우리가 겨울엔 겨울 옷을 입었다가
봄이 되면 봄 옷으로 갈아입듯이
인간은—
이렇듯 새로운 삶을 되풀이하니
이것이 이른바 윤회 전생(輪廻轉生)이라네
이건 중중무진(重重無盡)한
연기(緣起)의 연속이네

이 윤회 전생을—
예와 이제를 통해서 살펴보려네
같은 상황을 번갈아 아울러 가면서
고대에서부터 현대에까지
연면하게 이어져 내려온
윤회 전생의 발자취를 표현하려 하네
또한 이 사건들을
고대나 현대나 모두
하루로 집약해서 표현하려 하네

어느 날의 아침에서 저녁까지로
단 몇 시간 사이에
숱하게 되풀이해 온 사건들을
집약 응축해서 표현하려고 하네
또한 고대에서는 자매의 얘기로
현대에서는 형제의 얘기로 꾸며 보려네
고대에서 우리의 전설
〈구렁덩덩 시선비〉를
일부 빌려 썼지만 내용은 아주 다르네
고대는—
옛스런 정서와 분위기를 지니기 위해
오오조(五五調)의 정률시 형식에 의하고
현대는—
발랄하고 자유로운 분위기를 갖기 위해
산문에 가까운 자유시 형식을 취하려 하네

옛날하고도 또한 옛적에/어느 마을에 중년 부부가
오손도손히 살고 있었네/다만 한 가지 불행한 일은
애가 하나도 없다는 건데/그래 그들이 부처님에게
백일 기도를 드린 덕택에/아이 하나를 갖는다는 게
큰 구렁이가 태어났다네/그러는 통에 놀란 아범은
몸져 눕더니 죽고 말았네/허나 어멈은 그 구렁이에
구렁덩덩이란 이름을 짓고/흡족한 사랑 기울였었네

사나이는 퇴장하고 막이 열린다.

1. 예(I) 구렁덩덩네 집

빼꾹 빼빼꾹 빼꾸기 소리/산뜻하게도 들리는 아침
어멈은 꿩을 손에 들고서/마당에 후딱 나타났는데
구렁덩덩이 보이지 않네/어딜 갔는지 보이지 않네

어 멈 구렁덩덩아 구렁덩덩아/어디에 갔누? 어디 숨었어?
네가 그리도 먹구 싶어헌/꿩 한 마리를 덫으로 잡아
여기 에미가 가져 왔단다/구렁덩덩아 구렁덩덩아
어디에 갔누? 어디 숨었어?/어여 시원히 대답을 하렴

그러자 이내 어딘가에서/울리는 소리 들려 왔다네

구 렁 꿩 잡아온 게 정말이어유?
어 멈 아니, 모습은 보이지 않구/그저 소리만 들리는구먼
구 렁 꿩 잡아온 게 정말인가유?
어 멈 그렇구말구 정말이래두/에미가 돼서 네게 설만들
거짓뿌렁일 어찌 하겠누?/네가 그리도 먹고 싶어헌
꿩을 덫으로 잡아왔단다/큰 놈 한 마리 잡아왔단다
구 렁 아이 좋아라 아이 좋아라/맨날 달걀만 먹어댔는디
이제 꿩고길 배가 부르게/먹게 됐으니 좋아유 엄니
어 멈 그러니 숨어 있지만 말구/이 에미 앞에 어여 나오렴
구렁덩덩아 구렁덩덩아/이 에미 앞에 어여 나오렴
구 렁 여기유, 여기 항아리 속에/아무도 몰래 숨어 있어유
어 멈 항아리 속에 숨어 있다구?
구 렁 그렇대두유 알구 보니께/어디보다두 항아리 속이

제일 즐겁구 아늑허군유/나는 앞으로 항아리에서
혼자 편하게 살구 싶어유/그러니 제발 걱정마세유

어멈은 가서 항아리 속을/들여다보며 희한해하네

어 멈 에구머니나 네 몸뚱이가/큰 항아리를 온통 채웠네
구 렁 내 몸뚱이가 엔간히 굵구/길기두 역시 엔간혀야쥬
어 멈 그렇제 그려 너를 뱄을 때/또 낳을 때두 어찌나 큰지
네 아버지도 나와 더불어/기절초풍을 하구 말았어
구 렁 엄니, 그 꿩을 어여 주세유/배가 고파서 죽겄구먼유
어 멈 오냐, 알았다 구렁덩덩아/내 어여 털을 뽑아서 주마
구 렁 털 뽑지 말구 그냥 주세유
어 멈 털 뽑지 말구 그냥 달라구?
구 렁 예, 그냥 줘두 괜찮구먼유
어 멈 그려, 그러마 곧 넣어 줄게

어멈은 꿩을 항아리 속에/통째로 냉큼 넣어 주었네

어 멈 어여 먹어라 구렁덩덩아
구 렁 예, 그럼 엄니 잘 먹겄어유
어 멈 에이구 저런 허발허는 꼴/털두 안 뽑은 꿩을 통째루
야금야금야금 먹어 들어가/어느덧 배가 불러져 가네
허긴 달걀을 먹을 적에두/깨먹지 않구 그냥 통째루
열네댓 알을 삼키구 나서/지붕 위에루 기어 올라가
땅에 떨어져 껍질을 깨니/꿩두 통째루 삼켜두 삭힐
뱃죽헌 수가 있을 거구먼/고슴도치두 제 새끼라면

말할 수 없이 귀엽다지만/구렁인데두 내 속으로 난
새끼라선지 잘생긴 걸루/보이니 원 참 기가 막혀라
아이가 없어 아이 갖기가/큰 소원이라 부처님 앞에
정성을 다해 백일 기도를/드린 다음에 낳는다는 게
저런 구렁일 퍼질렀으니/내 자식 팔자 알아볼 쪼지
에이구 벌써 꿩 한 마리를/게눈 감추듯 먹어 치웠네

구　렁　엄니, 목말러 물을 주세유
어　멈　오냐 내가 곧 물 떠다 주마

어멈은 냉큼 부엌에 가서/물 한 바가지 떠다 주었네

어　멈　자, 벌떡벌떡 마시려무나
구　렁　아, 시원혀라 이제는 제법/배가 불룩해 좋아유 엄니
어　멈　털을 안 뽑구 통째루 삼켜/탈이 날까봐 걱정이구나
구　렁　탈이라니유 무슨 탈이유/토끼 한 마리 통째루 먹구
아무 탈 없이 삭히는디유/닭 한 마리쯤 무슨 탈이유
어　멈　토끼털이야 부드럽지만/꿩 깃털이야 좀 억세다구
구　렁　그래두 나는 그까짓 것쯤/누워 떡먹기 아니겠어유
이젠 앞으로 한 열흘 동안/물만 마시구 먹지 안 혀두
허기가 지지 않겠구먼유/염려마세유 끄떡없어유
어　멈　사십 평생에 얻은 자식이/별나기두 해 기가 막혀라
구　렁　두구 보세유 내가 머잖어/훌륭한 자식 될 티니께유
어　멈　제발 덕분에 그리 돼다우/그래야지만 널 낳게 되자
소스라쳐서 몸져 누웠다/영영 저승에 가버리구 만
네 아버지에 대한 내 맘의/송구스럼두 덜 수 있으며
비통함 또한 달랠 수 있제/그러니 제발 그리 돼다우

구 렁 알았으니께 걱정 마세유/엄니 마음을 편케 헐게유
어 멈 오냐 알았다 걱정 안하마

그 때 서울서 내려온 자매/욱희, 용희가 들이닥쳤네
욱희는 언니 용희는 동생/반가워하는 어멈을 보고
용희가 냉큼 인사를 하네/호들갑스런 그녀의 언행

용 희 옛날 우리집 더부살이 산/어멈한테로 놀러 왔어요

욱희는 고이 고개 숙이고/다소곳하게 인사를 하네

욱 희 안녕하세요 오랜만이오
어 멈 에이구 에구 서울 대감댁/아기씨들이 웬일이래유?

용흰 또 냉큼 대답을 하네

용 희 어멈이 낳은 구렁이 자식/소문이 자자 들려오기에
그 모습 짐짓 보러 왔다오/그러니 부디 보여 주세요

욱희도 따라 한마디 하네

욱 희 어디 있나요? 보여 주세요
어 멈 그것이 무슨 구경이라구/서울서 짐짓 내려오셨수?

용희가 냉큼 대답을 하네

용 희 백일 치성을 드려서 낳은/구렁이라니 좀 신기해요
천하에 없는 일 아니에요/그러니 어서 보여 주세요

욱희도 따라 연유 말하네

욱 희 용희가 자꾸 한번 가보자/조르는 통에 나도 왔어요

용희는 들떠 호들갑떠네

용 희 어멈 빨리 좀 보여 주세요/어서 보고파 좀이 쑤셔요

욱흰 조용히 나무람하네

욱 희 이 애 용희야 그러지 말고/제발 숨이나 돌리자꾸나
그야 구경도 좋지만 말야/숨을 돌려야 할 게 아니냐
용 희 언니도 내 참 왜 이러실까/난 곧 봐야만 직성 풀리지
그러니 언니 개의치 마요/나는 서둘러 볼 테니까요
욱 희 얘가 왜 이리 성급한지 원/우물에 가서 숭늉 달라지
용 희 어멈 어디요? 어서 보여 주
어 멈 거기 항아리 안에 있다우/가보고 제발 놀라지 마유
용 희 항아리 안에? 어디 가보자

용희는 냉큼 항아리 속을/들여다보곤 소스라치네

용 희 아이 징그러 소름 끼치네/아니 무서워 몸이 떨리네

그러나 욱흰 흥미를 갖네

욱 희 어디 어떻게 생겨 있기에/이 방정이냐 나도 좀 보자
용 희 제발 보지마 언닌 맘 약해/놀래 자빠져 기절할 거야
욱 희 기절할 때는 기절하여도/예까지 와서 안 보고서야
어찌 가겠니 보고 가야지/한 번이라도 보고 가야지

욱희는 가서 들여다보고/그 눈이 차츰 활홀해지네

욱 희 참, 잘 생기고 점잔하고나/어쩜 이렇게 의젓도 할까
용 희 뭐라고 언니 잘 생기고도/점잔하고도 의젓하다고?
언니도 내 참 왜 이러실까/머리가 돈 게 아니요 언니

그래도 욱흰 아랑곳없이/궁금한 이름 자꾸만 묻네

욱 희 어멈, 이름은 뭐라 졌어요/이름 모르니 궁금하군요
어 멈 예, 구렁덩덩 구렁덩덩유

용흰 어멈의 그 말에 그만/징그런 듯이 몸을 떨었네

용 희 뭐 구렁덩덩 구렁덩덩이……/이름까지도 징글맞구만

그러나 욱흰 그 눈이 더욱/황홀해지며 감탄을 하네

욱 희 좋은 이름야 언뜻 듣기에/운치가 있고 부드러워라
용 희 언니 미쳤어 뭐가 좋다고

그래도 욱흰 아랑곳없이/그 이름 거듭 읊조려 보네

욱 희 오, 구렁덩덩 오, 구렁덩덩……
용 희 언니, 미쳐도 되게 미쳤군.

어멈은 둘이 다툴까봐서/안달이 되어 눈치만 보네

어 멈 두 아기씨들 고단헐 틴디/방에 들어가 편히 쉬구랴

용희가 먼저 좋다고 하네

용 희 그래요 어멈 몹시 고단해/두 다리 뻗고 쉬어야겠소
욱 희 나도 같이 가 쉬어야겠군

욱희와 용희 어멈을 따라/방에 잠자러 들고 나서야
구렁덩덩의 소리 들리네/크게 울리는 소리 들리네

구 렁 허허허허 참 우스워라/나를 가리켜 동생의 말은
징글허구두 무섭다는디/언니의 말은 잘 생기구두
점잔허구두 의젓하다니……/동생의 말은 이름마저두
징글맞다구 딱 질색인디/언니의 말은 운치가 있구
부드럽다며 황홀혀허네……/허긴 그렇지 그럴 수밖에
그럴 사연이 있는 거니께/그럴 수밖에 별 도리 없지

어멈이 혼자 방에서 나와/그 소릴 듣고 의아해하네

어 멈 구렁덩덩아 무얼 혼자서/구시렁구시렁 귀신 씻나락
까먹는 소릴 허구 있느냐?/무슨 소리니 구렁덩덩아

구 렁 엄니, 나 소원 하나 있어유

어 멈 소원이라니 웬 소원이냐?

구 렁 엄니, 나 당장 장가 갈 티유

어 멈 뭐, 장가를 가? 네가 말이냐?

구 렁 예, 장가가유 내가 말이유

어멈은 하도 기가 막히네

어 멈 어이없구나 어느 색시가/너헌티 시집 오겠다더냐?

구 렁 장가갈 티유 당장 갈 티유/만약 장가를 안 보내 주면
횃불 켜들구 엄니 뱃속에/도루 들어갈 작정이어유

어 멈 에구머니나 끔찍헌 소리!/그런 소릴랑 아예 허지 마

구 렁 그러니 장가 보내 줘야쥬

어 멈 누구헌티루 장가를 간담?

구 렁 욱희 아기씨 색시헐래유

어 멈 뭐, 큰아기씰 늬 색시루 혀?/어림없는 말 작작허거라!

구 렁 그 아기씨가 날 좋아혀유/좋아허는 걸 난 알거든유
그 눈빛 보면 이내 알어유/그 말씨로서 안다니께유

어 멈 무슨 소리여 얼간둥이야/좋단 게 아녀 신기두 허구
네가 딱혀서 그런 것뿐여/괜히 김칫국 마시지 말어

구 렁 아니유 아녀 틀림없어유/오, 구렁덩덩 오, 구렁덩덩
나의 이름을 입에 올릴 때/두 눈이 마치 꿈꾸는 듯이
빛을 뿜으며 황홀혔어유/날 좋아허구 사랑 안허면
그런 눈빛을 헐 수 없어유/그런 말씨를 할 수 없어유

어 멈 흥, 꿈보다두 꿈풀이구먼

구 렁 아니유 엄니 내 말 들어유/내가 저승서 이승에 올 때
부처님께서 말씀혔어유/날 좋아허는 여자 있으면
장가를 들 수 있다구 말유/날 좋아허게 되는 건 분명
전세부터의 인연이어유/끊을 수 없는 인연이어유

어 멈 전세부터의 끊을 수 없는/인연이라니 그게 무슨 소리여

구 렁 전세에 내가 뭣이었는지/알기나 혀유 모르시지유?

어 멈 전세에 니가 뭣이었는디?

구 렁 욱희 아기씨 하인이었쥬/전세에서는 그 아기씨가
과부였어유 청상이었쥬/얼굴이 고운 여자였어유

어 멈 그려, 알었다 어여 말혀봐

구 렁 그런디 욱희 아기씨 집은/똥이 째지게 가난혔어유
허나 이웃은 무척 부자라/떵떵 울리구 살었었는디
거긴 예부터 큰 구렁이가/집을 지키는 그 덕택으루
큰 부자가 된 것이었대유/그 구렁이가 지붕 밑에다
구멍을 파구 살구 있는디/큰 아기씨는 나를 시켜서
그 구렁이를 암두 모르게/훔쳐오도록 혔었지 뭐유

어 멈 그렸었구먼 끔찍두 혀라

구 렁 그런디두유 아기씨 집은/원하던 부자 되기는커녕
더욱 가난에 찌들렸지유/그래 심사가 꼬인 아기씬
나를 시켜서 그 구렁이를/열두 토막을 내구 말았쥬

어 멈 저런, 딱혀라 그려서 너는?

구 렁 그려서 나는 현세에 이리/큰 구렁이루 태어난 거유

어 멈 그럴 듯두 헌 얘기로구먼

구 렁 얘기 아니라 실제 있었던/일이거든유 정말유 엄니

어 멈 그 전세 일을 어찌 알았제?

구 렁 내가 또 다시 태어나렬 때/부처님께서 모두 말씀혀
쥤다니께유 엄닌 안 믿네/정말이어유 믿어 주세유

어 멈 거 참 신기헌 일이로구먼

구 렁 그러니께유 그 아기씨는/그 죄갚음을 위혀서라두
나의 색시가 될 거구먼유/그러니 엄니 아기씨헌티
의향을 한번 물어보세유/아마 꼭 들어 줄거구먼유

어 멈 공연헌 소리 끄집어냈다/혼구멍이나 안 날는지 원

구 렁 그런 걱정은 허지 마세유/그리구 엄니 갓허구 도포
바지저고리 한 벌을 새로/마련혀다가 나를 주세유

어 멈 갓허구 도포 바지저고리/새것 한 벌을 무엇헐려구

구 렁 더 묻지 말구 준비허세유

어 멈 이 에민 뭔지 모르겠구나

영문을 몰라 어리둥절한/어멈은 고갤 갸웃거리며
총총이 걸어 밖에 나가네/뻐꾸기 소리 뻐꾹 뻐뻐꾹
또 산뜻하게 들려 오네/뻐꾹 뻐뻐꾹 뻐꾹 뻐뻐꾹

2. 이제(I) 승욱의 화실

여긴 시골의 한적한 화실/뻐꾸기 소리는 여기에도/산뜻하게 들려오네, 옛날처럼.

하반신을 화려한 보자기로 가리고/상반신은 알몸인 지숙이/모델대에 앉아 포즈를 취하고 있네/그 모습을 승욱은/이젤의 캔버스에 열심히 그리는데/지숙은 지루한 듯 선하품하네

지 숙 아직 멀었나요?

승 욱 잠깐만…… 눈을 좀 그리고 쉬지/자, 눈을 꿈꾸는 사람처럼/황홀하게 떠봐요

지 숙 이렇게요?

승 욱 더 황홀하게

지 숙 아이 참

승 욱 피로했나 보군/눈이 겡게스럼해지는 게

지 숙 네, 약간/아침 일찍부터 그리기 시작했는 걸요/게다가 늦봄의 춘곤증인지 피곤하군요

승 욱 그럼 쉬었다 다시 그리지

지숙은 보자기로 하반신을 휘감고/모델대에서 그냥 내려와서/기지개를 늘어지게 키네/승욱은 그 모습을 못마땅해하네

승 욱 가운을 걸쳐

지 숙 곧 또 시작할 텐데 어때요?

승 욱 그래도 쉬는 동안엔…….

지 숙 알았어요

지숙은 가서 가운을 걸치고 오네

승 욱 기분 상했어?

지 숙 아뇨

그러면서도 지숙은 입을 삐쭉하네

승 욱 이러는 게 도리에/쏙이라구 생각되는 때도 있지만……

지 숙 선생님은 너무 엄격해요/예술가답잖게……

승 욱 예술을 한다는 그 행위 자체가/엄격해야 한다고 생각하는데, 나는……

지 숙 그래도 휴식이 필요하잖을까요……/선생님은 너무 긴장만 하고 있는 것 같애요

승욱은 담배를 꺼내/한 개비 빼어 물고 지숙에게 내미네

승 욱 담배나 피우지

지숙도 한 개비 빼어 무니/승욱은 라이터로 불을 당기네/지숙은 담배 연기를 내뿜으며/캔버스를 들여다보네

지 숙 어머나, 어쩜!/정말 꿈꾸는 여자 같애요/선생님은 천재예요, 천재

승 욱 천재……?/나도 요 몇 년 전까진/그런 어리석은 생각을 했었지

지 숙 그게 왜 어리석은 생각일까요?

승 욱 난 결코 천재가 아니니까/하지만 그 어느 여자도/역시 날 천재라고 추켜 줬지/마치 지금의 지숙이처럼

지 숙 그 여자가 누군데요?/그 여자 애길 듣고 싶군요

승 욱 다음 기회에……/그 여자 애길 한다는 건/나로선 그다지 유쾌한 일이 못되니까

지 숙 그럼 관두세요

그러면서 지숙은 또 입을 삐쭉하네/승욱은 창가로 가서 창문을 열면서

승 욱 서울을 떠나 이 시골에/화실 마련하길 정말 잘했지/산뜻한 공기도/맘껏 마시고 뻐꾸기 소리도 들을 수 있고

지 숙 하지만 너무 적적하잖아요?/찾아오는 사람도 별로 없고

승 욱 찾아오는 사람은/동생 하나로도 충분하지

지 숙 참, 지금 몇 시나 됐어요?

승 욱 열 시 십오 분이군/근데 왜 갑자기 시간을?

지 숙 아뇨, 암것도

승 욱 지숙이/내 눈을 봐요 무섭잖은가?

지 숙 무섭다니 뭐가요?

승 욱 내 눈은/아름다움을 발견하는/화가의 눈이면서/수상쩍은 점도/여지없이 꼬집어내는/수사관의 눈이기도 하니까

지 숙 정녕 그러시다면/꼬집어내 보시지/수상쩍은 점을

승 욱 지숙인/오늘이 일요일인데도/어째 내 동생이 오잖는가/궁금한 거지?

지 숙 그야 일요일마다 와서/즐겁게 놀아 주는 동생이/오늘따라 안오니까/맘에 걸릴 만도 하잖아요?

승 욱 그렇겠지……/지숙인 내 동생을 어떻게 생각하지?

지 숙 쾌활하고/좀 덤벙거리는 듯한 데도 있지만/실상은 좋은 청년이죠……/근데 선생님은 왜 또 갑자기?

승 욱 아니 별로……

지 숙 선생님은 내가 동생을/사랑하잖나 궁금한 거죠?

승 욱 그렇잖다고/할 수야 없겠지, 솔직히 말해서

지 숙 그럼 나도 솔직히 말할까요?

승 욱 ……

지 숙 난 그를 사랑해요

승 욱 정말이야?

지 숙 네/하지만 내가 보다 사랑하는/선생님의 동생으로서 말이에요

승 욱 물론/날 안심시키기 위새서/하는 말은 아니겠지?

지 숙 부질없는 질문이에요, 그건

승 욱 하지만 만약/지숙이가 내 동생을 사랑하고/내 동생 역시 지숙일 사랑한다면/난 물러날 용의가 있지

지 숙 정말이세요?

승욱은 고개를 끄덕이네/지숙은 입을 삐쭉이며 코웃음치네

지 숙 흐흥/말뿐이지 실제로는 그렇지 못할 걸요

그 때/반가워 날뛰며 짖는 개 소리와/'잘있었니, 깜둥아' 하는 소리가 어수선히 들려왔네/이윽고 똑똑똑 노크 소리

승 욱 승룡이냐?

승 룡 네

승 욱 잠깐만/지숙이 어서 가서 가운을 벗고/옷으로 갈아입어

지 숙 오늘은 그만 그리겠어요?

승 욱 동생이 왔으니 아주 쉬도록 하지

지숙은 이웃방으로 들어가네

승 욱 승룡아, 들어오렴

승룡은 도어를 열고 들어오네

승 룡 형님, 안녕하셨습니까?

승 욱 음, 어서 오너라/그 동안 근무 잘했니?

승 룡 네, 여전했지요

승 욱 네 회사에서 발행한/〈세계 사상선집〉 잘 나간다면서?

승 룡 네, 의외로 잘 나가고 있어요……/형님, 알고 보니 이곳이 바로/옛날 구렁덩덩의 전설이/있는 곳이더군요

승 욱 구렁덩덩……? 무슨 전설인데?

승 룡 일종의 전생(前生) 전설이지요/윤회 전설이라고도 할 수 있고/불교 사상에서 온 것으로/우리 나라 전설의 밑바탕을/이루고 있는 셈이죠

승 욱 그렇다면 알 만하다/돌아가신 아버지한테서/귀가 아프도록 들었으니까/뻔한 거지/근데 이런 말 들을려고/간밤 꿈이 뒤숭숭했던 모양이군/어쩐지 꺼림칙했어……

승 룡 무슨 꿈을 꿨는데요?

승 욱 아버지 꿈을 꿨어/아버지가 나타나셔서/네 전세에 원수진 여자의 재생을/조심하라고 하시잖겠니/좀 마음에 걸렸어……/하기야 한 귀로 듣고/한 귀로 흘릴 일이지만

승 룡 아무튼 사람이/죽었다가 태어나고/태어났다가 죽어/자꾸만 되풀이 한다는 건/재미있잖습니까?/우리 육체는/마치 옷과 같은 것으로서/우주 비행사가 우주를 여행할 땐/그에 알맞은 우주복을 입었다가/지구에 와선 지상의 복장을 하고/다시 어떤 일이 있어/물 속에 들어가게 될 땐/잠수복을 입게 되지만/그 복장과는 아무런 상관없이/그 주인공은/계속 생존해 있는 것과/같은 거란 얘긴……

승 욱 허황된 얘기야

승 룡 하하하……/하기야 형님은/죽운 후의 세계를/인정하잖으니까 무리도 아니지요

승 욱 그래서 돌아가신 아버지와/늘 다퉜던 게 아니냐

지숙이 옷을 갈아입고 나오니/승룡이 진정 반가워하네

승 룡 아, 지숙 씨!
지 숙 안녕하셨어요?

승룡은/지숙과 캔버스를 번갈아 보며 말하네

승 룡 지숙 씬 옷 입은 모습도 멋지지만/확실히 벗은 몸매가 참 멋지군요
지 숙 그런 소리 하면 화낼 테야요

지숙은 짐짓 화난 듯 눈을 흘기네

승 룡 지숙 씬 화낸 얼굴이 더 매력적이니까/얼마든지 더 좀 화내 보실까
지 숙 이 악당!

지숙은 승룡의 가슴을/두 주먹으로 갈기려 하네/승룡은 그 주먹을 피해/이리저리 도망다니네

승 룡 항복, 항복……
지 숙 다신 그런 소리 안하기예요
승 룡 네, 분부대로 하겠습니다

승룡은 또 캔버스로 가서/형이 그린 그림을 자세히 보네

승 룡 형님/그림 제목은 뭐라고 붙이겠어요?
승 욱 〈꿈꾸는 여자〉

승 룡 〈꿈꾸는 여자〉? ……/정말 꿈꾸는 듯한 모습인데요……/신비로우리 만큼 아름다운……

지 숙 흥, 승룡 씨!/입술에 침이나 축여 가며/그런 말씀하세요

승 룡 거짓말이 아닙니다/형님, 그렇지요?

승 욱 글쎄

승 룡 형님, 이번엔 특선 자신 있어요?

승 욱 음, 자신 없이야 애초부터/그리긴들 할라고

승 룡 전에 〈에덴 동산의 이브〉를 그렸을 때도/그렇게 말한 것 같은데요

승 욱 달라, 그 때와는

승 룡 다르긴 뭐가 달라요/다만 모델이 다를 뿐이겠지요/그 땐 경주 씨였고/지금은 지숙 씨니까

승 욱 승룡아!

승 룡 참, 형님……/며칠 전 경주 씰 만났어요/출판사로 날 찾아 왔더군요

지 숙 그 경주 씨가 누구예요?

지숙의 물음에 승욱은/마지못해 대답하네

승 욱 아까 말한 바로 그 여자

그러나 지숙은 더욱 궁금할 따름이네

지 숙 승룡 씨/그 경주 씨에 대해 얘기해 줄 수 없어요?

승 룡 그건 형님한테 들으시지/아니면 경주 씨한테 직접 들으시든지/일요일에 이곳을 찾겠다고 했으니/혹시 오늘 올지도 모르니까

그 소리에 승욱은 펄쩍 뛰네

승 욱 아니 뭣하러 찾겠다던?

승 룡 그야 모르지요/형님이 계신 곳을 묻기에/가르쳐 줬더니 찾겠다고 했으니까요

승 욱 뭐랬다고 가르쳐 줬니?

승 룡 잘못했나요?

승 욱 잘못했지

잠시 침울한 분위기에 잠겼네/승룡은 그 분위기를 떨구어 버리듯/혼잣말하네

승 룡 우울한 일요일이군……/기다리고 기다리던 일요일이/이렇게 우울해서야 되겠나

승룡은 양복 바지 뒤호주머니에서/납작한 위스키 병을 꺼내네

승 룡 우울을 발산시키기 위해선/위스키 한 잔이 제일이지

승룡은 병마개에 따라 쭉 키었네

승 룡 자, 지숙 씨도 한 잔 어떻수?

지 숙 네, 주세요

승룡이 병마개에 따라 주자/지숙은 서슴없이 냉큼 마시네

승 룡 형님도 한 잔……?

승 욱 내가 술을 못한다는 걸 넌 알잖니?

승 룡 전혀 못하는 것도 아니잖아요/왜 전엔 곧잘 술집에 드나드셨으면서

승 욱 그 땐 억지술이었어/그림이 거듭 낙선되는 통에/자포자기가 됐던 때였지

승 룡 그야 핑계 없는 무덤이 있겠습니까?

승룡은 또 술을 후딱 마시네/지숙도 따라서

지 숙 나도 한 잔 더

승 욱 지숙이!

승욱은 못마땅하게 지숙을 보네

지 숙 걱정 마세요, 선생님

승룡은 지숙에게 따라 주고/자기도 또 한 잔 마시네

지 숙 참, 승룡 씨/아까 옷 갈아입으며 듣자니까/전생이니 윤회니 하던 얘기/그게 뭐예요?

승 룡 글쎄/나도 자세한 건 모르지만……/인간은/몸과 마음과 알음알이(識)가 있다가/죽으면/스스로의 카르마가/다시 다른 육체에 어울려/태어난답니다/따라서 인간은/이 세상에서 몸이 없어진 뒤에도/그 몸의 주인은/또 다른 생명과 함께 하는 것이랍니다/몸은/한갖 옷에 지나지 않는 거지요/겨울엔 겨울 옷을 입었다가/봄이 되면/그 겨울옷을 벗어 버리고/봄옷으로 갈아입듯이/우리 인간은/새로운 삶을/되풀이하고 있는 것이랍니다

지숙은 고개를 끄덕이며 열심히 듣네

승 롱 지숙 씬 죽은 후의 세계를 믿습니까?

지 숙 난 안 믿어요, 그런 거

승 롱 형님과 같군요

지 숙 승룡 씨는?

승 롱 반은 믿구 반은 안 믿어요/그러니까 반신반의한 셈입니다

지 숙 사람은 한 번 죽어 버리면/그만 아닐까요?

승 롱 글쎄요/나는 반신반의하고 있습니다/지숙 씨/가만히 계세요

지 숙 네?/왜 그러시죠?

승 롱 내가 한 가지 실험을 할 테니/자, 눈을 감고 손을 합장하고……

지숙은 승룡이 시키는 대로/눈을 감고 합장하네/승룡은 지숙의 얼굴 앞에/오른손의 손바닥을 들어/얼굴로 향하게 하네

지 숙 무슨 실험이에요?

승 롱 가만히……

승룡은 지숙을 진드감치 쳐다보네

지 숙 도대체 뭐예요?

승 롱 지숙 씨의 몸 깊이 숨어 있는 원혼을/떠오르게 하는 겁니다

지 숙 원혼이 뭔데요?

승 롱 그건 형님이 설명해 주세요

승욱은 하는 수 없이 설명을 하네

승 욱 원혼이란/산 사람 몸에 싸여 있는/나쁜 혼령, 즉 악령인데/대체로

전세에서 그 사람에게/원한을 가진 악령이란 거지

지 숙 아이 싫어요!/내 몸에 악령이 씌어 있다니

승룡이 보충 설명을 하네

승 룡 심령 과학의 입장에서 보면/살아있는/사람의 절반 가량의 몸속에/원혼이 숨어 있답니다

지 숙 어머, 그래요

승 룡 그러니 가만히 계셔 보세요

지숙은 승룡이 시키는 대로/가만히 있네/승룡은 그 지숙을 한참 응시하고 있다가/두 손을 들어 손바닥을 아래로 하고/진정시키는 동작을 되풀이하네

승 룡 진정, 진정, 진정, 지인저엉

지 숙 끝난 거예요?

승 룡 네

지 숙 어때요/내 몸속에도 원혼이 있나요?

승 룡 네

지 숙 어떤 원혼이?

승 룡 말하기 곤란한데요

지 숙 그렇다고/말하잖으면 내가 곤란해요

승 룡 심령의 존재를/안 믿는다면서요?

지 숙 그래도 궁금한 걸요

승 룡 그렇다면 말하지요/그 대신/나중에 날 원망하진 마세요

지 숙 네

승 룡 전세에서 지숙 씨한테/사랑의 버림을 받고/대들보에 목매달아 죽은/사람의 악령이 씌어 있군요

지 숙 어머나, 이를 어째!

승욱은 안타까워 한 마디 하네

승 욱 그런 걸 믿어?/지숙이/믿을 만한 게 못돼

지 숙 그래도……/애당초 듣잖았다면 모르지만

승 룡 지숙 씨/나중에/나를 원망하지 않기로 했었습니다

지 숙 네/걱정 마세요/만약/악령이 씌어 있으면/좋잖은 일이 있겠죠?

승 룡 그렇겠지요/그 원혼이 원한을 풀려구/자꾸 해꼬지를 하게 될 테니까요

지 숙 어떤 해꼬지를……?

승 룡 사랑의 원한으로/씌운 악령이니까/사랑의 해꼬지를 하겠지요

지 숙 선생님/이를 어쩌죠?

승 욱 승룡아/왜 너 또 그런 장난을 하니?

지 숙 승룡 씨/정말 장난이에요?

승 룡 원혼의 존재를 안 믿는/형님이나 지숙 씨에겐/장난일 수도 있고/반신 반의하는/나 같은 사람에겐/반장난일 수도 있고/믿는 사람에겐/진지한 일일 겁니다/좀 전에 말한 경주 씨는/믿는 편이었지만……

지 숙 그래요?/승룡 씨는/어떻게 그런 걸 잘 아세요?

승 룡 작년에 돌아가신 아버지께서/심령 과학에 미치다시피 하셨거든요/서당 개 3년이면/풍월을 읊는다잖습니까?/어깨너머로 배운 겁니다/형님이 아버지와/아옹다옹 싸운 것도/이 심령 과학 때문이었지 뭡니까

승 욱 승룡아!

승 룡 네/그만하겠습니다/그럼 산책이나 하겠어요/여기 더 있어봤자 형님

비위나/거슬리기 마침일 테니까요

지 숙 나도 같이 가요/답답해서/바람 좀 쏘여야겠어요

승 룡 그러십시오

승룡과 지숙이 같이 나가네/개가 좋아서 킹킹거리며 짖는데/뻐꾸기 소리가 또 산뜻하게 들려오네/승욱은 속호주머니에서/약봉지를 꺼내/차분히 보네/개 짖는 소리가 또 들려오네/이윽고/노크 소리가 나자/승욱은 냉큼 약봉지를/속호주머니에 도로 넣네

승 욱 누구십니까?

노크 소리만 들릴 뿐이네

승 욱 누구세요?

또 노크 소리만 들릴 뿐이네

승 욱 누구시냐니까

승욱은 성가셔 도어를 열자/뜻하지 않은 경주가 들어서네

경 주 나예요/경주예요

승욱은 자기도 모르게 굳어졌네

승 욱 아니……

경 주 오래간만이에요/그 동안 안녕하셨어요?

승 욱 뭣하러 왔소?

경 주 뭘하러 오긴요....../놀러 왔죠

승 욱 뭐/놀러 와?

경 주 네

승 욱 뻔뻔스럽긴....../송 화백의 유혹에 빠져/내 곁을 떠났을 때/이미/놀러 올 수 없는 몸이 됐을 텐데?

경 주 하지만 옛정을 생각해서......

승 욱 옛정?/이제 와서 어떻게 그런 소릴......?

경 주 좀 배포가 유한 소리죠?

승 욱 알고 있으니 다행이군

경 주 그걸 몰라서야 되겠어요/하지만 이렇게 찾아와야만 했던/내 심정을 딱하게 여겨 주는/아량을 가지세요

승욱은 속호주머니에서/약봉지를 꺼내 보이네

승 욱 이게 무슨 약봉지인지 알겠소?

경 주 글쎄요/소화제인가요?/승욱 씨는/위가 약했던 걸로 기억하고 있는데

승 욱 소화약?/흥!/소화약이라면/내가 왜 구태여/꺼내 보이기까지 하겠소

경 주 도대체 무슨 약이길래......?

승 욱 이건 극약이요!/이 한 봉지의 4분의 1만 먹어도/즉석에서 죽는 극약이란 말이오!

경 주 어머나!

승 욱 이 약을 내가 왜/몸에 지니게 됐는지/그 까닭을 알겠소?....../경주

씨가 나를 버렸을 때/이걸 먹고 죽으려 했던 거요/그런데 왜 중지했는지 알겠소?....../경주 씨에게 복수하려고 그랬소/그 때 경주 씨가 복수하려거든 송 화백처럼/유명해지라고 했던 말에/한이 맺혀/난 이 약 먹는 걸 중단하고/그림에만 열중했던 거요

경 주 그럼 복수는 이룩한 셈이군요/송 화백만치는 못돼도/승욱 씨도 이젠/제법 유명해졌으니까요

승 욱 송 화백이 문제가 아니지요/나는 앞으로 송 화백보다/더 유명해질 거요/그 때까진 이 극약을/내 품에서 없애지 않겠소....../만약 그렇게 안된다면/그 때 역시/나는 이 극약을 먹고/스스로 목숨을 끊겠소

경 주 제발 죽진 마세요/심령의 존재조차 안믿는 승욱 씨는/죽어서 원혼이 되어/복수할 엄두도 못낼 텐데요

승 욱 그 땐 나 스스로에게/복수하는 셈이지/재능이 모자라면서 야망을 품었던/나 자신에게 말이오

경 주 제발 그러진 마세요/나는 충분히/복수를 당했다고 생각하니까요/내가 이렇게 찾아온 게/뭣보다도 그걸 증명하고 있잖아요?

승 욱 아냐!/이제부터요/그러니 어서 나가요/그리고 내가 송 화백보다/유명해지기 전엔/내 앞에 얼씬도 마요!

경 주 그건 너무 하신 말씀이세요/우리가 만난 것도/모두 인연일 텐데

승 욱 인연?

경 주 부처님은/우리가 옷깃만 스치는 것도/3세, 그러니까 전세, 현세, 내세의/인연이라고 하셨는데....../그래도 우린 한때는 결혼까지/약속했던 사이가 아니에요?

승 욱 인연이고 뭐고 집어쳐요!/내겐 전세고 내세고 없어/오직 현세만이 있을 따름이지

경 주 하지만 우리 인간은/전세로부터의 부르는 소리에/뒤돌아보고 싶잖을까요?

승 욱 내겐 오직 현세만/있을 따름이라니까!

경 주 그렇다면 승욱 씨는/우리가 울고 웃고 숨쉬고 있는/이 현세에 대해/얼마나 알고 있나요?/그리고 다시 태어나게 될/내세에 대해/전혀 생각해 볼 필요가 없을까요?

승 욱 어서 나가요!/썩 나가요!/어서 나가란 말야!/썩 나가란 말야!

마치 그 소리에 놀란 듯/까치가 요란스럽게 울어대네/이 까치 소리는/다음 '예' 까지 이어지네

〈미친 여자와 유령의 남자〉

XII. 명작 희곡의 해부
—체홉의 〈벚꽃 동산〉—

1. 전체적 이야기

벚꽃 동산의 소유주 안드레예프나 부인은 지주 귀족이며, 오빠 가예프처럼 사치스러운 생활에 물들어 낭비하는 버릇이 강하고, 무기력하여 실행력이 없다. 그리하여 유서 깊은 벚꽃 동산도 빚 때문에 팔지 않으면 안 되게 된다.

그녀에 비하여 농노(農奴) 출신인 로파힌은 마음씨 고우며, 실행력이 있는 사나이로 신흥 계급의 장사꾼으로서 차츰 자기의 지위를 쌓아 올라가지만, 부인 집안의 불행에 동정하여 고경(苦境)을 벗어날 구체안을 말한다. 그것은 벚꽃 동산을 개방하여 이 낡은 집을 헐고 토지를 별장지로 빌려 준다면, 연수(年收) 2만 5천 루블은 확실하게 손에 들어올 수 있으므로, 빚을 정리하는 것은 아무것도 아니라는 것이다.

그러나 부인에겐 벚나무를 베어내고 여기를 별장지로 빌려 준다는 것은 생각조차 할 수 없는 일이다. 이리하여 부인과 그 오빠가 우물우물 망설이고 있는 동안에 점점 경매일이 다가와 벚꽃 동산이 팔리고 만다.

사들인 사람은 농노 출신인 로파힌이다. 부인은 정든 벚꽃 동산의 집을 버리고 새로운 땅에서 살려고 떠나간다. 이것이 이 작품의 사건이며, 스토리라고 하여도 좋다. 그런데, 작가는 이 스토리를 어떠한 식으로 전개하고 있을까? 안드레예프나 부인은 남편과 아이를 잃고서부터 그 마음의 상처를 잊기 위하여 파리에 가서 살고 있다. 그녀는 파리에서 5년간 타락된 생활을 보내고 있다. 딸 아냐가 가정 교사 샤를로타를 데리고 어머니를 파리까지 마중 나간다. 부인은 하인(야샤)을 데리고 네 사람이 파리로부터 돌아온다.

극은 이 돌아온 사람들이 오래간만에 집을 대하는 흥분, 그들을 맞이하는 사람들의 다시 만난 흥분으로부터 시작된다.

부인은 돌아왔지만 기울어져 가는 가정은 어쩔 수 없었다. 기획성도 실행력도 없는 부인인데다 오빠는 어디서 돈이 굴러 들어올 막연한 횡재수만을 꿈꾸며 손도 까딱 않은 채 운명이 가는 대로 맡기고 있다. 그런 상태인데도 변함없이 돈을 낭비하고 부랑인에게 금화를 집어 주는 등 옛날의 생활 양식을 버리지 않은 채 근처의 명사들을 초대하여 무도회를 열기도 한다.

마침 그 무도회 날, 경매가 행하여져 벚꽃 동산은 남의 손으로 넘어가고 만다. 그리고 일가는 알지 못하는 땅에서 새로운 생활을 시작하지 않으면 안 되게 되어 떠나가는 것이다. 그것은 멸망해 가는 자가 연주하는 아름다운 엘레지(비가)이며 황혼처럼 꽃다운 쓸쓸함에 빛나는 비극이다.

여기에 대하여 농노 출신 로파힌은 새로이 사회에 진출한 장사꾼으로서 이 낡은 벚꽃 동산을 새로운 시대에 맞는 경영 방법으로 뜯어고치기를 권하나 그 의견을 부인은 들어주지 않는다. 그리하여 경매일에 그는 저당액 외에 2만 루블이나 더 주고 드디어 벚꽃 동산을 손에 넣고 만다.

옛날 자기의 선조가 그 부엌에조차 발을 들여놓을 수 없었던 지주의 집을 자기의 것으로 만든 것이다. 얼마나 큰 신분의 변화이랴! 그는 이 집의 양딸로서 가정(家政)을 맡고 있는 바랴와 연애를 했지만, 그 연애는 될 듯하면서도 되지 않은 채 지내 왔다. 그 대신에 그는 이 광대한 토지를 새로운 경영 방법으로 바꾸어 막대한 수입을 올릴 것이다. 거기에는 뻗어나가는 자의 생활의 찬가가 있다. 그것은 명랑한 희극이다. 그는 밑바닥에서부터 자수성가(自手成家)한 자이나, 두 손을 들어 몹시 흔드는 이외에 우스꽝스런 데가 없다. 그는 인정이 많고 실행력이 풍부하며, 착실한 인간이다. 따라서 이 희극은 파스(笑

劇)는 아니며, 어디까지나 명랑한 희극일 것이다. 부인의 죽은 아들의 가정 교사였던 트로피모프는 언제 대학을 졸업할지도 모르는 만년 대학생이지만, 노동을 신성시하며 인간의 미래에 희망을 두는 인텔리겐차(지식인)이다. 그의 생각은 다분히 몽상적이나 인류의 진보와 미래를 믿고 있다. 이 집의 딸 아냐는 그의 생각에 공명하여 두 사람의 연애는 익어간다. 아냐에 있어서 벚꽃 동산이 팔린 것은 낡은 생활을 청산하고 새로운 생활을 시작하는 것 외에 아무것도 없다. 그 새 생활에는 다분히 견디기 어려운 데가 있겠지만, 여기에도 생활에의 찬가가 있다. 이것도 명랑한 희극일 것이다.

2. 세 가지 줄거리

안드레예프나 부인이 연주하는 몰락의 엘레지를 제1의 줄거리라고 한다면, 로파힌이 연주하는 생활에의 찬가는 제2의 줄거리이며, 트로피모프와 아냐의 그것은 제3의 줄거리이다. 벚꽃 동산에서는 이 세 가지 이야기 줄거리가 미묘하게 교착되어 극을 진전시키고 있다.

벚꽃 동산에 있어서는 이 세 가지의 흐름을 중심으로 하여 거기에 몇 가지 작은 에피소드가 다루어져 그것이 마치 정교한 모자이크처럼 잘 짜여져 눈물과 웃음과의, 밝음과 어둠과의 교착 가운데 어딘가 우울한, 어딘가 서정적인 분위기를 자아내고 있는 것이다. 그것은 명장(名匠)의 손에 의하여 훌륭하리만큼 섬세하고 향기 높은 작품으로 되어 있다. 그런데 이 세 가지 줄거리 가운데에서 사건의 무게나 분량이나, 인물이 희곡에서 차지하고 있는 역할로 보더라도 제1의 줄거리가 아무래도 이 극의 중심적인 흐름이라고 보아야만 된다.

제1의 줄거리가 다른 두 가지의 줄거리에 비하여 비중이 제일 무거운 것이다. 따라서 이 희곡은 몰락해 가는 것의 슬프고 아름다운 비극이다. 그리고 제2, 제3의 줄거리는 곁들여진 줄거리라고 생각해도 좋을 것이다.

그러나 보는 바에 따라서는 로파힌에 관한 제2의 줄거리에 중점을 두고 생각할 수도 있다. 이것은 이 희곡을 상연할 때의 연출의 문제에도 관련되는 것이지만, 제2의 줄거리를 중심적 흐름이라 본다면, 이 극은 생활에의 명랑한 찬가로서의 희극적 색채가 강하여진다.

그러나 이 줄거리의 희곡 전체에서 차지하고 있는 비중부터가 제1의 줄거리를 당해낸다는 것은 어려우므로 제2의 줄거리에 아무리 중점을 두어 희극적인 명랑성을 더한다 해도 제1의 줄거리가 지닌 비극적 색채를 지울 수는 없다. 따라서 제2의 줄거리가 뚜렷이 두드러지면 두드러질수록 밝음과 어두움과의 희비극적인 복잡 미묘한 뉘앙스가 강해지는 것이다.

제3의 줄거리에 중점을 둔다고 보는 바도 이론적으로는 생각할 수 없지 않으나, 이것이 희곡 전체에서 차지하는 비중으로 쳐도 또 이 줄거리가 지닌 의미의 가벼움과 무거움〔輕重〕으로 쳐도 중심적 흐름이라고 보기에는 무리가 있을 것이다. 그것은 어디까지나 곁들인 줄거리이다. 작가 체홉은 〈벚꽃 동산〉을 코미디라고 했다. 왜 희극인 것일까? 외국의 여러 무대에서의 상연이나, 우리 나라 동국대학에서의 상연 때나, 또는 극단 광장에서의 상연 때나 그 대부분은 이 작품을 서정적으로 멜랑콜릭한 비극으로서 형성화하고 있다. 로파힌에 관한 제2의 줄거리를 강조해도 이 작품이 완전한 희극이 되기는 불가능할 것이다.

그러고 보면 작가는 왜 이것을 희극이라고 생각했는가? 또 어떻게 상연하면 이것이 희극으로 될 것인가? 이 물음에 대답한다는 것은 쉽지 않다. 그러려면 예술가로서의 체홉의 전체 모습을 뚜렷이 밝혀 그 정신적 경향을 살피며, 작가의 이 작품에 대한 심적(心的) 태도를 파악하는 수밖에는 없다.

생각컨대 의학을 본업으로 하는 체홉은 의학자로서의 냉혹한 눈으로 사건이나 인물을 관찰하여 그것을 객관적인 정확성을 가지고 묘사했을 것이다. 그리고 또한 그들 평범인의 생활이나 운명에 대하여 따뜻한 애정을 느꼈기 때문에 그 시대에 살아가는 그들 평범인의 모습이 아늑한 잔웃음으로서 느껴지게 된 것이 아닐까?

체홉이 다루는 인물은 위대하지도 않으며 영웅도 아니다. 사회적 신분은 여러 가지일지라도 어느 것이나 시정(市井)의 평범한 인물이다. 그들은 시대가 가져오는 커다란 운명을 짊어졌으면서도 때로는 본인 자신이 그것을 의식하는 일 없이 울고 웃으며, 자기의 생활을 영위하고 있다. 그것은 사랑스럽고 가련한(그러나 결코 비웃을 것이 아닌) 존재이다.

거기에 체홉의 희극에 대한 감각이 있는 것은 아닐까? 필자로서는 적어도 그렇게 생각할 수밖에 없다. 이렇게 생각하면 〈벚꽃 동산〉은 비극적인 것을 기조로 하면서, 군데군데에 있는 웃음으로 아롱져 가지각색의 평범한 인물이 저마다의 생활을 영위하고 있는 사랑스럽고 가련한 모습은 아닐까? 그것은 확실히 눈물을 배후에 가진 고상한 희극일 것이다.

3. 배후의 줄거리와 역사적 흐름

대체로 하나의 희곡이 〈벚꽃 동산〉에서 보는 바와 같이 몇 가지의 줄거리를 갖는다는 것은 기교로서는 반드시 현명한 일이라고는 할 수 없다. 몇 가지의 줄거리가 뒤섞임으로써 혼란하고 관객에게 알기 어려운 극이 될 위험성이 있기 때문이다. 관객에게 주는 인상은 결코 혼란해서는 안 된다. 그런 의미에서 줄거리의 설정에는 인상의 통일이라는 것을 염두에 두어야만 되는 것이어서 작품의 노리는 점이 관객에게 뚜렷한 인상을 줄 필요가 있다.

오직 〈벚꽃 동산〉의 경우에서는 세 가지의 줄거리를 얽어 맞추는 것에 의하여 생활의 넓은 폭을 제시하고, 더욱이 그 배후에 시대의 큰 흐름을 암시하고 있는 것이다. 초보자의 경우에는 너무나 여러 가지의 줄거리를 설정한다든지, 복잡한 줄거리를 생각한다든지 하면 실패할 위험성이 많으므로 처음에는 단순 명쾌하고 힘찬 줄거리를 생각하는 편이 좋을 것이다.

그런데, 〈벚꽃 동산〉의 경우에는 또 하나 빼놓을 수 없는 것은 세 가지의 줄거리를 통하여 그 배후에 또 하나의 큰 흐름이 흐르고 있다는 것이다. 그것은 시대의 크나큰 걸음걸이이다. 평범한 인물의 생활을 통하여 거기에 역사의 걸음걸이, 시대의 옮겨감이 뚜렷이 그림자를 던지고 있는 것이다. 이 일은 우리들 가까이에서 보기를 들어 보면 알기 쉽다.

여기에 한 사람의 상이군인이 있다고 하자. 이 청년은 농민이라도 좋고 회사에 근무하는 사람이라도 좋다. 그는 소집당하여 전쟁에 나갔다가 부상을 입고 돌아왔다. 이런 일은 평범한 일개 시정인에 지나지 않는 그에 대한 큰 운명의 변화이지만, 동시에 그 개인적 운명을 통하여 전쟁의 비극적 전모, 역사의 거대한 움직임이 뚜렷이 보여지고 있는 것이다.

따라서 이 청년의 개인적 운명을 그리는 것에 의하여 거기에 역사의 걸음걸이의 그림자를 던지게 하는 것이 가능하다. 체홉의 여러 인물은 평범하기는 하나 역사 가운데에 있는 인간으로서의 개성적이며, 독특한 존재로서 그려져 있다. 거기에 체홉적 수법의 중요한 일면이 있다.

1861년 러시아에서는 노예 제도로서의 농노가 해방되었다. 이것은 러시아의 사회 진화(進化)에 있어서 큰 사건이었지만, 〈벚꽃 동산〉에 그려져 있는 1880년대는 농노 해방으로 인한 영향이 사회의 각 방면에 나타나기 시작한 시대이다. 지주 귀족의 몰락도 신흥 상인의 출현도 모두 그 영향으로 말미암은 것이다.

그러나 일반 대중은 문화의 정도가 낮아 무지에서 오는 어리석은 생활을 보이고 있지만, 시대는 크게 전환된 것이다. 눈으로 보이지 않는 이 거대한 걸음걸이가 〈벚꽃 동산〉의 밑바닥에 줄기차게 흐르고 있는 것이다. 체홉은 사회주의 작가가 아니다. 그는 리얼리스트이다. 자연 과학자로서의 냉철한 눈과 시인으로서의 따뜻한 심정을 가진 리얼리스트이다. 따라서 그는 이 거대한 역사의 걸음걸이를 뚜렷이 꿰뚫어보고 있지만, 그것을 사회주의적인 이론으로서는 표시하지 않았다. 〈벚꽃 동산〉 전체의 형성화를 다치지 않을 정도로 주의깊게, 또한 인상적으로 암시하고 있다.

다음에 인용한 제2막을 주의하지 않고 언뜻 보아서는 빠뜨리기 쉬운 일부분이 그것들이다. 고요한 황혼의 야외에서 일동이 잡담으로 노곤해져 우울한 생각에 잠기고 있다. 바로 그 때이다.

(무대 구석진 곳으로 예피호도프가 지나간다. 그는 기타를 연주한다.)

안드레예프나 (생각에 잠겨서) 예피호도프가 지나가는군…….

가예프 해가 떨어졌습니다. 여러분.

트로피모프 그렇습니다.

가예프 (나직이 낭독조로) 오, 자연이여, 불가사의한 자연이여. 너는 변함없이 영원한 광채를 발하고 있고나. 아름답고 그리고 무심한 자연이여. 어머니 품이라 불러서 부족함이 없는 너는 삶과 죽음을 한 몸에 간직하고서, 삶을 주고 이어 파멸시키는도다…….

바 랴 (비는 듯) 아저씨!

아 냐 아저씨, 또 그러세요!

트로피모프 당신은 역시 노랑 뿔을 가운데로 보내 더블로 치는 쪽이 십상이겠습니다.

가예프 잠자코 있겠어. 인젠 잠자코 있겠네.

(모두 생각에 잠겨 조용히 앉아 있다. 정적. 나직이 투덜거리는 피르스의 목소리가 들릴 따름이다. 난데없이 하늘에서 무엇이 떨어진 것 같은 소리가 멀찍이 들린다. 이 소리는 끊어진 줄이 울리는 소리로서 차차 애처롭게 가늘어진다.)

안드레예프나 저게 무슨 소릴까?

로파힌 모르겠는데요. 어딘가 먼 광산에서 승강기의 로프가 끊어진 모양이로군. 그렇지만 상당히 먼 데겠습니다.

가예프 어쩌면 무슨 새 소린지도 모르지요…… 뻐꾸기나 그런 종류의.

트로피모프 올빼미인지도 모를 일이지.

안드레예프나 (몸부림친다.) 어쩐지 섬찍지근해요. (사이)

피르스 저 불행한 사건이 있기 전에도 같은 일이 있었습지요. 올빼미가 울기도 하고 사모바르가 그저 덜렁거렸거든요.

가예프 어떤 불행이 있기 전 말인가?

피르스 해방령 말씀입니다. (사이)

여기에서 피르스가 말하는 해방이란 농노 해방인 것이다. 멀리서 들려오는 이상한 소리가 일동을 불행한 기분으로 이끌지만, 특히 안드레예프나 부인은 정신적 불안에 몸서리치며, 무대는 깊은 침묵에 잠긴다.

사이〔間〕라고 하는 지문(地文)이 그것을 표시하고 있다. 그 뒤에 나오는 피르스의 두 개의 대사가 농노 해방이라는 역사적 사건을 말하고 있다. 그리고 무대는 다시 '사이'라는 지문이 표시한 것과 같이 깊고 무엇인가 불안한 그림자를 지닌 침묵에 잠긴다. 이 침묵과 침묵과의 사이의 매우 짧은 정경에서 〈벚꽃 동산〉 전체의 밑바닥을 흐르는 흐름이 뚜렷하게 엿보이는 것이다. 그것은 모두가 우울한 생각에 잠긴 불안한 분위기 속에서 앞뒤에 침묵을 끼워서 말하는 만큼 매우 인상적이라고 할 수 있다.

이와 같이 〈벚꽃 동산〉에서 역사의 걸음걸이가 밑바닥의 흐름을 이루고 있으며, 지주 귀족의 몰락도 그 원인이 부인과 그 오빠의 무기력이라는 개인적 이유뿐만이 아니라, 더욱이 깊고 큰 농노 해방이라는 역사적 사건에 의한 것을 알 수 있다. 로파힌의 출세도 그 원인이 그의 개인의 총명함, 기획성, 실행력에 의한 것뿐만이 아니라, 역시 농노 해방이라는 역사적 사건에 의한 것임을 알 수 있다. 〈벚꽃 동산〉에서 세 가지의 줄거리는 이 밑바닥의 흐름에 의하여 뚜렷이 지탱되고 있는 것이다. 인상주의적, 심리주의적인 이 사실극도 이런 의미에서는 시대의 옮겨감을 비치는 사상적 희곡의 반면(反面)을 가지고 있다고 해도 좋다.

4. 제1막의 분석

이상의 것을 〈벚꽃 동산〉 전체를 훑어보는 전망(展望)으로서 염두에 넣어 두고, 이 4막의 대작에서 하나하나의 작은 부분이 어떻게 얽히고 짜여져서 전체를 구성하고 있는가를 더욱 구체적으로 연구하여 보자.

〈벚꽃 동산〉에서는 그 하나하나의 디테일(세부)이 어느 경우에 놓인 인간의 심리와 직접으로 연결되어 있으므로 그 표현은 적확(的確)하며, 군살이 없는 필요한 것만을 골라 놓았으므로 압축적이며, 이 두 가지의 특징 때문에 항상 인상적이다. 그리고 디테일은 언제나 전체와 연결되어 전체를 반영하고 있으므로 극의 진전과 더불어 디테일은 언제나 생생한 빛을 띠우고 있다.

그것이 체홉 특유의 부드럽고 멜랑콜릭하고 서정적인—이미 말한 바와 같이 눈물과 웃음으로 교착된 분위기에 싸여 있는 것으로서 거기에서 독특한 매력이 우러나오는 것이라고 생각된다.

제1막은 파리에 가서 있던 안드레예프나 부인이 5년 만에 자기 집으로 돌아오는 대목이다. 무대는 이 집의 어린이 방으로서 바깥에는 벚꽃이 만발하였지만, 서리가 내린 추운 아침이다. 날이 밝기 전이므로 아직 방 안은 어둡다.

(1) 개막은 하녀 두냐샤와 장사꾼 로파힌의 흥분에 싸인 조용한 대화로 시작된다. 언제나 부잣집 아가씨 같은 몸차림을 하고 있는 화사한 두냐샤는 주인의 돌아옴을 기다리는 흥분으로 가슴을 설레이고 있다.

로파힌은 부인을 역에까지 마중나가려고 했었으나, 책을 읽다가 깜빡 잠이 들어 버린 것이다. 그는 신경이 세밀한 사나이지만, 또한 잔일에 마음을 쓰지 않는 무관심한 일면도 가지고 있다는 것을 알 수 있다.

농노의 아들인 그는 지금은 훌륭한 몸차림을 하고 돈을 많이 가지고 있지만, 가난했던 어린 시절 부인이 친절하게 대해 주던 것이 언제나 추억으로 남아 있어서 부인에 대해서는 경모(敬慕)하는 마음을 가지고 있다. 그러한 일이 짧은 처음의 부분에서 뚜렷이 밝혀진다. 이른바 도입부라고 보는 이 부분은 기대의 조용한 흥분이다. 그리고 이 짧은 부분에 더욱이 작은 에피소드가 영지 관리인 예피호도프에 의하여 끼워진다. 그는 늘 서투른 짓만 하고 있는 인간이지만, 두냐샤를 사랑하고 있다. 식당에 꽂는 꽃다발을 가지고 들어왔으나, 느닷없이 꽃다발을 떨어뜨린다. 그리고 의자에 부딪친다. 이러한 실수의 하나하나는 무엇인가 우스꽝스러워 웃음을 자아내게 한다. 이와 같이 도입부는 기대 속에 웃음이 교묘하게 배치되어 있다.

(2) 이윽고 마차의 소리가 나고 밖에서 여러 사람들의 이야기 소리가 들린다. 부인과 그 오빠가 역에 마중나간 사람들과 함께 돌아온 것이다.

파리로부터 돌아온 사람들에게는 집에 돌아온 흥분과 기쁨으로 차 있으며, 마중나갔던 사람들에게는 다시 만남의 흥분과 기쁨으로 차 있다. 그러나 그 흥분과 기쁨은 아직 무대에는 나타나지 않는다. 이 집에 오래 전부터 있던 늙은 하인 피르스가 마치 이 집의 옛 영화를 암시하는 듯이 고풍(古風)스러운 예복에 중산모자의 모습으로 무대를 지나간다.

그 정적(靜的)인 일순간은 다음에 일어날 흥분을 두드러지게 하기 위한 조용한 일순간이다. 그리고 여러 사람들이 떠들썩하게 들어온다.

이 집의 여주인 안드레예프나 부인, 어머니를 파리로 마중나갔던 아냐, 아냐를 따라갔던 여행복 차림으로 개를 끌고 있는 샤를로타, 부인의 오빠인 가예프, 두건을 쓴 여승(女僧)과 같은 바랴, 소지주 피시치크, 방금 현관으로 마중나갔던 로파힌과 두냐샤, 짐을 나르는 머슴들……. 무대는 떠들썩하게 되고 흥분에 싸여, 극의 흐름은 급격한 커브를 그리며 높아진다.

부인에게 있어서 그것은 오래간만에 보는 자기 집이며, 더군다나 그 방은 어렸을 때부터 정들고 친해진 어린이 방이다. 부인의 기쁨은 눈물로까지 높여지지만, 이 사람들은 곧 저마다의 방으로 사라져 간다. 큰 물결이 물러나듯이……. 그 뒤에는 명랑한 흥분의 분위기를 남기고.

(3) 다음에는 아냐와 두냐샤의 두 사람이 남는다. 아냐는 여행의 흥분과 고달픔과 제 집에 돌아온 기쁨! 두냐샤는 아냐의 여행복을 벗겨 주면서 예피호도프가 자기에게 결혼을 신청한 일이라든지, (그것은 그녀에게 있어서 우쭐한 일이기도 하다) 죽은 아이의 가정 교사였던 트로피모프가 와 있는 일(그것에 대한 아냐의 심리적 반응) 등을 이야기한다.

(4) 거기에 바랴가 나온다. 외투와 두건을 벗고 허리에 한 뭉치의 열쇠를 차고 있지만, 그것은 그녀가 이 집의 가정을 맡고 있다는 것을 무언(無言) 속에 말하고 있다. 그러는 두냐샤에게 커피를 끓이도록 명하는 부인. 밤중에 커피를 마시는 데에도 부인의 호사스런 생활의 일면이 엿보인다.

두냐샤가 나가고 아냐와 바랴의 두 사람뿐인 장면이 된다. 서로 아껴 주고 쓰다듬어 주는 애정. 그리고 아냐의 입으로부터 파리에 있을 때의 어머니의 무질서한 생활이라든지, 낭비의 버릇 같은 것이 약간 이야기되며, 바랴의 입으로부터 이 영지가 8월에 팔린다는 것이(비극의 맨 첫 그림자가 비친 것이다) 이야기된다. 그 때 로파힌이 까불며 출입구에서 얼굴을 내밀고 염소 울음소리를 흉내내는 웃음이 끼워진다. 그리고 곧 그것에 이어 바랴와 로파힌의 이루어질 듯하면서도 이루어지지 않는 연애 관계가 이야기된다.

(5) 두냐샤가 커피를 끓이는 기구를 들고 나온다. 아냐와 바랴는 아냐의 방으로 들어간다. 밖은 약간 밝아져 새 우는 소리가 들려 온다.

(6) 두냐샤가 혼자 있는데 야샤가 망토와 여행용 트렁크를 들고 들어온다. 그는 이 땅의 출신이지만, 부인의 하인으로 파리에 가 그 곳에서 사는 동안 온통 겉멋만 부리는 건방진 청년이 되었다.

두냐샤는 그에게 말을 건다. 야샤는 잠시 상대가 누구인지 모르는 듯했으나, 그 예쁘장한 모습에 매혹되어 마침내 재빠르게 키스를 한다. 두냐샤는 깜짝 놀라 접시를 떨어뜨린다. 야샤는 재빠르게 사라진다.

(7) 접시 깨어지는 소리에 바랴가 나온다. 이어서 아냐도……. 아냐에겐 트로피모트가 와 있다는 것은 죽은 동생의 일을 생각케 하며, 그리고 그것이 또한 부인이 파리로 떠나게 되었던 원인의 하나였다는 것이 이야기된다.

(8) 피르스가 나온다. 이 충실한 늙은 하인은 부인의 신변의 일을 옛날식대로 해가려고 하며, 또한 그렇게 함으로써 자기의 기쁨을 찾아내고 있다. 자기가 살아 있는 동안에 부인이 돌아온 것이 기뻐서 어쩔 줄을 모르는 것이다.

이리하여 매우 짧은 장면이 거듭 쌓여 가면서 각 인물의 신분이나, 성격이나 또 이 집의 모양이 조금씩 밝혀져 간다.

(9) 거기에 부인, 오빠 가예프, 로파힌, 농부이며 소지주인 피시치크 등이 나온다. 가예프는 입 속으로 탁하고 혀를 차서 공이 부딪치는 소리를 내고, 두 손으로 당구 치는 흉내를 내면서 들어온다. 그는 노상 당구를 치며, 얼음사탕을 깨물고, 연설투가 된다. 그리고 그는 나날을 하는 일 없이 빈둥빈둥 어영부영의 생활을 하고 있는 것이다. 아냐는 그들에게 취침의 키스를 하고 침실에 든다. 바랴는 여행의 짐이 챙겨졌는가를 살피러 나간다. 피르스는 부인의 커피 시중을 든다. 부인은 의자에 걸터앉아 커피를 마시면서 오래간만에 고향에 돌아온 깊은 기쁨에 젖어 있다.

극의 흐름은 차츰 그 부인과 생활에 집중되어 간다. 로파힌은 활동적이고 바쁘다. 그는 곧 일을 하려고 하르코프에 갈 참이다. 그 동안의 귀중한 시간을 내어 벚꽃 동산의 갱생안(更生案)에 대해서 이야기하려고 하는 것이다. 그에 의하면, 이 영지의 경매는 8월 22일로 결정되었지만, 피할 길은 얼마든지 있다는 것이다. 벚나무를 베어내고 이곳 일대를 별장지로 빌려 준다면, 빚을 정리하고도 확실히 수입이 올라간다는 것이다(먼저 바랴에 의하여 말하여진 대비극의 그림자는 이리하여 로파힌의 입을 통해서 뚜렷하게 나타난다).

그러나 부인에게 있어서 벚나무를 베어낸다는 것은 꿈에도 생각지 못할 일이며, 드디어 이 벚꽃 동산을 남의 손에 넘기지 않으면 안 된다는 것도 무엇인가 남의 일과 같은 생각이 들어 절실한 느낌으로 자기에게 육박해 오지 않는다. 그리고 그것이 또 로파힌에게는 안타까워 견딜 수 없는 것이다.

한편 피르스는 4, 50년 전의 옛날, 벚을 몇 대(臺)씩 마차에 싣고 도시에 나가서 팔던 일을 생각하면서 이야기하는 것이지만, 그것이 또 이 벚꽃 동산이 오래 전부터 있어 와 얼마나 유서 깊은 것인가를 나타내는 것이 된다.

이와 같이 지주 귀족으로서 오랫동안 계속되어 온 부유한 생활과 그 생활의 근거로서의 벚꽃 동산을 중심으로 한 광대한 영지의 사회적 기반이 이제는 허물어져 가고 있다.

한편 "지금까지 시골에는 지주와 소작인밖에 없었습니다만 이제는 그 외에 별장살이의 사람이 나왔습니다"라고 로파힌이 말하는 바와 같이 새로운 상인 계급의 성장이 지주 대신의 새로운 부자를 만들어 가고 있다.

이러한 시대의 변동과 옮겨감이 여기에서는 이론으로서가 아니라, 사회의 살아 있는 모습으로서 다루어지고 있는 것을 알 수 있다. 그에 대해 부인은 시대의 변동에 대한 인식도 없으며, 자기 생활의 기반이 허물어져 가는 것에 대한 깨달음도 없는 것이지만, 로파힌은 그것을 뚜렷이 알고 있는 터로서 그 대책을 부인에게 말하고 있다. 착한 뜻과 열성을 다하여…….

이 희곡의 중심적 흐름이 드디어 급속도로 클라이맥스에 다다르기 위한 큰 복선이 여기에 주의 깊게 두어진 것을 알 수 있다.

몰락은 진행 과정에 있으며, 부인은 그것을 방관함으로써 비극의 흐름에 휩쓸리고 로파힌은 필사적으로 그것을 막아내려고 한다.

(10) 바랴와 야샤가 나온다. 바랴는 선반에서 부인 앞으로 파리에서 온 전보를 꺼낸다. 그 선반도 이 집의 옛날의 윤택한 생활을 말하는 시설의 하나이다. 가예프는 그것을 바라보며 연설을 한다(이런 연설투는 거듭됨으로써 웃음을 불러일으킨다).

(11) 샤를로타가 흰옷을 꽉 끼게 입은 데다가 안경을 쓰고 새침한 얼굴을 하고 나온다. 그녀는 상당히 인상적이지만, 그 성격은 아직 설명되어 있지 않

다. 작가는 이러한 조역(助役)의 설명은 제1막에서는 일부러 피한 것처럼 보인다. 그것은 제1막에서는 중요 인물을 관객에게 뚜렷하게 알려 인상을 강하게 할 필요가 있으므로 조역의 설명을 뒤로 돌리고 있는 것이다. 샤를로타는 모습만은 인상적이나 그 성격은 제2막에 가서 비로소 뚜렷하게 된다.

로파힌에 있어서는 부인은 그리운 존재이며, 이 집은 마음에 든다. 이제 떠나야 하지만 어쩐지 떠나기 싫은 심정이다. 그는 샤를로타에게 복화술(腹話術)을 해달라고 하지만 그녀는 상대를 하지 않고 사라진다. 로파힌은 부인에게 미련을 두고 나간다. 이런 장면에다 우매한 농민 피시치크의 염치 없는 짓과 귀가 멀어서 항시 중얼중얼 입 속에서 중얼거리고 있는 피르스의 어리벙벙한 모습이 따뜻한 웃음의 요소로서 끼워져 있다.

(12) 피시치크가 부인에게 돈을 꾸어 달라고 한다. 그는 언제나 되는 대로의 무계획적인 생활을 하여 돈에 쫓기고 있다.

(13) 바랴가 창의 덧문을 연다. 방 안은 갑자기 밝은 아침 햇빛이 넘쳐 흐른다. 창 밖에는 만발한 벚꽃이 보인다. 새가 울고 있다. 알미우리만큼 산뜻한 시각적인 변화이다.

부인은 일어나서 창 너머로 정원을 본다. 오랜 여행의 고달픔, 집에 돌아온 흥분! 그리고 지금 창 너머로 보는 고가(古家)의 아름다운 봄의 정원……. 부인은 신경이 흥분한 나머지 벚꽃 그늘에서 죽은 어머니의 환영을 본다.

(14) 대학생 트로피모프가 나온다. 5년의 세월은 트로피모프를 겉늙게 했으므로 부인은 그가 누구인지 몰라봤으나, 그가 강물에 빠져 죽은 아이의 가정 교사임을 알고 곧 죽은 아이 생각에 눈물이 앞선다.

(15) 부인은 딴 방으로 들어가려고 한다. 피시치크는 뒤따르며 또 돈을 꾸어 달라고 한다. 부인은 그 검질긴 데에 동곳을 빼고 하는 수 없이 승낙한다.

(16) 가예프, 바랴, 야샤가 남는다. 파리에 갔다 와서 온통 시건방져진 야샤는 둘레의 사람들을 촌놈으로 깔보며 어머니가 만나러 와 있는데도 만나려 하지 않는다.

(17) 가예프는 바랴를 향하여, 이 집의 곤경을 타개토록 하려고 여러 모로 생각하고 있으나 좋은 방법이 하나도 없다고 한다. 가예프의 생각은 누구인가로부터 유산을 받든지, 아냐를 부자에게 시집을 보내든지 하는 식의 생각밖에 없는 것이다. 바랴로서는 이 집의 운명을 잘 알고 있지만, 어쩔 수 없으므로 이 이야기가 나오자 곧 눈물만이 앞선다.

(18) 아냐는 오랜 여행의 고달픔과 흥분으로 잠이 오지 않아서 침실에서 나온다. 가예프는 이 조카딸의 모습을 보자 이 집안의 몰락이 아냐에게 불쌍하기도 하고 50살을 넘은 자기가 그것을 어찌할 수 없는 것이 부끄럽기도 하여, 아냐를 향해서 영지를 절대로 팔지 않는다고 다짐하며, 꼭 어떻게 될 것이라는 위로의 말을 하지 않을 수 없다. 그리고 야로스라브리에 있는 아냐의 숙모인 백작 부인에게 부탁하면 어떻게든 도와줄 것이라고 한다.

아직 어린 아냐로서는 깊은 사정 같은 것을 알 리가 없고, 외삼촌 가예프의 말에 신뢰와 안도감을 갖는다.

(19) 피르스가 나온다. 가예프를 향하여 더 자면 어떠냐고 한다. 이 늙은 하인에게는 가예프도 어린애같이 보일 것이다. 가예프는 입 안으로 당구가 부딪치는 소리, 두 손으로 당구를 치는 시늉을 하고 있다.

(20) 가정을 맡은 바랴는 경제 사정의 어려움을 잘 알아 하인들에게 먹이는 것도 엉성해져 곧잘 불평이 일어난다. 그녀는 아냐를 향하여 결국 푸념을 하고 싶어진다. 아냐는 의자에 걸터앉은 채 여행의 고달픔에 잠이 든다. 바랴는 아냐를 껴안듯이 하여 침실로 데리고 간다.

(21) 멀리서 목동이 부는 피리 소리가 들려 온다. 만년 대학생 트로피모프가 나온다. 트로피모프는 젊은 아냐에게 청춘의 열정을 느낀다. "나의 태양! 나의 청춘!" 그것이 폐막(閉幕)의 트로피모프의 대사이다. 그리고 이것은 드디어 전개되는 두 사람의 연애에 대한 복선으로 되어 있다.

집에 돌아온 흥분이 조용한 고달픔으로 옮겨가는 이 경과 속에 이 집안의 상태, 그 과거, 시대의 변동뿐만 아니라, 각 인물의 성격 · 버릇, 서로의 관계,

심리의 교착, 애정의 정도 같은 것도 간결한 표현을 통하여 부조(浮彫)처럼 뚜렷이 형성화되어 있는 것을 알아챌 수 있을 것이다.

제2막 이하는 지금과 같이 세밀하게 해부하여 가면 다소 번거로워질 테니까 이하 간략히 쓰기로 한다.

5. 제2막의 분석

〈벚꽃 동산〉의 제2막은 서정적이어서 우울한 기분이 엷은 안개처럼 서려 매우 조용한 한 막을 이루고 있다.

그것은 1막에서의 흥분과 기쁨의 뒤를 이어 지주 귀족의 무기력하고 생활에 지친 듯한 정신 상태를 상징하려는 것처럼 권태의 분위기에 싸여 끊임없는 잡다한 이야기가 연속되고 있다. 그리고 장면도 역시 우수(憂愁)의 분위기에 알맞게 적막한 벌판이 선택되었으며, 썩고 낡은 예배당과 어둡게 우거진 포플러의 숲의 쓸쓸한 정서를 돋우고 있다.

그러나 조용히 흐려져 소리 없이 흘러가는 듯이 보이는 이 2막도 자세히 이것을 보면 1막에서 전개를 보이기 시작한 지주 귀족의 몰락해 가는 흐름이 당사자들의 무관심에도 불구하고 차츰 그 속도를 빨리하여 비극성을 깊게 하고 있는 것이며, 한편 제1막에서 그 성격이 충분하게 그려져 있지 않은 조역 인물의 형상화가 완성되어 간다. 또한 이 막을 감싸는 조용한 분위기는 여기에서 속도를 빠르게 한 비극의 흐름이 다음의 제3막에 이르러 마지막의 파국(破局, 카타스트로피)에 몰려 극도로 긴장된 장면에 이르기 위한 조용하고 느린 전주곡(前奏曲)과 같은 역할을 하고 있는 것이다.

긴장 앞의 휴식이며 움직임 앞의 조용함인 것이다. 조용한 황혼, 사람을 깊은 생각에 이끄는 듯한 한때이다. 예피호도프가 치는 기타 소리가 고요 속에 들려 오고 있다.

제1막에서 인상적인 모습을 관객의 머릿속에 새겨 넣은 샤를로타는 대화도 독백도 아닌 말로써 말한 감회에 의하여 그녀가 유랑 극단의 일좌(一座) 속에 태어나서 자라나 국적도 성분도 알 수 없는 고독한 여자로서 부평초처럼 덧없는 처지이며, 어딘가 허무적인 데조차 있는 것이 밝혀진다.

고독한 여자에게는 고요하고 쓸쓸하고 아름다운 황혼은 유달리 생각에 잠기게 하며, 의지할 곳 없는 적적한 마음에 사로잡히게 한다. 작가 체홉이 이 막으로 하여금 샤를로타의 이러한 애수에 찬 술회로부터 시작되고 있는 것도 매우 용의 주도한 것으로 생각해도 좋다. 여기에 실제 작품의 보기를 들기로 하자.

(들판. 오랫동안 돌본 일이 없는 기둥이 굽어진 교회. 그 곁에 우물이 있다. 예전에는 틀림없이 묘표(墓標)였으리라 짐작되는 커다란 돌, 낡은 벤치, 가예프의 집으로 통하는 도로가 보인다. 한쪽은 조금 높고 포플러가 거무스름하게 보인다. 여기서부터 벚꽃 동산은 벌어져 있다. 멀리 전신주가 늘어서 있고 그보다 더 멀리 지평선 위에는 대도시의 윤곽이 희미하게 보인다. 이것은 아주 맑고 밝은 날씨가 아니면 보이지 않는다. 곧 해가 잠길 것이다. 샤를로타, 야샤, 그리고 두냐샤는 벤치에 걸터앉았고 예피호도프는 그 곁에 서서 기타를 연주한다. 샤를로타는 낡은 학생모를 썼고 어깨에서 총을 내려 멜빵의 죔쇠를 고치고 있다.)

샤를로타 (생각에 잠겨서) 나는 진짜 여권을 가지지 않았기 때문에, 정말로 내 나이가 몇 살인지 알 수는 없지만, 아주 젊은 것만 같애. 아직 내가 조그만 어린애였을 때 내 부모님들께서는 아주 재미있는 가지가지 공연을 하면서 여기저기 장판으로만 돌아다니셨지. 그래서 나도 salto-mortale(죽음의 춤—역자 주)을 비롯해서 여러 가지 춤을 췄어. 그러나 아버지와 어머니가 돌아가시자 어떤 독일 부인이 나를 맡아서 교육하게 됐어. 잘됐지. 이렇게 자라서 결국 가정 교사가 된 거야. 내가 어디 출신인지 가문이 어떤지, 이런 걸

난 모르지…… 내 부모님들이 어떤 사람들인지, 어쩌면 정식으로 결혼하시지도 않았겠지만 말야…… 나로선 알 수 없거든. (호주머니에서 호두를 끄집어내어 먹는다.) 전혀 모른단 말이야. (사이) 말은 무척 하고 싶지만 말할 상대도 없는 형편이거든…… 내게는 의지할 사람이 아무도 없어.

샤를로타에 대하여 배치한 인물들. 서투른 짓만 하는 예피호도프의 그것이 우스꽝스러운 만큼 일면 구슬프기도 한 존재라든지, 파리에서 겉멋만 든 건방진 야샤와 화사한 하녀 두냐샤의 들뜬 사람과 참된 사람과의 작은 에피소드 같은 것이 짧은 장면 속에 간결하게 끼워져 있다.

하인들의 이러한 그칠 줄 모르는 회화 다음에 주요 인물의 한 무리인 안드레예프나 부인, 가예프, 로파힌이 나온다. 벚꽃 동산은 저당잡힌 것으로 말미암아 곧 경매에 부쳐지려고 한다. 안드레예프나 부인의 운명은 이제 여기까지 몰려온 것이다.

그러나 그것에 대한 부인이나 가예프의 대책은 현실성이 없는 걷잡을 수 없는 것뿐이다. 생활력이나 실행력을 잃은 사람들……. 그들에 대하여 농노 출신인 로파힌은 일이나 생활에서 실행력과 선견지명(先見之明)을 가지고 있어, 이 사람들에 대한 애정과 호의와 친절심에서 역경을 타개하기 위한 방법을 혀가 닳도록 권했으나, 로파힌이 권하는 방법은 부인이나 가예프에게는 저속한 일이고, 그들의 낡은 자존심으로는 받아들여질 수 없는 일이며, 그러기에 그것은 그들에게 이해 밖의 일인 것이다.

여기에 두 세계의 쓰라린 단층(斷層)이 있다. 안드레예프나 부인 일가의 파국은 이미 결정적인 것이 아닐 수 없다. 여기에서 실제 작품의 보기를 들어 보자.

(야샤, 남아서 예배당 곁에 앉는다. 안드레예프나, 가예프, 그리고 로파힌 등장)

로파힌 자, 최종적으로 결정을 지으셔야 하겠습니다. 시간은 기다리지 않습니다. 문제는 지극히 간단하지 않습니까. 토지를 별장지로 내놓으시는 데 동의하십니까? 반대하십니까? 한마디만 대답해 주십시오. 동의인지 반대인지. 한마디로 대답해 주시면 그만이에요.

안드레예프나 여기서 누가 이렇게 지독한 담배를 피웠을까……. (앉는다.)

가예프 철도가 부설된 뒤로는 정말 편리하게 되었군. (앉는다.) 읍에 잠깐 들러서 식사를 할 수가 있으니…… 노랑은 가운데로! 난 우선 집에 가서 한판 쳤으면 좋겠군…….

안드레예프나 그다지 서두르실 필요 없어요.

로파힌 꼭 한마디면 좋아요! (비는 듯이) 대답해 주십시오!

가예프 (하품을 하면서) 무엇을요?

안드레예프나 (자기의 호주머니를 들여다보고) 어제는 돈이 하나 가득히 있었는데 오늘은 조금밖에 남지 않았어요. 가엾은 바랴는 경제 사정을 고려해서 우리들에게 우유가 든 수프를 주면서 부엌의 늙은이들은 콩만 먹이고 있어요. 그런데도 전 쓸데없이 돈을 헤피 쓰고 있으니…… (돈주머니가 땅에 떨어져 금화가 흐트러진다.) 아이구 흐트러지고 말았네…… (억울하다는 표정)

야 샤 제가 곧 주워 드리겠습니다. (돈을 주워 모은다.)

안드레예프나 고마워요, 야샤. 오늘 같은 날 뭣하러 외식하러 갔을까…… 게다가 음악이 좋다는 그 레스토랑의 지저분함이란 말도 못하겠어. 테이블보는 비누 냄새가 나지…… 도대체 무슨 술을 그다지도 마셨어요. 레냐? 웬 걸 그렇게도 많이 자셔요? 무슨 말씀을 그렇게도 많이 하실까요? 오늘 레스토랑에서도 쓸데없는 말씀을 무척 많이 하셨어요. 칠십년대가 어떠니 데카당이 어떠니 아무데도 쓸모 없는 말씀이에요. 그것도 이야기 상대가 누구란 말씀이에요? 보이를 붙잡고 데카당을 논하시니 참 기가 막혀 죽겠어요!

로파힌 지당한 말씀이십니다.

가예프 (한쪽 손을 흔든다.) 그건 고칠 수 없어. 이젠 고질이 돼 버렸어……. (야샤에게 성을 내고) 뭐야 넌. 약방의 감초처럼 눈앞에 안 보일 때가 없으니……

야 샤 (웃는다.) 전 나리님의 목소리를 들을 때마다 웃지 않곤 못 배기겠습니다.

가예프 (여동생에게) 나 말이냐, 저 녀석 말이냐?……

안드레예프나 저리 비켜, 야샤, 얼른…….

야 샤 (안드레예프나에게 돈지갑을 준다.) 곧 가겠습니다. (웃음을 간신히 참고서) 물러나가겠습니다……. (퇴장)

로파힌 이 영지는 부자인 데리가노프가 사려고 합니다. 자신이 경매에 출장한다는 소문이 떠돌고 있습니다.

안드레예프나 그건 어디서 들으셨어요?

로파힌 읍에 그런 소문이 떠돌고 있습니다.

가예프 야로슬라블리의 백모님께서 주신다고 약속하셨지만 언제 보내 주실지 모르겠고…….

로파힌 얼마나 보내 주실까요? 십만입니까? 이십만입니까?

안드레예프나 글쎄요. 일만이나…… 일만 오천 정도겠지요.

로파힌 실례입니다만 당신과 같이 생각이 얕은 비사무적인 해괴한 사람을 전 여태 한 번도 대한 일이 없습니다. 전 당신에게 알기 쉽도록 러시아 어로 말씀드리고 있습니다. 이 영지가 팔릴 형편에 있다는 말씀입니다. 그래도 당신은 전혀 이해하지 못하시는군요.

안드레예프나 그럼 어떻게 했으면 좋단 말씀이세요? 어디 좀 가르쳐 주세요.

로파힌 그걸 전 매일같이 가르쳐 드리고 있습니다. 매일같이 똑같은 말을 되풀이하고 있지 않습니까? 벚꽃 동산과 토지를 별장 지대로 대출해야 한다고 귀가 닳도록 말씀 드리고 있지 않아요. 즉시 그대로 해야 합니다. 서둘러야 해요. 경매 일자가 임박해 있으니까요! 잘 생각해 보세요! 별장으로 하시겠다는 결심이 일단 우러나기만 하신다면 돈은 얼마든지 얻을 수 있습니다. 그렇게만 된다면 당신네들은 구출되는 겁니다.

안드레예프나 별장과 별장객들이라, 이건 좀 속된 이야기예요. 실례가 됩니다만.

가예프 그 말이 옳아.

로파힌 전 울음보를 터뜨리거나 고함을 지르거나 졸도해 버리고 말 것 같습니다. 견딜 수 없어요! 당신네들은 절 지쳐 빠지게 만들었소! (가예프에게) 당신은 시골 아낙네요!

가예프 뭐라고?

로파힌 시골 아낙네란 말씀입니다! (퇴장하려 한다.)

안드레예프나 (놀란 듯) 아니, 가지 마세요. 여기 그냥 계셔요. 부탁입니다. 무슨 수가 생길지 모르겠어요!

로파힌 무얼 생각하시는 거예요!

안드레예프나 가지 마세요. 부탁이에요. 당신하고 같이 있으면 여하튼 마음 든든하니까요…… (사이) 전 내내 무엇인지 기다리는 것 같은 기분이에요. 무엇인지 머리 위로 집이 무너져 내리는 것 같은 기분이 들어요.

가예프 (깊이 생각에 잠겨서) 두 번 쳐 구석으로 몰고…… 엇비낀 건 한가운데로…….

안드레예프나 우린 너무도 많은 죄를 저질렀어요…….

로파힌 무슨 죄를 저지르셨습니까…….

가예프 (얼음사탕을 입에 넣는다.) 내가 얼음사탕으로 전 재산을 탕진했다고 세상 사람들은 말하는 모양이군……. (웃는다.)

늙은 피르스는 선선대(先先代)로부터 이 집에서 일하고 있다. 그는 이 지주 귀족의 생활이나 풍습이나 습관을 모조리 몸에 익히고 있다. 그의 추억은 이 집이 부귀와 영광으로 빛나던 시대와 연결되어 있다.

그러나 지금은 귀가 멀고 허리가 굽어진 그의 모습은 마치 이 집의 몰락과 멸망을 상징하고 있는 것과 같다.

만년 대학생 트로피모프는 인류의 밝은 미래를 믿고 있다. 대중은 무지하고 우매하고 불결하며, 인텔리겐차는 태만하지만 인류는 한 걸음 한 걸음 전진하고 있다고 생각하며 그 몽상적 열정에 사로잡혀 있다. 이 트로피모프와 아냐의 진실하고 젊은 연애!

일가의 사람들이 풀밭 위에 앉아서 우울한 생각에 잠겨 있다. 해는 차츰 저물어 가는데 정적 속에 예피호도프의 기타 소리가 애수를 지니고 흘러온다.

인생의 흐름, 역사의 걸음걸이가 고요하게 사람들의 영혼에 그림자를 던지고 있는 듯한 순간이다. 기타 줄이라도 끊어진 듯한 수상쩍은 소리.

해진 옷을 입은 부랑인(浮浪人)이 약간 취해 가지고 여기를 지나친다. 그는 모두가 깜짝 놀랄 만큼 큰 소리를 내서 길을 묻고, 돈을 구걸한다. 그 몸집이나 큰 소리는 고요하게 우울한 생각에 빠져 있는 사람들을 위협하기에 족한 것이다. 부인은 돈을 주려고 지갑을 뒤졌으나 잔돈이 없어 금화를 준다. 생활이 파멸에 직면했음에도 불구하고 역시 금화를 걸인에게 주는 낭비의 버릇.

살림을 맡은 바랴는 그것을 나무라지 않을 수 없다. 모두 일어나서 집으로 들어간다. 뒤에 트로피모프와 아냐가 남는다. 두 사람의 열정적인 연애.

고요히 달이 떠오른다. 멀리서 아냐를 부르는 바랴의 소리가 들려 온다. 여기서도 실제 작품을 들기로 하자.

(트로피모프와 아냐를 제외하고 모두 퇴장)

아 냐 (웃는다.) 그 나그네에게 감사를 드려야겠어요. 바랴를 쫓아 줘서 이제야 두 사람만이 남게 됐어요.

트로피모프 바랴는 우리가 서로 사랑하지나 않는가 해서 온종일 우릴 따라다니는 거예요. 바랴는 자신의 소견이 좁기 때문에 당신과 내가 사랑을 초월하고 있단 사실을 이해하지 못하는 겁니다. 인간이 자유스럽게 되고 행복하게 되는 것을 저해하는 조그만 환영을 기피하는 것, 이것이야말로 우리들 각자의 생활 목표이며 또한 의의인 것입니다. 전진! 우리는 멀리 저쪽 하늘에 빛나는 찬란한 별을 향하여 힘껏 내닫고 있는 것입니다! 전진입니다! 동지들, 낙오하면 안 됩니다!

아 냐 (손뼉을 치면서) 참 말솜씨가 좋기도 하세요! (사이) 오늘은 여기 경치가 정말 좋은데요!

트로피모프 그렇습니다. 날씨가 참 좋습니다.

아 냐 페차, 당신은 절 어떻게 해 주셨길래 벚꽃 동산에 대한 제 사랑이 예전만 못 해졌을까요? 원래 저는 이곳을 무척 사랑해서 세상에 저의 벚꽃 동산만큼 좋은 곳이 없으리라고 생각했었어요.

트로피모프 전 러시아 땅이 우리의 동산입니다. 이 지구는 크고 아름다운 곳이기 때문에 그 위에는 얼마든지 훌륭한 곳이 있습니다. (사이) 생각해 보세요, 당신의 할아버지, 증조할아버지 그리고 당신의 조상은 모두가 농노 소유자로서 살아 있는 영혼을 자기의 소유물로 하고 있었습니다. 그러니 이 동산의 벚꽃나무 잎사귀 한 장 한 장에서, 또 그 가지의 마디마다 인간적인 존재가 당신네들을 노려보고 있지 않다고야 하겠습니까? 당신네들에게는 그 소리가 들리지 않는단 말씀이세요…… 우리는 적어도 이백 년은 뒤떨어져 있습니다. 우리에게는 아직 아무것도 없습니다. 과거에 대해서도 확실한 태도를 가지고 있지 않습니다. 우리는 그저 철학자인 체하거나 슬픔을 호소하거나 보드카를 마시기만 할 뿐입니다. 이건 번연한 소리지만, 우리가 현재에 있어서 한 번 더 생활을 시작하기 위해서는 우선 우리들의 과거를 뉘우치고 그걸 청산해 버려야만 하겠습니다. 그런데 그걸 뉘우치는 데는 단지 괴로움을 겪음으로써 해내는 도리밖엔 없습니다. 비상한 노력, 부단한 노력으로밖엔 달리 구할 도리가 없는 거예요. 이걸 잘 생각해 주세요. 아냐!

아 냐 저희들이 살고 있는 집은 벌써 예전부터 저희 것이 아니에요. 그러니 저희들은 나갈 겁니다. 약속을 해도 좋아요.

트로피모프 만약 당신이 집안 살림의 열쇠를 쥐고 있다면, 그런 것 우물 속에 팽개쳐 버리고 집을 떠나 버리세요. 그리고 바람처럼 자유스러운 몸이 되세요.

아 냐 (환희에 차서) 말씀을 잘 하세요.

트로피모프 아냐, 아무쪼록 저를 믿어 주세요. 믿어 줘요! 난 아직 서른 살도 되지 않았소. 난 아직 젊소, 난 아직 대학생에 지나지 않지만 지금까지 얼마나 고생을 했는지 몰라요! 겨울이 되면 난 굶주림과 병고에 시달려서 마치 거지와 같이 궁한 처지에 빠져 들어가게 됩니다. 그리고 운명에 쫓기는 대로 나는 어디에든지 떠돌아다녔습니다. 내가 떠돌아다니지 않은 데는 예감으로 가득해 있었어요. 나는 행복한 미래를 느낍니다. 아냐, 난 그걸 똑똑히 바라보고 있는 것입니다.

아 냐 (생각에 잠긴 채) 달이 떠올라요.

(예피호도프가 기타를 치면서 같은 곡조의 슬픈 노래를 부르는 것이 들린다. 달이 떠오른다. 어딘가 포플러나무 그늘 밑에서 바랴가 아냐를 찾으면서 "아냐야, 어디 있니?" 하는 소리가 들린다.)

트로피모프 정말 달이 떠오르는군요. (사이) 저거예요. 저게 행복입니다. 이제야 왔어요. 점점 가까워지고 있어요. 제게는 그 발자국 소리가 들리는 것 같아요. 설령 우리 눈에 보이지 않더라도 또 우리가 그걸 인식치 못한들 어떻습니까? 다른 사람들이 그걸 봐 주는 거예요!

바랴의 목소리 아냐! 너 어디 있니?

트로피모프 바랴가 또 나타났군요! (성을 내어) 추근추근 따라다닌담!

아 냐 어때요? 개울로 가 봐요. 거기가 좋아요.

트로피모프 그럽시다. (걷는다.)

바랴의 목소리 아냐야! 아냐야!

6. 제3막의 분석

제2막이 조용한 옥외(屋外) 장면인 데 대하여 제3막은 화려한 무도회의 장면이다.

많은 손님들이 초대되어 이 집의 사람들과 함께 춤을 추고 있다. 연미복을 입고 손님들의 사이를 누비고 다니는 피르스, 노상 돈에 쫓겨 다니는 소지주 피시치크. 춤이 끝나자 샤를로타의 요술.

떠들썩하게 떠드는 가운데 이 집의 비극이 일각 일각 가까이 다가오고 있다. 부인은 생활의 파국에 직면했으면서도 호화로웠던 시대로부터 해 내려온 습관을 잊지 못하여 이러한 무도회를 열고 있는 것이다. 무도회에는 옛날처럼 일류 명사들이 오지 않는다. 지금은 우체국장이나 역장쯤이 주된 손님이다.

그러나 무도회가 떠들썩하면 떠들썩한 만큼 이윽고 덮쳐 올 비극의 빛은 짙어지는 것이므로 이 장면에다 무도회를 택한 작가의 솜씨는 비범하며, 그 극적 의도는 훌륭하다. 더욱이 무도회 자체가 화려한 밑바닥에 어두움을 감추고 있는 점에서 일종의 복잡한 음영(陰影)을 지니고 있는 것을 놓쳐서는 안 된다.

오늘은 벚꽃 동산이 경매되는 날이다. 벚꽃 동산은 어떻게 될 것인가?……. 부인에게는 그것이 마음에 쓰여 무도회가 진행되는 동안 가만히 있을 수가 없다. 마음의 불안이 점점 강해진다.

그녀는 트로피모프를 잡고 자기 사생활의 불행이나 마음의 불안을 말하지 않고는 못 견디게 된다. 이 집안에서 자기의 마음을 열어 줄 상대는 트로피모프뿐으로 그 이외는 아무도 없다.

파국은 급속히 다가왔다. 그 사이에 트로피모프가 계단에서 떨어지는 웃음 같은 것이 끼어 있다. 실제 작품에서 이 대목을 들어 보자.

(현관에서 누가 급히 계단을 올라오는 소리가 들렸으나 갑자기 묵직한 음향을 내면서 밑으로 떨어지는 소리가 들린다. 아냐와 바랴가 꽥 소리지르는 것이 들렸으나, 곧 웃음 소리가 들린다.)

안드레예프나　어떻게 된 일이냐?

(아냐, 등장)

아　냐　(웃으면서) 페차가 계단에서 떨어졌어요! (뛰어 나간다.)

안드레예프나　참 이상한 사람이로군. 페차는…….

(역장, 홀의 한가운데 서서 알렉세이 톨스토이의 시 〈죄 많은 여인〉을 낭독한다. 일동은 듣고 있으나 두어 줄 읽었을 때 현관으로부터 왈츠의 멜로디가 들려오므로 낭독은 중단된다. 일동 춤을 춘다. 현관으로부터 트로피모프, 아냐, 바랴, 그리고 안드레예프나가 나온다.)

안드레예프나　페차…… 순결한 이…… 저 빌겠어요…… 춤을 춰요…… (페차와 춤을 춘다.)

(아냐와 바랴, 춤춘다.)

(피르스가 들어와 자기의 스틱을 문 앞에 세운다. 야샤 역시 응접실에서 나와 춤을 구경한다.)

야　샤　어때요, 할아버지?

피르스　시원치 않아. 옛날 우리 집 무도회라면 장군, 남작, 제독 따위의 큰 인물들이 와서 춤을 췄는데 지금은 우체국장이나 역장 따위를 불러도 그다지 기꺼이 오려고 하지는 않는단 말이야. 어쩐지 나도 맥이 풀리는 걸. 돌아가신 나리님, 그 선친께서는 봉랍(封蠟)을 가지고 무슨 병이든지 고치셨지. 나만 해도 벌써 이십 년 이상이나 매일같이 봉랍을 마셨으니, 아마 내가 지금까지 목숨을 부지하고 있는 것도 그 때문일 거야.

야　샤　난 할아버지가 이젠 진절머리가 나요. (하품을 하고) 빨리 어떻게 끝장이 나야겠는데.

피르스　예끼, 이 녀석…… 망할 녀석 같으니라고! (혼자 투덜거린다.)

(트로피모프와 안드레예프나, 홀에서 춤추다가 응접실로 옮긴다.)

안드레예프나 Merci, 전 자리에 앉겠어요…… (앉는다.) 피곤해요.

(아냐, 등장)

아 냐 (흥분한 모양으로) 지금 어떤 사람이 부엌에서 말하는데, 벚꽃 동산이 오늘 팔렸대요.

안드레예프나 누가 샀다니?

아 냐 누가 샀는지는 말하지 않았어요. 곧 가 버렸어요. (트로피모프와 춤추면서 홀로 나간다.)

야 샤 그건 어떤 늙은이가 지껄인 겁니다. 모를 사람이에요.

끝 무렵에 아냐가 등장하여 안드레예프나 부인과 주고받는 짤막한 대화는 잠깐 드러난 비극의 예시(豫示)이다. 그런데, 무도회의 분위기는 그런 일과 관계없이 무르익어 흐르고 있다. 드디어 로파힌과 가예프가 경매장으로부터 돌아온다. 그들의 출현으로 비극의 그림자가 쫙 비쳐 드는 것이다.

그러나 그 비극을 가져오는 로파힌은 실수로 말미암아 결혼 이야기의 상대방인 바랴한테 머리를 지팡이로 몹시 두들겨 맞는다는 우스꽝스러운 짓으로 아롱지어 있다. 그것은 슬픔과 웃음의 야릇한 뒤섞임이다.

(홀에서 바랴, 등장)

바 랴 아직 가지 않았어, 세메온? 정말, 시시한 사람이군요. (두냐샤에게) 두냐샤야, 너도 저리 물러가. (예피호도프에게) 당구를 쳐서 큐를 분지르기도 하고 손님이나 되는 것처럼 응접실을 어슬렁거리니.

예피호도프 이렇게 말씀드리면 어떨지 모르겠지만 저를 꾸짖으실 권리가 당신에겐 없습니다.

바 랴 그저 이야기하는 거지, 꾸짖는 게 아니야. 자넨 여기저기 어슬렁거리기만 했지, 전혀 일은 하지 않거든. 그렇다면 관리인을 고용할 필요가 없지 않어?

예피호도프 (성을 내어) 제가 일을 하건, 이리저리 거닐건, 먹건, 당구를 하건 이러쿵저러쿵 이야기할 수 있는 사람은 분별이 있고 나이가 든 사람이라야 해요.

바 랴 나를 비웃는 건가! (성을 내고) 정말 비웃는 거야? 그럼 내겐 분별이 없단 말인가? 여기서 썩 물러나! 얼른 물러나지 못해!

예피호도프 (겁을 집어먹고) 말씀 좀 삼가 주세요.

바 랴 (미친 듯) 얼른 물러나! 썩 물러나란 말이야! (예피호도프는 문께로 가고 바랴는 그의 뒤를 따른다.) 스물둘의 불행 같으니! 다시는 이 근처에 나타나지도 말어! 다시 눈 앞에 어른거렸단 봐라! (예피호도프, 퇴장. 문 밖에서 그의 목소리가 들린다. "당신을 고소하고 말 테요.") 아니, 또 돌아올 작정인가? (피르스가 문 앞에 세워 둔 지팡이를 든다.) 오기만 해 봐…… 오기만 해 봐…… 톡톡히 맛을 보여 줄 테니…… 오겠단 말이지?…… 오겠어? 이렇게 해줄 테다…… (지팡이를 들어 흔든다. 이때 로파힌이 등장)

로파힌 대단히 감사합니다.

바 랴 (잔뜩 성이 나서 비웃는 듯) 미안해요!

로파힌 아니 괜찮습니다. 정중하신 환대에 대해서 감사를 드리는 것입니다.

바 랴 고마워하실 만한 것도 없어요. (한쪽으로 물러섰다가 이윽고 되돌아와서 상냥하게 묻는다.) 다치진 않으셨나요?

로파힌 아니요. 아무렇지도 않습니다. 커다란 혹 정도라면 날아갈는지 모를 일이지만요.

홀에서 들리는 소리 로파힌이 왔어요! 예르몰라이 알렉세비치 씨!

피시치크 오호, 그렇구먼…… (로파힌에게 키스한다.) 이 친구, 자네한테서 코냑 냄새가 풍기는군. 우리도 한창 즐기는 중일세.

(안드레예프나, 등장)

안드레예프나 예르몰라이 알렉세비치 씨로군요? 왜 그리 늦으셨어요? 레오니

드는 어디 있어요?

로파힌 레오니드 안드레예비치는 저하고 같이 왔습니다. 곧 돌아오실 거예요…….

안드레예프나 (불안한 듯) 그래, 어떻게 됐어요? 경매는 하셨어요? 말씀해 보세요!

로파힌 (당황한 듯, 기쁨을 드러내지 않으려 애쓰면서) 경매는 네 시 전에 끝났습니다……. 기차를 놓쳤기 때문에 아홉 시 반까지 기다려야 했어요…… (숨이 가쁜 듯) 우프! 머리가 빙글빙글 도는군…….

로파힌이 등장함으로써 경매의 결과가 밝혀질 것에 대한 호기심과 기대로 방 안에 하나의 웅성거림이 생긴다. 그러한 웅성거림의 물결 속에서 부인은 흥분하여 이렇게 묻는다.

"그래 어떻게 됐어요? 경매는 하셨어요? 말씀해 보세요!"

그 물음에 대한 로파힌은 지문에서도 있는 바와 같이 '당황한 듯 기쁨을 드러내지 않으려 애쓰면서' 대답한다. 그의 마음속에 있는 벅찬 기쁨의 감정이 무엇인가에 방해가 되어 아직 밖으로 흘러 나오지 않는 것이다. 따라서 둘레의 사람에게 (따라서 관객에게) 경매의 결과는 아직 밝혀지지 않는다.

그러나 곧 경매로 벚꽃 동산을 산 것은 로파힌이며, 그의 마음은 그 기쁨으로 가득 차 있는 것이지만, 부인에 대한 동정 때문에 그것이 밖으로 흐르고 있지 않다는 것을 알 수 있다. 로파힌의 뒤를 따라 곧 가예프도 모습을 나타낸다. 그는 얼빠진 사람처럼 추레하고 발걸음도 무겁다. 누이동생인 부인이나 늙은 하인 피르스의 모습을 보자 참았던 슬픔이 눈물이 되어 흘러 나온다. 그는 말 몇 마디 하고는 이웃 방으로 들어간다.

(가예프, 등장. 오른손에 물건을 사 들고 왼손으로는 눈물을 닦는다.)

안드레예프나 레냐, 어떻게 됐어요? 레냐, 웬일이에요? (안타까운 듯, 눈물을 머금고) 빨리 알려 주세요…….

가예프 (거기엔 대답하지 않고 손을 흔들기만 한다. 울면서 피르스에게) 이걸 받어……, 케르첸의 조린 정어리가 들어 있으니…… 오늘 난 아무것도 먹지 않았다……. 얼마나 애를 썼는지 모른다. (당구실의 문이 열려 있어 당구 치는 소리와 "일곱 그리고 열여덟"이라는 야샤의 목소리가 들린다. 가예프의 표정이 변한다. 그는 이미 울음을 그치고 있다.) 난 몹시 피로했네. 자 피르스, 옷을 갈아입게 해줘. (홀을 통해서 자기 방으로 물러난다. 피르스, 그 뒤를 따른다.)

피시치크 경매는 어떻게 됐나? 이야기 해 봐요!

안드레예프나 벚꽃 동산이 팔렸나요?

로파힌 팔렸습니다.

안드레예프나 누가 샀어요?

로파힌 제가 샀습니다. (사이)

이 로파힌의 한마디로 운명의 큰 변화가 뚜렷하게 표시되고 있다.

'사이'라는 지문은 로파힌의 말이 지닌 중대한 의미를 그곳에 있던 사람들이 저마다의 생각으로 받아들인 일순간의 앗! 하고 손에 땀을 쥘 듯한 침묵을 말하고 있다.

"부인은 기가 죽는다. 만약 안락 의자의 테이블이 옆에 없었다면 졸도했을 것이다"라고 지문에 씌어 있다.

부인에게는 그것은 눈앞이 캄캄해질 정도의 충격적인 것이다.

지문은 곧 이어서 "바랴는 허리춤에서 열쇠 다발을 끌러서 응접실 한복판 마루 위에 내동댕이친다. 그리고 퇴장"으로 되어 있다.

가정을 맡은 바랴의 입장에서 집이 이제 남의 손으로 넘어갔으므로 이 집

방들의 열쇠 다발을 마루 위에 동댕이치고 나간 것이다. 그것은 극도로 슬픈 것의 한 표현이 아닐 수 없다.

마룻바닥에 내던져진 열쇠 뭉치는 절그렁하고 거센 소리를 냈을 것이다. 그 소리는 로파힌의 누르고 있던 기쁨의 감정을 밖으로 밀어내는 동기가 된다.

작가의 이 자연스러우면서도 교묘한 기교! 그러한 교묘한 기교는 〈벚꽃 동산〉 전편의 군데군데에서 찾아볼 수 있다.

그러나 그것은 단지 기교라고 하기에는 너무나 인간 심리의 자연스러운 흐름으로서 표현되어 있기 때문에, 꾸며졌다는 느낌을 주지 않는다. 거기에 작가의 수법의 비범함을 볼 수 있다.

그리하여 기쁨의 감정이 한 번 밖으로 흘러나오게 되자, 그것은 마치 둑을 무너뜨린 흐름처럼 기쁨의 벅찬 휩쓸음이 되며, 로파힌의 심리에서는 동정, 연민, 양보, 자기 비하 따위 같은 감정은 모두 사라지고, 자기 감정의 최대한의 표현이 되며, 자기 내면의 세계가 거기에 드러나게 된다.

그러므로 그는 둘레의 사람을 위압하고 그 자신이 그 곳의 왕자처럼 보인다. 그 장면을 실제 작품에서 들어 보기로 하자.

로파힌 제가 샀습니다! 자, 여러분 제발 좀 기다려 주십시오. 전 머리가 뒤집힐 것 같아서 입을 떼어 놓지 못하겠습니다…… (웃는다.) 우리가 경매장에 이르러 보니 거기엔 이미 데리가노프가 와 있었습니다. 레오니드 안드레예비치는 겨우 일만 오천 루블밖에 가진 게 없는데, 데리가노프는 저당액보다 많게 듬뿍 삼만 루블을 불렀습니다. 사태가 녹록지 않음을 눈치채고 저는 녀석을 상대로 하여 사만을 불렀습니다. 그랬더니 녀석은 사만 오천을 부릅디다. 전 오만 오천으로 올렸지요. 즉 그가 오천 루블씩을 올리는 데 대해서 저는 만 루블 대를 올려 부른 셈이지요…… 그래서 마침내 결판이 났습니다. 저당액을 넘어서 9만 루블을 밀어넣은 결과 제게로 낙찰된 것입니다. 벚꽃 동산은 이제 저의 소유가 되었습니다! 제꺼예요! (큰 소리로 웃는다.) 오, 하느님, 벚꽃 동산은 제 소유지입니다! 저를 주정뱅이, 미친놈 또는 몽유병자라고 말씀해 주세요…… (발을 구른다.) 그렇지만 저를 비웃지는 말아 주세요! 만약 저의 엄친께서나 조부님께서 무덤에서 나오셔서 오늘의 이 일을 보셨다면 감상이 어땠을까요. 밤낮 얻어맞기만 하고 글도 제대로 모르는 예르몰라이—겨울에도 맨발로 뛰어다니던 예르몰라이, —바로 그런 예르몰라이가 세상에 둘도 없이 아름다운 영지를 사들인 것입니다. 저는 조부님이나 엄친께서 노예로 부림받고 부엌에조차 들어갈 수 없었던 영지를 사들인 거예요. 저는 잠이 들어 있습니다. 꿈을 그렇게 꾸고 있는 데 지나지 않는 것입니다…… 이건 무지 몽매한 암흑에 가려진 상상의 열매인 것입니다…… (상냥하게 웃으면서 열쇠를 집어든다.) 그분께서는 열쇠를 내동댕이쳤군. 이젠 이 집 주부가 아님을 보이려는 행동이지…… (열쇠를 쟁그렁거린다.) 그래, 어떻든 좋다. (음정을 조절하는 오케스트라의 소리가 들린다.) 여보게 악사들, 연주하게나, 듣고 싶네! 예르몰라이 로파힌이 벚꽃 동산을 도끼로 찍어내서 나무가 하나 둘 넘어져 가는 것을 다들 와서 구경해 주게! 우린 여기다 별장을 짓겠네! 그러면 우리들 손자들 그리고 증손자들이 여기서 새로운 생활을 보게 될 테지…… 음악을 연주하게나!

(음악을 연주한다. 안드레예프나는 의자에 주저앉아서 구슬피 운다.)

로파힌 (꾸짖는 듯이) 어째서, 어째서 당신은 제가 하는 말을 안 들으셨습니까? 가련하고 좋은 마님입니다만 이쯤 되면 이제 돌이킬 수 없습니다. (눈물을 머금고) 정말, 이런 일은 얼른 끝장이 났으면 좋으련만. 이렇듯 핀트가 벗어나는 불행스런 생활은 빨리 지나가 버리면 얼마나 좋을까.

로파힌의 이 기나긴 대사, 그 부분은 이 희곡 전체를 꿰뚫고 흐르는 흐름의 클라이맥스(頂點)를 이루고 있다.

로파힌의 긴 대사에는 그의 기쁨의 폭발을 계기로 하여, 그의 전생애가 과거도 미래도 함께 거기에 그림자를 드리우고 있다. 이것은 놀라울 만큼 훌륭한 형성화라고 해도 좋다. 다음에 이 부분을 자세하게 분석하여 보자.

> "제가 샀습니다! 자, 여러분 좀 기다려 주십시오. 전 머리가 뒤집힐 것 같아서 입을 떼어 놓지 못하겠습니다……. (웃는다.)"

벚꽃 동산을 손 안에 넣었다는 것은 로파힌으로서는 최대 최고의 기쁨이다. 아무리 운이 좋은 사람이라도 인생에 한 번 만날까 말까 할 정도의 기쁜 일이다. 그 기쁨의 정은 사유(思惟)의 세계를 넘고 논리의 세계를 넘고 있다.

"머리가 뒤집힐 것 같아서 입을 떼어 놓을 수 없습니다"라고 하는 것은 기쁜 감정이 크다는 것을 잘 나타내고 있다. 그리고 그 다음의 '웃는다'야말로 이 감정의 폭발적 표현인 것이다.

그 때까지 눌렀던 기쁨의 정이 이렇게 폭발해 버리면 뒤에는 약간의 마음의 여유가 생긴다. 그 여유는 그가 방금 벚꽃 동산을 손 안에 넣은 경매의 정경과 그 곳에서의 흥분을 일순간 생생하게 눈앞에 떠오르게 한다. 벚꽃 동산을 낙찰시키려고 하는 주요 인물은 가예프와 로파힌과 데리가노프의 세 사람이다. 가예프가 가진 돈으로는 데리가노프가 올리는 금액을 따라가지 못하므로 가예프는 곧 낙오된다. 다음은 데리가노프와 로파힌의 경쟁이다. 데리가노프가 5천 루블씩 올리면 로파힌은 1만 루블씩 올려 간다. 숨이 막힐 듯한 접전(接戰)이다. 결국 벚꽃 동산은 로파힌의 손 안에 들어 가게 된다.

> "저당액을 넘어서 9만 루블을 밀어넣은 결과 제게로 낙찰된 것입니다. 벚꽃 동산은 이제 저의 소유가 되었습니다. 제꺼예요! (큰 소리로 웃는다.)"

방금 겪은 경매장에서의 흥분과 기쁨의 정이 벚꽃 동산을 소유했다는 현실감으로 뚜렷하게 자각시키는 것이다.

그러나 그것은 너무나 큰 기쁨이며 행운이므로 자기 스스로도 꿈은 아닌가

하고 의심할 정도이다. 더구나 자기를 보고 있는 둘레 사람들의 눈에는 자기가 미친 이처럼 보이지는 않을까 하는 반성이 일순간 생긴다.

"오! 하느님, 벚꽃 동산은 제 소유지입니다. 저를 주정뱅이, 미친 놈, 또는 몽유병자라고 말씀해 주세요!"

이렇게 말하는 대사는 이런 심리를 나타내고 있다.

그는 둘레 사람들이 자기를 보고 웃고 있는 듯한 착각에 사로잡힌다. 자기의 비참한 과거와 신분, 이런 벚꽃 동산의 주인이 된다는 것은 누가 생각해도 될 것 같지 않은 신분, 그러한 것이 일순간 그의 머릿속을 스쳐간다.

여기에 작가는 '과거' 라는 것을 훌륭히 그림자를 드리우게 하고 있는 것이다. 그리고 그 과거에는 대대로 농노였던 자기 조상의 모습이, 그 역사가 일순간의 회상 가운데 그 전체 모습을 보여 주고 있다.

"만약 저의 엄친께서나 조부님께서 무덤에서 나오셔서 오늘의 이 일을 보셨다면 감상이 어땠을까요, 밤낮 얻어맞기만 하고 글도 제대로 모르는 예르몰라이, — 겨울에는 맨발로 뛰어다니던 예르몰라이, — 바로 그런 예르몰라이가 세상에 둘도 없이 아름다운 영지를 사들인 것입니다. 저는 조부님이나 엄친께서 노예로 부림받고 부엌에조차 들어갈 수 없었던 영지를 사들인 거예요."

이 부분이 즉 과거의 그림자를 드리우게 하고 있는 대목이다.

농노 출신인 자가 벚꽃 동산을 소유한다는 것, 몽상할 수조차 없었던 사실.

"저는 잠이 들어 있습니다. 꿈을 그렇게 꾸고 있는 데 지나지 않는 것입니다."

그렇게 생각하며 자기 마음을 들여다본 순간, 눈을 아래로 내리깐 눈길에 비친 것은 먼저 바랴가 동댕이치고 간 열쇠 다발이다. 뜻하지 않게 그의 마음에 미소가 일어난다. 열쇠를 집어든다. 그것이 손 안에서 짤랑짤랑 울린다. 그렇게 하니까 이 집의 소유가 자기의 것이라는 것이 벌써 움직일 수 없는 사실로서 마음에 비쳐 온다.

이 심리의 옮김이 얼마나 무리가 없이 되어 있는 것일까! 그 때 악대의 소리가 들린다. 로파힌의 마음은 퍼뜩 그것에 옮겨진다.

> "여보게 악사들, 연주하게나. 듣고 싶네! 예르몰라이 로파힌이 벚꽃 동산을 도끼로 찍어내서 나무가 하나 둘 넘어져 가는 것을 다들 와서 구경해 주게! 우린 여기다 별장을 짓겠네! 그러면 우리 손자들 그리고 증손자들이 여기서 새로운 생활을 보게 될 테지…… 음악을 연주하게나!"

이제 그는 이 집의 주인이다. 악대를 시켜 음악을 연주하도록 한다. 그것은 그의 기쁨을 축하하기 위하여서이다. 벚꽃 동산의 소유감이 그의 심리 속에 현실화됨에 따라서 미래가 일순간 마음에 떠오른다.

이 부분의 대사에는 미래가 강조되고 있다. 벚꽃 동산이 개간되어 새로운 생활이 영위되어 가는 미래가 번쩍이듯이 비치고 있다. 로파힌의 긴 대사에는 그의 기쁨의 정을 중심으로 과거와 미래가 표현되고 있어, 긴 역사의 흐름이 떠올라 있는 것이지만, 거기에는 간결한 표현 가운데 훌륭하리만큼 크나큰 것이 나타나 있으므로 놀라운 작가의 솜씨라고밖에 할 수 없다.

벚꽃 동산이 팔렸다는 사실은 각자에 있어서 저마다 운명의 큰 변화를 의미하고 있다. 로파힌에게는 그것은 사회의 최하층으로부터 상층으로 올라가는 기반이 되며, 안드레예프나 부인과 그 둘레의 사람들에게는 지주 사회로부터 내리막길로 떨어져 가는 결정적인 몰락의 순간이고, 아냐에게는(그리고 트로피모프에게도) 낡은 생활로부터 벗어져 나가는 모멘트로 되어 있다.

여기서부터 앞에서 말한 〈벚꽃 동산〉에서의 세 가지의 흐름은 이 운명의 변화를 받아 저마다 지금까지와는 다른 방향으로 향하는 것이다.

부인은 오직 울고만 있다. 울 수밖에 별 도리가 없다. 악대의 소리도 어쩐지 구슬프다. 로파힌은 의기양양하게 걸어간다. 그리고 실수로 테이블에 부딪쳐 위태롭게도 그 테이블 위의 촛대를 떨어뜨린다. 그 실수가 웃음을 자아내게 한다. 그리고 그는 밖으로 나간다. 부인은 울기만 한다.

운명의 역전(逆轉), 밝음과 어둠!

아냐는 어머니를 위로하며, 어머니에게는 아름다운 마음씨가 남아 있으니까 그것에 의지하여 새로운 생활로 들어가자고 한다. 이리하여 제3막은 끝난다. 그 대목을 실제 작품에서 보기로 하자.

피시치크 (로파힌의 팔짱을 끼고 조용히) 마님은 울고 계세요. 홀 쪽으로 갑시다. 혼자 버려두는 게 좋겠소. 자 갑시다……. (그의 팔짱을 끼고 홀 쪽으로 데리고 간다.)

로파힌 웬 노릇인가? 악사들 좀 더 활기 있게 해 줘! 내가 하라는 대로만 하면 되는 거야! (아이러니한 말투로) 새 지주님이 하라는 대로, 벚꽃 동산 임자가 하라는 대로 좇아야 하는 거야! (실수하여 테이블에 부딪쳐 하마터면 샹들리에가 떨어질 뻔한다.) 어떻게 되건 돈을 치러 줄 테요! (피시치크와 함께 퇴장)

(홀에도 응접실에도 안드레예프나 이외 아무도 없다. 그녀는 몸을 움츠리고 의자에 주저앉은 그대로 슬피 운다. 악대는 조용히 연주를 계속하고 있다. 아냐와 트로피모프, 총총 걸음으로 등장. 아냐, 어머니에게로 다가와 그 앞에 무릎을 꿇는다. 트로피모프는 홀 입구에 멈춰 선다.)

아 냐 엄마! …… 엄마, 우세요? 마음씨 착하고 어여쁜 우리 엄마, 난 엄마가 좋아…… 난 엄마에게 축복을 드려요. 벚꽃 동산은 팔렸어요. 이제 없어져 버린 게 사실이에요. 그렇지만 울지는 마세요. 엄마, 우리의 생활은 아직 장차 남아 있고 또 엄마의 착하고 깨끗한 영혼도 남아 있지 않아요…… 가요. 나와 함께 가요. 엄마, 여기서 빠져 나가요…… 저희들은 이보다 훨씬 더 아름답고 새로운 동산을 얻을 수 있어요. 엄마도 이걸 보시면 알게 되실 거예요. 그러면 조용하고 절실한 기쁨이 마치 저녁 태양과 같이 엄마 가슴 속에 비쳐들 거예요. 그럼 엄마도 반드시 웃게 되실 거예요! 갑시다. 네? 가도록 해요!……

— 막—

7. 제4막의 분석

끝의 제4막에서는 앞의 막에서 끌어 일으켜진 운명의 큰 변화에 따라서 사람들이 저마다의 새로운 생활을 구해 가는 모습이 그려져 있다. 그것은 '줄거리' 라는 점에서 보면 제3막을 매듭짓는 장면이다.

그러나 그것은 단순한 줄거리의 매듭이라고 할 안이한 것은 아니며, 몰락하는 사람의 슬픔이 눈으로 보이지 않는 밑바닥의 흐름이 되어 이 막을 뚫고 그 슬픔의 정서 속에 저마다의 생활의 새로운 변화가 웃음과 눈물로 아롱지면서 그려져 있다. 그것은 제3막에 뒤지지 않는 섬세한 아름다움과 서정적인 향기로 가득차 있다.

무대는 제1막과 같은 방이지만, 창의 커튼도 벽의 그림 액자도 떼어지고, 여행 가방 같은 것이 쌓여 있을 뿐 텅 빈 쓸쓸한 느낌이다. 액자를 떼어낸 자리의 벽에 액자만한 크기로 그을려지지 않은 부분이 하얗게 남아 있는 것도 어쩐지 슬픔의 정을 자아내게 한다. 그리고 현관에서는 예피호도프가 짐짝을 꾸리고 있는 것이다.

현관 밖에는 이 집 사람들에게 송별 인사를 하러 온 농민들의 소리가 떠들썩하게 들려 온다. 개막에서 그 정경만으로도 이 집의 사람들이 오늘 이곳을 떠난다는 것이 빨리 관객에게 알려진다.

이 집의 새 주인인 로파힌은 샴페인을 사 가지고 와서 모두의 출발을 축하하려고 기다리고 있다.

그러나 안드레예프나 부인과 가예프는 송별 인사로 나온 농민들을 보내고는 로파힌을 거들떠 보지도 않고 자기 방으로 들어간다.

로파힌이 두 사람에게 향하여 "실례입니다만 송별주로 한 잔 들어 주십시요" 하며 샴페인을 권하는데 들은 척도 않는다. 두 사람은 자기들의 일로 마음이 딴 데 가 있어 샴페인 같은 것에 정신이 없는 것이다. 로파힌은 하는 수 없이 야샤를 위하여 샴페인 병마개를 딴다. 트로피모프가 오버 슈즈를 찾으면서 나온다. 로파힌은 트로피모프에게도 샴페인을 권한다. 그는 들지 않는다.

로파힌은 만년 대학생인 트로피모프를 놀려 주고 싶어지지만, 그것은 경멸로부터 오는 것은 아니며, 도리어 애정으로부터 나오는 것이다. 그는 트로피모프에게 돈을 빌려 줄까 하고 말한다. 트로피모프는 그것을 거절한다. 인류의 이상을 꿈꾸는 자유인으로서의 트로피모프에게는 로파힌이 고마워하는 만큼 돈의 가치가 인정되지 않는 것이다.

그 때 멀리 벚나무에 도끼질하는 소리가 들려 온다. 그것은 낡은 것을 잘라 넘어뜨리고, 거기에 새로운 생활을 꾸미려고 하는 하나의 상징이다. 아냐가 문간에 나와서 어머니가 떠날 때까지는 벚나무를 베지 말아 달라고 부탁한다. 그제서야 로파힌과 트로피모프도 나무를 베는 사람의 무심한 짓에 정신이 들어 벚꽃나무를 베는 것을 중지시키려고 뛰어 나간다.

이 집의 운명의 변화와 함께 하녀 두냐샤를 중심으로 한 연애에도 무엇인가의 결말이 맺어져야만 된다. 예피호도프는 두냐샤를 생각하고 있지만 그녀는 그를 본 척도 않으며, 파리의 겉멋이 든 야샤를 생각하고 있다.

그러나 야샤에게는 그것은 장난 삼은 뜬마음의 사랑에 지나지 않는다. 그는 두냐샤의 순정보다도 곧 파리로 간다는 기쁨으로 가슴이 벅차고 있는 것이다.

부인, 가예프, 아냐 등이 모습을 나타낸다. 드디어 이 집을 떠나야 할 때가 가까워 온 것이다. 부인은 떠나기 싫은 마음에서 방을 휘둘러보며 눈물짓는다. 여기에 실제 작품에서 보기로 하자.

(멀리서 나무를 찍는 도끼 소리가 들려 온다.)

로파힌 그럼, 잘 가시오. 이제 떠나야 할 때요. 우린 누굴 막론하고 남에게는 젠 척하지만, 생활은 함부로 마구 지나가고 있소. 나도 오랫동안 피로한 줄도 모르고 일하고 있을 때는 마음속이 한결 가벼워지면서 내가 뭣 때문에 존재하고 있는지 이해가 가는 것처럼 느껴지오. 그런데 형씨, 러시아에는 뭣 때문에 살아 나가는지 모르고 지내는 사람이 얼마나 많은지 모르오. 그렇지만 이런 건 어떻든 좋소. 일을 순순히 해 나간다는 건 이것과는 아무런 관계가 없을 테니. 그건 그렇고 레오니드 안드레예비치는 취직이 돼서 은행에 나가게 된다더군. 연봉 육천 루블이라던가…… 그렇지만 오래 배겨 내진 못할 거요. 턱없이 게으름뱅이니까…….

아 냐 (문간에서) 벚꽃나무는 집을 나선 뒤에 잘라 주시도록 엄마가 부탁하세요.

트로피모프 정말일세. 그만한 눈치도 못 차린담…….

(트로피모프, 현관 쪽으로 퇴장)

로파힌 곧, 곧 그렇게 하겠소……. 정말 허는 수 없는 녀석들이로군. (트로피모프의 뒤를 따른다.)

아 냐 피르스는 병원에 보냈지?

야 샤 제가 아침에 그렇게 일러 뒀습니다. 병원에 보냈습죠.

아 냐 (홀을 지나쳐 가는 예피호도프에게) 세메온 판탈레예비치 씨, 피르스를 병원에 보냈는지 좀 알아봐 주세요.

야 샤 (성을 내고) 아침에 제가 예고르에게 말해 뒀어요. 똑같은 걸 뭣 때문에 열 번이나 물으실까!

예피호도프 저의 확고한 의견에 의하면 그 장수하던 피르스도 마침내 약의 효험을 보지 못하게 된 것 같습니다. 이제 조상들한테로 가야 할 때인가 봐요. 그렇지만 저는 그 노인이 부럽기까지 해요. (가방을 모자 상자 위에 올려 놓고 상자를 눌러 부서지게 한다.) 자, 이 모양입니다. 당연한 일이지요. 이렇게 될 줄은 알고 있었습니다. (퇴장)

야 샤 (조롱하는 듯) 스물둘의 불행…….

바 랴 (문 밖에서) 피르스를 병원에 보냈니?

아 냐 그래.

바 랴 의사에게 왜 편지를 보내지 않았니?

아 냐 그럼 뒤쫓아 보내야 하겠는데……. (퇴장)

바 랴 (옆방에서) 야샤는 어디 있어? 떠나기 전에 보고 싶어 그의 어머니가 오셨다고 전해 줘.

아 냐 (한쪽 손을 흔든다.) 정 견디지 못하겠는데.

(두냐샤는 시종 짐짝 옆에서 분주히 일하고 있었으나 야샤가 혼자 있는 것을 보고는 곧 그의 옆으로 다가간다.)

두냐샤 꼭 한 번만이라도 절 쳐다봐 주시면 좋지 않아요? 야샤. 이제 떠나가시는 거예요…… 절 버리시는군요…… (울면서 그의 목에 매달린다.)

야 샤 왜 우는 거야? (샴페인을 마신다.) 엿새가 지나면 난 다시 파리에 도착하게 된다. 내일 급행 열차에 몸을 싣고, 눈 깜짝할 사이에 가 버리는 거야. 어쩐지 믿어지지도 않는 일이야. 비브 라 프랑스(프랑스 만세 — 역자 주)! …… 여긴 내가 살 곳이 못돼. 여기선 살지 못하겠어…… 어쩔 수가 없거든. 무식한 사람들과 같이 사는 덴 이제 신물이 나거든 — 아주 지긋지긋해. (샴페인을 마신다.) 어째서 우는 거야? 행실을 올바로 가지고만 있으면 돼. 그럼 울 필요가 없어질 테니.

두냐샤 (손거울을 들여다보면서 분을 바른다.) 파리에 도착하시거든 편지를 띄워 주세요. 전 당신을 사랑하고 있어요. 야샤, 무척 사랑하고 있어요! 전 고상한 여자예요, 야샤!

야 샤 사람 기척이 난다. (트렁크 근처를 거닐면서 나직이 콧노래를 부른다.)

(안드레예프나, 가예프, 아냐, 샤를로타 이바노프나 등장)

가예프 출발해야겠어. 시간이 얼마 남지 않았는 걸. (야샤를 쳐다보면서) 대관절 청어 냄새를 피우는 건 누군가!

안드레예프나 이제 10 분 있다가는 마차를 타도록 합시다…… (방 안을 휙 둘러본다.) 정든 집이여, 연로하신 할아범이여 안녕. 이 겨울이 지나고 봄이 올 무렵에는 너도 여기서 없어지고 말지, 헐려 버리고 말어. 아, 이 벽은 얼마나 많은 사건들을 보아 왔을까! (딸에게 뜨거운 키스를 퍼붓는다.) 나의 보배, 너는 빛이 나고 있는 것 같다. 네 눈은 마치 두 개의 다이아몬드 같다. 너 만족하겠니? 정말 만족하겠니?

아 냐 정말 만족하겠어요! 새로운 생활이 시작되는 걸요, 엄마!

그러나 아냐는 이 낡은 생활에 마침표를 찍고, 새로운 생활로 출발하는 것이므로 마음은 부풀어 들뜨고 눈은 빛나고 있다. 가예프는 누이동생 안드레예프나 부인과 똑같이 슬픔에 사로잡혀 있는 것이지만, 좋든 나쁘든 간에 아무튼 문제가 정리되었으므로 이제까지와 같이 걱정한다든지, 괴로워한다든지 하는 마음이 없어졌으며, 도리어 침착한 듯한 기분이 되었다.

게다가 잘 근무하게 될지 어떨지는 모르지만, 연봉 6천 루블의 은행 근무의 가망도 있게 된 것이다. 그러기에 곁에서 보는 바로는 도리어 즐거워 보이기까지 한다. 그것은 마음의 밑바닥을 흐르는 슬픔에 의하여 일종의 침통한 밝음을 자아내고 있다.

가정 교사 샤를로타는 정주할 숙소를 갖지 못한 부평초이다. 운명에 맡긴 채 흘러 가는 수밖에는 없다. 괴로워해 본들, 몸부림쳐 본들 어쩔 수 없다. 그런 데서 체념이 생긴다. 그녀는 복화술로 어린애 우는 소리를 내고 달래는 시늉을 하며 작은 소리로 노래를 부르고 있다. 그 희극적인 행동은 도리어 슬픔을 자아내게 한다. 여기에도 밝음과 어둠이 뒤섞이고 있다.

소지주인 피시치크가 숨이 턱에 닿아서 달려온다. 언제나 그는 자기 것 밖에는 모른다. 그것은 이곳의 슬픈 정서에 어울리지 않는 출현이지만, 그 우스꽝스러움이 일으키는 웃음이 도리어 이런 경우의 슬픔을 강하게 하는 역할을 하고 있다. 언제나 돈에 쫓기고 있는 그가 오늘은 신기하게도 돈을 많이 가지고 있다. 점토가 나는 토지를 빌려 주는 행운이 굴러 들어왔기 때문이다. 우선 로파힌에게 빚의 일부를 갚는다. 로파힌은 언제나 돈이 없는 피시치크로부터 돈을 받았으므로 놀란다. 피시치크는 이제부터 여러 곳에 빚을 갚으러 뛰어다닌다고 한다.

그에게 부인이 말하기를, 일가는 도시로 이사하고 자기는 외국으로 간다고 한다. 피시치크는 자기의 일에만 골몰해서 뛰어 들어온 것이었지만, 부인의 말에 아차하고 비로소 방을 둘러보며 사건의 중대함을 느껴 눈물을 흘린다. 그리고 어떻게 해야 좋을지, 무어라고 말해야 좋을지 몰라 말도 제대로 못한 채 혼란해서 나간다. 피시치크의 이 수선스러움은 아무튼 무겁고 갑갑하게 멈추려고 하는 극의 흐름을 밀고 가는 하나의 작용을 하고 있음에 주의해야 할 것이다. 여기에 실제 작품을 보기로 하자.

(로파힌 등장. 샤를로타 나직한 소리로 노래부른다.)

가예프 행복한 샤를로타, 노래를 부르고 있군!

샤를로타 (포대기에 싸인 어린애 모양의 보따리를 들어 올린다.) 아냐, 빠이, 빠이…… (앙, 앙 어린애 우는 소리가 들린다.) 자거라, 자거라, 우리 아가야. (앙, 앙) 오, 가엾은 아이로군! (보따리를 그 자리에 놓는다.) 그러니 제발 제 일자리를 구해 주세요. 이렇게 하고는 도저히 견디지 못하겠어요.

로파힌 구해 드리겠어요. 샤를로타 이바노프나, 걱정 마세요.

가예프 모두가 우리를 뿌리치고 가버린다, 바랴마저 가버려…… 우린 갑자기 쓸모 없는 인간이 돼 버렸어…….

샤를로타 읍에서는 전 갈 데가 전혀 없어요. 여기선 떠나 버려야 하고요…….

(노래 부른다.) 될대로 되어 버려라…….

(피시치크 등장)

로파힌 자연의 기적이로다…….

피시치크 (기침을 하면서) 오, 잠깐 그대로 둬 주십시오…… 혼이 났는 걸. 친애하는 여러분…… 물을 주세요…….

가예프 아마 돈을 빌리러 왔겠군? 지긋지긋해, 난 도망하겠어……. (퇴장)

피시치크 여기 오기도 참 오래간만이로군요…… 아름다운 마님…… (로파힌에게) 자네도 여기 있었군…… 만나게 돼서 반갑네…… 자네는 아주 똑똑한 사람이야…… 이걸 받아 두게…… 자 받게…… (로파힌에게 돈을 준다.) 사백 루블…… 아직 팔백사십 루블의 빚이 있는 셈이로군…….

로파힌 (의아스러운 듯 어깨를 움찔한다.) 마치 꿈이라도 꾸는 것 같군…… 돈이 어디서 생겼나?

피시치크 서두를 건 없네…… 찌는 것 같군…… 아주 굉장한 일이 생겼어. 나한테 영국 사람이 찾아와서 말이지, 내 토지 가운데서 무슨 흰 진흙이라든가를 발견했거든…… (안드레예프나에게) 자, 당신에게도 사백 루블…… 아름다운 마님…… 훌륭하신 마님…… (돈을 준다) 나머지는 뒤에 또 드리겠습니다. (물을 마신다.) 지금 기찻간에서 어떤 젊은이가 이런 소리를 하고 있었습니다…… 어떤 위대한 철학자는 지붕에서 뛰어 내리도록 권하고 있다고 말입니다……. 뛰어 내려라! — 일체의 문제는 거기 있노라고 그는 말했답니다! (놀란다.) 그럴 듯하지요! 물 좀 주세요…….

로파힌 어떤 영국 사람이던가?

피시치크 난 진흙이 나는 토지를 그들에게 24년 동안 빌려 줬네…… 그런데 지금은 실례지만 이러구 있을 시간이 없네…… 교섭을 더 진행시켜 봐야겠어…… 즈노이코프에게 가 봐야 해…… 카를라모노프에게도 가 봐야 하네…… 그들에게 모두 빚이 있으니…… (마신다.) 잘들 있게…… 목요일에 다시 들르겠어…….

안드레예프나 우리는 이제부터 곧 읍으로 이사를 가고, 내일은 저 혼자 외국으로 떠날 예정이에요…….

피시치크 뭐라고요? (놀라면서) 뭐 때문에 읍에 이사하시오? 아, 그래서 가구라든지…… 트렁크라든지…… 아니, 아무것도 아닙니다…… (눈물을 지으면서) 아무것도 아닙니다…… 아주 똑똑한 사람들이에요…… 그 영국 사람들이란 건 말씀이지요…… 아니 아무것도 아닙니다…… 부디 행복하십시오. 신의 가호가 계실 겁니다…… 아무것도 아닙지요…… 이 세상의 온갖 사물엔 끝장이라는 것이 있으니까요…… (안드레예프나의 손에 키스한다.) 나라는 인간에게도 끝장이 왔다는 소문을 들으시거든, 부디…… 이 말을 생각해 주세요. 그리고 '아, 옛날에 저…… 세메오노프 피시치크란 사나이가 있었지…… 천당에 가시옵기를……'이라고 빌어 주세요. 썩 좋은 날씨로군요…… 그럼…… (몹시 불안한 모양으로 퇴장하였으나 곧 되돌아와서 문간에서) 다셴카가 여러분에게 안부를 여쭈어 달랍니다! (퇴장)

떠나가는 부인에게는 마음에 걸리는 일이 두 가지 있다.

하나는 늙은 하인 피르스의 일이지만 그는 병원으로 보낼 예정이다. 또 하나는 바랴의 일이다. 바랴와 로파힌은 사랑하고 있다. 적어도 곁의 사람으로는 그렇게 보인다. 부인에게는 이 기회에 두 사람을 결혼시키는 것이 두 사람을 위해서도 그렇고, 자기도 안심이 되는 것이다.

그리하여 부인은 바랴를 부르고 한편 로파힌에게 그 일을 끄집어내어 결혼을 권한다. 부인은 두 사람이 마음은 있는데도 말을 내놓지 못하고 있는 것처럼 보이므로 말할 수 있는 기회만 만들어 주면 만사가 잘 해결될 것으로 생각하는 것이다.

로파힌이 혼자 남아 있는데 바랴가 나온다. 바랴는 무엇을 찾고 있는 듯이 두리번거린다. 두 사람의 대화는 요점을 벗어난다. 바랴는 70리나 먼 라구울린 가(家)의 가정부로 간다 하며, 로파힌은 볼일이 있어 곧 하르코프로 여행을 떠난다고 한다. 마음은 있는 듯해도 말을 내놓지 못하는 두 사람. 이루어질 듯하면서도 이루어지지 않는 두 사람의 사랑……. 밖에서 로파힌을 부르는 소리가 난다. 로파힌은 그 부르는 소리에 깜짝 놀란 듯이 나간다. 이리하여 두 사람의 사랑은 이루어지지 못한 채 기묘한 결별이 되고 만다.

출발 시간은 닥쳐 온다. 어쩐지 어수선한 분위기가 스며든다. 털모자가 달린 외투 차림을 한 가예프가 나온다. 짐이 운반된다. 가예프는 언제나의 버릇인 연설을 시작한다.

가예프 친애하는 벗들이여, 존경하옵는 벗님네들이여! 이제 영원히 이 집을 떠나는 마당에 있서서 저로서 어떻게 한 마디 하지 않을 수 있겠습니까! 지금 저의 가슴 속에 가득 찬 회포를 고별에 즈음해서 어떻게 피력하지 않겠습니까…….

아냐와 바랴는 이구동성으로 그것을 말린다. 가예프는 풀이 죽어 그만둔다. 작가는 뚱딴지 같은 느낌의 연설투를 내놓음으로써 어수선하고 번거로움을 강조하고 있는 것이다. 체홉은 밝음에는 어둠, 눈물에는 웃음…… 하는 식으로 어느 정서나 분위기를 나타내는 경우 그것과 대조적인 것을 갖게 함으로써 그 표현을 강하게 하고 있는 것이며, 거기에 작품의 섬세함과 더불어 복잡함을 만들고 있는 것이다. 이 수법은 전편의 어디에서나 발견할 수 있는 것이다.

드디어 떠나는 시간이다. 그러나 부인은 떠나기 싫은 마음에 사로잡혀 일 분간만이라도 더 이곳에 있고 싶어한다. 이제 이 집에는 아무도 사는 사람이 없게 되는 것이다. 내년, 봄이 되어 로파힌이 이 곳으로 올 때까지는…….

방에는 부인과 가예프만이 남는다. 이제 아무도 다른 사람이 없으므로 두 사람은 비로소 슬픔과 절망의 감정을 터뜨려 소리를 죽여가며 격렬하게 우는 것이다. 이때 밖에서 두 사람을 부르는 아냐와 트로피모프의 소리가 들린다. 그것은 즐거운 듯한 젊은 목소리이다. 거기에는 미래를 잃은 자와 미래를 가진 자의 어둠과 밝음의 대조가 순간의 정경 가운데 나타내어져 있다.

두 사람은 밖에서 부르는 소리에 의아한 듯이 방을 나간다. 그 뒤에는 아무도 없다. 아주 조용한 가운데 여러 문에 자물쇠를 채우는 소리가 들린다. 로파힌이 문을 채우면서 걷고 있는 것이다.

드디어 모두를 실은 마차의 움직이는 소리가 나더리 차츰 멀어져 가면, 다시 조용한 가운데 벚꽃나무를 찍는 도끼 소리가 쓸쓸하고 구슬프게 울려온다. 멀리에서, 가까이에서 도끼 소리는 쾅! 쾅! 그 수를 차츰 더해 가고 있다.

그것은 멸망해 가는 자의 소리이며, 멸망해 가는 자를 찍어 넘어뜨리는 소리이기도 하다.

창이 모두 닫혀 있으므로 방 안은 어둡고 덧문 사이로 비쳐 들어오는 햇빛이 희미한 밝음을 던져 주고 있다. 방구석에서는 귀뚜라미라도 우는 듯한 기분이 느껴지는 것이지만, 거기에 힘없는 발자국 소리가 들리고 늙은 하인 피르스가 들어온다. 아픈 듯한 모습인데 전의 집 사람들이 병원에 입원시킬 계획이었다가 잊고 말았나 보다. 그는 언제나와 같이 양복에 흰 조끼를 입고 있다. 현관문 앞에 가서 핸들을 돌리나 자물쇠가 잠겨 있어 열어지지 않는다. 그는 방 한 가운데 덩그라니 놓인 찌그러진 소파에 걸터앉는다. 어디선가 줄이 끊어진 것 같은 구슬픈 음향이 들려오고, 차츰차츰 멀어져 가면 죽음과 같은 정적 속에 벚꽃나무를 찍는 도끼 소리만이 언제까지나 울려 온다.

이리하여 제4막은 끝나는 것이나, 그것은 이 우수한 희곡에 알맞는 교묘한 폐막이며, 슬픈 여운이 길이 남는 것으로써 이 무대를 본 사람에게는 언제까지나 잊지 못할 장면이다. 그 폐막의 앞뒤를 실제의 작품에서 보기로 하자.

(트로피모프, 이어 로파힌 등장)

트로피모프　어찌 된 겁니까, 여러분? 이제 떠날 시간입니다.

로파힌　예피호도프, 내 외투를 주게!

안드레예프나　저 1분만 더 앉았다 가겠어요. 전 아직 한 번도 이 집의 벽이 어떤지, 천장의 모양이 어떤지 보지 못했던 것 같은 기분이 들어요. 그래서 전 지금 뭐라고 말할 수 없이 애틋한 정을 품고, 굶주린 것처럼 그걸 바라보고 있는 거예요…….

가예프 내가 아직 여섯 살 때였어. 삼위일체제 날 이 창문 위에 앉아서 아버지가 교회로 가시는 모습을 보던 기억이 난다…….

안드레예프나 짐은 모두 날라졌어요?

로파힌 다 된 것 같군요. (외투를 입으면서 예피호도프에게) 예피호도프, 일을 잘 처리해야 하네.

예피호도프 (쉰 목소리로) 걱정 마십시오, 예르몰라이 알렉세비치 씨!

로파힌 자네 목소리가 왜 그 모양인가?

예피호도프 금방 물을 마시면서 뭔지 삼켜 버렸습니다.

야 샤 (경멸적으로) 몰상식한 사람이로군…….

안드레예프나 자 갑시다, 여긴 아무도 남지 않게 되는군요…….

로파힌 봄까지는 그렇습니다.

바 랴 (봇짐 속에서 우산을 끄집어낸다. 우산을 휘두르기라도 할 모양이다. 로파힌, 깜짝 놀란 듯하다.) 그게 뭐란 말씀이세요. 그래…… 전 그러실 줄 몰랐어요…….

트로피모프 여러분, 기차 타러 갑시다…… 이제 시간이 됐어요! 기차가 곧 떠날 거예요!

바 랴 페차, 있었어요. 당신의 오버 슈즈가, 트렁크 옆에 놓여 있더군요. (눈물을 지으면서) 근데 몹시 더럽고 낡아 빠졌군요…….

트로피모프 (오버 슈즈를 신으며) 자, 여러분 갑시다.

가예프 (몹시 동요하여, 울음보가 터질까 조바심을 내고) 기차…… 정거장…… 크로스로 한가운데에, 흰 놈은 더블로 쳐서 구석으로…….

안드레예프나 갑시다!

로파힌 모두 여기 계시지요? 그 쪽에는 아무도 없지 않아요? (왼쪽 문에 쇠를 잠근다) 여기엔 연장을 넣어 뒀으니 잠가야 하거든요. 자, 갑시다…….

아 냐 잘 있거라. 내 집이여! 옛 생활이여, 안녕!

트로피모프 신생활 만세! …… (아냐와 같이 퇴장)

(바랴는 방 안을 한 번 훑어보고 천천히 퇴장. 야샤와 개를 데린 샤를로타 퇴장)

로파힌 그럼 봄까집니다. 여러분 나와 주십시오…… 안녕히! …… (퇴장)

(안드레예프나와 가예프, 두 사람만이 남는다. 두 사람은 여태 그걸 기다리고 있었다는 듯이 서로 목을 끌어안고 남이 듣지 않도록 조용히 흐느낀다.)

가예프 (절망적인 소리로) 내 여동생이여…….

안드레예프나 내 귀여운 우아하고 아름다운 동산…… 내 생활, 나의 청춘, 내 행복, 안녕! 안녕!……

아냐의 목소리 (쾌활하고 흥분한 목소리로) 엄마!……

트로피모프의 목소리 (쾌활하고 흥분한 목소리로) 오! 오!……

안드레예프나 마지막으로 벽과 창문을 다시 한 번 봐요…… 돌아가신 어머님께서는 이 방을 거니는 걸 좋아하셨지요…….

가예프 오, 내 여동생! ……

아냐의 목소리 엄마! ……

트로피모프의 목소리 오! 오! …….

안드레예프나 곧 나가겠어요……. (퇴장)

(무대는 비었다. 문에 열쇠를 잠그는 소리가 들리고 이윽고 마차 떠나는 소리가 들린다. 조용해진다. 조용한 가운데 나무를 찍는 도끼의 둔한 소리가 적적하고 서럽게 울려 온다. 사람의 발걸음 소리가 들린다. 오른쪽 문에서 피르스가 나타난다. 평상시와 마찬가지로 양복에 흰 자켓을 입고 슬리퍼를 신고 있다. 그는 병에 걸려 있다.)

피르스 (문에 다가가서 손잡이를 비틀어 본다.) 쇠가 잠겨 있군. 떠나 버린 게로구나…… (소파에 걸터앉는다.) 나를 잊어버렸구나…… 뭐 상관 있나…… 여기 이렇게 앉아 있을 테야…… 그렇지만 레오니드 안드레예비치는 틀림없이 모피 외투를 입지 않고 보통 외투를 입었을 거야…… (걱정스러운 듯 한숨을 짓는다.) 내가 끝까지 돌보아 주지 않았으니까…… 젊은 사람들이란 하는 수 없는 걸! (무엇인지 투덜거리고 있다.) 마침내 한평생이 지나가 버렸구나. 마치 세상에 태어나지도 않은 것 같다…… (눕는다.) 잠시 드러눕자…… 네게는 아무것도 없네. 아무것도 남아 있지 않아…… 응, 여보게…… 무능력자 같으니! …… (꼼짝하지 않고 누워 있다.)
(어디선가 멀찍한 곳에서 하늘에서 떨어져 내린 것 같고, 줄이 끊어진 것 같은 서러운 음향이 들려오고 이윽고 차차 멀어진다. 정적이 뒤덮는다. 다만 멀리 동산 쪽에서 나무를 찍는 도끼 소리가 들릴 따름이다.)

— 막 —

〈벚꽃 동산〉 1막

〈벚꽃 동산〉 2막

〈벚꽃 동산〉 3막

〈벚꽃 동산〉 4막

제2부 작법의 실제

〈법률〉

I. 꽃그네(背教記)

—14장면으로 구성한 서사극(敍事劇)—

필자는 작품화하려고 늘 하나의 이미지를 떠올리고 있었다. 그것은 흰옷 입은 젊은 여자가 십자가에 매달려 처형되는 천주교의 순교의 이미지였다. 이 이미지는 어느덧 남사당패와 또한 우리의 무속 신앙과 연결되었다. 그리하여 그것을 소설로 쓴 것이 중편소설 〈꽃그네〉이다. 이 〈꽃그네〉는 1974년에 월간 문예지 〈한국문학〉에 발표되었다. 이 소설은 필자로서는 '수필 소설' 이란 필자 나름대로의 첫 시도를 한 작품이기도 했다.

필자는 꽤 오래 전부터 소설과 수필을 절충해 보려는 시퉁머리터진 시도를 꾀해 왔다. 이를테면 '수필 형식의 소설' 이라고 할 수 있고 '소설 형식의 수필' 이라고도 할 수 있는 형식이다.

물론 비중에 있어서는 소설 쪽이 훨씬 무겁지만, 작가로서 쓰고자 하는 대상에 대한 관념 · 느낌 · 기분 · 정서 따위를 자유로이 표현하는 한편, 견실한 플롯으로 재미있는 스토리텔링을 하자는 게 내 의도이다.

'수필 소설' 이란 용어 자체가 나의 임시 창안한 것으로 문학 사전에도 없는 말이다. 비중으로 따진다면 '소설 수필' 이라고 소설을 앞으로 해야겠지만, 그러면 소설에 대한 수필이라고 생각하기 일쑤일 것 같아서 수필을 앞으로 했다. 수필에 대한 소설이란 좀체로 있을 수 없을 것이다.

불교 경전이 으레 '이와 같이 내가 들었노라(如是我聞)' 로 시작되는 것처럼 필자의 수필 소설도 으레 'S는 젊은 소설가이다' 로 시작된다. 즉 S라는 젊은 소설가 입장에서 대상물에 대해 나름대로 정서를 느끼고 얘기를 꾸미곤 하는 것이다.

S는 물론 필자의 입장이다. 그런데 왜 구태여 '젊은'이라고 못을 박았느냐 하면, 필자는 비록 젊지 않지만, 보고 느끼고 생각하고 다루는 입장은 항상 젊고 싶기 때문이다. 비록 작가는 늙어도 작품은 늙지 말아야 한다는 것이 필자의 굳은 신조이다.

이런 필자의 굳은 신조에 의해 처음으로 이룩된 수필 소설이 〈꽃그네〉였던 것이다. 이 〈꽃그네〉에 대한 평은 뜻밖에도(아니면, 기대 이상으로) 좋았다.

문학 평론가인 정창범 교수는 그 해의 월간 문예지 〈현대문학〉의 '이 달의 화제'에서 다음과 같이 평했다.

> 첫머리의 약간 장황한 흠을 제외하면 작품의 전반적인 구성은 나무랄 데가 없다. 원래 희곡을 써온 작가의 솜씨가 소설에서도 발휘되어 흥미를 차츰 고조시켜 가는 극적 구성을 보여 주고 있다. 작중 인물 김요한이 박해를 피해 몸을 담게 된 남사당패 중에는 봉녀가 있었다. 김요한과 봉녀의 로맨스는 곧 봉녀를 카톨릭으로 귀의케 하는 계기가 되었고, 나아가서는 남사당패 전원을 카톨릭교 신도로 만들어 놓고 말았다고 작품은 말하고 있는데, 그 과정에서 원래 무속 신자이던 그들이 이렇다 할 저항도 보이지 않은 까닭을, 그들 역시 박해받는 천민이었다는 점을 작품은 지적하고 있다.
>
> 그러나 이 작품에서는 무엇보다도 봉녀로 인한 김요한의 배교의 전기(轉機)에 중점을 두고 있다. 끝까지 동정을 고집하던 카톨릭교 신도 김요한의 배교의 모멘트가 봉녀의 강간당할 때의 황홀경 때문이었다고 작가는 생각하고 있을 뿐더러, 그 황홀경은 봉녀가 굿을 하고 꽃그네를 탔을 때의 황홀경과 맞먹는 것이라고 추리하고 있다.
>
> 그러니까 다시 말하면 봉녀의 정신 심층 속에 도사리고 있던 샤머니즘의 응어리만은 서구적 신앙으로서도 어떻게 할 수 없다는 뜻이 내포되어 있다고 할 수 있을 것이다. 그러한 해석이 타당하냐 하는 여부를 떠나서 소설 〈꽃그네〉는

작가가 심혈을 기울여 쓴 수작임에 틀림이 없다.

또한 소설가 전병순 여사는 여류문학회의 문학 강연에서 다음과 같이 말했다(이 글은 강연 내용을 활자화해서 책으로 낸 것에 의한 것이다).

〈꽃그네〉는 1866년 이래, 대원군의 천주교 박해의 가혹한 추적 아래, 숨어다니다 남사당의 한 패가 된 사대부 집의 귀골이던 김요한과 어름산이(줄타기)인 봉녀와의 아름답고 완벽한 플라토닉 러브 스토리로서 근래에 드문 감동으로써 읽힌 작품이다.

김요한은 그가 몇 년 동안 그다지도 아끼고 사랑하던 봉녀의 겁탈 고문의 참상을 목도한 순간, 천주님의 무심하심을 원망한 나머지 그만 배교를 하고 만다.

그러나 며칠 후, 봉녀가 처형되는 날 목에 칼이 스치는 순간, 그녀의 고통에 찬 얼굴에 갑자기 나타난 변화, 즉 쾌감 어린 황홀감에 빠진 그 얼굴 밑에서 방긋 열린 입을 통해 신음처럼 나온 '꽃그네'라는 말을 알아들음으로써 김요한은 그 전날, 그녀가 겁탈 고문 때 포졸의 체중에 눌린 그 밑에서 역시 갑자기 그렇게 황홀해지며, 무엇인가 외마디를 중얼거리던 그 얼굴 표정에 대한 오해가 풀리고 납득이 가게 된 것이다.

봉녀는 열네살 때, 어머니의 사망 소식을 듣고도 마치 천신(天神)님을 뵈러 봉황새를 타고 하늘을 가는 기분으로 어머니 대신 꽃그네를 처음 타며, 그 고통과 두려움을 이기던 그 때의 정신으로서 그렇게 참혹한 배교 고문을 이겨냈으며, 그러한 정신적 승리의 증거로서의 그 황홀한 표정이었음을 깨달아 김요한은 제 경솔을 뉘우치고, 수기로 적어 후세에 남겼다는 줄거리로 꾸며진 소설이다.

여기서 지적할 수 있는 봉녀의 매저키즘적 생리는 첫째, 그 참혹의 극에 이른 배교 고문의 가지가지 고통을 끝내 이겨내는 그녀의 지독함과 끈질김이요, 둘째로는 그러한 류의 의지로서 육체의 유혹을 이겨내는 김요한에 대한 사랑의 정신적 승리를 들 수 있다.

봉녀의 그 승리란 진실한 천주교 신도로서의 영광으로 논하기 이전에 원래 무당의 딸로서 천신님을 믿는 그녀의 샤머니즘적 의식 구조를 감안함과 동시에 한 남성인 김요한에게 품은 여자의 일편단심으로서 그 남자가 바라마지 않는 천주님에의 귀의(歸依)를 그녀가 오히려 더 철저히 이루고자 한 그 사랑의 완벽성으로서 가능했다고 보는 경우 더욱 이야기가 된다.

당시 배교 고문에 끈질기고 강한 것은 남신도보다 여신도였다는 사실로도 〈꽃그네〉의 작가는 그녀들의 육체적 매저키즘을 지적하고 있다.

필자는 이 소설을 희곡으로 고쳐 쓰려고 늘 생각했으나, 한 가지 난점 때문에 실현을 볼 수 없었다. 그 난점은 이 작품의 핵심인 '성고문' 장면을 어떻게 무대에 형성화하느냐 하는 문제였다.

그리하여 지금까지 희곡 집필을 망설였지만, 요즘은 무대 표현이 꽤 자유로워져 그 정도의 섹스 신은 무대에 올려도 되리란 자신감을 얻어 구태여 희곡으로 썼다. 거기에 대한 것은 1998년 7월에 필자의 8번째 희곡집으로 간행된 〈꽃을 이니셜로 한 희곡 모음〉의 '머리말'에서 다음과 같이 밝히고 있다.

'꽃'을 이니셜로 한 4편의 작품 가운데 〈꽃가마〉와 〈꽃상여〉는 리얼리즘 계열의 작품이고, 〈꽃그네〉는 비(非)리얼리즘 계열의 작품이다. 또한 〈꽃수레〉는 그런 것과는 동떨어진 판타직한 뮤지컬 플레이이다. 그러니까 이 희곡집은 비록 작품 이름의 이니셜은 같다 하더라도 그 내용은 저마다 다르다.

〈꽃그네〉는 1998년 3월에 국립극단에서 공연한 바 있는 작품인데, 나는 이 작품을 서사극(敍事劇) 형식으로 써서 〈한글문학〉에 발표했었다.

그런데, 이번 상연 때는 서사극 아닌 일반극으로 바꿔 했기에 거기에 대한 나의 불만은 이만저만이 아니었다. 그러기에 나는 그 불만을 씻기 위해 내가 원래 잡지에 발표한 대로 서사극 형식을 되살려 수록했다.

> 〈꽃가마〉와 〈꽃상여〉가 아리스토텔레스의 《Poetica(詩學)》에 의거한 극작법으로 이룩된 작품이라면, 〈꽃그네〉는 그 극작법을 지양(止揚)한 데서 이룩된 작품이라고 하겠다. 즉, 관객의 감성(感性)에 호소하여 관객을 연극 속으로 끌어들여서 극중 인물과 동일화된 감정을 느끼게 하려는 작품이 〈꽃가마〉와 〈꽃상여〉라면, 관객의 이성(理性)과 냉정한 인식에 의존하여 객관적으로 판단하게 하려는 작품이 곧 〈꽃그네〉인 것이다. (후략)

또한 이 작품에 대해 연극 평론가 김미도 교수는 〈꽃을 이니셜로 한 희곡 모음〉의 '작품 해설'에서 "리얼리즘으로부터 서사극까지"란 제명으로 다음과 같이 말하고 있다.

> (전략) 1998년 3월에 '국립극단'이 초연한 〈꽃그네〉는 그 동안 리얼리즘 기법에 충실했던 작가가 '서사극'이라는 새로운 양식을 실험한 작품이다. 무대 세트부터 기본 장치만 갖추고 장면마다 특징적인 것으로 보충하는 서사극 스타일을 표방한다. 그리고 그 장면이 14번이나 바뀐다. 이는 〈꽃가마〉와 〈꽃상여〉가 각각 6장씩 통틀어 12장인데도 오직 '아씨의 집' 한 장면으로 버티는 것과는 뚜렷한 대조가 된다. 요컨대 이 〈꽃그네〉는 '반(反)아리스토텔레스'적인 것이다. 뿐만 아니라 〈꽃그네〉는 재래의 역사극의 고정 관념을 깨고 스토리텔링 위주가 아닌, 역사적인 인물의 의식 구조와 심층 심리를 해부하고 있어 이색적이다.
>
> 〈꽃그네〉는 젊은 극작가인 '나'가 '순교'에 관한 극을 쓰기 위해 고심하던 중, 미지의 여인으로부터 수기책을 전달받고 작품을 완성하여 보여 주는 구조로 되어 있다. 즉, 수기의 내용은 일종의 '극중극'이 되는 셈인데, 총 14장 중에서 1장과 14장의 끝부분이 극중극의 바깥틀을 이루고, 2장부터 14장의 중간부분까지가 극중극을 이룬다. 극작가인 '나'는 해설자의 역할을 맡고 있는데, 바깥에서만 해설자로 작용하는 것이 아니라 필요에 따라서는 극중극과 동시 진행으로 해설을 수행한다.

극작가 '나'가 천주교 신자의 순교에 대한 자료를 조사하면서 특히 흥미를 느낀 부분은 남신도보다 여신도들이 고문에 더 강력히 저항했다는 점이다. 그는 여신도들이 그토록 극악한 고문을 견뎌낸 데는 일종의 '매저키즘'이 발동하고 있었던 게 아닌가 하는 의구심을 갖는다. 마침 접하게 된 이 수기책은 130년 전 한 독실한 인텔리 신자의 배교 과정을 담고 있어 작품화하고 싶은 의욕을 불러일으킨다.

2장으로부터 비롯되는 극중극의 내용은 대략 이렇다. 천주교에 대한 박해가 절정에 달했던 1866년 독실한 천주교 신자였던 김요한은 충청도까지 피신을 하게 된다. 김요한은 천주를 위해 동정을 지키려고 미혼인데도 기혼자처럼 상투를 틀고 다닌다. 그는 우연히 만난 남사당패의 공연을 관람하던 중에 '어름산이'(줄타기꾼)인 봉녀에게 특별한 감정을 느끼며 남사당패에 '나귀쇠'(등짐꾼)로 가담하게 된다. 봉녀 역시 미혼이었지만 그녀의 몸을 탐내는 사람들로부터 벗어나기 위해 기혼자처럼 머리에 쪽을 지고 다닌다. 요한은 틈틈이 봉녀에게 천주교의 교리를 전파하고 열성 신자가 된 봉녀의 노력으로 남사당패 모두가 신앙을 갖게 된다.

그러나 요한과 봉녀가 가까워지는 것을 시기한 매호씨의 밀고로 모두 관청에 끌려가게 된다. 모진 고문에 못 이겨 꼭두쇠를 시발로 남사당패는 모두 배교하고 요한과 봉녀만이 꿋꿋이 버텨낸다. 포도대장은 고문이 먹혀들지 않자 요한과 봉녀를 한방에 감금하고 벽에 온갖 음화들을 붙여놓아 그들이 육체 관계를 맺고 스스로 배교하도록 유도한다. 요한과 봉녀는 정욕에 몸이 달아 몸부림치다가도 서로 기도로써 위기의 순간들을 넘긴다. 급기야 포졸들이 들이닥쳐 요한을 묶어 놓고 그가 보는 앞에서 봉녀를 폭행하고 봉녀는 어느 순간부터 희열에 찬 표정으로 교성을 내지른다. 요한은 이에 충격을 받고 3일 만에 배교하지만, 봉녀는 끝내 배교하지 않고 효수형에 처해진다. 망나니의 칼이 그녀의 목을 살짝살짝 스칠 때, 처음에는 그녀의 얼굴이 고통으로 일그러지다가 차츰 황홀한 빛을 띤다. 그녀의 입에서 이 때 "꽃그네"라는 한마디가 새어나온다.

요한은 "꽃그네"라는 말을 듣는 순간 봉녀가 강간당하던 순간에도 같은 말을 중얼거렸던 것을 비로소 깨닫는다. 봉녀가 전에 요한에게 자신이 살아온 이야기를 들려줄 때 '꽃그네'에 얽힌 이야기를 한 적이 있다. 봉녀의 어머니는 무당이었는데, 어느 날 병든 어머니 대신 굿을 하고 마지막에 꽃그네를 타게 되었다. 그녀의 고향에서는 굿을 마친 무당이 꽃그네를 타면 그 아래에 모인 수천 명의 구경꾼들이 환성을 지르고 미친 듯이 춤추며 열광의 도가니를 이루는 풍습이 있었다. 그녀가 막 꽃그네에 올랐을 때 어머니가 돌아가셨다는 전갈을 받았지만 그녀는 꽃그네를 타며 순간적으로 모든 고통을 잊고 황홀경에 빠진 경험이 있었다. 마치 천신님을 만나러 봉황새를 타고 하늘로 날아가는 기분이었기 때문이다. 즉 그녀가 강간을 당할 때나 효수형을 당할 때 그녀는 참을 수 없는 고통을 잊기 위해 꽃그네를 타던 순간을 떠올리며 자신도 모르게 황홀경에 빠져든 것이다. 수기의 마지막 부분은 그 후 요한이 산 속에 들어가 속세와 인연을 끊고 한많은 일생을 마쳤다는 암시만을 남긴다. 결국 문제는 경솔하게 봉녀를 오해했던 요한이 참회의 뜻으로 남긴 고백록이라고 할 수 있다.

이 작품에서 "꽃그네"의 모티프는 무당으로서 굿의 절정에서 느끼는 엑스터시를 상징하는 동시에 천주와 만나는 순간의 종교적 무아경을 뜻한다. 무당의 딸이었던 봉녀는 처음에 굿을 주재한 후 꽃그네를 타면서 황홀경을 맛보았지만 나중에 이 꽃그네의 체험은 고통을 이기고 천주와 만나는 극적인 교각이 된다. 무속인 샤머니즘과 고등 종교인 카톨릭 의식 세계가 꽃그네를 매개로 절묘하게 연결되고 있는 것이다.

극중극에서 보여지는 남사당패의 놀이판과 그 뒤의 적나라한 삶의 현장은 남사당패에 대한 치밀한 조사가 선행되었음을 보여준다. 꼭두쇠, 곰뱅이쇠, 버나쇠, 얼른쇠, 덜미쇠, 나귀쇠, 저승패들로 이루어진 남사당패의 일사불란한 조직 체계를 엿볼 수 있으며 구한말 새로운 문물에 떠밀리면서도 고유의 연희를 지키기 위해 고군분투했던 노력의 일단을 알 수 있다. 남사당패 안에서의 남색(男色)이나 생계를 위한 남창(男娼) 풍습도 적나라하게 그려지고 있다.

(중략)

하유상은 〈꽃가마〉 이후 1980년대에 발표한 여러 작품들에서 설화의 세계에 깊이 천착하고 있는 양상을 보이는데, 이는 초기작에서 보여진 토속적 서정의 세계와 무관하지 않다. 연륜과 더불어 역사와 민족 심성의 뿌리를 탐구하는 쪽으로 깊이를 더하고 있다. 리얼리즘 계열의 대표적 극작가이면서도 서사극이나 뮤지컬 형식 등 최신 연극 사조를 실험하고 있는 점은 끝까지 노력하기를 멈추지 않는 작가임을 보여준다.

또한 고(故) 주동운 전 희곡작가협회 회장도 문학 운동지 〈탐미문학〉에서 이 작품에 대해 다음과 같이 논하고 있다.

기존의 역사극은 거의 통념적인 야담식 기승전결(起承轉結)의 스토리텔링이 위주였고 그런 형식적 구조나 내용을 담은 주제도 권선징악의 테두리를 벗어나지 못했었다. 그런데, 하유상의 희곡 〈꽃그네〉는 그런 역사극의 고정 관념을 깨고, 역사적인 인물의 의식 구조와 심층 심리를 해부한 이례적인 작품이다.

부제목인 〈배교기〉의 '배교'의 사전적인 의미는 '믿던 종교를 배반함'으로 풀이하고 있다. 따라서, 기존 역사극의 선입감을 가지고 이 희곡의 얼개를 열면, 그 종교를 믿게 된 동기에서 사건이 발단되어, 어찌어찌 전개되다가 어찌어찌 그 종교를 배반하게 되었더라 하는 식으로 엮어 나갔어야 했다.

그러나 이 희곡은 그런 예상을 뒤엎고, 그 구조와 형식면에서 순서가 뒤바뀌고 있다.

무릇 희곡의 평가는, '포스트 모더니즘'이 논의되는 최근까지도 아리스토텔레스가 《시학(詩學)》에서 주장한 '3·1치 법칙' 준수파와 '반 아리스토텔레스파' 들의 개방론 간의 변증법적인 갈등으로 이어져 왔다.

우선, 이 희곡은 구조상으로 보아, 그 극적 시간, 공간, 사건 등이 통제되거나 제약된 것이 아닌, '반(反) 아리스토텔레스' 식으로 그 개념이 개방되고 확대된 얼개다.

그것은 이 희곡이 장막이지만 단일화한 무대가 아닌, 14장면으로 나뉘어졌고, 또 그 주제도 통일되거나 단일화된 것이 아닌, 복합 주제로 되어 있기 때문이다. 즉, 이 희곡의 서두는 '대원군 시대(1866년)의 천주교 순교'에 관심을 가졌던 젊은 극작가인 '나'에게, 어느 미지의 여성으로부터 우송되어 온 옛 글월 〈배교기〉가 소개되고, 이어서 천주교 탄압으로 지명 수배된 사대부 집 출신의 김요한이 피신한 어느 시골 장면부터 소개된다.

이렇게 시작된 이 희곡의 내용은 청나라로 가는 사신의 수행원으로 북경에 갔다가 그곳에서 세례를 받은 김요한이 돌아와 천주교 박해를 피해다니던 중, 남사당의 한 패가 된다. 거기서 어름산이(줄타기)인 봉녀와 아름다운 사랑이 싹트게 되고, 봉녀도 카톨릭을 신앙하게 된다.

그런데, 불행하게도 둘은 포도청에 잡힌다. 여기서부터 배교를 강요하는 갖가지 고문이 시작된다. 그것은 범죄 수사나 범죄 자백을 위한 고문이 아니고, 한 인간의 심층 심리뿐 아니라, 두 사람의 애정 관계와 천주님에의 믿음을 가늠케 하는 고문이었다.

그 중 감내키 어려운 고문은 두 사람을 합방시켜 성교를 유도하는 고문으로 그것은 남자인 김요한보다도 여자인 봉녀에게 더 고통스러운 것이었다. 왜냐하면, 끝까지 동정을 고집하는 김요한과 육체 관계를 갖는다는 것은 봉녀에겐, 그녀가 김요한의 애정을 확인하는 계기는 될 수 있을지언정, 그것은 김요한으로 하여금 파계케 하는 것이 될 뿐 아니라, 결국 배교하는 결과를 초래하기 때문이다.

하지만, 그런 참혹한 배교 고문과 인간적인 고뇌를 극복한 봉녀는 마침내 위대한 사랑의 승리자가 된다. 아이러니컬하게도 봉녀에게 카톨릭을 전도한 김요한은 그런 고문이 끝난 얼마 후 스스로 배교하게 되고, 그에게서 전도를 받은 봉녀는 끝까지 가혹한 고문을 이겨내다가 결국, 애처롭게 순교하고 만다.

여기서 주목되는 것은 왜 김요한이 사랑하던 여인을 남겨두고 혼자만 배교했을까 하는 모멘트가 의문이다. 김요한이 믿음이 약했기 때문일까? 아니면, 남자라서 여자보다 인내심이 희박했기 때문일까? 결국, 그 어느 쪽도 아니었다.

그것은 김요한이, 자기 눈 앞에서 포졸이 봉녀를 성폭행했을 때, 의당 그녀의 표정이 고통스럽게 일그러질 줄 알았는데, 그게 아니라 오히려 그녀의 표정은 벅찬 희열과 이상 야릇한 황홀경에 빠져들어가는 것을 역력히 목격했기 때문이다.

성경험이 없었던 김요한으로선 이해할 수 없는 일이다. 성처녀같이 여겼던 봉녀의 그런 표정을 직접 목격했던 김요한은 극도로 환멸을 느꼈고, 무심한 천주님을 원망한 끝에 배교하고 만 것이다.

그렇게 김요한 자신이 배교했으면 그것을 물거품으로 돌릴 수도 있었을 터인데, 그는 왜 〈배교기〉를 써서 후세에 남겼을까? 그 이유가 바로 이 작품의 테마이고 또 하유상이 이 작품을 쓰게 된 중요한 동기가 되고 있다.

그것은 그토록 절망하고 자기 종교까지 배반한 김요한이 마지막으로 봉녀가 죽는 장면을 목격하고는 비로소 자기가 경솔한 오해를 했고, 또 그녀의 심층 심리를 깨닫기까지의 프로세스 속에 문제의 핵심이 있었다.

과연 문제의 황홀경에 빠진 그녀의 심층 심리는 무엇이었을까? 그것은 마지막으로 봉녀의 목에 망나니의 칼이 스치는 순간, 갑자기 그녀의 표정에 나타난 변화—즉, 쾌감 어린 황홀경 속에서 그녀의 입을 통해 신음처럼 새어나온 '꽃그네' 라는 낱말—그 말은 김요한이 전에 봉녀에게서 들은 소녀 때 얘기 중의 한 낱말이었다.

그래서 김요한은 그 때의 그 '꽃그네' 란 말을 상기하고 모든 오해를 풀 수 있었던 것이다.

'꽃그네' 란 거의 봉녀의 잠재 의식 속에 숨겨진 낱말로서 그 사연은 이미 봉녀가 김요한에게 고백한 사실이다. 즉, 봉녀가 열네 살 때, 무당인 어머니가 병석에서 몹시 앓고 있었다. 그래서 그 날 봉녀는 어머니 대신 새끼 무당으로 처음 푸짐한 굿을 했다. 무사히 굿을 마친 봉녀는 무당으로서의 최대의 영예인 꽃그네를 타는 단계에 이르렀다. 그런데, 때마침 어머니가 죽었다는 기별을 받는다. 그래도 그녀는 그 사실을 숨기고 꽃그네를 타야 했다.

서럽디 서러운 비통함과 쓰라린 고통을 이기면서 봉녀는 마치 천신(天神)님을 뵈러 봉황새를 타고 하늘로 올라가는 황홀한 기분으로 꽃그네를 탔다.

봉녀는 그 때의 그런 정신으로 그토록 참혹한 배교 고문을 이겨냈으며, 김요한에 대한 사랑의 정신적 승리의 증거로 그녀는 황홀한 표정을 지으며 죽음을 초월했던 것이다. 그러한 봉녀의 심층 심리를 이해한 김요한은 모든 오해를 풀고 〈배교기〉를 써 남겼던 것이다.

이 희곡에서 또 주목할 것은, 역사극에서 보기 드문 의식 세계의 '매저키즘(피학대쾌음증)' 이 단순한 성도착증으로 취급된 것이 아니라, 그것을 숭고하게 사랑으로 승화시킴으로써 이 작품의 테마를 미학의 경지까지 이끌어올렸다는 점과, 더욱이 단일 주제가 아닌 샤머니즘의 의식 세계와 카톨릭의 의식 세계를 복합시킨 주제 설정 등은 높이 평가될 만하다.

〈꽃그네〉

〈희곡〉
꽃그네(背教記)

서사극은 '해설적' 혹은 '비연극적' 구조의 극형식을 가리키는 것으로 서사성, 현실 이탈의 강조(생소화 효과)와 함께 역사성과 사회 참여를 중요시한다. 서사극은 또한 극중 사건이나 인물이 현재와는 절연되어야 하며, 관객은 작품 자체로부터 일정한 거리(객관성)를 유지함으로써 냉철한 판단을 할 수 있어야 한다는 개념에 기초하게 된다.

—브레히트

나오는 사람들

나(극작가)	그림자
요한	포교
봉녀	딱부리
매호씨	털보
꼭두쇠	한량
곰뱅이쇠	망나니
버나쇠	포졸 A. B. C
얼른쇠	포도대장
덜미쇠	그 밖에 저승패들, 구경꾼들

무대

기본 장치만 하고 그 장면마다 특징적인 것으로 보충해서 한다.

무대 오른쪽 구석에 '나'의 책상과 의자가 늘 놓여 있다.

제1장 '나'의 거처

(막이 열려진 채로 연극이 시작되면, '나'라는 인물이 나와 열심히 글을 쓴다. 이윽고 무대 중앙으로 나와 인사한다. 약간 시큰둥해 보이고 삐딱해 보인다.)

나　　나는 젊은 극작가입니다. 나는 몇 해 전부터 종교에서의 순교…… 특히 천주교 신자의 순교에 대해서 흥미를 갖고 이것저것 자료를 모으고 있습니다. 자료를 모으면서 끔찍스럽게 느껴지는 건 그들에 대한 관청의 가혹한 배교 고문이었지요. 그런데 이 배교 고문에 강했던 건 남신도보다도 여신도였다는 점도 놀라운 일이 아니겠습니까. 그녀들은 고문으로 육체에 모진 학대를 받음으로써 어떤 쾌감을 맛본 것 같습니다. 일종의 매저키즘이지요. 그러고 보면 고문을 하는 포졸이나 관원들은 사디스트의 인상이 짙지 뭡니까. 아무튼 여신도가 배교 고문에 굽히지 않았던 그 투지야말로 신비로울 정도거든요. 그건 이미 연약한 여자가 아니었습니다. 마치 야차와 같았지요. 하기야 그녀들을 고문하는 포졸들이 이미 인간이 아니고 지옥의 옥졸을 무색케 하는 형상이었으므로, 그녀들은 야차가 아니고서야 배겨날 수 없었을 겁니다.

아무리 지옥이 처참하기로서니 이보다 더할까요! 살점이 문덕문덕 떨어져 달아나고, 피가 튀겨 바닥에 흥건히 괴고, 뼈가 우둑우둑 소리내며 부서졌답니다. 발악하는 소리와 신음하는 소리가 뒤얽혀 아비규환 바로 그것이었지 뭡니까.

이렇듯 끔찍스러운 고문에도 꿈쩍않은 신도들의 순교에는 다분히 일종의 영웅주의적인 일면도 도사리고 있는 거였지요. 가령 순교자 중에는 많은 숫자의 사람들이 포졸들을 피할 수 있는데도 태연히 대기하고 있다가 체포된다든지, 심지어는 제발로 걸어들어가 순교시켜 달라고 앙탈하는 경우도 있었거든요. 이건 확실히 일종의 자살 행위인 겁니다.
천주교에서 자살은 큰 죄악이지 뭡니까. 천주가 주신 소중한 생명을 인간이 제멋대로 처리하는 것이기 때문이지요. 그렇다면 이런 경우 그들은 순교의 화려한 영웅적인 환상에 사로잡혀 도리어 천주의 뜻에 거역하는 모순된 행위를 하고 있는 게 아닐까요! 이런 문제들이 비신도인 나의 흥미를 부쩍 더하게 했지 뭡니까.

(집배원이 나와 소포를 '나'에게 주고 나간다.)

나　　이럴 무렵 나는 미지의 여자로부터 두꺼운 우편물을 받았답니다. 미지의 사람으로부터 보내온 물건을 받았을 때 흔히 그렇듯이 나도 가벼운 기대와 흥분에 가슴을 두근거리면서 그 봉투를 뜯었지요. (봉투를 뜯는다.)
봉투 속에서는 편지와 더불어 백지로 철해서 만든 낡은 수기책이 나왔지 뭡니까. 나는 곧 편지를 펼쳐들었지요. 매끄러운 고급 편지지에 파란 펜글씨로 곱게 쓰여져 있었습니다. 언뜻 봐서도 가늘고 곱살한 그 글씨체로 미루어 여자가 틀림없었지요. 그것도 선병질적인 섬세한 감각을 간직한 문학 소녀를 연상케 하는 거였지 뭡니까.

(나, 편지를 읽는다. 그러자 미지의 여자 목소리가 섬세하게 들려온다.)

여 자　존경하는 선생님, 나는 선생님의 작품을 좋아하고 있는 문학 소녀입니다. 선생님의 수필을 읽고 선생님이 순교에 대하여 비상한 관심을 기울이고 있는 것을 알았어요. 여기 보내 드리는 이 낡은 책은 우리 조상 한 분의 고백 수기예요. 그는 열렬한 천주교 신도이셨대요. 그리고 당시 최고의 인텔리이기도 하셨지요. 그런데 그분이 마지막 순간 갑자기 배교를 했던 것이에요. 그래서인지 내 머리엔 그분이 늘 도사리고 있었죠. 그분이 왜 배교를 했을까? 배교 고문이 그렇게도 혹독했을까? 아냐! 배교하신 건 고문이 다 끝난 뒤였다고 하지 않은가? 그렇다면 배교해야만 할 무슨 절박한 곡절이라도 있었단 말인가? 그분이 사랑하셨다는 어느 여자와의 사이에 무엇이 있었을까? 그분은 내게 있어서 너무나 엄청난 수수께끼였어요. 그런데 그 수수께끼가 풀릴 날이 왔죠. 아버지가 돌아가신 후 나는 아버지의 소지품을 정리하다가 우연히 이 수기책을 발견한 거예요. 이 책을 읽고 나는 모든 것을 알았어요. 그분의 배교가 순교보다도 더 피맺히시고 뼈에 사무치신 일이었다는 것을!

(나, 수기책을 펼쳐든다.)

나 글 전체가 한글로 붓글씨에 의해 씌어 있었습니다. 글씨는 결코 잘 썼다고 할 수 없지만, 반듯반듯하게 써 있어, 필자의 성격의 일면을 엿볼 수 있게 했거든요. 꼭 백삼십여 년이 지났지만, 그런 긴 세월을 실감할 수 없을 정도로 글씨는 선명도를 유지하고 있었답니다. 첫머리는 이렇게 시작되어 있었지요.
'오호라, 인간터럼 거룩할 수도 잇고 인간터럼 비루할 수도 잇는 거디 또 어디 잇스리오.'
문장이 옛날식이고 철자법이 엉망이라서 불편하긴 했지만, 나는 개의치 않고 단숨에 읽어내려 갔습니다. 끝은 이렇게 맺어져 있었지요.
'내가 이 수긔를 썻스믄 결코 나의 배교를 합리화하려는 의도에서가 아니오라 도리혀 나의 잘못을 만텬하에 폭노하야 그거드로 죄씨스믈 하려는 거디일다.'

나는 이 수기를 부쩍 작품화하고 싶은 의욕을 느꼈습니다. 그리하여 이룩된 게 이 작품입니다.

—F. O—

제2장 산중턱

(무대 밝아지면—
빈 무대이다. 나(극작가)만이 구석 책상에 수기를 펼쳐 놓고 의자에 앉아 있다.)

나 (의자에 앉은 채로) 서기 1866년 천주교 신도들에겐 최악의 해였습니다. 고종이 어리기 때문에 그의 아버지 되는 흥선군, 이른바 '대원군' 으로 통하는 박력 있는 보수파 정치가가 섭정의 명분으로 국권을 한 손아귀에 쥐고 흔든 때이지요. 대원군은 천주교를 몹시 싫어했습니다. 집권 당시부터 천주교 탄압의 복안이 되어 있었다고 볼 수 있지요.
1866년의 새해가 밝자마자 신도 남종삼, 홍봉주 및 베르느를 비롯한 프랑스의 사교 아홉 사람을 효수함으로써 탄압은 시작된 거지요. 그리고 도시에 금교 교서가 내려졌답니다. 대원군의 속셈을 짐작 못하고 마음을 놓았던 신도들은 혼비백산해서 뿔뿔이 흩어져 숨어야만 했지요.

(요한, 흰 무명의 동저고리 바람으로 조심스럽게 등장.)

나 김요한도 이 바람에 숨어 다니는 신도의 한 사람이었습니다. 그가 천주교 신도가 된 것은 청나라로 가는 사신의 수행원이 되어 북경에 갔을 때 그곳에서 천주교 교리에 감동했기 때문이었지요. 그는 상투는 틀었지만 숫총각이었습니다. 그는 천주님을 위해서 동정을 지키려고 미혼인데도 기혼자처럼 상투를 틀어올린 것이었거든요.

그는 서울서 도망쳐 낮에는 숨어 잠자고 밤에만 걸어서 충청도에까지 이르렀습니다. 이른봄의 날씨라서 그의 동저고리 바람에는 좀 쌀쌀했지요. 게다가 거의 사흘이나 굶었으니 허기에서 오는 추위가 실제의 추위보다도 더 그의 몸을 으스스하게 했거든요.

그는 지명 수배된 신도 중에서도 거물급에 속했지요. 그가 관직에 있었을 뿐 아니라, 동정으로 상투를 틀어올린 일로 해서 열렬한 신도로 지목을 받고 있었던 겁니다. 또한 그 동안 자수의 권고도 숱하게 받아왔지 뭡니까.

요 한 (독백) 그러나 나는 자수할 생각은 애당초부터 추호도 없었다. 때로는 서기 1780년 무렵 천주교가 이 땅에 들어온 이래로 몇 차례 있었던 박해 때마다 피흘린 영웅적인 순교에 대해서 가슴 설레이기도 했지만, 그렇다고 나는 자진해서 체포되고 싶진 않았다. 나는 그런 행동이 결코 천주님의 뜻이 아니라고 믿기 때문이었다.

아무튼 순교와 영웅주의가 결부돼선 안 된다! 피할 수 있는 데까지 피해야 한다…… 그리고 한 사람에게라도 더 복음을 전해야지……. 나는 이런 신념으로 이곳까지 피신해 온 것이 아니었던가!

(조명, 황혼빛으로 차츰 바뀐다.)

나 이른 봄의 긴 해도 이제 뉘엿뉘엿 기울기 시작했습니다. 그는 마을이 내려다보이는 산중턱의 소나무 숲속에 숨어 있었지요.

한 50호쯤 되어 보이는 마을이었답니다. 거의 초가집이고 기와집은 네댓 채뿐이었거든요. 그 집들의 낮은 굴뚝에선 저녁 짓는 연기가 엷게 오르고 있었지요.

요 한 (독백) 저 마을에 내려가 밥을 구해서 굶주림을 면해 볼까? 아냐, 불쑥 들어갔다가 수상쩍게 보이면 안 돼…… 하지만 배가 너무 고픈데…… 그래도 참아야지……. 나는 심중의 갈등을 억누르듯 주린 배를 움켜쥐었다.

(남사당패 30여 명이 노란 영기를 앞세우고 등장.
영기 뒤에 농악꾼들, 그리고 흰 바지저고리에 남색 조끼를 입고 머리에 무명 수건을 질끈 동여맨 장정들과 다홍치마에 노랑 저고리를 아무렇게나 입어 여장한 젊은이들이 따르고, 그 위에 노인 몇과 등짐꾼들이 짐을 지고 따르고 있다.
똑같이 기진맥진한 상태이다. 그들은 무대에 나오자마자 모두 주저앉는다. 드러눕는 사람도 몇 있다.)

꼭두쇠 일어서! 이곳에서두 곰뱅이 안 텄다간 또 뱃속 공치는 거니깐드루 알아서들 하란 말씀야, 내 말씀은! (꽹과리를 요란스럽게 울리기 시작한다.)

(먼저 농악꾼들이 비실비실 일어나 풍물을 울리기 시작한다. 이어 장정들이 공중으로 곤두서기도 하고 빙글 돌기도 하며 묘기를 부린다.
이른바 땅재주로 '못하면 죽을 판이요, 잘하면 살판' 이라는 데서 말미암은 '살판' 이라고 일컫는 재주이다.
영기를 든 사람은 거기에 맞추어 영기를 마구 흔든다.)

꼭두쇠 (크게) 봉녀야, 너두 어서!

(봉녀, 일어선다. 전복(戰服) 차림에 전립(戰笠)을 비스듬히 멋지게 쓰고 있다.
매호씨, 그녀 앞에 웅크리고 엉거주춤히 키를 낮춘다.
봉녀, 날 듯이 가볍게 그의 어깨에 올라서 무동을 선다.
매호씨, 두 손으로 봉녀의 발목을 잡고 허리를 쭉 편다. 힘이 드는 듯 그 둥

글넓적한 얼굴을 찌푸렸지만, 눈썹과 눈꼬리가 아래로 처진 탓으로 웃는 것 같다.
봉녀, 섬세하게 손을 놀려 어깨를 잔물결치듯 들먹이며 간드러지게 춤춘다.)

나　　김요한은 수기에서 이렇게 그녀를 감탄하고 있습니다. '그 여자는 선녀일다. 선녀가 아니고서야 어이하여 저다지도 어여쁠 수 있스리이꼬!'

(모두, 한창 신나게 재주를 발휘하다가 웬일인지 딱 중단하고 아래쪽만 쏘아본다. 이윽고 곰뱅이쇠가 헐레벌떡 등장, 소리지른다.)

곰뱅이쇠　곰뱅이 텄데이! 곰뱅이 텄어!

(모두, 야아! 환성을 지르고 풍물을 울리면서 생기를 되찾고 나간다.)

나　　'곰뱅이'는 남사당패의 은어로, '허가'란 뜻이었습니다. 따라서 허가를 내는 역할의 사람을 '곰뱅이쇠'라고 하며, 단장인 '꼭두쇠'의 다음 가는 중요한 지위였답니다. 이 사실만으로도 '곰뱅이 트기' 즉 '허가 내기'가 얼마나 어려웠는가를 짐작할 수 있지 뭡니까. 실상 열 개 마을에서 예닐곱 마을은 으레 곰뱅이가 안 텄답니다.

(요한, 숨은 곳에서 나와 그들을 따라 조심스럽게 퇴장.)

제3장 놀이판

(무대 한가운데에 큰 멍석을 몇 장 깔고 있다.
그 둘레에 남녀노소의 구경꾼들이 둘러싸고 있다. 그 중에 요한도 끼어 있다.

놀이는 먼저 풍물로부터 시작, 쳇바퀴 · 대접 · 대야 등을 앵두나무 막대기 끝으로 돌리는 '버나' 와 요술을 부리는 '얼른' 판, 땅재주의 '살판' 따위가 푸짐하게 벌어진다.)

꼭두쇠 (꽹과리를 한 번 신나게 치고) 그럼 다음은 우리 남사당 패거리의 자랑거리인 '줄타기' 놀이가 벌어질 거란 말씀이오, 내 말씀은…….

(봉녀, 중차림을 한 채로 매호씨와 손을 잡고 등장하여 절을 한다.
그러자 그녀의 미모에 구경꾼들이 탄성이 터져 나온다. 그러나 다음 순간 까르르! 웃음판이 벌어진다. 매호씨가 우스꽝스런 표정을 지은 것이다.
봉녀, 하수 쪽으로 나가면 그 그림자가 크게 비친다. 이를테면 줄타기하는 줄이 하수 밖에 있는 것으로 설정한 것이다.
사물놀이패, 염불 장단을 울린다.)

매호씨 (하수 밖을 향해) 그럼 슬슬 시작해 볼거나.
봉 녀 좋을시고!

(봉녀가 줄 위에서 포즈를 취한 그림자가 비친다.)

봉 녀 강원도 금강산 1만 2천봉, 8만 9암자 절에서 내려온 중이 하나 있는데, 중타령을 한 번 하게 됐은즉슨 이리 하는 거렷다.
매호씨 중타령 좋지! 좋구말구!
봉녀Ⓔ (줄을 사뿐사뿐 거닐며)
중 하나 내려온다.
중이 하나 내려온다.

저 중의 거동 보소

얽었단 말도 빈말이오

검단 말도 빈말이오

저 중의 거동 보소

다홍띠 눌러 띠고

백팔염주 목에 걸고

단주는 팔에 걸고

구걸 죽장 손에 짚고

흐늘거리며 내려온다.

매호씨 옳거니!

봉녀Ⓔ (줄 한가운데에 앉아서) 아, 이 중의 행세 보소. 짚었던 죽장을 반 뚝 꺾어들고 이리 보고 저리 보고 하더니 부지깽이 했으면 적합하구나.(두 동강 낸 죽장을 매호씨에게로 던진다.)

매호씨 부지깽이! (우스꽝스런 표정을 짓는다.)

봉녀Ⓔ (다음에는 띠를 떡 벗어들고) 이건 뭘 했으면 적합할까? 첫아들 낳으면 돌띠감이 적합할세, 돌띠감 사가시오! (띠를 매호씨에게 던진다.)

매호씨 돌띠감! (우스꽝스런 표정.)

봉녀Ⓔ 장삼을 훌훌 벗어 이리 뛰고 저리 뛰고, 이리 보고 저리 보고 뭘 했으면 적합할까? 갈기갈기 주름잡아 마누라 치맛감이 적합할세. 치맛감 사가시오! (장삼을 매호씨에게 던진다.)

매호씨 치맛감!

봉녀Ⓔ 기왕에 사가는 김에 고깔까지 사가시오! (고깔을 벗어 매호씨에게 던진다.)

매호씨 고깔까지! (고깔이 그 머리에 씌워진다.)

(봉녀, 중의 옷을 벗어 던지고 전복 차림의 날씬한 미녀가 된다.
구경꾼들, 감탄한다.)

매호씨 (고깔을 천천히 벗고 울상이 되어) 망했구나, 망했구나. 공연스레 이것저것 사다 보면 빈대 한 마리 안 남겠구나. 그러나저러나 저놈의 근본을 이를 것 같으면 살기로는 댓골 막바지에 살고, 먹기로는 열여덟을 먹었는데, 사내도 아닌 계집으로서 줄타기판에 올라왔는데 가냘프게 생긴 놈이 뭘 하겠다고 올라왔는지 한번 내가 알아볼 것이오. (구경꾼들 둘러보며 재담을 늘어놓고 봉녀 쪽을 향해) 네가 올라올 적에는 여기서 재주를 부려 보려고 올라왔겠다?

봉녀Ⓔ 그렇지! 그놈 앙큼하게스리 말 한자리 잘한다.

매호씨 그럼 너 한 번 해봐라.

봉녀Ⓔ 한 번 하는 판에는 똑똑히 볼 거렷다.

매호씨 오냐!

(사물놀이패, 염불 장단을 울린다.)

봉녀Ⓔ (줄 끝에서 부채를 쫙 펴들며 포즈를 취하고 서서) 내 한번 건너가는데, 잘 건너가면 재주가 용코, 못 건너가면 재주가 메주가 되는 판이렷다.

매호씨 건너가 보렷다.

봉녀Ⓔ (일부러 위태로운 듯이 아슬아슬하게 건너가서 안도의 숨을 크게 쉬고) 거 한 번 갔다 오기가 꽤나 힘이 드는구나. 여기서 보기에는 얼마 안 되기에 맘 푹 놓고 갔다가 죽을 똥 쌀 뻔했네. 그러나저러나 갔다 오긴 갔다 왔지만, 또 건너갈 생각을 하니 난감하군. 가슴이 두근반 세근반 하고, 다리가 벌벌 떨리는 데다 정신이 아찔! 그래도 또 여길 건너가 보는데, 이번엔 타령을 한 번 울리고 장단 줄을 건너가는 거니 장히 어렵것다!

(사물놀이패, 타령 가락을 울린다. 봉녀, 포즈를 취하고 부채를 쫙 펴든 채 이번에는 먼저보다 더 떨어질 듯 말 듯 아슬아슬하게 건너간다.)

매호씨 허어 그놈, 낙동강 오리알 떨어지듯 똑 떨어질 줄 알았더니 과연 메주가 재주로구나!

(모두, 웃음을 터뜨린다.)

봉녀Ⓔ 예끼 이놈! 네미 쓸개 가서 붙을 놈! 염병을 앓다가 땀을 못 내고 죽을 놈!

(모두, 또 꺄르르 웃는다. 요한도 덩달아 웃다가 놀란다.)

나 봉녀의 묘기는 점입가경이었습니다. 갈수록 갈채와 탄성이 커졌지요. 한쪽 발만 딛고 한 발을 밑으로 늘여 휘젓는 동작을 양발 교대로 하는 '거미줄 늘이기', 양발을 줄에서 떼지 않고 뒤로 훑어가는 '뒤로 훑기', 양발을 오므렸다 폈다 하며 콩 심을 때 콩무덤 밟는 시늉을 계속하며 앞으로 가는 '콩 심기', 줄 위에 걸터앉아 화장하는 시늉의 '화장사위', 양반집 아들의 병신 걸음걸이의 '참봉댁 맏아들', 병신 아전 마누라의 모양내기의 '억석에미 화장사위', 처녀 총각이 서로 말을 주고 받는 장면의 '처녀 총각', 오른발 정강이를 줄위에 꿇고 왼발로 밀고 나가는 '외호모거리', 가랑이 사이로 줄을 타며 줄의 탄력을 이용해서 높이뛰기를 계속하는 '허궁잽이', 앉았다 일어났다 하며 앞으로 가다가 양발로 뛰어서 돌아앉는 '가세드름', 한 발로 계속 뛰며 앞으로 나가는 '외허궁잽이', 두 발을 모아붙이고 위로 뛰며 앞으로 나가는 '쌍허궁잽이', 곰배팔이의 걸음걸이 흉내내는 '양반 걸음', 밤 따러 온 아이들을 쫓아서 이리 뛰고 저리 뛰는 '양반 밤나무 지키기'…… 등등 다양하고 다채로웠을 따름입니다.

(봉녀는 이 대사에 맞추어 줄타기 동작을 해서 그 그림자가 비치게 한다.)

나　　구경꾼들은 열광의 도가니 속이었습니다. 김요한도 그 묘기에 도취하고 있었지요. 특히 일부러 실수해서 떨어질 것처럼 보였다가 줄을 차고 위로 높이 솟을 때의 아슬한 쾌미는 신묘할 정도였답니다. 김요한도 구경꾼과 더불어 비명을 질렀다가 이내 환성을 올리곤 하는 것이었죠.

그 가냘픈 듯한 몸의 어느 구석에 그렇듯 오묘한 기예와 줄기찬 힘이 간직되어 있단 말인가요!

그 때 김요한은 굳은 결심을 하고 있었습니다. 수기에서 그 결심의 동기를 이렇게 말했지요. '내가 몸을 담을 곳은 여기이니라. 숨어 있기에도 편리하려니와 또 저들에게 복음을 전할 내 사명을 다하기 위하여서도…….'

그러나 보다 큰 동기는 봉녀가 그 남사당 패거리에 있었기 때문일 겁니다.

(이윽고, 놀이가 다 끝나고 구경꾼들은 흩어져 나간다.
놀이꾼들, 뒷정리를 하고 있다. 꼭두쇠가 지휘한다.
요한, 꼭두쇠 앞으로 다가온다.)

요 한　이 남사당패의 대표십니까?

꼭두쇠　그렇소만…… 대표라고 하지 않고 꼭두쇠라고 부른단 말씀이야.

요 한　꼭두쇠 어른, 저도 이 놀이패에 끼어줄 수 없을까요?

꼭두쇠　보아하니 이 남사당 놀이에 대해선 별로 아는 게 없는 것 같은데……?

요 한　네…… 전혀 문외한입니다.

꼭두쇠　근데, 왜 끼고 싶어하느냐 말씀야?

요 한　보기에 흥겨워…….

꼭두쇠 흥겨워……? 허허허…… (껄껄거리고 나서) 흥겹게 봐줬다니 고맙소만…… 실제로 놀이 하는 우리로선 흥겹기는커녕 고생이 이만저만이 아니란 말씀야. 그러니깐드루 그런 생각은 일찌감치 단념하란 말씀야.

요 한 저도 압니다.

꼭두쇠 그럼 왜 고생줄에 끼지 못해 안달복달이냐 말씀야? 게다가 놀이에 대한 기예도 전혀 없으면서 말씀야?

요 한 기예는 배우면 될 게 아닙니까?

꼭두쇠 그게 말처럼 쉬운 게 아니란 말씀야.

(봉녀, 꼭두쇠에게로 다가온다.)

봉 녀 아버지, '나귀쇠'가 모자란 형편이잖아요?

꼭두쇠 모자라긴 하지만…… 저 사람이 해낼 수 있을까?

봉 녀 우리 패에 끼고 싶어하는데, 시켜 보면 될 게 아뇨. 시켜 봐서 안 되면 그만두게 해봤자 밑져야 본전 아니겠어요.

꼭두쇠 밑져야 본전……? (껄껄 웃고 나서) 허기야 그렇군.

요 한 (봉녀에게 감사의 눈길을 보낸다.)

봉 녀 (요한에게 그 눈길을 되받아 넘긴다.)

꼭두쇠 임자, 나귀쇠라도 좋수?

요 한 네, 고맙습니다!

꼭두쇠 나귀쇠가 뭔지나 알구서리 고마워하란 말씀야.

요 한 뭣이 됐든 끼게 해준 것만으로도 고맙습니다.

꼭두쇠 나귀쇠가 보통 고된 일이 아니란 말씀야. 쉽게 말해서 등짐꾼인데 등 갈비뼈가 휠 지경이란 말씀야.

요 한 그래도 좋습니다.

꼭두쇠 왜 나귀쇠라고 하는 줄이나 알고 하는 소리냐 말씀야?

요 한 당나귀처럼 짐을 나른다고 해서 그러는 거 아닙니까?

꼭두쇠 알긴 용케 아는군…… 그러니깐드루 당나귀 대접밖에 못 받는단 말씀야.

요 한 개의치 않겠습니다.

꼭두쇠 그렇다면 나도 개의치 않겠단 말씀이야.

요 한 네, 개의치 마시구 마구 부리세요.

꼭두쇠 별난 젊은이군.

—F. O—

제4장 놀이판

(놀이가 파하고 구경꾼들은 모두 돌아가고 없다. 사당패들만이 있다. 봉녀와 꼭두쇠가 무슨 얘기를 하고 있다. 그 봉녀에게로 한량이 다가가서 말을 건다. 그러자 봉녀는 고개를 억세게 흔들며 물러나고 그 사이를 꼭두쇠가 들어선다.)

나 봉녀는 쪽을 찌고 있지만, 아직 미혼이었습니다. 그녀가 처녀이면서 어엿하게 쪽을 찌고 있는 까닭을 김요한은 얼마 안 가서 알 수 있었지요. 다음 놀이판에서의 일이었답니다. 놀이가 끝나자 어느 희멀겋게 생긴 한량한테서 청이 들어왔거든요. 봉녀의 몸을 사겠다는 것이었지요.

(봉녀와 꼭두쇠, 그리고 사당패들과 한량의 판토마임.)

꼭두쇠 저애는 이놈의 딸년이옵는데, 보시다시피 쪽을 찐 남편이 분명한 유부녀입죠. 그러니깐드루 안 되옵네다. 정 사고프거들랑 저기 저 애들 속에서 하나 골라잡으시란 말씀입죠, 내 말씀은. (봉녀를 자기 몸으로 가리면서 여자 차림을 한 젊은이들을 가리킨다.)

(한량, 피식 웃으면서 이내 젊은이들에게 호색의 눈을 돌린다.
젊은이들, 허리를 꼬기도 하고, 눈을 아래로 내리깔기도 하고, 추파를 보내기도 하며 저마다 익숙한 교태를 부린다.
그 중에서 오직 나이가 가장 어려 보이는 젊은이만이 수줍은 듯 외면하고 있다. 한량, 입이 헤벌어지면서 그 젊은이의 팔을 잡아끈다. 그와 동시에 곰뱅이쇠가 불쑥 손을 내민다.)

곰뱅이쇠 허우채(화대)를 내이소. 그 아는 내 껀기라예.
한 량 (또 피식 웃고 엽전 몇 개를 꺼내서 곰뱅이쇠 손에 쥐어 준다.)
곰뱅이쇠 (냉큼 엽전을 셈하고 나서) 안 됩니더. 요래 쬐매 가지군 어림 택두 없는기라예. 이 아는 새것입니더. 저것들매로 헌것과는 안 다르겠십니꺼?

(젊은이들, 여자처럼 입을 비쭉거리기도 하고, 눈을 흘기기도 하고, 뾰로통하기도 한다.)

한 량 (혀를 차며 엽전 몇 개를 더 주고) 이젠 됐나?
곰뱅이쇠 됐심더.

(젊은이, 성큼성큼 걸어나가는 그의 머리꼬리에 단 갑사댕기가 다홍치마와 더불어 요란하게 팔랑거린다.)

곰뱅이쇠 오늘도 냇사 독수공방인기라…….

(곰뱅이쇠, 흐뭇해서 퇴장, 그러자 여섯 명의 놀이꾼들이 와 몰려들어 다섯

명의 젊은이들을 저마다 끌고 가려 한다. 자연히 한패의 쟁탈전이 발생한다.)

버나쇠 아니 워째서 이런다냐? 벌써부터 이 애는 내 것으로 점찍은 것인디 말여!

얼른쇠 뭐가 어째! 그동안 그만큼 재미를 봤으면 이제 돌리자구! 누군 재미볼 줄 몰라서 가만히 있는 줄 알아!

버나쇠 이거 참, 미치구 환장허겄네. 우린 버젓한 내외간인디 워떻게 여편네를 내돌리란 말이당가?

버나쇠 내외간은 무슨 놈의 얼어죽을 내외간이야! 이 애들은 우리 패거리의 공동 소유란 말이야!

버나쇠 머이 워쨌디어! 작것 싸가지 없는 소리 겁나게 해쌓네!

버나쇠 누가 싸가지 없는 소리 해대는지 모르겠다! 어서 이리내!

버나쇠 못내겠구먼!

(버나쇠와 얼른쇠, 드디어 멱살잡이를 하고 머리로 들이받으며 발로 차고 푸짐하게 싸운다.

꼭두쇠, 저만치서 봉녀와 다정히 무슨 얘기를 하다가 달려온다.)

꼭두쇠 왜들 이래!

얼른쇠 형님, 저 애를 오늘만 양보하랬더니 이 자식이…….

버나쇠 이 애는 내 것인디 워떻게 양보를 한다요? 성님, 판결쪼께 해보드라고요.

꼭두쇠 (호통) 시끄럽다! 이게 무슨 꼴불견의 짓이냐 말씀이야, 내 말씀은! 여보게, 덜미쇠 천 서방.

덜미쇠 (의아해서) 예, 왜 부르세유, 꼭두쇠 성님?

꼭두쇠　오늘은 이 애 자네가 데리구 자게나.

덜미쇠　어이구 성님, 고마워유. 이게 웬 떡이래유.

(덜미쇠, 허겁지겁 그 젊은이를 데리고 퇴장.)

꼭두쇠　자네들은 오늘 싸운 값으로 독수공방하든지, 그게 싫거들랑 둘이 끌어안구 자든지 하란 말씀야, 내 말씀은.

(버나쇠와 얼른쇠, 풀이 죽어서 퇴장. 조명은 '나' 만 비친다.)

나　　김요한은 차츰 남사당 패거리의 조직에 대해서 알기 시작했답니다. 부단장격인 곰뱅이쇠 아래에 14명 안팎의 '뜬쇠' 가 있었지요. 뜬쇠란 각 분야별 놀이꾼의 선임자입니다. 뜬쇠 밑에 놀이의 기능을 익힌 '가열' 이 있고, 그 밑에 신참내기인 '꼴찌' 가 있었지요.

꼴찌는 앞으로 기예를 배워 가열이 되는 것이지만, 가열이 되기 전에는 여자차림을 하고 뜬쇠들과 남색(男色) 관계를 갖게 된다지 뭡니까. 뿐만 아니라 청하는 사람이 있으면 하룻밤의 향락을 제공하는 남창이기도 했답니다. 그런데 꼴찌의 수효가 뜬쇠보다 훨씬 적기 때문에 치열한 쟁탈전이 벌어지는 것이었지요.

—F. O—

제5장 진달래가 만발한 산

(화창한 산새 소리가 들려온다.
요한과 봉녀, 손을 잡다시피 하고 등장하여 이리저리 거닌다.)

나 김요한은 봉녀에 대해서 거의 숙명적인 것을 느끼고 있었습니다. 자기 자신이 동정을 지키기 위해 총각이면서 상투를 튼 것처럼 그녀 역시 처녀이면서 쪽을 찌고 있다는 사실이 공동 운명을 지닌 것처럼 느껴진 거지요.
그에게 신분의 차이 같은 건 문제가 아니었거든요. 그는 적극적으로 봉녀에게 접근해 갔답니다. 봉녀 역시 김요한을 유달리 봤습니다. 상민을 내세우지만, 그 행동거지가 상민 같지 않았거든요. 계급의 가장 밑바닥에서 자라난 봉녀로서 다른 계급, 그것도 가장 위에 속하는 계급의 사람을 눈치채지 않을 리 없었지요. 게다가 그는 이목이 수려한 귀공자 형이었으니 말입니다.
—양반집 자제로 무슨 잘못을 저질러 몸을 숨기고 있는 거겠지……?
이런 봉녀의 막연한 공상은 그를 더욱 낭만적인 존재로, 그 둘레에 연보랏빛 꿈의 안개를 피우게 하는 것이었습니다.
그러던 어느 날, 그들은 둘이서만의 시간을 가질 수 있었지요.

(김요한과 봉녀, 작은 바위에 가서 앉는다.)

나 남사당 패거리들이 다음 놀이판을 찾아가다가 봄볕에 나른한 몸을 쉬게 됐던 겁니다. 모두 잔디 위에 벌렁 누워 따스한 봄볕을 즐기며 낮잠을 잤답니다. 온 산에 만발한 진달래가 이젠 한물 가서 쉰내를 물씬 발산하고 있었답니다.
봉 녀 (손에 들었던 진달래 꽃나무의 한 가지를 꺾어 자기 머리에 꽂고) 우리 고향에도 진달래가 많이 폈어요…… 온 산이 붉게 진달래로 뒤덮였죠…….
요 한 나는 한성이 고향이라…… 그런 추억이 없는 게 유감입니다.
봉 녀 이 진달래꽃으로 술을 빚어요…… 어머닌 몸에 좋다고 늘 그 술을 들었죠…… 내게도 먹이고…… 나는 그 술에 취한 적도 있어요.
요 한 어머닌 돌아가셨나요?

봉 녀 네…… 내가 열다섯 살 때…… (말쑥한 얼굴에 우수의 빛이 슬쩍 스치고 지나간다.) 어머닌 무당이었어요.…… 서러우리만큼 청승맞게 굿을 잘했죠…… 봉황새가 하늘 높이에서 내려와 진달래 꽃가지를 물어다 준 꿈을 꾸고 나를 잉태했대요…… 그래서 내 이름이 봉녀죠…….

요 한 봉녀……. (혼자 중얼거린다.)

봉 녀 봉황새가 날아오는 광경은 마치 하늘에 두 날개로 쌍무지개를 그리는 것과 같았다고 어머닌 늘 말씀하셨어요…… 그러믄서 나를 천신(天神)이 점지한 딸이라고 퍽 귀여워하셨죠.

요 한 천신이 점지한 딸……. (신음하듯 중얼거린다.)

봉 녀 그럴지도 몰라요…… 난 어렸을 적부터 하늘을 좋아했죠…… 산에 올라가 풀밭에 누워 하루 종일 하늘만 우러러보기도 했어요.

(봉녀, 바위를 베고 비스듬히 눕는다.)

나 봉녀는 그 때의 기억을 생생하게 되살린 듯 진달래꽃 속에서 바위를 베고 비스듬히 누웠습니다. 그 태도가 너무나 자연스러워 조금도 음란한 구석이라곤 없었지요.

그녀는 눈을 가느름하게 뜨고 하늘을 봤습니다. 하늘은 맑게 푸르고 진달래꽃은 붉게 어우러져 그 속에 누운 봉녀가 어찌나 화사한지, 천신이 점지한 딸이란 말이 그다지 과장되게 들리지 않을 정도였거든요.

봉 녀 그래서 나는 줄을 타는 어름산이가 됐나 봐요…… 그야 아버지가 어름산이기도 했지만…… 어쨌든 줄 위는 공중이고, 땅보다 하늘에 가깝거든요…… 난 이 땅 위가 싫어요…… 난 땅을 떠나 줄 위에 섰을 때 몸이 비비꼬일 정도로 즐거움을 느끼죠…….

요 한 하늘은 나도 좋아합니다. 하늘엔 천당이 있으니까요…….

봉 녀 천당…… 천당이 뭐예요?

요 한 천국…… 하늘나라 말입니다.

봉 녀 하늘나라면, 천신님이 계신 곳이 아니예요?

요 한 …….

나 김요한은 입을 다물었습니다. 봉녀가 가지고 있는 하늘나라와 자기가 가지고 있는 천국의 개념은 영 딴 것이라는 사실을 너무나 잘 알기 때문이지요.

봉 녀 그렇죠?

요 한 …….

(봉녀, 입을 다문 요한을 의아스럽게 바라보다가 얼굴이 갑자기 활짝 핀다. 그리고 냉큼 일어난다.)

봉 녀 오, 꽃뱀!

나 알록달록 징그럽도록 고운 무늬의 꽃뱀이 한 마리 가느다란 혓바닥을 날름거리며 진달래꽃 그늘에서 살며시 기어나오고 있었습니다.

(요한, 돌을 집어들기가 무섭게 그 뱀을 내리친다.)

봉 녀 아앗! (비명을 지르며 두 손을 맞잡고 부들부들 떤다.)

(요한, 또 돌을 집어들고 내리친다.)

나 몸뚱이에 돌을 맞은 뱀은 꿈틀거리느라고 더 징그런 몸짓을 하고 있었습니다. 대가리가 납작하게 묵사발이 된 꽃뱀은 꿈틀거리는 동작이 늦추어지며 천천히 뻗어갔지요.

봉 녀 (미친 듯이) 어쩌려고 이런 짓을 하는 거예요! 꽃뱀을 때려 죽이다니!

영물스럽고 아리따운 꽃뱀을 때려 죽이다니! 죄받아요, 죄받아! 죄받아 지옥에 가요!

(요한, 그 때서야 미친 듯이 부르짖는 그녀를 의식하고 그 꽃뱀의 꼬리를 붙잡아 한 번 휙 돌려 멀리 내던진다.)

봉 녀 산 목숨을 때려 죽인 사람은 죽어서 방아지옥에 가게 돼요!
요 한 방아지옥……?
봉 녀 그래요! 죄인을 방아 속에 넣고 찧어 몸뚱이가 천 조각 만 조각이 나 피범벅이 되는 건데, 하루에 만 번 죽고 만 번 살아나는 고통을 겪어야 하는 거죠!
요 한 뱀을 죽였대서 지옥에 가진 않습니다! 도리어…….
봉 녀 (막무가내로) 아니에요! 지옥에 가게 돼요! 만약에 칼로 죽이면 칼산지옥에 가게 되죠! 죄인을 칼나무 끝에 올라서 있게 해서 손으로 칼나무를 휘어 잡으면 온몸이 백토막 나게 베어지고, 발로 칼산을 밟으면 몸뚱이가 천 갈래나 되도록 찢어지는 고통을 겪는 거예요!
요 한 …….

(봉녀, 끝내 두 손으로 눈을 가리고 흐느껴 울기 시작한다. 어깨를 들먹이며 흐느낄 때마다 머리에 꽂은 진달래꽃이 가냘피 설레인다.)

요 한 (달래듯, 설득하듯) 뱀은 죄가 많습니다…… 우리 인간은 애당초 에덴의 동산에서 아무런 근심 걱정 없이 행복하게 살았던 겁니다…… 근데 사악한 뱀의 꾐에 빠져 하나님이 따먹지 못하게 한 금단의 과일을 따먹고, 그 낙원을 쫓겨난 거죠…… 그러니까 뱀은 우리 인간의 원수인 겁니다…….

(봉녀, 울음을 그치고 손으로 얼굴을 가린 채 조용히 요한의 말을 듣는다.)

요 한 하나님은 천지만물을 오직 인간을 위해서 만드신 겁니다…….

봉 녀 (가렸던 두 손을 내리고 그를 노려보듯 쳐다보며) 인간 아닌 다른 산 목숨을 위하지 않은 거예요?

요 한 네…… 오직 인간만을 위해서 만드셨으니까, 우리 인간은 그 하나님을 믿고 그 뜻을 따라야 합니다…….

봉 녀 그럼 하나님과 천신님은 다른 건가요?

요 한 내가 말하는 하나님은 이 천지 만물을 창조하신 전지전능의 조물주를 말하는 겁니다……. 그 조물주는 하늘에 계시며, 오직 하나밖에 안 계십니다. 그래서 하나님이라고 하는 거죠…….

봉 녀 무슨 말인지 난 모르겠어요…… 허지만 듣고 싶어요…….
(그의 말에 관심을 나타내기 시작한다.)

요 한 무엇보다도 먼저 하나님은 숨은 존재로, 인간의 눈으로는 볼 수 없는 것임을 알아야 합니다. 그런데도 인간은 하나님을 보고 싶은 욕망을 품고 있기 때문에 해라든지, 달이라든지, 별이라든지를 하나님으로 생각하기도 합니다. 또는 인간의 환상에 의해 우상을 만들기도 했던 겁니다.

봉 녀 우상이 뭐예요?

요 한 봉녀의 어머님이 무당이셨다니까 잘 알겠지만, 어머니가 모셨을 신상 같은 겁니다.

봉 녀 …….

요 한 하나님은 원래 보이지 않는 존재지만, 우리 인간을 죄악과 무지에서 구하기 위해 몸소 우리들 속에 오셔서 인간이 되신 것이 이겁니다. (품속 깊이 간직했던 성화를 꺼내 보인다.)

봉 녀 어머나, 이뻐라!

요 한 이쁜 아이죠?

봉 녀 아니에요, 난 아이를 안고 있는 이 어머니가 이쁘단 거죠.

요 한 아, 그 어머닌 성모 마리아입니다.

봉 녀 성모 마리아?

요 한 네…… 성스러운 어머니 마리아란 거죠…… 하나님 자신이 아기가 되셔서 이 마리아님을 통해 인간의 아들로 태어났기 때문입니다.

(봉녀, 그림을 진득이 들여다보며 요한의 말에 귀를 기울인다.)

요 한 하나님의 아들은 그리하여 희생과 사랑으로써 우리 인간 모두의 죄를 대신 짊어지시고 십자가에 못박히셨던 겁니다…… 보십시오, 이 십자가를…… (품속에 간직했던 십자가를 꺼내 보여준다.)

봉 녀 아이, 끔찍해라!

요 한 끔찍해 하지 말고 잘 보세요…… 약간 기울어진 파리한 얼굴과 갈비뼈가 앙상하게 드러난 수난의 이 모습을…….

(봉녀, 십자가를 받아들고 차분히 들여다본다. 그리고 차츰 감동되어 간다.)

요 한 하나님의 아들은 이런 모습이 되면서까지 수난을 겪은 그 보상으로 우리 인간은 오늘도 삶의 행복을 누릴 수 있는 겁니다. 그러니까 우린 하나님께 감사하고 하나님을 찬송해야 하죠……. (눈을 지그시 감고 입술을 달싹거리며 기도드린다.)

봉 녀 (그의 입모습을 호기심으로 바라보다가) 이 그림 나 주실 수 없으세요?

요 한 아, 가지십시오. 그리고 봉녀도 이 마리아님처럼 성스러운 여자가 되도록 힘쓰십시오. ……참, 이 그림 함부로 남에게 보이지 말고 봉녀 혼자서 잘 간직해야 합니다.

봉 녀 네, 알았어요. (소중히 품속에 간직한다.)

(산새가 운다.)

—F. O—

제6장 골짜기 근처

(요한, 봉녀를 열심히 설득하고 있다.
실개천 흐르는 소리가 들려온다.)

나 그 후로 김요한과 봉녀는 아주 가까워져 설득도 가능하게 되었습니다. 김요한은 그 때의 상황을 수기에서 이렇게 말하고 있지요. '나는 기회 있는 대로 봉녀에게 교리를 일러 주었다. 그리하여 봉녀는 천주교 신자가 되기 위해 나에게 영세를 간청하였다.'

요 한 영세성사는 신부가 베푸는 거지만, 신부를 만나 부탁드릴 도리가 없고…… 어쩌면 좋을까?

봉 녀 요한님이 대신해 주시면 될 게 아니에요?

요 한 글쎄…….

봉 녀 제발 부탁이에요. 대신해 주세요. 난 일각도 기다릴 수 없어요.

요 한 이러는 게 아닌데…….

봉 녀 난 요한님에게 영세를 받고 싶으니 잘 부탁하겠어요.

요 한 봉녀의 마음이 정 그렇다면…….

봉 녀 고마워요, 요한님!

요 한 그럼 이 실개천 가로 오십시오.

봉 녀 네.

(요한과 봉녀, 개천가로 가서 초라하지만 엄숙한 영세성사를 한다.)

요 한 어떻습니까? 이젠 교리를 잘 깨달았다고 생각하나요?

봉 녀 글쎄요. 내 딴에는 어느 정도 깨쳤다고 생각은 하지만…….

요 한 앞으로 군란이 일어나 잡히는 경우 천주님을 배반하지 않고 순교까지도 서슴지 않겠습니까?

봉 녀 그야 물론이죠. 일단 천주님을 대군대부(大君大父)로 섬기게 되었으니 어찌 백성으로서 임금님을, 자식으로서 부모님을 배반할 수 있겠어요?

요 한 (고개를 끄덕인다.)

봉 녀 이제까지 우리 나라 교우들이 교리도 넉넉히 익히지 못하고도 용맹스럽게 순교했는데, 교리를 깨닫고 신부로부터의 정식 영세성사는 아니지만, 요한님의 정성 어린 영세성사를 받았는데, 어찌 순교를 서슴하겠어요?

요 한 (고개를 크게 끄덕이며) 영세하는 그 때 영혼 상태가 어떻게 되며, 무슨 자격을 받게 되는지 압니까?

봉 녀 원 · 본죄와 그 벌까지도 모두 사해져서 결백하게 되고, 천주님의 의자가 돼서 천국을 누릴 자격을 얻게 되며, 성교회의 회우가 돼서 모든 성사를 받을 권리와 성인들과 서로 통공할 자격을 얻게 되죠.

요 한 앞으로 뭘 하려 합니까?

봉 녀 남의 영혼을 구원하는 일을 하고 싶어요.

요 한 그렇다면 이 남사당패들의 영혼을 구원해야 합니다. 그러기 위해선 먼저 꼭두쇠인 아버지를 설득해야 합니다. 놀이꾼에 있어서 꼭두쇠의 권한은 절대적이니까 아버지만 입교하면 그 다음은 수월할 겁니다. 게다가 아버진 딸을 극진히 사랑하고 있거든요. 그러니 충분히 설득할 수 있을 거예요.

봉 녀 네, 힘써 보겠어요. 잘 될 거예요.

요 한 아, 저기 아버지가 오시는군요. 혼자서…….

봉 녀 '그럼, 요한님은 자리를 피해 주세요.

(요한, 퇴장. 이윽고 꼭두쇠, 등장. 봉녀, 꼭두쇠를 열심히 설득한다. 이윽고 그들 퇴장.

곧이어 반대쪽에서 요한, 노인 셋을 설득하면서 등장, 노인들을 편히 앉히고 열심히 설득을 계속한다.)

나　　김요한은 또한 '저승패'에 대해서 관심을 갖고 접근했습니다. 저승패란 놀이의 기능을 잃은 늙은이로, 이 패거리에도 셋이나 있었답니다.

저승 갈 날이 가깝대서 그런 이름이 붙은 거지요. 놀이꾼들이 늙어서 되는 저승패지만, 놀이꾼들의 그들에 대한 태도는 냉담했거든요. 우리가 벌어 먹여 살린다…… 이런 속마음이 뻔히 들여다 보였지 뭡니까.

(매호씨, 잡곡밥 한 바가지를 들고 등장.)

매호씨　아침 식사요, 나귀쇠 김 서방…… (밥바가지를 내던지듯 준다.)

요 한　고맙소…… 근데 이 노인 어른들한테는?

매호씨　아니, 무슨 놈의 얼어죽을 노인 어른이람! 관 속에 한 발 들여 놓은 저승패를 가지고…….

요 한　매호씨도 늙으면 저승패가 될 텐데 뭘 그래요!

매호씨　늙어 저승패가 될 땐 될망정 우선은 우리가 벌어 먹이고 있으니까 짐이 되는 건 분명하지.

요 한　그렇게 짐스러워하지 마세요. 저 어른들도 풀기 있을 때 모두 풀기 떨어진 선배분들을 먹여 살렸잖소. 그러니 마땅히 후배가 먹여 살려야 할 게 아니겠소?

매호씨　누가 먹여 살리지 않는다는 건가, 젠장…… 다만 여름철이라선지 줄곧 곰뱅이가 트지 않으니 남사당패 규약에 따라 일하지 않는 저승패를 굶길 수밖에.

요 한 가뜩이나 먹는 즐거움밖엔 아무 즐거움도 없는 이 노인 어른들께는 힘에 겨운 고통이 아니겠소?

매호씨 누가 그걸 몰라서 그러나. 우리도 이 좁쌀밥 두 끼로 긴긴 하루를 보내려면 뱃속에선 쪼르락 소리가 나는 판인데 어쩌겠누, 젠장할!

요 한 세 사람 몫이 안 된다면 한 사람 몫이라도 주시오. 같이 나누어 드시게스리…….

매호씨 글쎄 안 된다는데 웬 성화가 이리 대단하담! 김 서방이나 어서 먹어 두라구. 오늘은 양촌 마을로 옮겨 간다니까 팔십리 길이 넉근할 테니 등짐 지구 가려면 배때기깨나 고플 게 뻔헐 테니까.

요 한 만약 그 양촌 마을에서도 곰뱅이가 안 트면……?

매호씨 쪼그락거리는 배때기 움켜쥐고 또 다른 마을로 옮겨 가야지, 별 뾰족한 수 있나, 젠장……(울화가 치밀어) 아니, 왜 아침부터 곰뱅이 안 틀 얘길 나불대는 거야, 재수없게스리, 젠장할!

요 한 내 잘못했수. 이 노인 어른들의 처지가 딱해서…… 그만 말이 많았수.

매호씨 지금 김 서방 처지가 저승패 처지 딱하게 여길 땐가, 젠장할……!

(매호씨, 투덜거리며 퇴장.
요한이 밥바가지를 들자, 저승패들의 처량한 눈길이 쏠린다.)

요 한 (그들 앞에 밥바가지를 내놓으며) 나누어 드세요.

저승패들 (냉큼 손대지 못하고 요한의 눈치만 본다.)

요 한 난 골짜기로 가서 물을 배부르게 마시면 될 테니까 염려 말고 어서 드세요.

(요한, 허리띠를 졸라매면서 퇴장. 저승패들, 앞다투어 게걸스럽게 먹어치운다.)

나 이렇게 해서 그들에겐 쉽게 전도할 수 있었습니다. 하기야 저승에 한 발 들여놓은 것과도 같은 그들에게 영락 영생의 교리는 잘 먹혀들어 갈 수밖에 없었지요.

—F. O—

제7장 산속

(남사당 패거리 둘, 요한과 봉녀의 주도하에 교리도 배우고 기도도 드리곤 한다.)

나 이렇게 노력한 결과 1년 후에는 패거리 전부가 천주교 신자가 되었습니다. 그들은 놀이판을 찾아가는 도중의 산 속에서 교리도 배우고 기도도 드리곤 했지요.
자연히 만민 평등의 사상이 퍼져 저승패와 꼴찌의 학대가 늦추어지고, 남창과 남색의 풍습도 차츰 자취를 감추기 시작했답니다.

—F. O—

제8장 구석진 곳

(칠흑 같은 어둠의 한구석에 조명이 비치면, 요한과 봉녀가 욕정에 몸을 불태우며 짙은 정사를 벌이고 있다. 헐떡거리는 두 사람의 숨소리가 거칠다. 봉녀의 희뿌연 살결이 인상적이다.
조명이 천천히 어두워지고, 그 반대쪽 구석이 천천히 밝아지면, 요한이 혼자서 정사하는 시늉을 하며 거칠게 숨쉰다. 이윽고 번쩍 눈을 뜨고 벌떡 일어난다. 조명이 확 퍼져 무대 전체가 밝아진다. 요한, 무대를 이리저리 거닐며 몹시 고민한다.)

나　　김요한과 봉녀의 사이도 둘만의 비밀로 이젠 부부와 다름없었습니다. 다만 서로 동정을 지키기로 약속했기 때문에 육체적 관계가 없을 따름이었지요. 그러나 김요한은 건강한 남자이기에 봉녀에게 정욕을 느낄 때마다 무척 고민했습니다. 심지어는 자기 성기를 잘라 버리려고까지 결심했다가 잘못을 깨닫고 그만둔 적도 있었지요.
그 깨달음이란 '이 몸의 모든 건 부모로부터 받은 것이니 다치지 않는 것이 효도의 시작이다'라는 유교적 사상에서 말미암은 것이 아니라, 성불구자는 수도자로서의 자격이 없다는 천주교적 사상에서 말미암은 것이었습니다.
김요한은 철두철미한 천주교 신자로서 오직 천주님을 위해서 자기 의지로 굳세게 동정을 지키려고 다짐하는 것이었지요. 하지만 너무 고통스러운 때는 자기 다리에 스스로 모진 매질을 했답니다.

(요한, 자기 다리에 모진 매질을 한다. 봉녀, 급히 등장.)

봉 녀　(붙들며) 아니, 이 피! 이게 무슨 짓이에요? 자기 다리에 스스로 매질을 하다니!
요 한　너무나 고통스럽소. 그 고통스러움을 물리치기 위해서…….
봉 녀　고통스러움을 물리치기 위해 고통을 보태다니…….
요 한　고통에 고통이 보태지면 고통은 어느덧 무감각이 되는 셈이오.
봉 녀　유별난 고통풀이는 그만두세요! 결코 몸이 견뎌내지 못할 거예요. 그보다도 나처럼 고통을 풀으세요.
요 한　……?
봉 녀　나는 고통스러울 땐 '꽃그네'를 떠올려 풀죠.
요 한　꽃그네라니……?
봉 녀　울긋불긋한 종이꽃으로 장식한 아름다운 그네 말이에요. 내가 자란 고향에선 굿을 마친 무당이 꽃그네를 타면, 그 아래에 모인 몇천 명의 구경꾼들은 환성을 지르며 미친 듯이 춤추는 게 마치 열광의 도가니와도 같은 '꽃그네의 풍습' 이 있었어요.

요 한 꽃그네의 풍습……?

봉 녀 (고개를 가볍게 끄덕이고) 어머니가 무당이었다는 건 알고 있지요? 내가 애기했으니까.

요 한 네, 서러우리만큼 청승맞게 굿을 잘하셨다고 했었지요.

봉 녀 일 년 중 가장 푸짐하게 치러야 하는 마을의 성황당 굿을 앞두고 갑자기 어머니가 병이 났어요. 그래 마을의 풍습에 따라 내가 굿을 했죠. 이 굿은 아름다운 여자가 해야 한다는 풍습이었고, 또한 나는 어머니로부터 굿을 익히 배웠기에 나를 안성맞춤이라고 모두 찬성이었죠.

요 한 …….

봉 녀 굿이 끝나고 꽃그네를 타려고 할 때 어머니가 돌아가셨다는 전갈이 왔어요. 나는 괴로웠지만 꽃그네를 탔죠……. 그게 굿을 한 사람으로서 가장 큰 영광이기에 나는, 나를 제일로 아껴 주시던 어머니를 잃은 고통을 꾹 누르고 꽃그네를 탄 거예요……. 근데 꽃그네를 타고 있는 동안에 나는 괴로움을 말끔히 잊은 채 가슴 깊이서 솟아올라 넘치는 벅찬 기쁨을 안고 황홀경에 빠졌어요…… 마치 천신님을 만나러 봉황새를 타고 하늘로 날아가는 기분이었죠…… 나는 천신님이 점지하신 딸이거든요.

요 한 ……!

봉 녀 저…… 혹시 그 고통이란…… 나에 대한 고통이 아닌가요?

요 한 (고통스러워할 따름이다.)

봉 녀 그 고통이 나에 대한 고통이라면…… 우리 그 약속을 버리고 부부의 관계를 맺으면 어떨까요?

요 한 안 돼요! 안 돼! 우린 그 약속을 영원히 지켜야 해요!

봉 녀 하지만 이렇게 고통스러워하는 걸 보면 우리의 약속이 무서워져요.

요 한 그러나 우리의 그 약속은 우리 두 사람의 약속인 동시에 하나님에게 바친 약속이기도 해요., 그런 만큼 어떤 일이 있어도 이 약속을 지켜야 해요!

봉 녀 나는 어디까지 우리 둘만의 약속으로 여기고 있어요. 그러니…… 나를 안아 주세요…… (몸을 요한에게 기대어 안기려 한다.)

요 한 (떠다밀며) 안 돼! 안 돼! 안 돼! 우린 그 약속을 끝까지 지킵시다. 꼭 지켜요! (봉녀의 두 손을 꼭 쥔다.)

봉 녀 (고개를 숙인다.)

(매호씨, 무심코 나오다가 이 광경에 주춤 선다. 그 눈이 질투로 야릇하게 빛난다.)

매호씨 흥, 잘들 놀고 있군요. 둘 사이가 이쯤 됐으니 봉녀가 나한테 쌀쌀맞게 굴 수밖에!

요 한 매호씨, 그건 오해요.

매호씨 흥, 오해 좋아하시네. 오해는 무슨 얼어죽을 놈의 오해! 젠장할!

봉 녀 매호씨, 왜 그래요, 도대체?

매호씨 그걸 몰라서 묻는 거야? 젠장할!

요 한 우리 사이는 깨끗해요.

매호씨 깨끗한 거 되게 좋아하시네. 젠장할!

요 한 그러지 말고 이리 와서 우리 같이 기도드립시다.

봉 녀 그래요, 부디…….

매호씨 기도 같은 건 앞으론 안 드릴 테야! 어디 두고 보자구.

(매호씨, 씩씩거리며 퇴장. 요한과 봉녀, 불안해진다.)

—F. O—

제9장 지방 관청 앞

(포졸 2명, 삼지창을 들고 서 있고 그 중간에 포교가 십자가를 들고 서 있다. 그 앞으로 몇몇 행인들이 오간다. 그 가운데 수상쩍은 딱부리를 불러세운다.)

포 교 이봐 젊은이, 이리 좀 오게.

딱부리 저말인감유?

포 교 그려, 이리 와봐.

딱부리 왜 그런대유?

포 교 혹시 천주학을 믿지 않는감?

딱부리 천주학이람 치가 떨리는디유. 자기 조상의 상청을 때려부시구 신주를 동댕이친다는디, 누가 그런 못된 교를 믿는대유.

포 교 (십자가를 내밀며) 그럼 이 십자가에 한 번 침을 뱉어 보드라구.

딱부리 그까짓 거 한 번뿐만이 아니라, 골백 번 뱉을 수 있지 않겠남유. 보세유. (침을 퇴, 퇴, 퇴, 계속 뱉는다.)

포 교 그만, 그만 됐어. 가보게.

딱부리 그럼 수고하세유. (나간다.)

(털보, 딱부리와 엇비껴 나온다.)

포 교 임자, 이리 좀 오슈.

털 보 나말인감유?

포 교 그렇수.

털 보 왜 부른대유. 바쁜 일이 있어 가는디. (투덜거리며 온다.)

포 교 천주학을 믿는겨?

털 보 아니, 천준가 뭔가 하는 서양 귀신을 떠받들구 제 부모 말은 개방구로 아는 그런 고약헌 걸 무슨 초친 맛으로 믿는답디껴.

포 교 그럼 이 십자가에 침 한 번 뱉어 보드라구.

털 보 (느닷없이 포교의 손에서 십자가를 빼앗아서 땅에 놓는다.)

(포교, 칼자루에 손을 대고 포졸도 창을 털보에게 겨눈다.)

털 보 침 뱉는 게 대숩디여! 난 오줌 감태기를 만들겠구먼유. (괴춤을 끄르고 성기를 드러내려고 한다.)

포 교 (질려서) 아, 알았수, 알았어! 어여 가보슈!

털 보 바쁜 사람 붙들구 괜헌 짓거리 허구 자빠졌구먼. (투덜거리며 나간다.)

(매호씨, 살그머니 나와 포교에게 속삭인다.)

—F. O—

제10장 산중턱

(남사당 패거리가 낮잠을 자고 있다. 그러나 매호씨는 살며시 눈을 뜨고 일어나 손짓으로 신호한다. 그러자 포졸들이 포교의 지휘 아래 육모 방망이를 휘두르며 덮쳐 온다.
소스라쳐 일어난 패거리들, 저마다 나름대로 저항한다. 가령, 버나꾼은 대야을 돌리듯, 얼른꾼은 요술을 부리듯, 살판꾼은 땅재주를 부리듯 대항전을 벌인다. 그래 다치는 사람이 수두룩해진다.)

요 한 (크게) 형제들이여, 천주님께선 폭력에 폭력으로 대하지 말라고 하셨습니다! 그러니 우린 순순히 묶입시다!

봉 녀 (역시 크게) 그리고 우린 용감하고 의연하게 순교합시다! 제 아무리 배교 고문이 혹독할지라도 꺾이는 일 없이 순교합시다.

(포졸들, 대항을 포기한 패거리들을 사정없이 묶는다. 포교가 매호씨의 등을 툭 치며 싱긋 웃자, 그 역시 싱긋 웃고 얼른 사라진다.)

—F. O—

제11장 지방 관청 안

(요한과 봉녀를 비롯하여 모든 사당패 패거리들이 오라줄에 묶여 포졸에게 끌려 등장, 그 곳에 꿇려 앉힌다.
모두 공포에 떨고 있지만, 꼭두쇠만은 의연하고, 요한과 봉녀는 평화롭다. 저승패들은 체념한 듯하고.)

나 애당초 뚜렷한 신앙심에서 신자가 된 게 아니라, 남사당에선 절대적 권한이 있는 꼭두쇠의 권고에 의해 신자가 된 패거리인 만큼 포졸의 오라를 받자 벌써부터 공포에 몹시 술렁거렸습니다. 쉽사리 신자가 될 수 있었던 그들은 또한 쉽사리 배교할 수 있는 소지를 내포하고 있었던 거였지요. 그래도 꼭두쇠는 한 단체의 책임자인 만큼 의연한 태도를 취하고 있었답니다. 그리고 죽을 날이 가까워 억지로라도 영생 영락을 믿고 있는 저승패들 역시 비교적 태연했지 뭡니까. 김요한과 봉녀는 평화로운 마음으로 닥쳐올 혹독한 고문을 기다리고 있었습니다.

—F. O—

제12장 고문하는 곳

(중앙에 커다란 십자가가 세워져 있다.
꼭두쇠 앞에서 봉녀를 4명의 포졸이 고문하는데, 그 고문 장면은 다음의 내레이션에 따라 진행, 전개된다.)

나 그들 패거리를 문초한 수령은 교활한 자였습니다. 먼저 꼭두쇠를 배교시켜야 한다는 걸 깨닫고 봉녀를 그가 보는 데서 고문했지 뭡니까. 난장질 · 삼릉장질 · 주리질 · 톱질 · 낙형질…… 고문은 차츰 가혹해졌지요.
난장질은 신도를 땅바닥에 엎어놓고 거적을 씌운 다음 곤장을 든 네 명의 포졸들이 달려들어 마구 후려치는 것이며, 삼릉장질은 참나무로 만든 날카로운 도끼로 신도의 살점을 야금야금 쪼아내는 겁니다.
주리질은 팔주리와 다리주리가 있는데, 팔주리는 두 팔을 모아 팔꿈치 위에까지 붙잡아 매고 그 두 팔 틈에 두 개의 굵은 몽둥이를 끼워 지렛대 삼아 사뭇 틀어서 어깨쭉지가 서로 맞닿을 정도가 되도록 합니다. 그리곤 팔의 결박을 풀고 가슴팍을 발로 밟아 팔을 앞으로 잡아당겨 뼈를 제자리에 돌아오게 하는 겁니다. 다리주리는 두 무릎을 포개어 묶고 또 두 엄지발가락도 묶거든요. 그리고 두 정강이 틈에 모난 곤장을 비벼 끼운 다음 지렛대 삼아 천천히 젖힌답니다. 그러면 앙상한 다리뼈가 활처럼 굽는 겁니다.
톱질은 털그물을 넓적다리에 감아 두 포졸이 한 끝을 붙들고 죄었다, 늦추었다 해서 털그물이 살을 파고 들어가 뼈에까지 이르게 하는 겁니다.
낙형질은 벌겋게 달아오른 부젓가락으로 신도의 몸뚱이의 급소 열여섯 군데를 지져대는 겁니다.

(꼭두쇠, 십자가에 침을 뱉는다. 그러자 사당패들, 줄이어 등장하여 저마다 십자가에 침을 뱉는다. 그리고 퇴장.

다만 요한과 봉녀, 저승패는 침을 뱉지 않는다. 그러나 저승패들은 고문당하다 저마다 죽어 떠매 나간다.)

나 결국 꼭두쇠는 배교했습니다. 그리하여 김요한과 봉녀와 저승패 셋을 제외한 전 패거리가 뒤이어 배교했지요.
그 후 저승패들은 늙은 몸이라 고문으로 숨지고 김요한과 봉녀만이 남았지 뭡니까. 김요한과 봉녀에겐 육체적 고통의 효과가 없음을 너무나 잘 알게 된 수령은 꼭두쇠로 하여금 설득하도록 했답니다. 꼭두쇠는 눈물을 흘리면서 애원했지요.

(꼭두쇠, 애원한다. 그러나 봉녀는 냉정하게 뿌리친다.)

봉 녀 아버지에게 순종하느라고 천주님을 배반할 순 없습니다! 천주님은 만물의 주시요, 모든 사람의 아버지로서 착한 이를 상 주고, 악한 자를 벌하시는데 어찌 내가 배반할 수 있겠습니까?

(꼭두쇠, '봉녀야, 봉녀야!' 하고 울면서 포졸에게 끌려나간다.)

나 결국 김요한과 봉녀는 한성으로 이송되어 직접 포도대장의 취조를 받게 되었답니다.

—F. O—

제13장 한성 포도청 특별 감옥

(벽에 극채색의 청국 음화가 여러 장 붙어 있다. 포졸 A · B, 몰래 감시하고 있다. 요한과 봉녀, 둘이서 다정하게 이야기를 하고 있다. 아주 평화스럽다.)

나　　본처 말고도 첩을 다섯이나 거느리고 있는 포도대장으로선 가장 못마땅한 건 김요한과 봉녀가 동정을 지키는 부부라는 점이었습니다. 한마디로 가소로웠지요. 되게 웃겨 주는 일이었거든요.
그리하여 그는 여기서부터 배교의 실마리를 찾으려 했답니다. 즉, 부부의 관계를 갖게 하면 천주님에 대한 맹세를 버리는 결과가 되니 배교가 아니겠습니까. 결국 포도대장은 그들에게 칼도 씌우지 않고, 특별히 마련한 한 감방에서 같이 살게 했지 뭡니까. 음식도 잘 먹였기 때문에 곧 고문의 상처는 아물어지고 생기를 되찾았답니다.
그러자 그 벽에 정욕을 도발하는 청국에서 건너온 음화를 잔뜩 붙였거든요.
그리곤 밤낮으로 감시를 시켰던 겁니다.

(요한과 봉녀, 다정히 손을 잡는다. 그 눈들은 차츰 애욕에 이글거리기 시작한다. 포졸 A와 B, 긴장해서 숨을 죽인다.
요한과 봉녀의 입술이 차츰 가까워진다. 드디어 닿을락말락한다. 포졸 A와 B, 흥분해서 다 같이 군침을 꿀꺽 삼킨다.
입술과 입술이 막 닿으려던 순간! 요한이 황홀했던 눈을 퍼뜩 뜨며 느닷없이 봉녀를 떠밀고 미친 듯이 기도한다. 봉녀도 따라서 조용히 기도한다. 포졸 A와 B, 크게 실망하고 한숨을 길게 쉰다.
포도대장, 포졸 C를 데리고 등장.
포졸 A, B가 포도대장에게 과장된 동작으로 보고한다. 오만상을 찌푸린 포도대장, 잠깐 생각하다가 포졸 A, B, C를 데리고 퇴장.)

나　　그런데 정말로 알다가도 모를 일이었습니다. 그들은 살을 섞는 건 고사하고 입도 맞추지 않는다는 거지 뭡니까! 첩을 다섯이나 두고도 부족해서 관비까지 집적거리던 포도대장으로서는 그들이 하는 짓이란 도리어 간음보다 더 괘씸하고 용서할 수 없는 것이었습니다.

(조명이 살며시 어두워져 어느덧 침침해진다. 요한, 눈물을 머금고 떨며 기도드리느라고 입을 달싹거린다. 그 동안에 봉녀는 피곤한지 잠이 들고— 침침한 구석에서 검은 그림자가 나타난다.)

그림자 요한!

요 한 (고개를 번쩍 들고) 누굽니까?

그림자 그대는 내 얼굴을 모르는가?

(어둠에서 보일 듯 말 듯한 그 얼굴.)

요 한 어디서 본 듯한 얼굴이지만…….

그림자 나는 그대가 회의에 사로잡혀 맘이 흔들릴 때 나타나느니라.

요 한 그렇다면 내가 지금 회의에 사로잡혀 맘이 흔들리고 있다는 말인가요?

그림자 그렇지!

요 한 그렇다면 잘못 나타났군요. 나는 지금 회의에도 사로잡히지 않았으며, 맘도 흔들리지 않았으니까요.

그림자 그럼 그대는 오직 순교만을 염원하고 있는가?

요 한 네……

그림자 죽는 것이 조금도 두렵지 않은가?

요 한 네……

그림자 거짓말!

요 한 정말입니다!

그림자 하지만 순교를 염원하고 있을 때, 그대는 왜 열병을 앓고 있는 것처럼 온몸에 오한을 느끼는가?

요 한 지금까지 만나 보지 못한 천주의 불가사의한 기적을 기다리고 있기 때문입니다.

그림자 아냐, 그대는 순교가 가까워짐에 따라 죽음을 느끼고 두려워하고 있는 거야.

요 한 당신은 죽음을 두려운 것으로 생각합니까?

그림자 ……

요 한 왜 대답을 않는 거지요?

그림자 (묵살하고) 그대는 때때로 눈물을 머금고 있어.

요 한 그건 슬퍼서가 아닙니다.

그림자 그렇다면 왜 그런 감정을 드러내는가?

요 한 죽음을 생각할 때 말할 수 없는 깊은 심정에 감동되기 때문입니다.

그림자 그대는 눈물을 머금은 채로 천주께 열심히 기도하는데, 그건 무엇 때문인가?

요 한 천주를 믿기 때문이오.

그림자 믿기 때문인가? 의심하기 때문이 아닌가?

요 한 당신은 천주를 의심합니까?

그림자 (또 묵살하고) 그대는 스스로의 맘을 스스로가 충분히 지배하고 있다고 생각하는가?

요 한 내 맘은 천주께서 지배하십니다.

그림자 그렇다면 그 천주를 위해 순교한 숱한 순교자들의 실체를 아는가?

요 한 ……

그림자 모르는 모양이군. 그렇다면 저길 봐라.

(벽에 환등기 슬라이드가 비친다. 많은 해골이 쌓여 있다.)

그림자 저것이 순교자의 실체이다!

(요한, 고개를 설레설레 내두른다.)

요 한 아냐, 아냐! 오, 하늘에 계신 천주시여! 이 천지 삼라만상의 주이시여! 우리들을 불쌍히 여기시옵소서! 그리고 어떤 고통에도 꺾이지 않고 순교자의 위치에 있게 해 주소서!

(요한, 마치 열병을 앓고 있는 것처럼 오한을 느끼는 듯 온몸을 떨며, 눈물을 글썽이고 기도드린다. 그러는 통에 소스라쳐 깨어난 봉녀, 조용히 기도드린다. 요한의 기도와는 대조적이다.
무거운 사이.
김요한과 봉녀, 어느덧 마주앉아 경건히 기도드린다.
별안간! 포졸 A, B, C가 들이닥친다. 그들은 들어오기가 무섭게 두 포졸이 요한에게 달려들어 주먹으로 볼을 후려치며 베수건으로 재갈을 물리고 팔을 뒤로 묶는다. 그 동안에 한 포졸은 봉녀의 치마와 속곳을 찢어발긴다. 희뿌옇고 풍성한 봉녀의 하체가 요한의 눈을 따갑게 자극한다.
포졸 A, 재빨리 바지의 괴춤을 풀고 봉녀 위에 올라탄다.
봉녀, 힘을 다해 반항한다. 그러나 포졸 A는 봉녀가 반항하면 할수록 더욱 정욕을 돋우어 맹렬히 폭행한다.)

나 김요한은 수기에서 이렇게 담담하게 말했습니다. '봉녀는 몸부림치며 폭행당하였다. 천주님에게 바치기 위해 그다지도 아끼던 봉녀의 순결한 몸은 내가 보는 앞에서 짐승 같은 포졸에 의해 무참하게 짓밟히고 말았다.'

(고통으로 일그러졌던 봉녀의 얼굴이 차츰 황홀해진다.)

나 그러나 다음 순간 돌연변이가 일어나고 있었습니다. 봉녀의 얼굴이 차츰 황홀해졌지 뭡니까! 형용할 수 없는 쾌감에 취한 듯 벙긋이 벌어진 그녀의 입에서 무엇인가 외마디 말이 중얼거려졌습니다. 분명 외마디 말을 했는데도 볼은 얼어터지고 재갈을 물려 멍멍해진 김요한은 그 말을 알아들을 수가 없었지요.

그러나 그 황홀경에 빠진 그녀의 얼굴은 그의 눈에 따갑게 비쳤습니다. 지금까지 한 번도 보지 못한 기쁨에 넘친 얼굴이었거든요. 천주님의 은총의 품에 안겨 기도드릴 때도 보지 못한 얼굴이었답니다.

(요한, 묶인 몸을 뒤흔들면서 격정적으로 흐느껴 운다.)

나　김요한은 그 때의 심정을 수기에서 이렇게 말했습니다. '아, 그 얼굴! 순간, 나는 천주님이 원망스러워졌다. 천주님의 시련치고는 너무 혹독하다고 생각하였다.'

(포졸들, 요한의 묶임을 풀어 주고 퇴장. 봉녀는 넋나간 것처럼 멍히 앉아 있다.

이윽고 요한 혼자서 감옥 안을 이리저리 심각하게 거닐며 고민한다.

왼쪽 벽으로 걸어가서 머리를 부딪치고, 다시 오른쪽으로 걸어가서 그 벽에 머리를 부딪친다. 그리고 절망적인 절규를 한다.)

요 한　아아! 아아! 아아!

나　그 3일 후, 김요한은 배교했던 겁니다. 그러나 봉녀는 끝끝내 배교를 거부한 결과, 서소문 밖 처형장에서 효수형을 당하게 되었답니다.

—F. O—

제14장 처형장

(봉녀, 흰옷 차림으로 십자가에 묶여 있다.

망나니, 머리를 산발하고 큰 칼에 입으로 물을 뿜고는 이리 뛰고 저리 뛰며 춤춘다.

요한, 구경꾼들 틈에 끼어 이 광경을 지켜보고 있다.)

요 한 (독백) 내가 왜 여기에 왔을까? 무엇을 보기 위해 여기까지 왔을까? 봉녀는 확실히 나를 절망에 빠뜨린 여자이다. 처참하게 겁탈을 당하면서도 육체적 쾌감에 못 이겨 그 얼굴이 마치 천국에 간 듯 황홀경에 빠지다니! 참으로 믿을 수 없는 일이다. 내가 그렇게 믿고 사랑했던 봉녀가 육체적 쾌락에 정신적 영혼의 세계가 그다지도 쉽사리 무너졌단 말인가! 그녀는 천사처럼 보이는 마녀였을까? 그런데도 난 왜 여기 와 있단 말인가? 내가 여기에 온 건 그녀의 마지막을 지켜보기 위한 것보다도 나의 배교를 합리화시키기 위한 무엇인가를 찾기 위해서가 아닐까? 아, 모르겠다, 모르겠어!

나 망나니는 춤추다가 선뜩! 봉녀의 목에 칼을 스치게 했습니다. 순간, 그녀는 꿈틀하고 목에서는 피가 흘렀지 뭡니까. 그런 다음, 망나니는 포졸과 시비를 벌였답니다. 품삯을 흥정하는 거였지요.

(망나니, 포졸과 흥정한다. 흥정이 잘 안된 듯 망나니는 또 춤추며 칼을 휘둘러 이번에는 봉녀의 목 양쪽에 칼을 스치게 한다. 그리고 또 포졸과 흥정한다.

봉녀의 얼굴이 극도의 고통으로 일그러졌다가 차츰 황홀해진다.)

나 봉녀의 얼굴에는 또 변화가 생겼습니다 고통의 빛이 가시고 차츰 황홀해지며 기쁨이 넘치는 것이었지요. 형용할 수 없는 황홀경에 빠진 그 얼굴!

김요한은 그녀가 겁탈당했을 때와 똑같다고 마음 속으로 되뇌이며 심각하게 지켜봤지 뭡니까.

(망나니, 품삯의 해결을 보고 다시 칼을 휘두르며 춤추다가 또 칼을 그녀 목에 스치게 한다. 그러자 봉녀는 더욱 황홀경에 빠져 쾌감으로 벙끗 반쯤 벌린 입으로 "꽃그네……"하고 신음하듯 중얼거린다.
요한, 순간 이마를 둔기로 얻어맞은 듯 멍해진다.)

요 한 (중얼거리듯, 신음하듯) 꽃그네……. 바로 그것이었구나! (주저앉는다.)

나 순간 김요한은 하나의 화려한 광경을 떠올렸습니다. 울긋불긋한 종이꽃으로 장식한 눈부신 꽃그네에 열다섯 살의 미소녀 봉녀가 색동저고리를 곱게 차려입은 채로 타고 있었습니다. 그 꽃그네는 마치 하늘나라 아가씨가 하늘로 오르듯이 너울너울 무지개를 그으며 푸른 하늘로 너울거렸지요. 그 아래에 모인 몇천 명의 구경꾼들은 꽃그네에 도취된 듯 환성을 지르며 미친 듯이 춤추고 있었습니다. 그야말로 열광의 도가니였답니다.

(군중들이 환성을 지르며 열광하는 소리.)

나 미소녀 봉녀의 얼굴은 차츰 황홀해지며 기쁨에 넘치고 있었습니다. 그 황홀경에 빠진 그녀 얼굴에, 전에 그녀가 김요한에게 들려 주었던 말이 겹쳤지 뭡니까.

봉 녀 (소리) 일 년 중 가장 푸짐하게 치러야 하는 마을의 성황당 굿을 앞두고 갑자기 어머니가 병이 났어요. 그래 마을의 풍습에 따라 내가 굿을 했죠…… 이 굿은 아름다운 여자가 해야 한다는 풍습이었고, 또한 나는 어머니로부터 굿을 익히 배웠기에 나를 안성맞춤이라고 모두 찬성이었죠…… 굿이 끝나고 꽃그네를 타려고 할 때 어머니가 돌아가셨다는 전갈이 왔어요…… 난 괴로웠지만 꽃그네를 탔죠…… 그게 굿을 한 사람으로서 가장 큰 영광이기에 나는, 나를 제일로 아껴 주시던 어머니를 잃은 고통을 꾹 누르고 꽃그네를 탄 거예요…… 근데 꽃그네를 타고 있는 동안에 나는 괴로움을 말끔히 잊은 채 가슴 깊이서 솟아올라 넘치는 벅찬 기쁨을 안고 황홀경에 빠졌어요…… 마치 천신님을 만나러 봉황새를 타고 하늘로 날아가는 기분이었죠…… 나는 천신님이 점지하신 딸이거든요.

(조명, 조리개처럼 좁혀서 '나' 만을 비친다.
나, 구석의 책상에서 일어나 무대 중앙으로 온다.)

나　　김요한이 그러는 동안에 대원군은 천주교도들을 탄압하는 한편, 2월에 대왕 대비의 '수렴 청정' 을 중지시키고 고종에게 환정하게 하여 명실 상부한 권력을 완전 장악합니다. 그리고 병인양요(丙寅洋擾)를 치른 후로는 척화비(斥和碑)를 세워 서양인을 철저히 배척하고 천주교 탄압에 더욱 박차를 가하게 되었습니다. 병인양요는 대원군이 프랑스 신부들을 학살한 것으로 말미암아 일어났던 것이었거든요. 그리하여 희생된 천주교도 수는 만여 명에 이르렀고, 대원군의 쇄국 정책은 더욱 굳어졌지 뭡니까. 결국 대원군의 천주교 탄압은 음흉하게도 그 정치적 성과를 노렸던 겁니다.…… 나는 김요한의 그 후 행적을 알고 싶었지만, 산에 들어가 산속에서 속세와 인연을 끊고 한많은 일생을 마치겠다는 암시가 수기에 약간 비쳐 있을 뿐, 김요한의 그 후 행적은 알 길이 없었습니다. 또한 수기를 보내 준 사람을 찾으려 해도 주소를 몰라 어쩔 도리가 없었습니다.

(나, 퇴장하고 연극은 끝난다.)

〈꽃그네〉

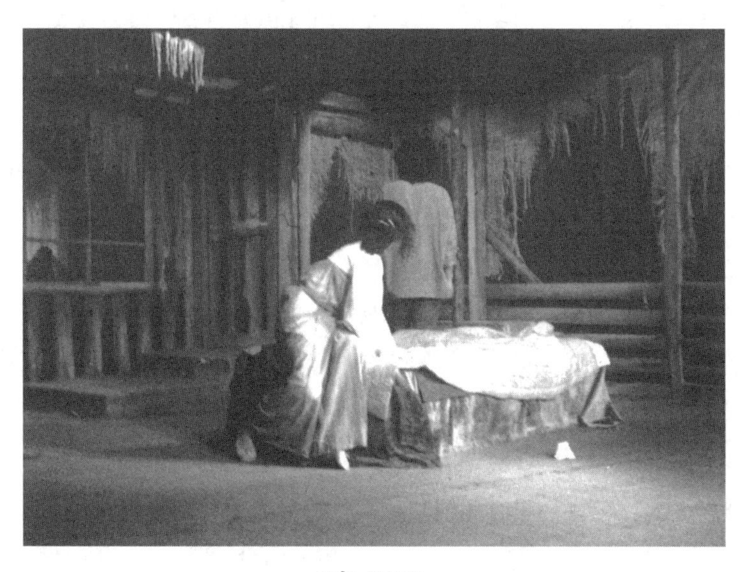

〈반노(叛奴)〉

Ⅱ. 무녀도

—명작 소설을 원작으로 한 각색극—

희곡을 쓰다 보면 각색도 해야 할 경우가 있다. 특히 어느 극단에 소속되면 그런 경우가 비교적 숱해진다. 그런 만큼 각색에 대한 것도 터득할 필요가 있다.

그런데 흔히 각색하면 원작의 다이제스트쯤으로 여기기 일쑤인데, 실상은 사뭇 그렇지가 않다. 도리어 각색 희곡이 쓰기 번거롭고 까다롭다. 그런 만큼 희곡의 테크닉을 더 필요로 하는 수가 많다.

아무튼 각색일수록 희곡으로서의 오리지낼리티(독창성)가 요구되는 것이다. 그야 원작이 희곡적으로 구성되어 있어, 그대로 간추려 옮겨도 훌륭한 희곡이 된다면 별문제겠지만, 그런 경우는 지극히 드물다. 아니, 거의 없다.

대개 그 원작이 명작이면 명작일수록 각색하기 힘들게 마련이다. 왜냐하면, 명작일수록 외면적인 사건보다도 내면적인 심리를 그리는 데 골몰하고 있기 때문이다.

여기에 필자가 구태여 김동리 원작의 〈무녀도〉에 대해 좀 끄적거려 보려는 것은 이 작품을 오래 전부터 각색하려고 별러 왔었으며, 또한 이 작품은 두 번이나 고쳐 써 가면서 무척 애쓴 땀의 결정과도 같은 고심작이기 때문이다.

〈무녀도〉는 네 번이나 상연되었다. 제1회 상연은 1974년에 극단 '광장'에 의해 이진순 연출로 국립극장에서, 제2회 상연은 1979년에 국립극단에 의해 허규 연출로 국립극장에서, 제3회는 1986년에 극단 '광장'과 '대중극장'에 의해 문석봉 연출로 문예극장 대극장에서, 제4회는 1989년에 극단 '광장'과 '대중극장' 에 의해 문석봉 연출로 캐나다의 밴쿠버 극장에서 해외 공연을 했다.

그 주연 여배우도 다채롭다. 1회 때는 전양자, 2회 때는 백성희, 3회 · 4회 때는 이정희였다. 모두 무녀 역을 훌륭히 해내서 작품을 빛내는 데 큰 역할을 했다. 각색자로서 고맙게 생각하는 마음 간절하다.

여기에 1979년에 국립극단에 의해 허규 연출로 국립극장에서 상연되었을 때의 프로그램에 실린 필자의 글을 피력하기로 하자. 이 글 속에 이 〈무녀도〉 각색의 가장 긴요한 대목이 나와 있기 때문이다.

'굿의 영검' 이란 제목이다.

나는 해방 직후 대전에서 발족한 동백시회(冬栢詩會: 지금의 湖西文學會 前身)에 동인으로 몸을 담고 있으면서 운문보다는 산문이 더 자신의 소질에 맞는 것을 깨닫고, 닥치는 대로 희곡과 소설 등을 읽었었다.

그 당시 나는 김동리 선생의 단편 소설집 〈무녀도〉를 대하게 됐다. 지금도 소중히 보관하고 있지만, 1947년 5월 10일 을유문화사 발생의 단행본이었다. 당시로서는 매우 조촐한 장정으로 된 책이었다.

그 책에는 〈무녀도〉 외에 〈동구앞 길〉, 〈바위〉, 〈산화(山火)〉, 〈화랑의 후예〉, 〈소년〉, 〈완미설(玩味說)〉, 〈혼구(昏衢)〉 등의 주옥 같은 작품이 수록돼 있었지만, 특히 나는 〈무녀도〉에 심취했었다. 이 소설은 이렇게 시작된다.

—무녀도는 거무스레한 물먹으로 그려졌었다.

이 그림이 그려진 것은 내가 세상에 첨으로 나던 해라 하니, 지금으로부터 스물아홉 해 전이다. 우리집은 옛날의 소위 명문이란 것으로 돈과 권세는 물론이요, 글하는 선비란 것도 많았고, 또 그밖에 특히 진기한 패물과 골동품으로서도 유명했었다. 이 골동품을 즐기는 취미는 아비에서 아들로, 아들에서 손자로 대대가산과 함께 내려오는 말하자면 전통적 가풍이었다.—

당시는 특히 첫줄의 '무녀도는 거무스레한 물먹으로 그려졌었다' 하는 대목이 인상적이었다.

나는 그 당시부터 희곡에 뜻을 두고 있었기 때문에 이 작품을 언젠가는 극화해 보려고 마음 먹었다. 나의 그 뜻은 1974년에서야 이루어져 6장의 희곡으로 각색하여 극단 '광장'에서 상연했다. 그런데 뜻하지 않은 난점이 생겼다.

낭이가 끝에 가서 말을 하게 되는 것의 처리 문제였다. 벙어리가 갑자기 말을 하게 되는 데는 타당성이 있어야 한다. 그래서 나는 그 극적 경우의 설정을 이렇게 했었다.

즉 욱이가 죽어가며 현 목사에게 부탁해서 낭이로 하여금 수술을 받게 한 것이다. 낭이는 원래 배안의 병신이 아니었기 때문에 수술로 말을 하게 될 가능성이 다분히 있었던 것이다. 그리고 또한 그럼으로써 현대 의학의 발달 앞에 몰락해 가는 무당굿(병을 치료하기 위한) 같은 것을 대조시키려 의도했던 것이다. 무당굿이 미신이니, 뭐니 하는 문제를 떠나서…….

그러나 연극을 보고 난 원작자는 그 대목이 원작과 달리 갔다고 연출자에게 불만을 토로했다는 것이다(나는 그날 볼 일이 있어 극장에 못나갔기 때문에 직접 듣지는 못했다).

소설의 마지막 대목에서 굿의 영검에 의해 말을 하게 되는 표현이 돼 있다는 것이다. 그래서 나는 다시 소중히 간직하고 있는 1947년 을유문화사 발행의 〈무녀도〉 책을 들추어 마지막 대목을 검토해 보았다.

그러나 아무리 검토해 봐도 이렇게 써 있을 따름이었다.

> '아버어이.'
> 낭이는 그 아버지를 보자 이렇게 인사를 하였다.
> '여기 타라.'
> 사내는 손으로 나귀를 가리켰다.

'……'

낭이는 잠자코 그 아버지가 시키는 대로 나귀 위에 올라 앉았다.

그 때 나는 다른 바쁜 일에 쫓겨 더 이상 추궁하지 못한 채 그 일을 까맣게 잊고 말았다. 그런데 이번에 〈무녀도〉를 다시 국립극단에서 상연하게 되어 연출자 허규 씨와 만나 얘기하는 가운데, 또 그 '영검' 얘기가 나왔다. 그 역시 원작 마지막 대목에서 '영검'에 대한 표현이 돼 있다는 것이었다. 그래서 나는 혹시나 그 후로 개작한 것이 아닐까 하는 생각에 〈한국단편문학전집〉 제3권(1968년 4월 5일 증보 5판, 白水社 발행)을 구해 가지고 읽어 보았다.

아뿔사!

뚜렷하게 다음과 같이 개작돼 있었다.

'아버으이.'

낭이는 그 아버지를 보자 이렇게 소리를 내어 불렀다. 모화의 마지막 굿이 (떠돌던 예언대로) 영검을 나타냈는지 그녀의 말소리는 전에 없이 알아들을 만도 했다.

다시 열흘이 지났다.

'여기 타라.'

사내는 손으로 나귀를 가리켰다.

이런 경위를 겪고 이번에는 그 원작대로 마지막 굿이 영검을 나타내서 말을 하게 되는 것으로 나도 개작을 했다.

그러나 '영검'이라고 말로 하긴 쉬워도 구체적인 형상화는 매우 막연한 것이 아닐 수 없었다. 내 딴에는 고심해서 개작했지만, 결과는 어떨는지 아리송할 뿐이다.

'영검' 이 암시되어 있는 대목은 거의 끝 부분이다. 그 다음은 겨우 너댓줄이 있을 따름이다.

> 낭이는 잠자코 아버지가 시키는 대로 나귀 위에 올라탔다.
>
> 그네들이 떠난 뒤엔 아무도 그 집을 찾아오는 사람이 없었고, 밤이면 그 무성한 잡풀 속에서 모기들만이 떼를 지어 울었다.

1947년 발행의 단행본은 거의 같지만 약간 다르다.

> '...............'
>
> 낭이는 잠자코 그 아버지가 시키는 대로 나귀 위에 올라 앉았다.
>
> 그들이 떠난 뒤엔 아무도 그 집을 찾아오는 사람이 없었고, 밤이면 그 무성한 잡풀 속에서 모기들만이 떼를 지어 울었다.

원작자는 끝 부분만 개작한 것이 아니라 첫머리 부분도 다음과 같이 개작하고 있었다.

> 뒤에 물러 누운 어둑어둑한 산, 앞으로 질펀히 흘러 내리는 검은 강물, 산마루로 들판으로 검은 강물 위로 모두 쏟아져 내릴 듯한 파아란 별들, 바야흐로 숨이 고비에 찬 이슥한 밤중이다. 강가 모랫벌엔 큰 차일을 치고, 차일 속엔 마을 여인들이 자욱이 앉아 무당의 시나위 가락에 취해 있다. 그녀들의 얼굴들은 분명히 슬픈 홍분과 새벽이 가까워 온 듯한 피곤에 젖어 있다. 무당은 바야흐로 청승에 자지러져 뼈도 살도 없는 혼령으로 화한 듯 가벼이 쾌잣자락을 날리며 돌아간다……
>
> 이 그림이 그려진 것은 아버지가 장가를 들던 해라 하니 나는 아직 세상에 태어나기도 이전의 일이다. 우리집은 옛날의 소위 유서 있는 가문으로, 재산과

세도로도 떨쳤지만, 글하는 선비들도 우글거렸고, 특히 진기한 서화(書畵)와 골동품으로서는 나라 안에서 손꼽힐 만큼 높이 일컬어졌었다. 그리고 이 서화와 골동품을 즐기는 취미는 아버지에게 아들로, 아들에서 다시 손자로, 대대가산과 함께 물려져 내려오는 가풍이기도 했다.

제1회 공연 때의 결말의 폐막 부분은 이렇게 각색했었다.

모 화 가자시라 가자시라/이수중분 백노주로
불러주소 불러주소/우리성님 불러주소
봄철이라 이 강변에/복사꽃이 피거들랑
소복단장 낭이따님/이내소식 물어주소
첫가지에 안부묻고/둘째가지……

모화의 몸은 그 넋두리와 함께 물속에 아주 잠긴다. 처음에는 쾌잣자락이 보이더니 그것마저 안 보인다.

화랑A 모화가 물에 빠졌데이!
화랑B 아주 잠겨 뻐렸데이!
복 례 아이구마 성님!

사람들이 우르르 몰려간다.
화랑이들과 송 서방, 복례, 모화를 건지려고 장대를 들이대며 애쓰지만 모두 헛일이다. 결국 넋대만 건져내고 만다.
밤나무 숲 위로 별이 반짝거리기 시작한다.

복 례 (울며) 아이구마 성님, 혼자서 어드메 갔십니꺼? 그라지 말구 파딱 나오이소!

화랑이들과 송 서방, 복례, 기진맥진해서 포기한다.

복 례 아이구마! 성님 이 일을 우째노? 이 일을 우째노? (퍼질러 앉아 운다.)

그 때 청년이 언덕에서 달려 나온다.

청년B 낭이가 저기 돌아온데이! 수술을 받구 귀가 뚫려서 돌아온데이!

사람들 모두 일제히 그 곳을 주시한다.
긴장된 사이—
이윽고 언덕에서 곱게 차려입은 낭이가 현 목사와 함께 나온다.

복 례 (낭이를 붙잡고 울먹이며) 낭이 따님, 어무이가 물에 빠져뻐렸심더.
낭 이 (예기소를 들여다 보고 부르짖듯이) 어무이예, 낭이는 수술을 받구 귀가 뚫렸심더! 어무이예 이렇게 잘 말할 수 있는 낭이를 안 보구 어디메 갔십니꺼? 어무이예 용신의 딸이 아닌 어무이의 딸이 왔는데 어무이는 와 죽었십니꺼? 으흐흐…… (흐느껴 운다.)
현목사 (눈 감고 경건히 기도드린다.)
모 두 (숙연히 바라본다.)

—지극히 조용히 막—

1979년의 2회 공연 때는 결말의 끝 부분을 다음과 같이 개작했다.

화랑A 모화가 물에 빠졌데이!

화랑B　아주 잠겨 뻐렸데이!
복　례　아이구마. 성님!

낭이, 실신해서 쓰러진다. 사람들이 우르르 몰려간다.
화랑이들과 송 서방, 복례, 모화를 건지려고 장대를 들이대며 애쓰지만 모두 헛일이다. 결국 넋대만 건져내고 만다.

복　례　(울며) 아이구마! 성님 혼자서 어드메 갔십니꺼? 그라지 말구 파딱 나오이소!

화랑이들과 송서방, 복례, 기진맥진해서 포기한다.

복　례　아이구마! 성님, 이 일을 우째노? 이 일을 우째노? 이 일을 우째노? (퍼질러 앉아 운다.)

번쩍이는 번개. 요란스런 천둥.
낭이, 벌떡 일어난다.
또 번쩍이는 번개. 요란스런 천둥.
낭이, 두 귀를 틀어막고 아앗! 하고 째는 듯한 비명을 지른다.
구경꾼들 비로소 낭이를 주시한다.

복　례　(달려와서 낭이를 붙잡고 울먹이며) 어무이가 물에 빠져뻐려 안 나옵니더!
낭　이　어무이가 물에 빠졌어! (쫓아가서 예기소를 들여다보고) 어무이예, 어무이예, 낭이는 귀가 뚫렸심더! 어무이예, 낭이를 두구 어디메 갔십니꺼? 어무이예, 으흐흐흐…… (흐느껴 운다.)

멀리 아련한 찬송가 소리.

모두, 숙연히 바라본다.

—지극히 조용히 막—

개막의 첫 부분도 1회 공연 때는 이렇게 각색했었다.

막이 오르면 휘영청 밝은 달밤이다.

소복한 김 씨가 예기소를 들여다 보며 한숨을 쉬고 있다.

언덕으로 욱이가 나타난다. 깃을 세운 양복에 개똥모자를 쓴 훤칠한 청년이다.

욱 이 (유심히 보다가) 아주마니, 위험합네다. 이 못은 대단히 깊어요.

김 씨 (옴짓 안한다.)

욱 이 넷날부터 사람이 많이 빠져 죽는 곳이야요.

김 씨 ……

욱 이 아주마니 댁이 어디메야요. 댁으로 가시디요.

김 씨 ……

욱 이 내레 모셔다 디리갔이요. 자 갑시다레.

김 씨, 언덕으로 나간다.

욱이 따라 나간다.

무대 비어 있는 채로 모화의 술에 얼근해서 흥얼거리는 소리가 접근해 온다.

소 리 따님아 따님아/수국 꽃님 낭이 따님아

용궁이라 들어가니/열두대문이 다 잠겼다.

문열으소 문열으소/열두대문 열어주소

이윽고 비실거리며 춤을 추는 모화와 모화의 조수격인 복례와 송 서방이 무대 오른쪽으로 나온다. 모화는 수건에 복숭아를 싸서 들고 복례는 봇짐을 이고 송 서방은 북과 징을 들었다.
모화는 중년이지만 아직도 젊음을 그대로 지니고 있고, 복례는 뚱뚱한 편이고, 송 서방은 키다리이다.

복 례 (송 서방에게) 임자, 먼저 가거레이.
송서방 그라머 파딱 오거레이. (모화에게) 아주머이 전 가겠심더.
모 화 (술 취한 소리로) 오늘 수고가 많았소.
송서방 수고는 무신…… 거저 하능 깁니꺼. 돈 받구 하능 긴데.
모 화 그래두. 잘 살펴 가이소.
송서방 예. (나간다.)

모화는 다시 비실거리며 덩실덩실 춤을 추려 한다.

복 례 (부축하며) 성님예 몸을 가누이소. 춤만 출락카지 말구.

2회 공연 때는 개막의 첫부분을 이렇게 고쳤다. 즉 욱이와 김 씨의 대목을 송두리째 빼버리고 다음 대목에서 막을 열도록 했다.

무대, 비어 있는 채로 모화의 술에 얼큰해서 흥얼거리는 소리가 접근해 온다.

왜 욱이와 김 씨의 대목을 뺐느냐 하면, 욱이의 소개가 모화의 소개에 앞설 수 없으며, 또한 극적인 대목이어야 하는 욱이의 첫 등장이 약해지기 때문이었다. 그리고 다음 대목에서 조금 대사가 달라졌다.

송서방 그라머 파딱 오거레이. (모화에게) 아주머이, 전 가겠심더.

모 화 (돈을 꺼내주고) 요즘 굿의 수입이 시원칠 않으니까이 이걸로 참아주이소…… 오늘 수고가 많았소.

송서방 수고는 무신…… 거저 하능 깁니꺼. 돈 받구 하능 긴데.

모 화 그래두 돈이 쬐매라서…… 잘 살펴 가이소.

송서방 예. (나간다.)

모 화 경주매로 큰 바닥에 병원이 여기저기 생겨 놓니까이, 차츰 굿 알기를 개떡으로 안다마. 냇사 속이 상해서…… 술이락두 퍼묵구 춤이락두 추어야제.

그 대신 욱이의 첫 등장을 다음과 같이 인상적으로 했다.

모 화 (손을 싹싹 비비며) 잘못됐심더. 제발 용서해 주이소. (복례에게도 강요하고 되풀이한다.)

복 례 (하는 수 없이 모화가 하는 대로) 빗물님, 물이끼님, 늘쟁이, 명아주, 강아지풀님, 맹꽁이님, 지렁이님, 두꺼비님, 굼뱅이님 잘못됐심더, 제발 용서해 주이소…….

그 광경은 우스꽝스럽다기보다도 차라리 처량할 지경이다.

복 례 (살며시 화가 치밀어) 성님예, 동네 사람들이 이 집을 뭐락카는지 압니꺼?

모 화 뭐락카노?

복 례 사람이 살 수 없는 도깨비굴이락카지 않겠십니꺼.

모 화 쉬잇! (덜덜 떨며) 도깨비님에 대해 무례해도 유만부동이제…… 사람보다두 훨씬 재주가 뛰어나구 만물 귀신님 중에서두 제일 훤출한 도깨비님에 대해서 감히…… (미친 듯이) 도깨비님 도깨비님, 미련허구 어리석구 몬난 미물 인생 인간이 저지른 잘못이오니 두 눈 질끈 감으시구 한 번만 몬본 척해 주이소. 두 귀 꼭 틀어 막으시구 한 번만 몬들은 척해 주이소.

복 례 (어이 없이 바라볼 뿐)

이때 언덕에서 욱이가 달빛을 등에 받고 검은 그림자가 되어 조용히 들어선다. 맹꽁이 소리 섬찍지근하게 뚝 그친다.

모 화 (놀래서 주저앉아 싹싹 빌며) 도깨비님, 결국 벌주기 위해 나타나셨그르! 도깨비님의 넓으신 아량으루 눈감아 주시잖구예! (필사적이다.)

복례, 마루 밑에 윗몸을 들이밀은 채 커다란 엉덩이를 요란스럽게 떨고 있다.

욱이, 모화에게 다가든다.

모 화 (달아날 듯이 어깨를 뒤틀고 허둥거리며) 도깨비님, 제발 도깨비님!

욱 이 (공포로 일그러진 모화의 얼굴을 차분히 들여다 보고) 오마니! 접네다. 욱이야요, 욱이……

순간, 모화의 모든 동작이 화석이 된 것처럼 정지한다.

사이—.

욱 이 (모화의 손을 잡아 일으키며) 오마니, 욱이야요. 10년 전에 덜깐으로 떠났드랬던 오마니의 아들 욱일 모르갔시요?

모 화 (욱이의 얼굴을 뚫어져라 보고 별안간 두 팔을 벌려 흡사 큰새가 새끼를 품듯 뛰어들어 안으며) 이게 누꼬, 이게 누꼬? 아이고 이게 꿈이가, 생시가! 내 아들이 돌아오다니! 어디 내 아들 좀 보자꼬마…… 오! 내 아들아, 내 아들아! 방금 늬를 몬만난단 점괘가 나와 냇사 시름에 겨웠는데…… 아이고 내 아들아, 내 아들아! 늬가 왔노, 늬가 왔노? (마구 운다.) 욱이야, 냇사 죽도록 보구 싶었다마. 와 소식 한 장두 전하지 않았더노? 이 에미 시름을 몰랐더노?

욱 이 죄송합네다. 오마니, 오마니! (모화의 어깨에 왼쪽 볼을 대고 오랫동안 운다.)

그때서야 복례는 알아차리고 얼른 방으로 들어간다. 종이장같이 하얀 낭이의 얼굴이 나타나 이 광경을 진득이 지켜본다.

낭 이 (겨우) 욱…… 이…… 오…… 빠……

욱 이 (가서 손을 잡으며) 너 낭이가 아냐! 퍽 컸구나…… 기런데 너 어드래서 말이 어눌하네?

모 화 용신님이 벌을 내렸데이.

욱 이 용신님이!? (얼굴이 흐려진다.)

모 화 하므, 용신님의 뜻을 어겨 벌을 받응 기라.

욱 이 (더욱 흐려진다.)

처량하게 밤새 우는 소리.

이 각색 희곡에 나오는 사람은 다음과 같다.

모 화	양 조사
욱 이	장로
낭 이	부흥 목사
복 례	아낙 A
송 서방	아낙 B
점박이	청년
김 씨	화랑이A
허 진사	화랑이B
현 목사	그 밖에 구경꾼들, 교인들 여럿

이 가운데 원작에서 나오는 인물은 모화, 욱이, 낭이, 현 목사, 양조사, 장로 정도이다. 그야 점박이는 낭이의 아버지로 조금 나온다. 물론 점박이가 아니다. 그것을 뚜렷한 등장 인물로서 성격을 설정하고 개똥 인생 철학이나마 그 나름의 소견을 지니게 한 것이다.

더구나 김 씨는 다른 사람들의 대사로만 나온다. 그리고 굿을 하는 대상자로만 나오는 것이다.

"더러운 년둘, 전물상만 차리면 그만인가."

입밖에 내어놓고 빈정거리기까지 하였다. 그러자 자리에서는 모화가 오늘밤 새로운 귀신이 지핀다고들 수군거리기 시작했다. 그 가운데 한 여자가 돌연히,

"아, 죽은 김 씨 혼신이 덮였군"

하자 다른 여자들도,

"바로 그 김 씨가 들렸다. 저 청승맞도록 정숙하고 새침한 얼굴 좀 봐라. 그리고 모화네가 본디 어디 저렇게 이뻤나, 아주 김 씨를 덮어 썼구먼."

(중략)

모화는 김 씨 부인이 처음 태어났을 때부터 물에 빠져 죽을 때까지의 사연을

한참씩 넋두리하다가는 전악들의 젓대, 피리, 해금에 맞추어 춤을 덩실거렸다. 그녀의 음성은 언제보다도 더 구슬펐고 몸뚱이는 뼈도 살도 없는 율동으로 화한 듯 너울거렸고…… 취한 양, 얼이 빠진 양 구경하는 여인들의 숨결은 모화의 쾌잣자락만 따라 오르내렸다. 모화의 쾌잣자락은 모화의 숨결을 따라 나부끼는 듯했고, 모화의 숨결은 한 많은 김 씨 부인의 혼령을 받아 청승에 자지러진 채, 비밀을 품고 조용히 굽이 돌아 흐르는 강물(예기소의)과 함께 자리를 옮겨 가는 하늘의 별들을 삼킨 듯했다.

그 김 씨를 욱이와 얽히게 했다. 즉 청상인 김 씨는 욱이의 준수함에 반해 사모했으나, 욱이는 신앙의 입장에서 꺼린다. 그래도 김 씨는 집안의 명예나, 자기의 체면도 저버린 채 욱이에게 매달리려 한다.

그러던 중 욱이가 죽는 바람에 김 씨도 예기소에 몸을 던져 죽는 것으로 얘기를 꾸민 것이다.

새로운 인물로는 복례와 송 서방 부부를 설정해서 저마다 모화와 점박이와 콤비가 되어 작품에 재미를 곁들이게 했다.

아무튼 모화를 둘러싼 여러 인물들을 푸짐하게 등장시켜 그들이 마련하는 애환으로 작품에 윤기를 줄 수 있도록 노력했다.

무대는 다음과 같이 설정했다. 처음에는 이 작품의 주요 무대인 모화네 집과 예기소를 따로따로 설정하고 회전 무대로 번갈아 회전시켜 양쪽에서 극을 펼치려고 생각했었다.

그러나 그렇게 하면 회전이 번거로울 뿐더러 극적 고조에 걸림돌이 된다는 것을 깨닫고 한 곳으로 합친 것이다. 그럼으로써 분위기 조성에도 서로 도움이 되었다.

무대 중앙에서 왼쪽으로 헐울대로 헐은 한머리 찌그러져 가는 조그마한 기와집이 있고, 무대 왼쪽 뒷면에는 예기소(沼)가 있어 집 뒤로 굽이쳐 흐르고 있다. 그 예기소 저쪽—그러니까 무대 오른쪽 깊이에 언덕이 있고 예기소 이쪽에는 큰 바위가 길쭉하게 가로 놓여 있다.

집은 왼쪽으로부터 웃방, 대청마루, 안방, 부엌의 순서로 되어 있으며, 대청마루가 꽤 넓다. 그 대청마루 안에는 극채색으로 그려진 신상(神像)이 붙여져 있으며, 종이로 만든 연꽃 등이 장식되어 있다.

기와 지붕 위에는 기와버섯이 퍼렇게 뻗어 있고 마당에는 수채가 막힌 채 빗물이 고이는 대로 시퍼런 물이끼가 뒤덮여 늘쟁이, 명아주, 강아지풀들이 꺼멓게 엉겨 있다. 언덕의 저쪽은 울창한 밤나무 숲으로 싸여 있어 예기소는 대낮에도 음침하다. 언덕에서 등장하는 경우 집 뒤에 있는 것으로 설정된 다리를 건너 마당으로 들어서게 된다.

어쨌든 이 집과 예기소의 모든 것은 요기로우리만큼 독특한 분위기를 자아내고 있다.

그리하여 다음과 같은 줄거리의 〈무녀도〉가 이룩되었다.

경주 근처의 어떤 마을에 모화라는 무녀가 있었다. 그녀에게는 욱이라는 아들과 낭이라는 딸이 있었다. 그녀는 낭이가 자기 딸이 아닌 용신님의 따님이라고 믿고 있었다. 또한 낭이가 병을 앓다가 벙어리가 된 것도 용신님의 벌을 받았기 때문이라고 주장했다.

어느 날, 10년 전에 집을 나가 소식이 감감하던 욱이가 독실한 기독교 신자가 되어 돌아왔다. 그는 이 마을에 복음을 전하려 하기 때문에, 모처럼만의 모자 상봉도 기쁨보다는 갈등의 소용돌이 속에 휘말리게 마련이었다. 그들 모자는 서로 마귀가 씌었다고 한탄했다. 욱이는 모화에게 우선 복음을 전하려고 성서 읽기를 권고한다.

그러나 모화는 성서를 '예수 귀신책'이라고 저주하여 태우려 한다. 욱이는 그것을 말리려다 눈이 뒤집힌 모화에 의하여 식칼로 찔려 병석에 눕게 된다.

풀벌레가 처량히 울던 가을 밤, 욱이는 급보를 받고 달려온 현 목사에게 이 마을에 교회를 세우게 해달라고 부탁하며 숨을 거둔다. 애써 빌은 보람도 없이 욱이가 죽게 되자 모화는 통곡하며 슬퍼했다.

욱이의 죽음을 슬퍼한 김 씨라는 청상 과부도 욱이를 사모한 나머지, 그의 뒤를 따라 예기소에 몸을 던져 죽는다.

욱이를 잃게 된 모화는 식음을 전폐하다시피 하여 해쓱하게 야위었다. 한편 현 목사의 주선으로 욱이의 평생 소원이었던 교회가 이 마을에 서게 된다.

김 씨 집에서는 모화에게 김 씨의 넋을 건지는 굿을 부탁해 왔다. 굿을 폐업하다시피 했던 모화는 비로소 그 굿을 승낙하고, 일부러 교회의 첫 예배 날과 때를 맞추어 하게 된다. 낭이도 모화를 따라 춤을 춘다.

멀리 첫 예배 소리가 들려 오는 예기소에서는 모화의 넋두리가 자지러지게 울렸다.

그러나 아들의 죽음으로 신념이 흔들린 모화는 영 넋을 건질 수 없었다. 더욱 자지러진 그녀의 넋두리는 아주 물 속에 잠기고 말았다. 그 광경을 보고 실신했던 낭이는 천둥 소리에 충격을 받고 말을 하게 되자 비통하게 울부짖는다.

"어무이예! 낭이를 두구 어디에 갔십니꺼?"

〈무녀도〉는 공연 때마다 연극평이 많았지만, 그 가운데에서도 3회 공연 때의 연극 평론가 서연호(徐淵昊) 교수의 평이 적절한 것 같았다.

구태여 그의 것만 실리는 말미암음이다. 결코 좋게 평했다고 해서가 아님을 강조하고 싶다.

제목은 '희비극적(喜悲劇的) 접근 가능성'이다.

김동리의 단편소설 〈무녀도〉가 발표된 지는 금년으로 꼭 반세기에 이른다. 〈무녀도〉는 첨예한 갈등 구조로 인하여 애초부터 극화의 가능성을 열어 놓고 있으며, 실제로 이미 두어 차례의 각색 공연도 이루어진 바 있다. 그러나 〈무녀도〉의 극화는 복합적인 성격으로 인하여 그 가능성이나 막연한 해석력만으로 쉽사리 성취되기 어렵다는 사실을 관심자라면 누구든 느끼고 있는 문제다.

이번에 극단 광장과 대중 극장이 함께 제작하여 지난 5월 27일~6월 6일 문예회관 무대에 올린 〈무녀도〉(하유상 각색 · 문석봉 연출)는 그간에 이루어진 일련의 공연 수준을 넘어서고 있음은 물론 원작에 대한 새로운 해석의 일환으로서 희비극적인 접근의 구체적인 양상을 일면 보여 주어 주목을 이끌게 한다. 이러한 지적은 지금까지의 공연이 사실주의적인 원리에 입각하여 모자 간의 대립을 비극적 분위기로 이끌어 가는 데 주력해 왔음을 반성적으로 상기시켜 주기 때문이다.

연출자의 참신한 노력은 돋보이고 있다. 그는 우선 모자만이 아닌 주변의 인물들에게도 비중을 두고, 모든 인물들의 개성화에 세심한 배려를 기울임으로써 희비극적인 분위기의 창출에 길을 터 놓는다. 모화의 남편 · 잽이 부부 · 목사와 조사 · 마을 사람들 등의 행위는 단편적이기는 하나 극 전체의 흐름을 보완해 가면서 서민적인 익살로 즐거운 분위기를 이끌어간다. 자칫하면 모자 간의 생경한 대결로 기울어질 위험성을 이러한 주변의 인물들이 적절하게 순화 · 조화시켜 주고 있다.

아울러 모자(이정희 · 이찬우 역) 간의 종교적 대결도 인간적인 애정을 동시에 끈끈하게 추구함으로써 극적인 성격을 복합적으로 심화시키려는 의도가 보인다. 때때로의 광신(狂信)적인 갈등이 혈육적인 사랑으로 용해됨으로써 인간적인 진실성을 추구하는 데 기여되고 있다.

요컨대 이상과 같은 희비극적인 접근은 〈무녀도〉의 현대적인 해석으로써 일말의 의의가 있다는 점이다. 오늘날 우리 사회에 점증되는 광신적 현상과 상대적으로 확대되는 연대감의 소멸과 소외의 문제를 상기한다면 필자의 이러한 지적이 다소는 납득될 것이다. 모화와 낭이 역(최정연)의 두드러진 열연, 향토색을 짙게 살리려는 무대 미술자(최연호), 안무자(국수호), 조명자(이상복)의 노력은 인상 짙게 오래 기억될 것이다.

관심자로서 한 마디 첨언을 하자면 이상과 같은 새로운 접근 방법이 왕왕 공연의 성과나 연기의 조화를 위태롭게 할 요인도 된다는 점이다. 절제된 연기에 익숙해지지 않은 많은 우리의 배우들은 작품 구조 속에서의 자기 역할이나 관중들의 호응 속에서의 자기를 쉽사리 망각해 버리기 일쑤이기 때문이다. 실제로 이번의 공연에서도 드문드문 필요 이상의 과장된 몸짓과 흥분된 억양이 노출된 것은 이러한 타성의 노출이었다. 보다 절제되고 균형잡힌 연기가 기대된다.

〈무녀도〉

〈희곡〉
무녀도

나오는 사람들

모화(毛火)	양 조사
욱이(昱伊)	장로
낭이(琅伊)	부흥 목사
복례(福禮)	아낙A
점박이	아낙B
송 서방	청년
김 씨	화랑이A
허 진사	화랑이B
현 목사	그밖에 구경꾼들, 교인들 여럿

무대

무대 중앙에서 오른쪽으로, 헐을 대로 헐은 한머리 찌그러져 가는 조그마한 기와집이 있고, 무대 왼쪽 뒷면에는 예기소(沼)가 있어 집 뒤로 굽이쳐 흐르고 있다. 그 예기소 저쪽—그러니까 무대 왼쪽 깊이에 언덕이 있고, 예기소 이쪽에는 큰 바위가 길쭉하게 가로 놓여 있다.

집은 왼쪽으로부터 웃방, 대청마루, 안방, 부엌의 순서로 되어 있으며, 대청마루가 꽤 넓다. 그 대청마루 안에는 극채색(極彩色)으로 그려진 신상(神像)이 붙여져 있으며, 종이로 만든 연꽃 등이 장식되어 있다.

기와 지붕 위에는 기와버섯이 퍼렇게 뻗어 있고 마당에는 수채가 막힌 채 빗물이 고이는 대로 시퍼런 물이끼가 뒤엎여 들쟁이, 명아주, 강아지풀들이 꺼멓게 엉기어 있다. 언덕의 저쪽은 울창한 밤나무 숲으로 싸여 있어 예기소는 대낮에도 음침하다. 언덕에서 등장하는 경우, 집 뒤에 있는 것으로 설정된 다리를 건너 마당으로 들어서게 된다.

어쨌든 이 집과 예기소의 모든 것은 요기로우리만큼 야릇한 분위기를 자아내고 있다.

제1장

막이 오르면 휘영청 밝은 달밤이다.

무대, 비어 있는 채로 모화가 술에 얼큰해서 흥얼거리는 소리가 접근해 온다.

소리　따님아, 따님아/수국 꽃님 낭이 따님아
용궁이라 들어가니/열두대문이 다 잠겼다
문 열으소 문 열으소/열두대문 열어 주소

이윽고 비실거리며 춤을 추는 모화와 모화의 조수격인 복례와 송 서방이 무대 왼쪽으로 나온다. 모화는 수건에 복숭아를 싸서 들고 복례는 봇짐을 이고, 송 서방은 북과 징을 들었다.

모화는 중년이지만 아직도 젊음을 그대로 지니고 있고, 복례는 뚱뚱한 편이고, 송 서방은 키다리이다.

복　례　(송 서방에게) 임자, 먼저 가거레이.

송서방　그라머 파딱 오거레이. (모화에게) 아주머이 전 가겠심더.

모　화　(돈을 꺼내 주고) 요즘 굿의 수입이 시원칠 않으니까이 이걸로 참아 주이소…… 오늘 수고가 많았소.

송서방 수고는 무신…… 거저 하능 깁니꺼. 돈 받구 하능 긴데.

모 화 그래두 돈이 쬐매라서…… 잘 살펴 가이소.

송서방 예. (나간다.)

모 화 경주매로 큰 바닥에 병원이 여기저기 생겨 놓니까이, 차츰 굿 알기를 개떡으로 안다마. 냇사 속이 상해서…… 술이락두 퍼묵구 춤이락두 추어야제.

모화는 다시 비실거리며 덩실덩실 춤을 추려 한다.

복 례 (부축하며) 성님예, 몸을 가누이소. 춤만 출락 카지 말구.

모 화 따님아, 따님아/수국 꽃님 낭이 따님아
용궁이라 들어가니/열두대문이 다 잠겼다
문 열으소 문 열으소/열두대문 열어 주소

복례, 한사코 춤을 추려는 모화를 마루에 앉혀 놓고 방문을 열려고 한다.
그러자 안에서 방문이 열리고 낭이가 튀어나와 모화의 품에 뛰어든다. 낭이는 선병질적인 창백한 얼굴의 소녀이다.

모 화 (수건에 싼 복숭아를 내주며) 따님, 따님, 우리 따님.

낭 이 어무…… 이…… (말이 나오지 않는 것을 억지로 한마디 어눌하게 하고, 고맙다는 시늉을 하면서 복숭아를 탐스럽게 먹는다.)

모 화 따님, 따님, 우리 따님…… (손으로 그림 그리는 시늉을 하며) 오늘은 무신 그림을 그리셨노?

낭이, 방으로 들어간다.
그 동안에 복례가 부엌에서 냉수를 한 대접 떠다 준다.

모화, 냉수를 벌떡벌떡 마신다.

낭이, 무당이 굿을 하는 그림을 그린 것을 가져다 모화에게 건넨다.

모 화 (게슴츠레한 눈을 크게 뜨고 보며) 에이고마! 따님, 따님, 우리 따님, 잘두 그리셨데이.

복 례 성님예, 나두 좀 봅시데이. (들여다 보며) 에이고머니나, 성님이 굿하는 그림 아입니꺼?

모 화 (흐뭇해서) 나하구 똑같구마.

복 례 성님보다 더 안 이쁩니까?

모 화 무슨 소리꼬! 무당 모화락 카머 굿도 굿이지만두 일색 인물로 유명 안 하나? 냇사 서른 고개를 막 넘어섰을 때만 해두 달덩이 같단 소리 숱해 안 들었더나. 그 땐 굿도 한창이었구.

복 례 성님예, 올해 몇입니꺼?

모 화 벌써 서른여덟이 아이가. 나두 이제 굿과 더불어 한물 간기라.

복 례 아입니더. 성님이사 아직두 살이 피둥피둥한기 젊은 새댁 뺨쳐 묵을 정도 아입니꺼.

모 화 아이다. 나두 인제 늙었데이. 옛날에는 밤새워 굿을 해두 술만 한 잔 쭉 키머 몸이 거뜬했는데, 요즘은 밤샘만 하며, 그 이튿날은 꼼짝달싹을 못 하능기 아이가. 하기사 그 땐 굿 수입도 숱해 많았으니까이 신바람두 났지만서두.

복 례 나이를 몬 속인닥 카는 말이 난기 아입니꺼.

모 화 내 나이두 나이지만 시대가 숱해 많이 변한기라. 시대가 변하는 기야 도리 없제. (낭이의 머리를 쓰다듬으며) 우리 따님, 참 그림두 잘 그리시제.

복 례 성님은 따님을 아드님매로 씨게 귀여워합니더.

모 화 하므, 우리 낭이 따님은 수국 용신님의 막내 따님으로 꽃님의 화신(化身)이니까이. 냇사 귀여워할 수밖에 없다마.

복 례 알구 있심더.

모 화 만약에 냇사 이 특별한 따님을 정성껏 섬기지 않으머 큰 어무이벌 되시는 용신님의 노여움을 살끼 틀림없데이.

복 례 아이 무시라! (낭이를 향하여 싹싹 빌며) 낭이 따님, 낭이 따님, 이렇게 싹싹 비오니 제발 용신님의 벌이 안 내리게 해 주이소.

낭 이 …… (복숭아를 먹다 말고 어리둥절한다.)

모 화 (낭이의 머리를 쓰다듬으며) 따님, 따님, 우리 따님, 아무것두 아니오, 마음 놓이소.

낭이, 비로소 안심하고 다시 복숭아를 먹기 시작한다.

복 례 성님예, 아드님은 절간에 가 있담서러 와 소식이 한 번두 없십니꺼?

모 화 지림사 큰 절에 갔제. 그 아는 원래가 총명해서 신동이란 소문까지 나지 않았더노.

복 례 그라서 절 주지가 공부시키겠닥 카구 데려갔단 소린 이미 들었심더.

모 화 그 때가 열한 살이었으니까이. (손가락을 꼽아 보고) 벌써 스물하나가 됐겠구마.

복 례 스물하나락 하머 어깨가 떡 벌어지구 키두 훌쩍 크구……. (갑자기 몸을 떨며) 아이, 무시라!

모 화 (화를 내며) 치어라마! 얄궂데이.

복 례 잘못했심더, 성님예, 그렇지만 성님매로 잘 생긴 젊은 사내를 생각하자 나두 모르게 몸서리가 쳐지지 않았겠십니꺼.

모 화 (혼자 생각에 잠기며) 그 절에서 떠난 모양이던데 소식 한 장두 없이…… 애타는 이 에미 심정두 모르구서…….

복 례 성님예, 너무 상심 마이소. 죽지 않았으머 만나게 될끼 아입니꺼? 언제든지 만나머 공짜로 장성한 자식 하나 얻은 것매루 씨게 기쁘겠심더. 허허허……

모 화 (도리어 심각해진다.)

복 례 성님은 아드님 얘기만 하머 와 쓸쓸해집니꺼.

복례, 무안함을 덜려는 듯이 예기소로 가서 들여다 본다.

복 례 성님예, 검푸른 물이 밑 모르게 깊은 것 같심더.

모 화 명주꾸리 실 한 꾸리가 다 들어간닥 안하나.

복 례 명주꾸리 실 한 꾸리예?

모 화 하므.

복 례 아이 무시라! 한 번 빠져 뿔이머 살아나긴 택두 없겠심더.

모 화 그라구 그 예기소 밑에는 천 년 묵은 이무기님이 계신 기라.

복 례 천 년 묵은 이무기님? 아이 무시라! (몸을 과장해서 떤다.)

모 화 그것두 두 마리나…….

복 례 두 마리나?

모 화 옛날옛날에 이 마을에 아주 잘 생긴 도령이 있었제. 그란데 그 이무기님이 도령에게 반해서 아름다운 처녀로 둔갑하구 안 나타났노.

복 례 그라머 그 도령이 이무기님을 따라 예기소로 들어간 깁니꺼?

모 화 하므.

복 례 그라머 그 도령은 이무기님 땜에 죽은 기 아입니꺼.

모 화 죽은 기 아이라, 이무기님이 되신 거제. 사람이구 짐승이구 천지 만물 중에 죽는 일이라군 암것두 없데이. 다 다른 걸루 탈바꿈하능 기라. 사람이 죽어 나비가 될 수두 있구, 새가 죽어 사람이 될 수도 있지 않드나.

복 례 그라머 냇사 죽어서 제비가 되구 싶꼬마. 워낙 뚱뚱하니까예 물찬 제비매로 날씬하닥 카는 소리 한 번 몬들은 기 한이 안됐십니꺼. 허허허.

모 화 (웃지 않고 심각하다.)

복 례 (웃음을 거둔다.)

낭이가 크게 하품을 한다.

복 례 (모화의 흉내를 내어) 따님, 따님 우리 따님 졸음이 오는 것 같심더. 방에 가서 편히 주무이소. (하며 낭이를 양팔로 번쩍 들고 방으로—)

모화는 꼼짝 않고 앉아 있다.
둘레는 조용하고—
맹꽁이가 한 마리 울기 시작하자, 또 한 마리가 소리를 맞추어 운다.

복 례 (방에서 나오다가) 엥이, 얄궂데이. 또 맹꽁이가 우눈구마. 시끄러버서 되겠노. (마루에서 우르르 내려와 돌을 집어던지려고 한다.)
모 화 (날카롭게) 복례네!
복 례 (주춤하고) 예?
모 화 (조용히 다가가서 돌을 빼앗으며) 또 잊었구마.
복 례 …… (낯이 찌푸러진다.)
모 화 돌님을 함부로 던지며 안된닥 해두…… 이 돌님에게두 신이 들어 안 있노. (사죄하듯) 돌님예, 잘몬했심더, 용서해 주이소. (소중히 먼저 자리에다 갖다 놓고 빈다.)

맹꽁이는 여전히 운다.

복 례 (짜증스럽게) 성님예, 한 번 수채를 치웁시더. 수채가 맥히니까예 빗물이 고여 맹꽁이가 살게 안됩니꺼.
모 화 (펄쩍 뛰며) 모리는 소리! 빗물님이 고이니까예 물이끼님도 덮이구,

늘쟁이, 명아주, 굼뱅이님두 이곳에 살게 안되노. 그게 모두 나와 똑같이 신이 들려 있다는 걸 알아야제……. 그라니까이 사람과 같은 기라. 성내구 미워하구 시기하구 안하노? 노여움을 사면 (두려운 듯 작은 소리로) 만사가 파이라. 빌어 살살 달래는 기 제일이제. (큰 소리로) 빗물님, 물이끼님, 늘쟁이, 명아주, 강아지풀님, 맹꽁이님, 지렁이님, 두꺼비님, 굼뱅이님,…… (손을 싹싹 비비며) 잘못됐심더, 제발 용서해 주이소. (복례에게도 강요하고 되풀이한다.)

복 례 (하는 수 없이 모화가 하는 대로) 빗물님, 물이끼님, 늘쟁이, 명아주, 강아지풀님, 맹꽁이님, 지렁이님, 두꺼비님, 굼뱅이님, 잘못됐심더, 제발 용서해 주이소…….

그 광경은 우스꽝스럽다기보다도 차라리 처량할 지경이다.

복 례 (살며시 화가 치밀어) 성님예, 동네 사람들이 이 집을 뭐락 카는지 압니꺼?

모 화 뭐락 카노?

복 례 사람이 살 수 없는 도깨비굴이락 카지 않겠십니꺼.

모 화 쉬잇! (덜덜 떨며) 도깨비님에 대해 무례해도 유만부동이제. 사람보다두 훨씬 재주가 뛰어나구 만물 귀신님 중에서두 제일 훤출한 도깨비님에 대해서 감히…… (미친 듯이) 도깨비님 도깨비님, 미련허구, 어리석구, 못난 미물 인생 인간이 저지른 잘못이오니 두 눈 질끈 감으시구 한 번만 몬본 척해 주이소. 두 귀 꽉꽉 틀어 막으시구 한 번만 몬들은 척해 주이소.

복 례 (어이없이 바라볼 뿐)

이때 언덕에서 욱이가 달빛을 등에 받으며 검은 그림자가 되어 조용히 들어선다. 맹꽁이 소리, 섬찍지근하게 뚝 그친다.

모 화 (놀래서 주저앉아 싹싹 빌며) 도깨비님, 결국 벌 주기 위해 나타나셨그르! 도깨비님의 넓으신 아량으루 눈감아 주시잖구예! (필사적이다.)

복례, 마루 밑에 웃몸을 들이밀은 채 커다란 엉덩이를 요란스럽게 떨고 있다.
욱이, 모화에게 다가든다.

모 화 (달아날 듯이 어깨를 뒤틀고 허둥거리며) 도깨비님, 제발 도깨비님!
욱 이 (공포로 일그러진 모화의 얼굴을 차분히 들여다 보고) 오마니! 접네다. 욱이야요, 욱이……

순간, 모화의 모든 동작이 화석이 된 것처럼 정지한다.
사이—.

욱 이 (모화의 손을 잡아 일으키며) 오마니, 욱이야요. 10년 전에 덜깐으로 떠났드랬던 오마니의 아들 욱일 모르갔시요?
모 화 (욱이의 얼굴을 뚫어져라 보고 별안간 두 팔을 벌려, 흡사 큰 새가 새끼를 품듯 뛰어들어 안으며) 이게 누꼬, 이게 누꼬? 아이고 이게 꿈이가, 생시가! 내 아들이 돌아오다니! 어디 내 아들 좀 보자꼬마…… 오! 내 아들아, 내 아들아! 방금 늬를 몬만난단 점괘가 나와 냇사 시름에 겨웠는데…… 아이고 내 아들아, 내 아들아! 늬가 왔노, 늬가 왔노! (마구 운다.) 욱이야, 냇사 죽도록 보구 싶었다마, 와 소식 한 장두 전하지 않았더노? 이 에미 시름을 몰랐더노?
욱 이 죄송합네다, 오마니, 오마니! (모화의 어깨에 왼쪽 볼을 대고 오랫동안 운다.)

그때서야 복례는 알아차리고 얼른 방으로 들어간다.

종이장같이 하얀 낭이의 얼굴이 나타나 이 광경을 진득이 지켜본다.

낭 이 (겨우) 욱…… 이…… 오…… 빠……

욱 이 (가서 손을 잡으며) 너 낭이가 아냐! 퍽 컸구나!…… 기린데 너 어드래서 말이 어눌하네?

모 화 용신님이 벌을 내렸데이.

욱 이 용신님이!? (얼굴이 흐려진다.)

모 화 하므, 용신님의 뜻을 어겨 벌을 받응 기라.

욱 이 (더욱 흐려진다.)

처량하게 밤새 우는 소리…….

제2장

제1장으로부터 며칠 후— 무대 밝아지면 늦은 오후이다.
욱이는 마루에서 붓으로 편지를 쓰고 있고, 낭이는 그 곁에서 먹을 갈아 주며 편지의 사연을 들여다보고 있다.

욱 이 (이따금 틀린 곳을 고쳐 가면서 편지를 읽는다.) "목사님 저는 하나님의 은혜로 무사히 오마니를 찾아왔습네다. 그러하오나 이 지방에는 아직 우리 주님의 복음이 전파되지 않아서 사귀(邪鬼) 들린 자와 우상 섬기는 자가 매우 많은 것을 볼 때 하루 바삐 주님의 복음을 이 지방에 전파하도록 교회를 지어야 하겠습네다. 그리고 목사님께 말씀 드리기는 매우 부끄러운 일이나 제 오마니는 무당 사귀가 들려 있고, 제 누이동생은 귀머거리와 벙어리 귀신이 들려 있습네다. 저는 성경에 있는 예수 그리스도의 말씀대로 이 사귀들을 내어쫓기 위하여 열심으로 기도를 드립네다마는, 교회가 없으므로 매우 힘드옵네다. 하루 바삐 이 지방에 교회 서기를 하나님께 기도 올려 주시며 힘써 주소서."

욱이, 편지를 봉투에다 넣고 주소를 쓴다.

욱 이 (일어나 손짓해 가면서 큰 소리로) 내레 이 편지 날래 부티구 오마.

낭 이 가지…… 마…… (손짓과 표정으로 혼자 있으면 쓸쓸하니 어머니가 돌아오거든 가라는 시늉을 한다.)

욱 이 알았다, 알았어. 너 혼자 있으믄 쓸쓸하니께니 오마니가 돌아오신 후에 가란 말이디?

낭 이 (고개를 끄덕인다.)

욱 이 기래라 기래. 오마니가 오시믄 나가기루 하디. (도로 앉는다.)

낭 이 (욱이를 차분히 보다가 느닷없이 그 목을 끌어 안고 입술로 마구 볼을 비빈다.)

욱 이 (자꾸만 달라붙는 낭이를 애써 떼놓으며) 낭이야, 너 사람은 누가 만들어 냈는디 아네?

낭 이 …… (욱이의 눈치만 본다.)

욱 이 (품에서 성경책을 꺼내 주며) 이 책엔 그런 것들이 모두 적혀 있단다. 너도 이 책을 읽어라.

낭 이 (성경을 이리저리 보다가 어눌하게) 신…… 약…… 성…… 경…….

욱 이 (신기한 듯) 기래기래, 신약성경이야. 꼭 읽어 보거라.

낭 이 (욱이를 보며 끄덕인다.)

욱 이 (연신 하늘을 가리키며) 우리 사람을 만든 것은 하나님이야. 하나님은 우리 사람뿐 아니라 턴디 만물을 다 만들어 내셨단다. 우리가 죽어서 돌아가는 것도 하나님 앞이야.

낭 이 하…… 나…… 님…….

욱 이 기래기래. 하나님이야말로 턴디 만물을 만들었을 뿐만 아니라, 주재하시는 분이디. (카드의 그림을 내주며) 기리카구 이 그림은 성모 마리아란다. 주예수님을 낳으신 오마니란 말야, 너 알간?

낭 이 (그림을 보며 고개를 끄덕인다.)

욱 이 너 꽤 영리하구나. 귀는 먹었디만 눈치가 빤하단 말이야. 걱정 마라. 내레 하나님께 열심히 기도드려서라므니 네 귀를 낫게 해 줄 테니께니.

낭 이 (빤히 쳐다보기만 한다.)

욱 이 예수님이 살아 계신 당시에도 말이야. 사귀 들려 벙어리된 자를 예수님께서 몇 번이나 고쳐 주시디 않았겠니. 이 성경에도 써 있단다. 마가복음 9장 25절. (펼쳐 읽는다.) '예수께서 무리가 달려와서 모이는 것을 보시고, 그 더러운 귀신을 꾸짖어 가라사대, 벙어리와 귀머거리 귀신아, 내가 네게 명하노니 그 아이에게서 나오고 다시 들어가지 마라 하시니, 사귀가 소리지르며 아이에게 심한 경련을 일으키고 나가니, 그 아이가 죽은 것 같이 되매, 여러 사람이 말하기를 죽었다 하거늘, 그러나 예수께서 그 손을 잡아 일으키시니 드디어 일어서더라. 집에 들어가시매 제자들이 조용히 묻자와 가라사대 우리는 어찌하여 능히 귀신을 쫓아내지 못하였나이까. 예수께서 가라사대 기도 아니하여서는 이런 것을 나가게 할 수 없느니라'…….

김 씨, 조심스럽게 둘레를 살피며 들어온다.
비단 옷에 분단장을 곱게 하여 매초롬한 인상이다.
낭이의 눈에 야릇한 빛이 떠돈다.

김 씨 모화네 있나……?

욱 이 오마니는 안 계십네다…… 어드런 일로……?

김 씨 …… (망설이다가) 점 좀 …… 쳐 보려구…….

욱 이 점을요……? 어드런 고민이라도……?

김 씨 ……. (망설인다.)

욱 이 큰 고민이 있어서…… 점을 치러 오신 것 같은데요…….

김 씨 맘이 괴로워…… 정말 죽고만 싶어서……. (한숨)

욱 이 아주마니, 우리들의 생명은 하나님께서 주신 겁네다. 우리에겐 이 귀중한 생명을 끊을 권리가 없디요. 오직 하나님만이 그 권리가 있는 겁네다. 그러니께니 죽고 사는 것도 오직 하나님의 뜻으로 행해지는 것이디요.

김 씨 ………….

욱 이 아주마니, 스스로 생명을 끊는 건 하나님의 뜻을 어기는 큰 죄입네다.

김 씨 (길게 한숨 쉬고) 이 기구살스런 팔자, 살아서 무엇하겠어요?

욱 이 기래도 살아야 합네다. 모두 하나님의 뜻이니께니.

김 씨 열아홉에 출가해 와서 일 년도 채 못되어 남편을 잃고 말았어요. 하지만 남편을 잃은 설움보다도, 남편 잡아먹은 년이란 둘레 사람들의 수근거림이 저를 더 서럽게 했죠. 그래도 전 꾹 참았어요. 남편의 삼년상을 치르기 위해서 꾹 참았죠. 그런데 이젠 탈상을 했거든요. 이제 내가 할 일이라군 하나도 없는 셈이죠. 다만 남편의 뒤를 따라 죽고 싶은 생각뿐이에요.

욱 이 남편이 죽은 건 아주마니의 잘못이 아닙네다. 다 하나님의 뜻이디오. 기리카구 아주마닌 이제 할 일이 없다구 하셨디만 그건 잘못된 생각이야요. 우리들은 할 일이 퍽 많디오. 하나님을 믿구 하나님의 뜻이 이 지상에 이루어지도록 해야 합네다.

김 씨 하나님의 뜻……?

욱 이 그렇습네다. 거룩하신 하나님의 뜻이디오.

김 씨 전 통 무슨 얘긴지 모르겠어요.

욱 이 (성경을 한 권 꺼내서 김 씨에게 주며) 이걸 읽어 보시라우요. 이 속에 다 써 있으니께니.

김 씨 이게 뭔데요?

욱 이 성경이야요. 전지 전능하신 하나님에 대한 모든 게 써 있는 성스런 책입네다.

김 씨 이걸 그냥 받아도 괜찮을까요?

욱 이 네…… 원래 누구든 주려고 한 권 여분으로 가져온 거니께요.

김 씨 (받아들며) 고마워요……. 그럼 잘 읽어 보겠어요…… 서울의 번화한 데서 자라 그런지 이곳은 너무나 적적하고 쓸쓸하죠. 게다가 같이 터놓고 얘기할 사람도 없구 해서.

욱 이 앞으로는 그 성경이 좋은 말벗이 될 겁네다. 이젠 적적하디 않을 거야요.

김 씨 (성경을 펼쳐 본다.)

나무에 바람 지나는 소리.

욱 이 (기분 좋은 듯 공기를 들이마시며) 이 상긋한 향기…… 저 예기소 건너편의 밤나무 숲에서 산들 바람을 타고 흘러오는 밤꽃 향기군요.

김 씨 네. 너무 향기가 짙어서 그런지 전 오래 맡으면 골치가 아파져요.

욱 이 향기에 취해서 그러는 겁네다. 저 향기야말로 피양 같은 도시에선 도저히 맡을 수 없었던 향기디오…… 내레 저 밤나무 꽃 향기에 이끌려 이 고향땅을 찾아왔는디도 모릅네다.

김 씨 선생님은 보통 분과 다르군요.

욱 이 그럴디 모르디오. 내레 언제나 꿈을 지니구 있으니께니…… 이 세상에 하나님의 뜻을 실현케 하는 것이 내 꿈이디오…… 물론 그 꿈의 실현이 쉽디 않은 일이란 걸 내 자신이 잘 알구 있습네다. 허지만 아무리 어려워도 이 일을 해내야 하디오.

김 씨 전 잘 모르지만 선생님의 맘 속에는 뜨거운 열기가 있어요.

욱 이 내레 8년 전에 피양으로 갔다가 굶주려 거리에 쓰러졌댔시요. 그 때 나를 구해 주구 또한 하나님의 존재까지 일러준 고마운 분이 바로 현 목사란 미국인이었습네다. 그 때도 그 분은 내게 제일 먼저 성경책을 선물했더랬디요. 그 성경책이 바로 이겁네다. 이 책은 내레 이 세상을 하딕하구 하나님 품으로 갈 때까지 꼭 지킬 거외다.

김 씨 저도 이 책을 일생 동안 고이 간직하겠어요.

욱 이 그러십시오, 하나님의 축복이 있을 겁네다.

모화와 복례, 송 서방이 나온다.

복례는 여전히 머리에 봇짐을 이고 송 서방은 북과 징을 들었다.

모 화 (돈을 꺼내 송 서방에게 주며) 번번이 수입이 시원칠 않아 쬐매라서…….

송서방 괘얀심더. 세월이 없어 그러능 기 아주마이 탓잉교.

복 례 임자 먼저 가거레이.

송서방 파딱 오거레이. 내 혼자서 빈 방에 있자믄 안 적적하나.

복 례 걱정 말거레이. 내 곧 갈끄르. 그보다두 임자 가다가 주막에 들러 술이나 처묵지 말거레이.

송서방 술은 무신 술을 묵는닥 카노!

송 서방, 화를 내며 나간다.

낭이, 들어선 모화에게 뛰어든다.

모 화 (복숭아를 주며) 따님, 따님, 우리 낭이 따님 잘 노셨노?

낭 이 (고개를 끄덕이고 복숭아를 먹으며 김 씨를 가리킨다.)

모 화 아이구마, 대갓집 아씨가 우앤 일잉교?

김 씨 점치러…….

모 화 점치러 예?

김 씨, 복례가 내놓은 소반 위에 지전을 넉 장 내놓는다.

모 화 아이구마 우얜 돈을 두 냥이나, 고맙심더.

김 씨 모화네 내 복채는 두둑히 줄 테니, 내가 여기 와서 한 일은 아예 입밖에 내지 마요.

모 화 걱정 마시이소. 냇사 이래뵈두 입은 여간 안 무겁십니꺼? 그래 무신 점을?

김 씨 신수점을 좀…….

모 화 아씨 나이가 몇이지에?

김 씨 스물둘.

모 화 생일은?

김 씨 오월 초이렛날.

모 화 시는?

김 씨 밤 열한 시쯤……

모화, 입안으로 주문을 외다가 엽전 다섯 개를 소반 위에 던지고 그 위치를 가린다.

모 화 (무릎을 탁 치며) 됐심더. 이건 영락없이 아씨께서 귀인을 만나 팔자 고칠 괘입니다.

김 씨 (약간 외면하며) 팔자를 고치다니?

모 화 아씨, 부끄러버할 끼 하나두 없심더. 지금은 바야흐로 개화의 시대니까예. 과부 재가하는 기야 안 당연합니꺼?

김 씨 그래도…….

모 화 게다가 아씨는 이제 바깥 주인 삼년상도 다 치렀으니까예, 뉘기가 뭐라겠능교. 하기사 좀 전만 해두 사대부집 부녀자는 으레 수절 과부루 늙었지만두, 지금은 개화된 시상이니까예, 그럴 필요가 쬐매두 없는 기라…… 보는 김에 아주 팔자 고친 후두 봐드리겠심더. (다시 엽전을 던져 위치를 보고) 좋심더, 좋아! 씨게 좋심더!

김 씨 (기쁨으로 홍조된다.) 좋아요?

모 화 예. 팔자만 고치머 아들 딸 놓구 부귀 영화 누리는 건 맡아 논 단상이겠심더.

김 씨 정말로?

모 화 참말이끄르! 재가하시이소. 둘레 사람들이 뭐락 캐두 두 귀 탁 틀어막구 해쁘리능 기라예.

김 씨 알았어요. 그럼…….

모 화 잘 살펴 가시이소.

김 씨, 밖으로 살며시 나간다.

모 화 (머리를 쓰다듬어 주며) 따님, 따님, 우리 따님 오라비와 잘 노셨노?

낭 이 오…… 빠…… (편지 쓰는 시늉을 하며) 편…… 지…….

모 화 응. 그래 그래. 우리 따님 착한 따님…….

복 례 우리 도련님 이제 이곳 사정에 익숙해졌나 모르겠데이.

욱 이 아직…… 너무 오래 고향땅을 떠나서라무니 서먹서먹합네다.

복 례 그렇겠제, 안 그렇겠노. 십 년이머 산천두 변한닥 캤는데.

욱 이 오마니, 어드메 갔다 오신 거야요?

모 화 이웃 마을 박 참봉네 집에 가서 재수굿을 해 주고 오는 길 아이가. 늬 점심 묵었노?

욱 이 네, 낭이가 차려다 줘서 먹었습네다.

복 례 에그마, 우리 낭이 따님이 점심상을 다 차리구. 역시 오뉘 간은 좋응 기라. 하기사 나두 도령님매로 잘 생긴 오라버니가 있다머 점심상뿐이겠노.

업어 주기락두 하겠데이.

모 화 늬 수다 고만 떨구 나 냉수 좀.

복 례 에그마, 내 정신 좀 보레이. (얼른 부엌으로—)

모 화 욱아, 늬기에게 편지 썼노?

욱 이 피양에 계신 현 목사란 미국 사람입네다.

모 화 미국 사람이락 카머 양코배기 아이가?

복 례 (물을 한 대접 떠가지고 나오며) 성님 시원하게 드이소. 그 물 마시머 십 년 묵은 체증기도 쑥 내려가겠심더.

모 화 (물을 마시고 권련을 꺼내 문다.)

복 례 (성냥을 그어 냉큼 불을 붙여 주고) 도련님예, 도련님이 가 있었닥 카는 피양 얘기 좀 해 주이소. 냇사 대처락 카머 경주밖에 가 보지 몬했제.

욱 이 피양은 산수가 아름다운 곳입네다. 모란봉에 능라도…… 경치가 매우 도티요.

복 례 원래 피양은 색향이락 카이 일색 기생들이 발에 채일 만큼 많닥 카지 않합니꺼?

욱 이 길쎄요…….

모 화 복례네, 젊은 아 데리구 몬할 말이 없구마.

복 례 성님예, 와 젊은 아락 캅니꺼? 다 큰 어른인데. 냇사 그 병신만 없어두 도련님과 연애 한 번 멋들어지게 해 보겠심더.

모 화 치워라마!

복 례 화났십니꺼?

모 화 수다 그만 떨구 파딱 가 보거레이. 집에서 송 서방이 기다리느라 모가지가 빠져두 학만큼이나 빠졌겠데이.

복 례 그 병신, 인제 성가셔서 몬 살겠심더. 요즘은 우짼 일인지 인삼 녹용을 묵이지도 않았는데 이틀이 멀다구 냇사 밤잠도 몬 자게 안 합니꺼?

모 화 (벌컥) 파딱 가 보거레이!

복 례 예예, 가 보겠십더. 도련님예, 피양 얘긴 후에 천천히 듣기루 하구……
(낭이에게 두 손으로 빌며) 따님, 따님, 우리 낭이 따님 안녕히 계시이소.
모 화 참, 늬 가는 길에 이 편지 부치구 가거레이.
복 례 알겠십더.

복례, 편지를 받아들고 나간다.

모 화 (부엌으로 가며) 젊은 아 앞에서 할 말이 따로 있제…….

모화, 부엌에서 상에다 김칫국과 젓가락을 놓아 가지구 나와서 보자기를 끌러 떡을 내놓는다.

모 화 욱아, 늬 떡 좀 먹어 보거레이.

욱이, 상을 받아 놓고는 눈을 감고 입술을 달싹거리며 기도를 드린다.

모 화 (의아스럽게 보다가) 늬 불도에도 그런 법이 있노?
욱 이 아니야요, 오마니. 내레 불도가 아닙네다.
모 화 불도가 아이구 그라머 무신 도가 있노?
욱 이 오마니, 내레 덜깐에서 불도가 보기 싫어 달아났드랬쇠다.
모 화 불도가 보기 싫다니 불도야 큰 도지. …… 그라머 늬 머 신선도인고?
욱 이 아니야요. 오마니, 내레 예수도올시다.
모 화 예수도?
욱 이 피양 지방에선 예수교라고 합네다. 새로난 교디요.
모 화 그라머 늬 동학당이구마!
욱 이 아니야요. 오마니 내레 동학당이 아닙네다. 내레 예수도올시다.

모 화 그래, 예수돈가 하는 데선 음식 먹을 때마다 눈을 감고 주문을 외노?

욱 이 오마니, 그건 주문이 아닙네다. 하나님 앞에 기도드리는 것이야요.

모 화 (눈을 둥그렇게 뜨며) 하나님 앞에?

욱 이 네. 하나님께서 우리 사람을 내셨으니께니.

모 화 야아, 늬 잡귀가 들렸구나? (얼굴빛이 퍼렇게 질린다.)

욱 이 오마니, 잡귀가 아닙네다! 오마니. (성경을 보이며) 이것 보시라우요. 여기에 자세히 써 있쇠다.

모 화 (성경을 뺏어 들고 보며) 이게 우앤 책인고?

욱 이 예수님의 말씀이 적혀 있는 책이야요. 오마니, 이 책은 이 세상에서 가장 성스럽고 소중한 책이야요…… 어느 구절을 읽어도 우릴 감동시키는 말씀뿐입네다. 들어보시라우요. (펼치고 읽는다.) 마태복음 9장 32절엔 이렇게 써 있디오. '저희가 나갈 때에 사귀 들려 벙어리 된 자를 예수께 데려오매 사귀가 쫓겨나니 벙어리가 말하거늘 무리들이 기이하게 여겨 가로되, 이스라엘에서 이런 일을 본 적이 없다 하되 바리새인들은 가로되, 저가 귀신의 왕을 빙자하여 귀신을 쫓아낸다 하더라…….'

모 화 오이야, 알았데이. 이 책이 바로 이웃 마을 양 조사락 카는 작자가 늘 옆에 끼구 다니는 '예수 귀신 책' 이구마.

욱 이 양 조사? 그런 분이 계시나요?

모 화 있제.

욱 이 (기뻐서) 기래요!

모 화 그 자가 바로 방 영감네 이종사촌 손자사위 아이가. 되기 시큰둥한 작자제.

욱 이 (혼잣말처럼) 이곳에도 뜻을 같이 하는 동지가 있었군…….

모 화 그 작자가 내 욕을 되기 하능 기라. 냇사 용신님 모시능 기 미신이락캐서 말이데이.

욱 이 오마니, 그분 말이 맞아요. 오마니는 미신을 믿구 있는 거야요.

모 화　치워라마! 그 따위 소리.

욱 이　오마니!

모 화　(다정히) 욱아, 십 년 만에 만난 늬와 내카 이 무신 꼴일꼬? 우리 그란 걸 가지구서러 다투지 말제이.

욱 이　오마니, 내레 진실로 하는 말이야요.

모 화　욱아, 그보다도 어디 이 에미 좀 보레이. 냇사 늬를 얼매나 보구 싶어 했는지 늬는 모를 끼다. 해가 설풋이 저물어 저녁 어스름의 소슬한 바람이 산등을 타구 불어 올 때나 달이 후영청 밝아 잠을 못 이루구 뒤채이며, 뒤숲에서 낙엽이 우수수 지는 소리에 두 눈이 초롱초롱해질 때마다, 이 에미는 늬를 보구파서 남몰래 숱해 시름겨운 한숨을 내려 쉬지 않았더노.

욱 이　오마니, 알구 있이요…….

모 화　(두 손으로 욱이의 얼굴을 감싸고 이윽히 보며) 늬 얼굴 똑같데이. 죽은 늬 아부지 얼굴과 쪼매도 안 틀린데이. 늬 나이 스물하나제? 그라니까이 내가 늬 아부질 처음 만났을 적에도 그이 나이가 꼭 스물하나였등 기라. 내 나이는 열일곱이었구…… 그이도 늬처럼 잘 생겼었제. 좀 바람은 피웠지만두. 하기사 대장부 사내가 그쯤 훤허구 보머 절로 바람끼두 나게 되능 기라…… (퍼뜩 불안한 듯) 참, 늬 그 점은 늬 아부질 닮지 않았겠제?

욱 이　오마니, 내레 아직 숫총각이야요.

모 화　오이야, 오이야. 이 에미가 괜스리 주책을 부렸데이. 그 점은 늬 날 닮았을 끼다. 냇사 이래뵈도 절개는 굳지 안하나.

욱 이　…………….

모 화　그야 늬 아부지가 죽고 딱 한 번 재가해서 우리 낭이 따님을 놓았지만두, 그건 용신님의 지극하신 뜻이었등 기라. 낭이 따님은 내 딸이 아이구 용신님의 딸이니까이.

욱 이　…………….

모 화　냇사 젊었을 적에 용신님을 만나 복숭아 하나를 얻어 묵은 꿈을 꾸지 않았더뇨. 그 꿈을 꾼 지 이렛 만에 낭이를 뱄능 기라. 그라니까이 낭이 따님이 바루 복숭아꽃잉 기라.

욱 이 …………….

모 화 수국 용신님의 따님이 열두 형제였제. 첫째는 달님이요, 둘째는 물님이요, 셋째는 구름님이요…… 이렇게 돼 열두째는 꽃님이 아이였더노. 그라서 산신님의 열두 아드님과 혼인을 시키게 되지 않았더노. 즉 달님은 햇님에게, 물님은 나뭇님에게, 구름님은 바람님에게…… 각각 차례대로 짝짝꿍을 정해 가려니까이 막내따님인 꽃님은 본시 연애를 좋아하시는 성미인지라 자기 차례가 돌아오길 미쳐 기다릴 수 없었제. 그라서 열한째 형인 열매님의 낭군이 되실 새님을 가로채지 않았더노.

욱 이 …………….

모 화 그라서 배필을 잃은 열매님과 나비님은 슬피 울며 제각기 용신님과 산신님께 호소하여, 꽃님에게 귀머거리 벌을 내리게 했제. 그란데 귀머거릴 만들구두 용신님이 덜 풀려, 수국을 내쫓으시니 꽃님에서 고만 복숭아꽃으로 떨어징 기라.

욱 이 …………….

모 화 일개 복숭아꽃이 된 꽃님은, 봄마다 강가로 산기슭으로 붉게 피어나, 새님이 가지에 와서 아무리 재잘거려두, 지금까지 귀먹은 채루 말없는 벙어리가 되어 있을 기라. 그라니까이 낭이 따님은 순전히 내 딸이 아이구 수국 용신님께서 잠깐 내게 맡긴 특별한 따님잉 기라. 욱이 늬허군 안 다르겠노.

욱 이 오마니, 그건 미신이야요.

모 화 또 그 소리!

욱이, 할 수 없다는 듯이 눈을 감고 모화를 위해 기도드린다.

모 화 (창백해지며) 늬 예수 귀신이 들려도 단단히 들렸구나!

욱 이 오마니, 내레 예수 귀신이 들린 게 아니야요…… 도리어 오마니가 잡귀에 들린 거야요.

모 화 (발끈해서) 치어라마! 늬 기 따위 소릴 하려거든 당장 나가거래이! 내 앞에서 얼씬두 말아도오! 꼬락서니두 보기 싫다꼬마!

욱이, 조용히 나간다.

모 화 (당황해서) 늬 어디메 가노?

욱이, 대답 없이 나가 버린다.

모 화 아이 이놈으 아, 기어코 나가 쁘렀꼬마. 이 에미의 속두 모리구서리…… 에이구, 애당초 사주팔자 기구살스레 타구난 년은 알아볼조잉 기라. 남편 복이 있어야 자석 복두 있는 거제…… 에이구—

제3장

제2장으로부터 3일 후—저녁놀이 아름답다.
모화는 마당에 우두커니 서 있고, 낭이는 마루에서 그림을 그리고 있다.
놀은 극의 진행에 따라 빛이 차츰 짙어져 나중엔 핏빛이 된다.

모 화 (혼잣말처럼) 집을 나간 지 사흘이 지났는데 와 안 돌아오나 모르겠다마. 또 다시 피양으로 돌아간 기 아니겠제…… 낭이야, 늬는 오래비가 안 돌아오는데두 태연히 그림만 그리기가.

낭 이 (그림에만 열중하고 있다.)

모 화 (그림을 채듯이 집어들어 보며) 도대체 이게 무신 그림일꼬? 아이, 이

건 양코배기 여자 그림 아이가? 뉘기가 이런 그림 그리라 했노?

낭 이 오…… 빠……. (오빠가 그리라고 했다는 시늉)

모 화 (그림을 마루로 내던지며) 이 따위 그림 그리지 말거레이! 양코배기락 카머 여자든 남자든 간에 치가 떨린다꼬마. 늬 오래비가 예수 귀신에 씌운 기 다 현 목사락 카는 양코배기 때문익나 싶드레이.

피리 소리가 가까워지더니—점박이가 피리를 불며 들어선다.
그는 나이 한 사십이 넘어 보이며, 체구가 조그맣고 다부지게 생겼다.
동저고리 바람에 갓을 쓰고 그 위에 명주 수건으로 잘라매고 괴나리봇짐을 등에 느슨히 걸머지고 있다.
왼쪽 볼에 검은 점이 있어 점박이로 통한다.
모화, 쌀쌀하게 외면한다.

낭 이 아버으이! (미친 듯이 뛰어든다.)

점박이 오, 내 딸 낭이 아가씨 잘 있었나? (불끈 들어 뺑 돌린다.) 낭이야, 너 이 애비가 보고 싶었지?

낭 이 보…… 구…… 싶…… 었…… 어……

점박이 나도 보구 싶었단 말씀야…… 그래서 바람처럼 떠돌아 다니던 내가 널 만나기 위해 불원 천리허구 이렇게 찾아온 거란 말씀야.

모 화 (쌀쌀하게) 핑계가 좋구만. 흥, 어디서 굴러 먹다 빈털털이가 되니까 예 안 찾아왔노?

점박이 오래간만에 뵈는 서방님에 대헌 말버르장머리가 그게 뭐야?

모 화 서방님? 흥, 그런 시시껄렁한 소리 집어치어라마!

점박이 여봐, 별 수 없단 말씀야. 당분간 신세 좀 져야겠어.

모 화 냇사 지긋지긋하데이!

낭 이 아버으이…… 선…… 물…… 없…… 어?

점박이 아참, 왜 네 선물이 없을까 보냐. (봇짐을 끄르며) 내 돈이 모자라 네 에미의 선물은 마련 못했다만, 우리 낭이 아가씨의 선물은 마련해 왔단 말씀야. (고무로 만든 꽃신을 꺼내 주며) 자, 지금 서울 장안에서 한창 유행인 고무신이다. 신어 보렴.

낭 이 꽃…… 신……! (신는다.)

점박이 꽃신은 꽃신이지만 고무로 만든 거란 말씀야.

낭이, 좋아서 어쩔 줄을 모른다.

송 서방, 들어온다.

송서방 점박이 성님 아입니꺼!

점박이 오, 송 서방!

송서방 이리케 만나 뵈니 참으로 반갑심더!

점박이 나도 반갑네. 이별이 있으문 만남이 있다더니, 정말 반가운 만남이군 그래.

송서방 성님도 이젠 씨게 늙었심더.

점박이 늙는 거야 어쩔 수 없단 말씀이야. 이리저리 떠돌아 다니다 보니깐두루 어느덧 오십 줄에 들어섰지 뭔가. (실감 있게) 세월은 유수와 같다더니 정말 그래…… 허지만 늙음이 있어야 젊음이 있는 법, 절로절로 늙어갈 수밖에…….

모 화 기다리는 아들은 돌아오지 않구서러 엉뚱한 영감탱이가 돌아와서 한다는 소리가…….

송서방 참…… 아주마이, 욱이 소식을 알았심더.

모 화 알았노?

송서방 예, 안 그라도 냇사 아주마이에게 그 말을 할라꼬 안 왔십니꺼.

모 화 그 아 우째꼬 있노?

송서방 그거이…… (망설이다가) 욱이는 전도를 하구 다닌답니더.

모 화 전도락 카이?

송서방 나도 잘 모리지마는 모두들 그럽디더.

점박이 전도란 예수교를 퍼트리고 다니는 거란 말씀이야. 그 애가 예수교 신자가 된 모양이군 그래.

모 화 예수교를? 그 놈으 아 미쳤꼬마!

점박이 에미는 무당이구, 아들은 예수쟁이라…… 아들은 죽어서 천당에 가구 싶단 그 말씀이지. 허지만 난 천당보다두 이 현세가 더 좋단 말씀이야. 살기 좋게 잘 조화돼 있거든. 낮과 밤이 있구, 아름다움과 더러움이 있구, 즐거움과 괴로움이 있구, 선과 악이 있구…… 난 이 현세야말로 천당이란 말씀야. 죽어서 천당에 갈 필요가 하나도 없지. 하하하…….

모 화 치어라 마!

점박이 (웃음을 거둔다.)

모 화 혼자서 그 짓 하구 다니노?

송서방 아입니더. 양 조사와 둘이서…….

모 화 양 조사? 방 영감네 이종사촌 손자사위 말이꼬?

송서방 예, 맞심더. 그 자와 더불어 이 근처 마을로 돌아댕기며 성경도 허구…….

모 화 성경이락 카머 그 예수 귀신 책 말이꼬?

송서방 예, 맞심더.

모 화 그놈으 아 미쳐두 단단히 미쳤구마. 10년 만에 이 에미한테 돌아와 그 짓을 하다니 될 말이꼬! (분에 못 이겨 마당을 서성거린다.)

송서방 (작은 소리로) 성님예, 오래간만에 만났으니까이 주막에 가서 한 잔 합시더.

점박이 그래.

송서방 아주마이, 그라머 또 뵙겠심더.

모　화　(못 들은 체 서성거린다.)
점박이　(그냥 나가자고 눈짓한다.)

점박이와 송 서방, 살그머니 나간다.

모　화　(서성거리다가) 내가 나가서 실제루 알아볼 끼구만.

모화, 씩씩거리며 나간다.
낭이, 마루에서 성모 마리아를 다시 그리기 시작한다.
욱이와 양 조사, 집 뒤로 나타난다.

욱　이　(들어오며) 기리니께니 뭣보다도 시급한 건 이곳에 교회를 짓는 일이야요.
양조사　맞심더. 그라서 나도 대구 노회에 수없이 말했심더만…….
욱　이　자꾸 말해서라무니 성취시켜야디오. 나도 피양 현 목사에게 편지를 했댔시오.
낭　이　(반기며) 오…… 빠…….
욱　이　너 잘 있었네?
낭　이　(고개를 끄덕이며 어디 갔다 왔느냐는 시늉을 한다.)
욱　이　음…… 좀 다녀올 데가 있어서…….
양조사　(그림을 보고) 아이, 성모 마리아 그림이 아닝교?
욱　이　네, 내 동생이 그리디오.
양조사　잘 그렸심더. 그림 솜씨가 놀랍구만요.
욱　이　우리 기도합시다.
양조사　아, 참. (눈을 감고) "하늘에 계신 우리 아버지시여, 이름이 거룩히 여김을 받으시오며 나라가 임하옵시며 뜻이 하늘에서 이룬 것같이 땅에서도 이루어지이다. 오늘날 우리에게 일용할 양식을 주옵시고, 우리가 우리에게 죄지은 자를 사하여 준 것같이 우리 죄를 사하여 주옵시고, 우리를 시험에 들게 하지 마옵시고, 다만 악에서 구하옵소서. 나라와 권세와 영광이 아버지께 영원히 있사옵니다. 아멘."

모화가 이 기도의 중간쯤에서 들어오려다 이 광경을 보고 얼굴이 질린 채 잔뜩 노려본다.
낭이는 신기한 듯 바라본다. (그녀도 아직 모화의 출현을 모른다.)
모화는 기도가 끝나자 벌써 신상 앞에 가서 미친 듯이 외치고 있다.

모 화 신령님네 신령님네/동서남북 상하천지
날 것은 날아가고/길 것은 기어가고
머리 검어 초로 인생/실낱 같은 이 목숨이
신령님네 품이길래/품 속에 품었길래
대로같이 가옵네다/대로같이 가옵네다
부정한 손 물리치고/조촐한 손 받으실새
터주님이 터주시고/조왕님이 요주시고
삼신님이 명주시고/칠성님이 두르시고
미륵님이 돌보셔서/실낱같안 이 목숨이
대로같이 가옵네다/탄탄대로같이 가옵네다

모화는 강렬한 발작과도 같이 등어리를 떨며 두 손을 비벼대다가 푸념이 끝나자, 신주 상의 냉수를 머금어 욱이와 양 조사의 낯과 온 몸에 홱 뿜는다. 그리고 마리아의 그림을 갈기갈기 찢는다.

모 화 엇쇠귀신아 물러서라/여기는 영주 비루봉 상상봉에

깎아질린 돌벼랑에/쉰 길 청수에
너희 올 곳이 아니다/오른손에 칼을 들고
왼손에 불을 들고/엇쇠잡귀신아 썩 물러서라.
툇! 툇!

양 조사, 모화의 광태에 어리둥절했다가 고개를 숙여 잠깐 기도드리고 나가 버린다. 욱이도 뒤따라 나간다.
모화는 계속 집 구석에 물을 뿜고 푸념한다.
낭이는 아랑곳없이 마루에 있는 성경을 들여다 보고 있다.

모 화 (낭이에게서 성경책을 뺏어 들며) 모두 이 예수 귀신 책 때문이제! 태워뿌리야겠구마.

모화, 부엌으로 씩씩거리며 들어간다.
이윽고 부엌에서 성경을 태우는 불빛과 모화의 광기 어린 푸념이 들려온다.
낭이는 부엌문으로 숨소리를 죽여 들여다 본다.

소 리 성주는 우리 성주/칠성은 우리 칠성
조왕은 우리 조왕/비나이다 비나이다
신주님께 비나이다/하늘에는 별, 바다에는 진주
금은 같은 이내 장손/관옥 같은 이내 방성
산산에 명을 빌어/삼신에 수를 빌어
칠성에 복을 빌어/삼신에 덕을 빌어
조왕님전 요오를 타고/터주님전 재주 타니
하늘에는 별, 바다에는 진주/삼신조왕 마다하고
아니 오지 못하리라/예수 귀신아 서역 십만리

굶주리던 불귀신아/탄다 훨훨 불이 탄다
불귀신이 훨훨 탄다/타고 나니 이내 방성
금은같이 앉았다가/삼신 찾아오는구나
조왕 찾아오는구나

이윽고 부엌에서 나온 모화는 온갖 몸짓, 갖은 교태를 다 부려 가며 손을 비비다, 절을 하다, 삼지창을 휘두르며 덩싯덩싯 춤을 췄다 한다.

모 화 서역 십만리 굶주리던 불귀신아/한쪽 손에 불을 들고
한쪽 손에 칼을 들고/이리 가니 산신님이 예 기신다
저리 가니 용신님이 제 기신다/칠성이라 돌아가니
칠성님이 예 기신다/구름 속에 쌔여 간다
바람결에 묻혀 간다/구름님이 예 기신다
바람님이 제 기신다/용군이라 당도하니
열두 대문 잠겨 있다/첫째 대문 두드리니
사천왕 뛰어나와/종발눈 부릅뜨고
주석 철퇴 높이 든다/둘째 대문 두드리니
불개 두 쌍 뛰어나와/불꽃은 숫놈이 낼릉
불씨는 암놈이 낼릉/셋째 대문 두드리니
물개 두 쌍 뛰어나와/수놈이 공공 꽃불이 죽고
암놈이 공공 불씨가 죽고……

낭이, 이 광경을 지켜보고 있다가, 별안간 몸에 한기가 나는 듯 아래턱을 덜덜 떨더니, 미친 것처럼 저고리를 벗고, 모화와 한 장단 한 가락에 어우러져 춤을 춘다. 이윽고 치마까지 벗는다.

모 화 서역 십만리/예수 귀신이 돌아간다
당산에 가 노자 얻고/관묘에 가 신발 신고
두 귀에 방울 달고/방울 소리 발 맞추어
재 넘고 개 건너 잘도 간다/인제 가면 언제 볼꼬
발이 아파 못 오겠다/춘삼월에 다시 오랴
배가 고파 못 오겠다……

욱이, 집안에 들어서다 이 광경을 보고, 어이없어한다.

모 화 예수 귀신 책 훨훨 탄다.

욱이, 모화의 태도와 부엌의 불빛에 성경이 타고 있는 것을 짐작하고 뛰어 들어간다. 모화도 뒤따라 부엌으로—
낭이는 실신하여 마루에 쓰러진다.
모화와 실랑이하는 그림자가 어지럽게 휘번득이더니 모화가 칼로 욱이를 찌른다. 욱이의 비명 소리!
이윽고 욱이, 1/3쯤 타다 남은 성경을 두 손으로 꼭 끌어안고 피투성이가 되어 비틀거리며 나와서 마당 한가운데에 쓰러진다.
뒤이어 피 묻은 식칼을 든 모화가 뛰어나와 분노에 날뛴다.

모 화 엇쇠귀신아 물러서라/너 이제 보아 하니
서역 십만리/굶주리던 잡귀신아
여기는 영주 비루봉 상상봉에/깎아질린 돌벼랑에
쉰 길 청수에 엄나무발에/너희 올 곳이 아니다
오른손에 칼을 들고/왼손에 불을 들고
엇쇠 서역 잡귀신아/썩 물러서라

당대 고축년/얻어먹던 잡귀신아
늬 어이 모화를 모르나냐/아니 가고 봐하면
쉰 길 청수에 엄나무발에/무쇠 가마에 백말 가축에
늬 자자손손을 가두어/못 얻어 먹게 하고
다시는 세상 밖에/내주지 아니하여
햇빛도 못 보게 할란다/엇쇠귀신아 썩 물러가거라
서역 십만리로/꽁무니에 불을 달고
두 귀에 방울 달고/왈강달강 왈강달강
벼락같이 떠나거라

모화, 날뛰다가 제 정신이 들어 욱이를 보고 절규한다.

모 화 욱이야! 욱이야!
욱 이 어무이! (모화의 품에 안긴다.)

핏빛으로 물든 하늘!

제4장

제3장으로부터 몇 개월 후—무대 밝아지면 가을 밤이다.
별들이 숲 위에서 반짝인다. 풀벌레 소리 자지러지고—멀리서 밤 부엉이 소리……
처마 끝에 희뿌연 종이 등불이 걸려 있다.
욱이가 벽과 안석에 의지하여 마루에 앉아 있다. 그의 광대뼈는 앙상하게 드러나고 눈자위가 움푹 패였다. 그 곁에서 낭이가 물수건으로 욱이의 얼굴과 목덜미의 땀을 정성껏 닦아 주고 있다.

모화는 신상 앞에서 미친 듯이 중얼거리며 빌고, 절하고, 처절하리만큼 열성껏 지성을 드리고 있다. 한참 동안 지성을 드리다가 욱이에게로 와서 그 이마를 짚어 본다.

모 화 (눈물을 흘리며) 이것아, 이것아 늬가 이게 우앤 일일꼬? 머나먼 길에 에미라고 찾아와서 늬가 이게 무슨 꼴일꼬?

욱 이 오마니, 너무 걱정하지 마시라우요. 내레 죽어서라므니 우리 아바지께로 갈 것이니께니.

모 화 아부지라…… 느그 아부진 천하의 바람둥이였제. 그런 아부질 찾아가 우애 할낀고?

욱 이 그 아바지가 아닙네다. 내레 말하는 아바진 턴디 만물을 창조하신 전지전능의 아바집네다.

모 화 또 그 소리꼬! 그 씨두 안 묵을 소리 작작하거레이!

욱 이 오마니, 우리 인간은 모두 죄인입네다. 기리니께니 아바지의 사함을 받아 그 뜻대로 살아야 하디요.

모 화 늬는 무슨 죄를 졌길래 항상 죄인이락 카노?

욱 이 우리 인간은 불의를 가지고 서라무니 하나님 아바지의 진리를 막고 있는 까탄에 하나님의 뜻이 이루어지디 않는다는 것이 가장 큰 죄악이요, 그곳에서 모든 다른 악이 생기는 겁네다. 그 일이 파멸이요, 비참이요, 그 까탄에 우린 하나님의 구원이 필요한 것이디오.

모 화 이젠 그란 소릴랑 그만 하거레이. 냇사 듣기에두 지쳤다마.

욱 이 ………….

사이—

욱 이 오마니, 분명 며틸 전에 제가 쓴 편지 냈디오?

모 화 오이야, 내 손으로 직접 안 냈더나.

욱 이 그 편지 받았댔으믄 현 목사님이 꼭 오실 텐데……?

목 화 올 끼다. 쬐매만 더 기다리거레이.

욱 이 영 안 오시려나……?

모 화 올 때 되머 어련히 올까 봐 그러노?

욱 이 오마니, 내레 오늘밤을 못 넘길 것 같습네다.

목 화 아이, 무신 소릴 그랗게 해서 이 에미 가슴이 덜컥 내려앉게 하노.

욱 이 오마니, 정말이야요. 아무래도…… 기리니께니 현 목사님이 오시거든 데발 전처럼 기리디 마시라우요.

모 화 알았다마. 걱정 말거레이.

복례, 그릇을 들고 밖에서 들어온다.

복 례 성님예, 저녁 묵었십니꺼?

모 화 입맛이 없어 묵는 둥 마는 둥 했데이. 쏙이 상해서 입맛이 나야 말이제.

복 례 그렇다구 성님마저 그라머 우애겠십니꺼? (욱이를 들여다 보며) 우리 도련님은 무엇 좀 묵었노?

욱 이 아주마니, 오셨습네까?

복 례 도련님 이것 좀 묵어 보이소 예? (그릇을 내민다.)

목 화 그게 뭐꼬?

복 례 집에서 만든 식혜가 아입니꺼. 입맛 없을 땐 묵을 만한 기라요. (숟가락으로 떠먹이려 한다.)

낭 이 (냉큼 빼앗아 들며) 내가…… 묵어……. (먹이겠다는 시늉)

복 례 그래그래, 그러하이소. 하기사 나보다두 뉘 동생이 묵여 주능 기 더 맛있을 끼라.

낭 이 (정성껏 먹여 준다.)

모 화 별 일 없었더노?

복 례 와 없겠십니꺼. 요즈막 일이 없으니까예 그놈으 병신이 또 매일같이 술이 고주망태 아이겠십니꺼. 이대로 가다간 술값으로 내 속곳까자 팔아묵어 쁘릴 끼라.

모 화 (한숨 쉰다.)

복 례 성님예, 건너 마을 공 생원댁 조상굿은 우애할 낍니꺼?

모 화 냇사 안하겠다 안했더나? 신명이 나야 굿을 하제. 내 자식 욱이가 이 지경인데 무슨 신명이 나겠노.

복 례 그라머 굿은 영 안할 낍니꺼?

모 화 내 자식 병이 나야 남의 굿도 할 끼 아이가.

복 례 하지만두 성님예, 그리 굿을 안한닥 카머 파이라요.

모 화 와?

복 례 성님의 굿이 옛날과 같이 신령치 않다고들 할 끼 아입니꺼?

모 화 괘얀타마. 내 자식 병이 중하제, 굿이 중하겠노.

복 례 그라머 건너 마을 신출내기 선무당 좋은 일만 시키는 기라요.

모 화 얼마든지 해 보라제. 제까짓 게 이 모화의 굿 솜씰 당할 끼 머꼬. 안 그러나?

복 례 맞심더. 허지만두 신출내기 선무당은 비용이 싸게 묵히지 않십니꺼?

모 화 비용 애끼려머 얼마든지 애끼라 안하나. 그런 더러분 굿은 냇사 모래에 혓바닥을 박구 죽는 한은 있어두 안하겠다 안하더나?

복 례 알았심더. 성님예, 냇사 성님의 심정을 몰라서 그라겠십니꺼. 안타까바 그러능 기라예.

모 화 안다 안다. 조금만 참거레이.

복 례 그라머 냇사 기다리겠심더. 그라구 성님예. (귓속말로 속삭인다.)

모 화 그기 참말이가? 염치두 좋데이.

복 례 성님예, 만나게 해 줍시더. 죽은 사람 소원두 들어 준닥 카는데 산 사람 소원을 몬 풀어 줄끼 멉니꺼.

모 화 …………….

복 례 (무대 밖을 향해서) 아씨, 들어오이소예.

김 씨, 무대 밖에서 조심스럽게 나타나 들어온다.

모화, 냉담하게 외면한다.

김 씨, 너무나 달라진 욱이의 몰골에 잠시동안 멍히 선다.

욱 이 아주마니, 오셨구만요. (반가운 눈치를 숨길 수 없다.)

김 씨 너무나 달라지셨군요?

욱 이 (조용히) 육신은 영혼의 장막…… 육신은 변했어도 내 영혼은 불변입네다.

김 씨 얼굴이 이렇게 수척하시다니…… 지금이라도 당장 서울로 가서 의사의 치료를 받도록 하시죠.

모 화 (홱 돌아서며) 아이 머라꼬! 의사의 치료를 받도록 하자꼬? 이 보거레이, 단골 무당 모화의 자석이 의사의 치료를 받았닥 카머 시상의 웃음거리되기 딱 알맞겠데이. 그런 시시껄렁한 소린 마시기요.

김 씨 그런 체면이 무슨 문제예요. 사람이 살고 봐야죠…… 그렇게 하세요.

욱 이 (너무나 조용히) 죽고 사는 건 오직 하나님 아바지의 뜻…… 아바지가 부르시믄 그 뜻을 따라야 하디요. 아주마니, 내가 드린 성경은 읽으십네까?

김 씨 읽었어요. 몇 번이고 읽었어요. 허지만 아무 소용이 없었어요. 글귀는 건성으로 읽히고…….

모 화 흥, 대갓집 아씨두 별 수 없구마. 시상에 부끄러분 줄두 모르끄르.

욱 이 참다운 사랑은 오직 하나님 아바지께서 우릴 사랑하시듯 이웃을 사랑하는 그겁네다.

김 씨 (격렬히 흐느껴 운다.)

이 때 헛기침을 하면서 허 진사가 의젓하게 들어선다.

모화와 복례가 절을 해도 본 체 만 체한다.

허진사 (짐짓 인자하게) 얘야, 이게 무슨 꼴이니? 어서 가자꾸나.

김 씨 (꼼짝 안한다.)

허진사 동네 사람이 볼까 무섭다. 어서 가자.

김 씨 …………. (여전하다.)

허진사 (위압하듯) 내 비록 지금은 낙향해서 이런 시골에 파묻혀 있을망정, 그래도 한때는 서울서도 떵떵 울리던 집안이었다. 아직 그 명문 집안의 지체는 엄연히 살아 있어! 자식을 잃고 비탄에 빠진 내게 너마저 이런 고통과 곤욕을 안겨 줘야 한단 말이냐!

김 씨 (울음을 죽이며) 아버님!

허진사 뜬소문이길 바랬더니 네가 결국…… 무당집에 와서 이 짓을 하다니! 발칙한 것! (준엄하게) 썩 가지 못하겠니?

김 씨, 울며 뛰쳐 나간다.

허 진사, 뒤따라 나간다.

모 화 (발끈해서) 아이 냇사 무당이 머 자기에게 밥을 묵여 달락 캤노, 옷을 입혀 달락 캤노? 무당이라머 동네 북인 줄 알지만두 사실 톡 까놓구 말이제, 조선 천지 넓닥 캐두 나만한 무당 찾을락 카머 도시락 싸짊머지구 다녀두 힘들끼라. 그러 안하노?

복 례 맞심더, 맞심더. 그까짓 소리 잡소리루 생각하이소.

모 화 (직성이 덜 풀린 듯) 그 아씬가 뭔가두 그렇제, 와 남의 집에 와서 울구 불구 소란을 피우는 기가!

복 례 뉘 안 이를 말입니꺼. 성님예, 미안심더. 이런 줄 알았다머 냇사 안 데

불구 올 꺼루. 너무 애가 달케 빌붙능 기라, 하는 수 없이 데려왔심더.

욱 이 (조용히) 오마니, 기리구 아주마니, 너무 기리디 마시라우요. 생각하문 기 아주마니도 불쌍하디오…… 하긴 믿음이 없는 사람은 누구든지 다 불쌍한 존재디만…….

모 화 (진저리치며) 또 그 소리! 이젠 지긋지긋하데이!

점박이와 송 서방, 잔뜩 취하여 어깨동무를 하고 큰 소리로 노래를 부르며 들어온다.

복 례 에이구머! 이 병신이 이젠……. (우르르 가서 쥐어 박는다.)

송서방 (쓰러졌다가 불끈 일어나며 냅다 복례를 밀어붙인다.) 이거 와 이라노!

복 례 (나가 떨어지며) 아이쿠, 내 허리야! 아이쿠, 저 병신이!

점박이 쓰러짐이…… 있어야…… 일어남이…… 있는 법…… 좋다…… 좋아…… 하하하…….

모 화 (멱살을 잡아 흔들며) 아무리 의붓자석이락 캐두 제 자석이 죽느냐, 사느냐 하는 이 판에 술이나 잔뜩 쳐묵구 꼴 좋데이, 꼴 좋아.

점박이 (흔드는 대로 내맡긴 채) 죽음이…… 있어야…… 삶이…… 있는 법…… 죽을…… 사람은…… 죽구…… 살 사람은…… 살구…….

모 화 (자기 가슴을 치며) 어이구 이래두 인두겁을 썼다구! 응당 죽어야 할 사람은 늬다! 늬여! 어이구! 용신님두 무심하시제! 이런 걸 잡아 가지 않구서리!

점박이 나두…… 죽을 때가 되면…… 죽을 테니깐두루…… 너무…… 성화하지…… 말란 말씀야…….

모 화 늬야 죽든 말든 냇사 알끼 머꼬! 내 자석이 죽어 가니 그러는 거제!

점박이 욱이는…… 제 말마따나…… 영생을……얻기…… 위하여…… 죽는 건데…… 뭘 그리…… 성화하느냐…… 그 말씀야…….

모 화 어이구, 냇사 죽는 꼴을 봐야겠구마! 어이구! 내가 죽어야제!

욱 이 (진지하게) 오마니! 기리디 마시라우요, 아바지 말이 옳습네다. 내레 영생을 얻기 위해서라므니 죽는 거야요.

모 화 어이구 맙시사! (가슴을 마구 친다.)

복 례 (말리며) 성님예, 참으시소! 참아요!

점박이, 비틀거리며 방으로 들어간다. 낭이가 부축한다.

복 례 파딱 가제이, 이 병신아! (송 서방을 밖으로 밀어붙이고) 성님예, 기럼 냇사 가 보겠심더. 도령님예, 잘 계시이소. (낭이가 방에서 나오자) 따님, 따님. 우리 낭이 따님, 안녕히 계시이소.

낭 이 잘…… 가……. (잘 가라는 시늉)

모 화 잘 가거레이.

복 례 예. (나간다.)

욱 이 낭이야. (손짓을 하며) 너 앞으로 성모 마리아의 그림 많이 그려라.

낭 이 (고개를 끄덕인다.)

욱 이 기리카구 너도 성모 마리아터럼 돼야 한다. 깨끗하구 거룩하구…… 모든 고난을 니겨 내야 해.

모 화 또 늬 그 소리구마!

현 목사, 양 조사의 안내로 급히 들어온다. 모화는 냉큼 부엌으로 피한다.

양조사 현 목사께서 이제 막…….

욱 이 (기뻐서) 현 목사님!

현목사 (급히 와서 욱이의 두 손을 꼭 잡고) 욱이!

욱 이 (눈에 광채를 띠며) 목사님! 목사님!

현목사 욱이! (솟아오르는 감정을 누르려는 듯이 한참 동안 눈을 감고 있다.)

양조사 (긴장된 침묵을 깨뜨리려는 듯이) 욱이, 기뻐하이소! 이 동네에도 곧 교회가 서게 안 됐노.

욱 이 교회가! (기쁨으로 얼굴이 활짝 핀다.) 기 정말이야요?

양조사 하므, 늬 현 목사님께 여러 차례 편지로 간청 안했더노.

욱 이 했디오.

양조사 현 목사께선 늬 핀지로 대구 노회에 또 간청했덩 기라. 그래 의외로 속히 교회 신축이 결정 안 됐노.

욱 이 목사님, 고맙습네다.

현목사 이 모두 욱이의 정성이오. 그 정성으로 이 곳에도 하나님의 복음이 전파되게 됐소.

욱 이 목사님 뵙고 싶었습네다.

현목사 나도 역시…… (마당을 둘러보고 미간을 찌푸리며) 이런 가운데서 욱이가 살아왔소?

욱 이 네…… 내레 이곳에서 항상 목사님 곁에 있었을 때의 그 명랑한 찬송가 소리와 풍금 소리와 여럿이 모여 앉아 기도올리는 소리와 빛난 음식을 향해 웃던 즐거운 웃음 소리를 되새기며 살아왔습네다.

현목사 오, 아바지시여! (작게 기도한다.)

욱 이 목사님, (낭이를 가리키며) 내레 펜지에서 말씀드린 누이동생 낭입네다.

현목사 오, 낭이 아가씨! 이렇게 만나 반갑습네다.

낭 이 (호기심으로 눈을 빛낸다.)

욱 이 목사님, 도로 누이 귀먹은 걸 고테 주시오. 내레 아무리 기도드려도 효험이 없이요.

현목사 기도 많이 드리십시오. 하나님의 뜻으로 귀가 뚫릴 겁네다.

욱 이 목사님, 오래간만에 목사님의 설교를 듣고 싶어요.

현목사 그럽세다. (성경을 꺼내서 펼치며) 요한복음 11장 20절에서 30절까지 (읽는다.) "마르다는 예수께서 오신다는 말을 듣고 곧 나가 맞되, 마리아는 집에 앉았더라. 마르다가 예수께 여짜오되, 주께서 여기 계셨더면 내 오라비가 죽지 아니하였겠나이다. 그러나 나는 이제라도 주께서 무엇이든지 하나님께 구하시는 것을 하나님께서 주실 줄을 아나이다. 예수께서 가라사대 네 오라비가 다시 살리라. 마르다가 가로되, 마지막 날 부활에는 다시 살 줄을 내가 아나이다. 예수께서 가라사대 나는 부활이요, 생명이니 나를 믿는 자는 죽어도 살겠고 무릇 살아서 나를 믿는 자는 영원히 죽지 아니 하리니 이것을 네가 믿느냐, 가로되 주여 그러하외다. 주는 그리스도시요 세상에 오실 하나님의 아들이신 줄 내가 믿나이다. 이 말을 하고 돌아가서 가만히 그 형제 마리아를 불러 말하되……."

욱이의 고개가 기운다.

양조사 (어깨를 흔들며) 욱이! 욱이!

욱 이 (겨우 눈을 반쯤 뜨고) 목사님, 찬송가를……. 기리카구 성경책……. (성경을 받아 들고 꼭 가슴에 끌어안는다.)

현 목사, 얼른 찬송가를 꺼내서 양 조사와 함께 조용히 노래한다.

사망은 아니라(제514장)

1. 이 세상 떠나서/형제를 만나고
천부와 함께 살리니/사망은 아니다.
2. 눈물에 어리어/감았던 나의 눈
이 후에 다시 뜨리니/사망은 아니다.

3. 얽매인 사슬을/최후에 끊을 때
영원한 자유 얻으리니/사망은 아니다.
4. 죄많은 육신을/내던져 버리고
의인과 같이 살리니/사망은 아니다.
5. 사망을 이긴 주/그 백성 건지네
예수와 함께 살리니/사망은 없겠네.

욱 이 (찬송가가 시작되자, 고개가 완전히 기울고 눈동자가 고정되며) 오마니……!! 불쌍하신 우리 오마니……!!

부엌에서 쫓아나온 모화가 욱이를 부둥켜 안고 통곡하는 소리가 찬송가와 뒤섞인다. 낭이는 깍듯이 앉은 채 창백한 얼굴에 조용히 눈물만 흘린다.

제5장

제4장으로부터 몇 개월 후—무대 밝아지면 한낮이다.
부엌 문에 오색 헝겊을 걸고 낭이가 그린 무녀 그림을 벽에 붙여 놓았다.
복례, 보자기에 싼 것을 들고 나온다.

복 례 성님은 아드님의 무덤에서 아직 안 돌아온 모양이구만…… 성님두 참, 죽은 아드님 무덤을 매일 찾아가머 죽은 아드님이 살아나는 긴가, 원! 하루두 빠지지 않으니 정성두 지극하제. (예기소로 가서 들여다 보며) 에이구마! 예기소 물은 더욱 푸른 기 밑 모르겠구마…… 아마도 허 진사댁 아씨 잡아묵어 그런 거겠제. 에이구마 무시라! (연신 손을 비비며 절을 한다.) 이무기님, 이무기님, 제발 이년을 탐내지 말아 주이소. 이년은 겉보기엔 살이 토실토실 쪄서 되기 맛있어 보일지 몰라두 실상은 영 파입니다. 우리 병신은 이년의 맞이 글렀닥 캐서, 밤마다 타박이 이만저만이 아입니다. 그러하오니…… (하다가 얼른 입을 막고 나서) 에이구마! 성님 말씀이 이무기님은 수다떠는 걸 싫어한닥 캤제. (다시 손을 비비며) 이무기님, 이무기님. 제발 용서하이소. 이년의 수다는 어무이 배 안에서부터 타구 난 수답니더. 수다를 안 떨락 캐두 절로 수다가 떨어지니까예 냇사 우째겠십니꺼…….

점박이, 괴나리봇짐을 느슨히 걸머지고, 나그네 차림새로 안방에서 나온다.

점박이 복례네, 뭘 그리 혼자 중얼거리구 있소?

복 례 아이구마! 아저씨예, 떠나는 깁니꺼?

점박이 욱이가 죽은 후로 낭이 에미가 날 꺼리니 떠나야지.

복 례 아저씨예, 정말 섭섭합니더. 성님이 그래 안하머 더 머물렀다 떠나는 긴데.

점박이 떠남이 있어야 머무름두 있는 법, 섭섭할 것 없단 말씀야.

복 례 그라머 어디메루 떠나는 깁니꺼?

점박이 발 향하는 대루 정처없이 가는 거지…… 호숫물에 흰 구름이 가듯이 집착함이 없이 가는 거란 말씀야. 가다가 마음에 들면 머물구, 머물렀다가 마음이 내키면 또 떠나는 거지.

복 례 그라머 안녕히 가이소.

점박이 복례네도 잘 있어요. 그리구 부디 낭이 에미 좀 부탁하오.

복 례 걱정 마이소.

점박이 송 서방한텐 못 보구 떠났다구…… 또 후일에 만나자구.

복 례 알겠십더.

점박이 참, 낭이는 지금 곤히 잠자구 있는데, 이따가 깨서 투정을 부리거들랑 내가 곧 또 온다구 했다문서 달래줘요.

송 서방, 봇짐을 걸머지고 헐레벌떡 나온다.

송서방 성님예, 나도 같이 떠나야겠심더.

복 례 아니, 어디멜 떠난닥 카노?

송서방 나도 성님매로 훨훨 떠돌아 다니겠다마.

복 례 병신이 육갑하네.

송서방 머라꼬?

복 례 병신이 육갑한다 안했나.

송서방 늬가 날 병신, 병신 하닝까이 냇사 늬캉 살기가 싫어징 기라. 성님, 가십시더.

복 례 임자, 정말 떠나는 기야?

송서방 떠나지 않구러! 성님 파딱 가십시더.

복 례 보레이. 냇사 이제 늬를 병신이락 카지 않을 테니까예 떠나지 말거레이.

송서방 인제 늦었다마. 가십시더. (나가려 한다.)

복 례 (붙잡으며) 떠나지 말거레이! 이젠 깍듯이 서방님으로 모실 테니까예, 제발 떠나지 말거레이.

송서방 이제 늦었닥 캐도! (뿌리치고 나가려 한다.)

복 례 (두 팔로 송 서방 다리를 붙들고 늘어지며) 이제 술이 고주망태가 돼두 냇사 아무 말 안할 테니까예 제발 떠나지 말거레이! 부탁한데이!

점박이 여보게, 아주머니 부탁을 들어 주게나. 떠돌아 다닌다는 건 자네가 생각하는 것처럼 그렇게 홀가분한 것만은 아니라네. 외롭구 괴로운 것이지. 나야 태어날 때부터 역마살이 끼어 이렇게 떠돌아 다니네만, 자네야 이 고장에서 자릴 잡구 살아야 할 게 아닌가.

복 례 부탁한데이, 떠나지 말거레이!

송서방 그라머 이젠 노름을 해두 늬 아무 말두 안할 낀고?

복 례 안하겠다마, 떠나지만 말거레이.

송서방 그라머 냇사 떠나는 거 보류하겠다마.

복 례 고맙데이.

송서방 또 옛날매로 날 대하머 냇사 언제든지 떠나겠다마.

복 례 그러거레이. 봇짐은 내가 간수하겠데이. (봇짐을 빼앗는다.)

송서방 성님, 제가 배웅하겠심더, 갑시데이.

송 서방, 점박이와 언덕으로 해서 나간다. 피리 소리, 멀어진다.

복례, 한참 동안 그 곳을 보고 섰다가 마루로 온다.

이윽고 무대 왼쪽으로부터 파리하게 야윈 모화가 나온다.

복 례 성님예, 와 이라구 죽은 아드님 무덤만 매일 찾아 다니는 깁니꺼?

모 화 ………….

복 례 그보다두 뭣이든 묵구 기운을 차려야 할 끼 아입니꺼? (부엌으로 가서 냉수를 떠온다.) 성님예, 냉수락두 드시이소.

모 화 (고개만 흔든다.)

복 례 성님예, 우짤라꼬 두 달 장간이나 거의 식음을 전폐하다시피 하십니꺼?

모 화 ………….

복 례 성님이 괴로바도 그 넋 건지는 굿만은 해 줘야 할 낍니더. 아드님의 뒤를 따라 저 예기소에 몸을 던져 죽은 넋이 아입니꺼? 하기사 뉘기가 뒤따라 죽어 달락칸 건 아이지만두.

모 화 ………….

복 례 그 아씨두 생각하머 안 불쌍합니꺼? 청상과부로 젊으나 젊은 몸이 죽게 됐으니 말입니더.

모 화 ………….

복 례 그 아씨가 아드님을 정말로 사랑한 기라요. 죽을 때 아드님매로 그 예수 귀신 책을 꼭 가슴에 보듬구 안 죽었답니꺼?

모 화 (신음하듯) 예수 귀신……!

복 례 (흠칫 놀라며) 성님예, 와 그러십니꺼?

모 화 예수 귀신……!

복 례 성님 그라지 마이소. 냇사 무심코 한 소립니더.

모 화 ………….

복 례 성님예, 굿을 할 낌니꺼, 안할 낌니꺼?

모 화 허 진사댁에선 와 하필이머 내게 굿을 부탁하노?

복 례 모두들 성님이 아이머 안 된닥 카지 않십니꺼.

모 화 와?

복 례 예수 귀신이 들린 귀신이니까예, 성님이 아이머 어림 택두 없닥 카는 기라예.

모 화 예수 귀신……!!

복 례 허 진사댁에서두 첨엔 집안 망신시킨 며느리니까예 굿을 안할락 카지 않았십니꺼. 그란데 굿을 안하니까예 집안에 우환이 들끓구, 알아 밴 소가 덜컥 죽구 하니까예 하는 수 없이 울며 겨자 먹기루 하능 기라예. (보자기를 끌러 비단옷 두 벌을 꺼내서 놓으며) 이게 허 진사댁에서 보내 온 비단 옷입니더. 그라구 (괴춤에서 지전을 꺼내며) 이건 굿의 준비를 위해서러 쓰란 돈 20원입니더.

모 화 ………….

복 례 만지머 손이 비어질 듯이 시퍼런 1원짜리 지전이 자그만치 스무 장이 아입니꺼. 그 구두쇠 허 진사가예 이렇게 큰 비용을 아낌없이 쓰는 건 냇사 되기 허풍을 떨은 덕잉 기라예.

모 화 ………….

복 례 예수 귀신이 들린 귀신은 악착스러버 엔간히 푸짐하게 굿을 안하머 건지기 어려불 끼라구 안했겠십니꺼? 그랬더니예 허 진사께서 눈이 휘둥그래 가지구…….

모 화 치어라마! 굿은 안할 끼다! 천만금을 가져온대도 냇사 안할 끼다!

복 례 (풀이 죽는다.)

모 화 그놈으 예수 귀신 땜에 내 생때 같은 아들이 죽응 기라. (눈물을 흘린다.)

복 례 성님예, 울지 마이소. 아드님이 죽은 것두 다 사주팔자 소관 아입니꺼? 그러 안하머 성님이 기리케 정성드려 빌었는데두 와 죽었겠십니꺼?

모 화 (고개를 조용히 흔들며) 아무리 생각캐두 그 아는 비명에 갔능 기라…….

복 례 성님두 참, 정신 나갔십니꺼? 뉘기 들을까 무섭심더. 성님은 굿으로 이름을 떨친 무당이 아입니꺼?

모 화 그놈으 예수 귀신 땜에 비명에 죽응 기라……. 냇사 예수 귀신에 씐 그 아를 몬 살링 기 분한 기라.

양 조사, 이 장로를 모시고 몇몇 교인과 함께 들어온다.

양조사 아주마이, 아녕하십니꺼?

모 화 …………

양조사 이번에 신축한 교회로 오신 이 장로십니더.

장 로 아드님의 얘긴 많이 들었습니다. 아드님의 노력으로 교회가 속히 서게 돼서 기쁩니다.

모 화 …………

양조사 아주마이, 신축한 교회 첫 예배에 아주마이를 모실까 하는데에?

모 화 …………

양조사 그라머 하나님 아부지의 품으로 간 아드님도 퍽 기뻐할 낍니더.

장 로 누구보다도 아주머니가 참석해 주시면 고맙겠습니다. 아드님의 뜻을 생각해서라도 꼭 좀…….

모 화 언젱교, 첫 예배 날은?

장 로 아, 고맙습니다. 참석해 주시는 거로군요.

양조사 사흘 후인 10일의 오후 두 시부텁니더.

장 로 (기도) 하나님 아버지시여, 또 한 길 잃었던 양이 품안에 찾아들게 되었음을 감사합니다.

양조사 아멘…… 그라머 10일의 오후 두 시에 꼭 참석할 걸로 알구 기다리겠심더.

장 로 하나님 아버지의 은총 많이 받으십시오.

양 조사와 장로, 나간다.

모 화 (중얼거리듯) 10일의 오후 두 시…….

복 례 아이 성님예, 성님마저 예수 귀신이 들렸십니꺼? 우짤라꼬 그런 델 참석할락 캅니꺼? 에구머이, 이 일을 우째노! 이 일을 우째노!

모 화 복례네, 허 진사댁 굿을 하기로 하겠데이.

복 례 예?

모 화 그라고 그 굿도 10일의 오후 두 시에 하능 기라.

복 례 예?

모 화 그놈으 예수쟁이들 첫 예배와 같이 하능 기라.

복 례 예? …… 예!!

모 화 그라고 그 굿엔 허 진사댁 며느리 넋을 건질 뿐만이 아이라, 예수 귀신이 씌었던 우리 욱이의 넋을 위로하구, 또한 욱이의 소원이었던 낭이의 귀도 뚫리게 하능 기라. 예수쟁이들도 감히 몬했던 일을 냇사 해낼 끼구마.

복 례 그리케 어려분 일을 우째 다 할락 캅니꺼?

모 화 내사 몬하머 저 예기소에 빠져 쁘리머 될끼 아이가?

복 례 농담두, 허허허……. (걸찍하게 웃는다.)

모 화 (심각하다.)

복 례 성님예, 방금 한 말 농담이 아입니꺼?

모 화 자석두 몬 살린 이 하찮은 목숨 구구하게 더 살머 머 할낑고?

복 례 (당황하며) 성님예, 그라머 안됩니더. 차라리 굿을 안하능 기 낫제. 성님이 저 예기소에 빠져 쁘리머 됩니꺼. 굿을 안하기로 합시더. (비단 옷을 보자기에 싸며) 냇사 곧장 가서 굿을 안한다꼬 기별하겠십더.

모 화 (추상같이) 수선 고만 떨거레이! 니는 나 하는 대로 가만히 있어 도오.

복 례 하지만 냇사 성님 죽능 걸 우째 그냥 보구만 있을 낍니꺼?

모 화 죽구 사는 건 냇사 알아서 할 일 아이가.

복 례 성님예, 죽으머 안 됩니더. 성님예…… (운다.)

모 화 울지 말거레이 볼쌍 사납데이.

복 례 성님예…….

모 화 내 죽지 않을 테니까이 울지 말거레이.

복 례 정말입니꺼, 성님예?

모 화 죽든, 죽지 않든 간에 이 굿이 이 모화의 마지막 굿일 기라. 그러니까이 냇사 모든 힘을 다 쏟아 이 굿을 치를 각오가 돼 있다마.

복 례 ………….

모 화 우쨌든 냇사 이 굿을 끝내군 천만금을 준닥 캐두 다시 굿을 안할 끼라. 그라니까이 이번에 억울하게 죽은 자석의 넋을 위로하구 또한 자석의 소원이었던 낭이의 귀도 뚫리게 하려능 기라. 니 알겠노?

복 례 알겠십더, 성님예!

제6장

제5장으로부터 사흘 후—

무대 한복판에는 큰 차일이 쳐 있고 그 둘레에는 엿장수, 떡장수, 술장수들이 포장을 치거나 거적을 두르고 축제 기분을 돋우고 있다.

차일 속의 전불상 차림새는 원작에 의하는 것이 제일 빠를 것이다.

'청사, 홍사, 녹사, 백사, 황사의 오색사 초롱이 꽃송이 같이 여기저기 차일 아래 달리고, 그 초롱불 밑에서 떡시루, 탁주 동이 돼지 통새미들이 온시루 온 동이 온 마리 채 놓인 대감상, 무더기 쌀과 타래실과 곶감꼬치, 두부를 놓은 제석상과 삼색 실과에 백설기와 소채 소탕에 자반 유과들을 차려놓은 미륵상과 열두 가지 산채로 된 산신상과 열두 가지 해물을 차린 용신상과 음식이란 음식마다 한 접시씩 놓은 골목상과 이밖에도 여러 가지 크고 작은 전물상들이 쭉 늘어 놓여져 있었다.'

송 서방과 화랑이 A · B, 복례와 함께 굿을 준비하고 있다.

아낙 A · B 등의 구경꾼들이 꾸역꾸역 모여든다.

아낙A　아이고마! 전물상 씨게 잘 차렸구마.

아낙B　정말로 요란스럽게 차렸데이.

아낙A　이번 굿이 모화의 마지막 굿이락 카지 않더나? 그라닝까이 잘 차릴 수밖에.

아낙B　마지막이락 카머 이제 무당을 고만두겠단 말일꼬?

아낙A　그야 냇사 모리지만두 모화는 이번 굿에 모든 정성을 다한닥 카더라.

아낙B　그라머 이번 굿을 잘 봐 둬야겠구마. 모화의 굿 구경두 이젠 몬하게 될지 모리끄로.

아낙A　그런데 씨게 더웁구만. 아무래두 비가 한 줄금 쏟아지겠제?

아낙B　하므, 하필이머 와 비가 올뚱말뚱한 날을 택했노?

아낙A　그게 소문에 의하며 교회의 첫 예배와 때를 맞추어 할락 캐서 일부러 그랬다지 않더나?

아낙B　그랄지도 모리겠구마. 모화는 예수교와 원한이 있으닝까이. 하지마는 너무 더워 되겠노. 마치 찌는 것 같구마.

아낙A　한 줄금 비가 내리며 씨원해질끼라. 쬐깨만 참거레이.

아낙B　냇사 더운 건 몬 참는다꼬마. 땀이 비오듯 하닝까이 우애 참노? (연신 땀을 닦는다.)

아낙A　쉿, 모화가 나온데이.

모화, 색동이 바친 몽두리 한삼에 청띠를 두르고 빨간빛 갓에 술띠를 둘러 차려입은 채 안방에서 새침하니 나온다. 그 뒤엔 복례와 낭이가 따른다.
모두, 모화의 그 아름다움에 저마다 감탄의 소리를 지른다.
모화, 복례, 전물상께로 걸어온다.

모　화　(전물상을 보고 비웃듯이) 더러분 것들, 전물상만 잘 차리머 장땡인가.

복　례　성님, 그란 소리 마이소. 들립니더.

모　화　들리머 어떠노? 냇사 몬할 소리 한 기 아이데이.

복　례　그래두…….

언덕으로 악사 세 사람이 악기(나팔, 큰북, 작은북)를 울리며 나온다.
그 뒤에 목사, 양 조사, 장로 등이 나온다.
모두 난데없는 악기 소리에 주의가 그 쪽으로 쏠린다.

장　로　예, 이번에 신축한 본 교회를 경축하는 뜻에서 축하식을 겸한 첫 예배를 갖게 됐습니다. 그래 특별히 서울서 목사님 한 분을 모셨습니다. 여러분,

우리 모두 교회에 가서 하나님의 가르침을 듣고 찬송가를 부릅시다.

그들 일행 악기를 울리며 교회 쪽으로 나간다.
교인 몇몇이 뒤따라 같이 나간다.

모 화 (픽 웃고) 흥, 요상테이. 그까짓 예수 잡귀신들 아무리 지랄해 보거레이.

복 례 (덩달아) 예수쟁이 놈들이 요술단을 꾸며 놀아나능 기라예…… 성님, 슬슬 시작해 봅시더.

송 서방이 먼저 북을 치자 대기하고 있던 전악들이 젓대, 피리, 해금이 울리기 시작한다.
모화, 그 가락에 맞추어 춤을 덩실거린다. 마치 그 몸은 뼈도 살도 없는, 율동으로만 화한 듯하다. 춤을 추다가 한참씩 넋두리하는 모화의 음성은 퍽이나 구슬프다. 구석에서 낭이도 따라서 덩싯거린다.
구경꾼들의 숨결은 모화의 쾌자 자락만 따라 오르내린다.
이 굿을 진행하는 동안에 차츰 날이 흐려지기 시작한다.

모 화 에그 설워 에그 설워/엊그저께 꽃 같은 몸
넋이 되고 혼이 되어/명주꾸리 긴긴 실이
다 들어갈 깊은 물속/어둠에서 헤매다니
이게 대체 웬 말이냐/에그 설워 에그 설워
이게 대체 웬 말이냐.

모화, 청승맞도록 새침해진 얼굴에 눈물을 흘린다.
구경꾼 아낙들, 탄성을 올리며 바라본다.

아낙A 아이고마 저 보거레이. 아씨 혼신이 안 덮였노.

아낙B 맞다 맞다. 바로 그 아씨가 들렸데이. 저 청승맞도록 새침한 얼굴 좀 보레이. 아주 아씨를 덮어 썼구마.

모 화 돌아오소 돌아오소/스물두 살 김 씨 부인
방성으로 태어날 때/칠성님에 복을 빌어

모화, 넋대로 물을 휘저으며 목이 메인 소리로 혼백을 부른다.

모 화 꽃같이 피어난 몸이/옥같이 자라난 몸이
꽃가마에 열두 종을/거느리고 출가하여
서방님과 사별하고/청상과부 독수 공방
검은 물에 뛰어들제/용신님도 외면이라
치마폭이 봉긋 떠서/연화대를 타단 말가
삼단머리 흐트러져/물귀신이 되단 말가

화랑이 A · B, 초망자(招亡者) 줄에 밥그릇을 달아 물 속에 던진다.

모 화 김 씨 부인 돌아오소/오소 오소 돌아오소
열씨나두 아무여 망제/가신 날짠 가 있건만
오실 날이 막연하오/앞이 어둬 못 오거든
촛불 밝혀 돌아오소/배가 고파 못 오거든
식상 받아 돌아오소/가실 적엔 온다더니
어찌하여 못 오시노/목이 말라 못 오거든
술잔 들고 돌아오소/솜씨 없어 못 오거든
양종 별신 손을 빌어/질풍 같이 돌아오소
옷이 없어 못 오거든/상주님의 굴건 제복

그거라도 입고 오소/신이 없어 못 오거든
상주님의 엄신글신/그거라도 신고 오소
백호는 가 유지란다/좌우 청산 배우 간에
낯선 사람 죽어지니/의지 없는 저 귀신아
뉘를 따라 가잔 말까/아침 이슬 초로 인생
삼십 고개 못 넘기고/이슬처럼 사라졌네
강남천지 멀다 한들/삼월이라 삼진날에
제비들이 날아든다/대국이라 멀다 한들
사신 행차 왕래하고/일본이라 멀다더니
전보줄로 소식 온다/불쌍하신 김 씨 부인
가신 것을 슬퍼하여/두견새도 슬퍼 운다
피를 토해 슬피 운다/네 아무리 슬피 운들
예기소의 깊은 물에/몸을 던진 이 내 목숨
언제 다시 살아날꼬/꽃동산에 지는 꽃은
지고 싶어 지련만은/불쌍하신 김 씨 부인
꽃다운 몸 스물두 살/스스로의 목숨 끊어
모진 바람 낙화로다.

아낙들, 수근거리기 시작한다.

아낙A 아이, 아직두 혼백을 못 건징 기 아이가?
아낙B 모화의 굿 솜씨두 이젠 한물 갔구마.
복 례 (모화의 귀에다 대고) 성님 여태 혼백을 몬 건져서 우애겠십니꺼?
모 화 (싸늘하게) 건져지겠제.

모화, 태연히 넋대를 잡고 물가로 들어선다. 화랑이는 초망자줄을 잡고 넋대가 가리키는 방향대로 이리저리 초혼 그릇을 물 속에 굴린다.
비가 내리기 시작하나 구경꾼들은 그냥 서서 구경한다. 몇몇이 차일 안으로 몸을 피한다.

모 화 에그 설워 에그 설워/엇그저께 꽃 같던 몸
넋이 되고 혼이 되어/명주 꾸리 긴긴 실이
다 들어갈 깊은 물속/어둠에서 헤매다니
이게 대체 웬 말이냐/에그 설워 에그 설워
이게 대체 웬 말이냐/돌아오소, 돌아오소
스물두 살 김 씨 부인/방성으로 태어날 때
칠성님에 복을 빌어/꽃같이 피어난 몸이
옥같이 자라난 몸이/꽃가마에 열두 종을
거느리고 출가하여/서방님과 사별하고
청상과부 독수 공방/검은 물에 뛰어들제
용신님도 외면이라/치마폭이 봉긋 펴져
연화대를 타단 말까/삼단머리 흐트러져
물귀신이 되단 말까

모화, 점점 깊은 물 속으로 들어간다.
목소리도 차츰차츰 멀어져 가며 넋두리로 휘황해지기 시작한다.

모 화 가자시라 가자시라/이수중분 백노주로
불러 주소 불러 주소/우리 성님 불러 주소
봄철이라 이 강변에/복사꽃이 피거들랑
소복 단장 낭이 따님/이내 소식 물어 주소
첫 가지에 안부 묻고/둘째 가지……

모화의 몸은 그 넋두리와 함께 물 속에 아주 잠긴다.

처음에는 쾌자 자락이 보이더니 그것마저 안 보인다.

화랑A 모화가 물에 빠졌데이!

화랑B 아주 잠겨 뻐렸데이!

복 례 아이구마. 성님!

낭이, 실신해서 쓰러진다. 사람들이 우르르 몰려간다.

화랑이들과 송 서방, 복례, 모화를 건지려고 장대를 들이대며 애쓰지만 모두 헛일이다. 결국 넋대만 건져내고 만다.

복 례 (울며) 아이구마! 성님 혼자서 어드메 갔십니꺼? 그라지 말구 파딱 나오이소!

화랑이들과 송서방, 복례, 기진맥진해서 포기한다.

복 례 아이구마! 성님, 이 일을 우째노? 이 일을 우째노? 이 일을 우째노? (퍼질러 앉아 운다.)

번쩍이는 번개. 요란스런 천둥.

낭이, 벌떡 일어난다.

또 번쩍이는 번개. 요란스런 천둥.

낭이, 두 귀를 틀어막고 아앗! 하고 째는 듯한 비명을 지른다.

구경꾼들 비로소 낭이를 주시한다.

복 례 (달려와서 낭이를 붙잡고 울먹이며) 어무이가 물에 빠져뻐려 안 나옵니더!

낭 이 어무이가 물에 빠졌어! (쫓아가서 예기소를 들여다보고) 어무이예, 어무이예, 낭이는 귀가 뚫렸심더! 어무이에, 낭이를 두구 어디에 갔십니꺼? 어무이예, 으흐흐흐…… (흐느껴 운다.)

멀리 아련한 찬송가 소리.

모두, 숙연히 바라본다.

—지극히 조용히 막—

〈무녀도〉

Ⅲ. 생명 긴급 동의

—구성 무대로 이룩한 단막극—

필자에겐 여러 편의 단막극이 있다. 그 가운데에서 필자가 좋아하는 작품의 하나가 〈생명 긴급 동의〉이다. 필자의 희곡집 〈하유상 단막극선〉에선 이 작품에 대해 이렇게 씌어 있다.

> 이 작품은 정신분석학에서 말하는 이른바 '의식(意識)의 흐름'을 다룬 것이다. 애초에는 훨씬 전에 소설로 썼었다(소설은 〈거리에서〉란 제명으로 월간 〈새생명〉에 발표됐다). 그 소설을 방송극(라디오 드라마)으로 개작해서 〈산다는 이름의 거센 물결〉이란 제명으로 MBC의 '예술극장'에서 방송했던 바, 수법이 참신하다고 뜻밖에 평이 좋았던 데에 힘입어 다시 희곡으로 각색한 것이다.

이 짤막한 소개에서도 알 수 있듯이 이 자품이 이루어진 과정이 좀 색다르다. 처음에 소설로 구상되었고 집필되어 잡지에 발표까지 된 것이다.

그 소설을 당시 한창 전성 시대를 구가하던 방송극으로 썼었는데, 뜻밖에도 '의식의 흐름'의 수법이 맞아떨어져 참신하다는 평을 듣게 되자, 희곡으로 쓴 것이다.

그러니까 소설을 방송극화한 것은 제대로인데, 방송극을 희곡화한 것은 거꾸로 간 것 같은 느낌이다. 대게 희곡을 방송극화하는 경우는 흔히 있다. 필자도 희곡 〈선의(善意)의 사람〉을 방송극 〈악순환〉으로 쓴 것을 비롯해 대여섯

편 된다.

아무튼 그런만큼 소설과 방송극과 희곡을 비교하면서 이 단원을 써 보기로 하자.

필자는 이 작품에서 '영근' 이란 인물을 풍자하고 싶었다. 그러나 한편 '영근' 이란 인물은 호감이 가는 인물이기도 하다. 물론 그가 일종의 돈키호테이긴 하지만, 현실 감각 또한 풍부하다. 묘한 타입의 돈키호테라고 할 수 있다.

어떤 면에서는 민수보다도 훨씬 긍정적인 인물일 수도 있다. 도리어 팔리지도 않는 시나리오에 매달렸던 민수야말로 현실 감각이 결여된 돈키호테였는지도 모를 일이다. 아니, 그가 보다 풍자의 대상인지도 모른다.

이 소설 〈거리에서〉 가운데 가장 긴요한 대목은 다음 대목이다.

> (구태여 죽으려고 서두를 게 뭣인가!)
> (구태여 살려고 아둥바둥할 게 뭣인가!)
> 나의 머리 속에서는 이 상반되는 두 가지 상념이 옥신각신 다투고 있었다. 산다는 것을 아쉽게 생각하기엔 너무나 환멸이 컸다. 나이 30이 넘은 오늘날까지 결국은 속아서 살아온 셈이다. 아니 현재도 속고 있는 것이다. 미래도 역시 마찬가지일 것이 너무나 뻔하다. 연달은 속임의 계속—그것이 굉장하게 생각해온 인생이란 것일까……? 나는 이런 생각에만 자꾸 골몰하게 되는 자신이 안타까웠다. 딴 생각을 하자. 살 궁리를 해보자. 그럼 나는 지금까지 살 궁리를 안했단 말인가! 쓸데없는 짓이다. 그보다도 죽을 궁리를 하는 게 훨씬 나을지도 모른다. 실상 지금의 나는 사는 게 아니라 죽지 못해 사는 시늉을 하고 있는 것뿐이니까. 에라, 죽어 버리자…….
> 나의 이런 생각은 급브레이크 소리와 왁자지껄한 사람들의 소리로 말미암아 중단됐다.
> "아이구 딱해라! 방금 길을 거너려던 사람이 순식간에 죽다니."

"그러니 사람이 살아 있어도 살았다고 할 수 없다니까."

두 여자의 이런 대화로서 나는 쉽사리 교통 사고로 사람이 죽은 것을 알 수 있었다. 벌써 파출소에서 순경이 뛰어와 사고 현장을 둘러싼 사람들을 헤치고 있었다.

교통 사고로 인한 순간적인 죽음—나의 머리 속에는 어떤 생각이 영감처럼 번득였다. 나는 마른 침을 꿀꺽 삼켰다.

그런데 이런 대목은 방송극이 훨씬 표현하기 편리하다. 필터를 통한 마음의 소리를 자유롭게 들려줄 수 있기 때문이다.

E—걸어가는 발소리.

E—거리의 소음이 차츰 작아진다.

현 수 아, 골치가 지끈거리는데…….

소 리 이러면서 구태여 살려고 아둥바둥할 게 무엇일까?

현 수 제길헐 것! 죽어 버릴까?

소 리 그렇다고 또 죽기를 서두를 게 무엇일까?

현 수 사는 게 옳을까……?

소 리 허지만 이건 사는 게 아니지, 죽지 못해 사는 시늉을 하고 있는 것뿐이야.

현 수 죽어 버리자, 제길헐 것!

소 리 난 왜 이런 생각에만 골몰할까? 딴 생각을 하자.

현 수 살 궁리를 해 보자.

소 리 그럼 지금까지 살 궁리를 안했단 말인가!

현 수 쓸데없는 짓이다…… 그보다도 차라리…….

소 리 죽을 궁리를 하는 게 훨씬 나을지도 모르지…….

현 수 에라! 죽어 버리자!

소 리 그런데 어떤 방법으로 죽으면 좋을까…….

현 수 아니 그보다도…… 내가 자살한 후의 일을 생각해 보자. 고생스럴 땐 조금도 도움이 안 되는 친구들은…….

소 리 바보 같은 자식이라고 나를 비웃겠지. 맘껏 비웃을 거야…… 그보다도 내 아내부터가 두고두고 나를 원망할 거야. 지금은 어린 두 애가 자라는 대로 이렇게 말하겠지.

아 내 (필터) 너희들 아빠는 우릴 두고 자살했단다. 그래 내가 너희들을 기르느라고 얼마나 고생했는지 모르지.

소 리 그럼 그 애들은 무책임하고 생활력이 없었던 나 같은 아버지 밑에 태어난 자신들의 불행을 느끼게 될 거야. 그럼 인생에 대해서 나처럼 자신을 잃게 되겠지…….

현 수 그건 확실히 불행이다!

소 리 아! 살기도 어렵지만 죽기도 쉽지 않군.

E—급브레이크 소리 크게.

E—떠들썩한 군중 소리.

현 수 교통 사고구나!

군중A 아이구 딱해라!

군중B 방금 길을 건너려던 사람이 순식간에 죽다니…….

군중A 그러니 사람이 살아 있어도 살았다고 할 수 없다니까…….

군중B 정말 길을 걸어도 조심해야지.

M—CHORD.

E—다시 걷는 발 소리.

현 수 만일 내가 사고로 죽었다면……? 친구들은…….

소 리 애석한 기분을 약간 가질지도 모르지.

현 수 그렇다! 철학을 한다는 몇몇 친구들은…….

소 리 나의 죽음을 재료 삼아 인간의 운명 같은 걸 생각할지도 모른다.

현 수 확실히 사고로 죽는 게 좋아. 첫째 아내부터가…….

소 리 나의 뜻하지 않았던 죽음을 슬퍼할 것이며, 애들이 자라는 대로 이렇게 말할 거야.

아 내 (필터) 너희들 아빠는 너희들이 어렸을 적에 교통 사고로 돌아가셨단다. 살아 계셨더면 날 이렇게까지 고생 안 시켰을 거야.

소 리 그럼 그 애들은 좋은 아버지였던 나를 그리워하며 행복을 느끼고 인생에 대해서 자신을 갖게 될지도 모르지.

현 수 단연코 사고로 죽는 게 좋아! 자살보다. 하지만 사고란 맘대로 할 수 없는 게 아닐까……?

소 리 그렇지! 뜻밖에 일어나는 거지. 그러니까 그것도 쉬운 일이 아니군. 도리어 자살보다도 훨씬 어려운 일이야…… 아…… 그렇지만…… 사고로 죽은 것처럼 보이게 하고 자살하면 되겠군…… 무심코 길을 건너다 차에 치어 죽은 것처럼 하면…….

현 수 그게 좋겠어! 유서 같은 너절한 것도 필요 없구…….

그러나 희곡에서는 까다롭다. 우선 장면을 적게 설정해야 하고, 또한 그 적은 장면에 극을 집약해야 한다. 그리고 심리 묘사도 방송극의 경우처럼 필터를 통한 마음의 소리로 들려줄 수 없다.

그러니까 '나(민수의 내면적 독백)'를 통해 독백을 시킬 수 밖에 없다. 약간 부자연스럽긴 하지만. 그리고 방송극에서는 주인공이 '현수'였는데, 여기선 '민수'로 되어 있다. 하기야 원작인 소설에선 '나'로만 되어 있지 이름이 안 나오지만.

나　　정말 기가 막힌 일입니다. 난 절망한 나머지 자살을 생각했죠. 살 궁리를 하다하다 안 되니까 죽을 궁리를 한 셈입니다. 근데 어떤 방법으로 죽겠느냐가 문제죠. 아니, 그보다도 내가 자살한 후의 일을 생각해 봤습니다. 고생스럴 땐 조금도 도움이 안 되는 친구들은 내 죽음을 슬퍼하기는커녕 바보 같은 자식이라구 비웃겠죠. 맘껏 비웃을 겁니다. 그보다도 내 아내부터가 두구두구 원망하겠죠. 지금은 어린 두 애가 자라는 대로 이렇게 말할 게 아닙니까.

아　내　(스포트라이트가 비추며) 너희들 아빠 우릴 두구 자살을 했단다. 그래서 내가 너희들을 기르느라구 얼마나 고생했는지 모르지.

나　　그럼 그 애들은 무책임하구 무능했던 나 같은 아버지 밑에 태어난 자신들의 불행을 느끼게 되겠죠. 그리곤 인생에 대해서 마치 나처럼 자신을 잃게 될 게 아닙니까? 그건 확실히 불행입니다. 아, 살기도 어렵지만 죽기도 쉽지 않군요.

급브레이크 소리와 떠들썩한 군중 소리가 무대 밖에서 들려온다.

소리A　아이구 딱해라!

소리B　방금 길을 건너려던 사람이 순식간에 죽다니.

소리C　그러니까 사람이 살아 있어도 살았다고 할 수 없대니까.

소리D　정말 길을 건너도 조심해야지.

민수, 밖을 보다가 중앙으로 다시 돌아온다.

나　　교통 사고군요. 참, 만일 내가 사고로 죽었다면 어떻게 될까요? 친구들은 애석한 맘을 약간 가질지도 모르죠. 철학을 한다는 몇몇 친구들은 내 죽음을 재료 삼아 인간의 운명 같은 걸 생각할지도 모를 일이구…… 확실히 사고로 죽는 게 좋겠습니다. 첫째 아내부터가 나의 뜻하잖았던 죽음을 슬퍼할 것이며 애들이 자라는 대로 이렇게 말할 게 아닙니까.

아 내 (스포트라이트가 비추며) 너희들 아빤 교통 사고로 돌아가셨단다. 살아계셨다면 날 이렇게까지 고생 시키잖았을 거다…….

나 그럼 그 애들은 좋은 아빠였던 나를 그리워하며 행복을 느끼구 인생에 대해서 자신을 갖게 될지도 모르죠. 단연코 사고로 죽는 게 좋군요. 하지만 사고란 맘대로 할 수 없는 게 아닐까요? 그건 뜻밖에 일어나는 거죠. 그도 쉬운 일이 아니군요. 아참, 그러니까 사고로 죽은 것처럼 보이게 하구 자살하면 되겠군요. 무심코 길을 건너다가 차에 치어 죽은 것처럼 가장하면…… 그게 좋겠습니다. 유서 같은 너절한 것도 필요 없구…….

이렇듯 희곡에는 갖가지 제약이 따른다. 우선 극이 벌어지는 장소를 제한해야 한다는 것이다. 소설이나 방송극처럼 장소를 자유롭게 옮길 수 없기 때문이다.

그래서 소설이나 방송극에서는 비교적 자세히 묘사한 장면도 희곡에선 생략하는 수밖에 없는 경우도 있게 된다.

가령 소설의 다음과 같은 장면을 보기로 들 수 있다.

내가 '영광기업사'라는 그럴듯한 간판을 내걸은 사무실에 들어선 것은 2시 10분 전이었다. 자칭 프로듀서 J씨와 정각 두 시에 이곳에서 만나기로 약속이 되어 있었다.

그러나 사무실은 여느 때와 영 달랐다. J씨가 노상 푹신히 앉아서 버티던 안락의자나 번질한 책상이나 캐비넷이 제 자리에 있지를 않았다. 서류는 너저분히 흩어져 어수선 산란했다. 그리고 웬 초콜릿빛 가죽 점퍼 차림의 낯선 사나이가 뇌꼴스러운 눈초리로 내 아래 위를 쑥 훑어 봤다. 직감적으로 사복 형사란 것을 짐작할 수 있었다.

"당신은 뭐요?"

나는 뭘까? 글쎄 나는 뭘까? 나는 아무것도 아니다. 그러니 잠자코 있을 수밖엔 도리가 없다. 나는 그를 멀뚱멀뚱 쳐다보기만 했다.

"뭣하는 사람이냐 말이오?"

나는 역시 대답할 건더기가 없었다. 실직자인 나는 아무것도 안하고 있으니까. 나는 역시 잠자코 있을 수밖에 도리가 없었다.

그는 벌컥 화를 내며 느닷없이 반말지꺼리가 되었다.

"여길 뭣하러 왔느냐 말야?"

그렇지! 내가 여기 볼 일이 있어서 온 건 사실이다.

"J씨를 만나러 왔습니다."

"무슨 볼일로?"

"내가 쓴 시나리오를 주고 각본료를 받기 위해서입니다."

나는 300장이나 되는 원고 뭉치를 그에게 내보였다. 내가 며칠 동안이나 밤을 새다시피 하면서 정성들여 쓴 원고 뭉치를 그는 잡아 채서 후딱후딱 넘겨보고는 눈을 치켜 올리며 말했다.

"얼마 받기로 했소?"

"십만 원 받기로 했죠."

그의 입귀가 비웃음으로 일그러졌다. 아니꼽다. 나는 치밀어 오르는 것을 참을 수밖에 별 도리가 없다.

"흥, 십만 원……? 경찰서 유치장에 가서 받으쇼."

그는 내 앞에 있는 책상에 원고 뭉치를 내던졌다. 그 바람에 책상 위의 먼지가 풀썩 일어났다.

내 짐작대로 그는 형사였다. 그의 말에 의하면 J씨는 프로듀서는커녕 대사기꾼이란 것이다. 영화를 제작한다고 어느 사업가의 돈을 돌려 먹으려다 덜컥 걸렸다는 것이다.

빌어먹을! 눈앞이 아찔했다. 아닌 게 아니라 나도 그 녀석이 좀 수상하긴했다. 영화에 대해서 도무지 무식한 녀석이었다. 그러면서도 프로듀서랍시고 거들먹거리니 매우 의아스러웠지만, 나는 그를 애써 믿으려 했었다. 현재의 나에겐 그 녀석의 수중에서 나올 돈만이 구원이 되겠기 때문이었다. 나는 마치 그를 구세주처럼 믿으려 들지 않았을까…… 그런데 그 녀석이 사기꾼이었다니! 온몸의 맥이 탁 풀렸다.

그는 계속해서 나에게 그와의 관계를 캐물었다. 나는 솔직하게 대답했다. 현재 실직자라는 것, 어느 친구의 소개로 J씨를 알았다는 것, 2주일 기한으로 시나리오 집필을 맡았다는 것 등을—. 그리하여 나도 역시 피해자의 한 사람이란 것을 그에게 납득시키고서야 겨우 풀려나와 거리를 걸을 수 있게 되었다.

이 장면을 희곡에서는 아주 간단히 생략하고 있다.

민수, 집에서 나와 중앙에 선다.

나 틀림없을 거라구 큰소리쳤지만 나 자신도 틀림없길 바라는 심정입니다. 눈치를 보건대 내 아내도 오늘이야 설마 하구 요행수를 바라는 맘 간절한 것 같군요. 정말 따분한 일입니다.

민수, 왼쪽으로 퇴장.
음악.
민수, 추레하게 풀이 죽어 도로 등장.

나 오늘도 허탕이었습니다. 그 영화사의 사장이 영화를 제작한답시구 남의 돈을 돌려먹다 꼬리가 잡힐 것 같으니까 자취를 감췄던 겁니다. 알구보니 전과도 있는 대사기꾼이었죠. 하지만 난 그를 애써 믿으려 하잖았을까요? 그 수중에서 나올 돈만이 나의 구원이 되겠기에 난 그를 구세주처럼 믿으려 하잖았을까요?

방송극에서는 이 장면을 다음과 같이 표현하고 있다.

다만 방송극에선 소설처럼 정경 묘사라든지, 인물 묘사를 자세히 할 수 없다. 왜냐 하면, 방송극은 청각에만 의존하고 시각이 결여되어 있는 만큼, 즉 들을 수만 있고, 볼 수는 전혀 없으므로 정경 묘사나 인물 묘사를 하려면 대사에 포함시켜서 해야만 하기 때문이다.

그렇다고 해서 낱낱이 대사에 그런 일을 떠맡기면 대사가 번거로워지고 따라서 대사의 선명성을 잃게 된다. 그런만큼 자세한 묘사는 포기하고(꼭 그 자세한 묘사가 필요한 대목이라면 모르지만), 앞으로 전개해 나아가야 한다.

그래야만 얘기가 쭉쭉 진전하게 되는 것이다. 청각성만 지닌 방송극은 너무 시각성까지 아울러 발휘하려면 무리가 따르게 되는 것이다.

그러나 필터를 통한 '소리'로 자유로운 심리 묘사를 할 수 있으니까 거기에 방송극의 특성을 발휘하면 되는 것이다.

E—자택 수색를 하는 듯 책상 서랍을 뒤지는 소리.

E—노크 소리.

형 사　들어오시오.

E—도어 여닫는 소리.

현 수　(가까워지며) 어디 가셨습니까?

형 사　누구 말이요?

현 수　이 영화사 사장 말입니다.

형 사　당신은 뭐요?

소 리 글쎄 나는 뭘까? 난 암것도 아니다.

형 사 뭣하는 사람이냐 말이오?

소 리 암것도 안 하는 사람이다. 난 실직자니까.

형 사 (화를 내며) 여길 뭣하러 왔느냔 말이오?

소 리 그렇지! 난 여기 볼 일이 있어서 온 건 사실이다.

현 수 사장을 만나러 왔습니다.

형 사 무슨 볼일로?

현 수 내가 써 준 각본의 사례금을 받으러 왔습니다.

형 사 흥! 사례금……? 유치장에 가서 받으시지…….

현 수 네?

형 사 그 사장이 사기죄로 구속돼서 유치장 신세를 지게 됐단 말이요.

현 수 네! 왜요?

형 사 영화를 제작한다고 여러 사람의 돈을 돌려 먹었다가 걸린 거지.

현 수 네…….

형 사 그래서 지금 가택 수색하는 중이요.

현 수 네!

소 리 작자가 좀 수상하더니만……

형 사 전과도 있는 대사기꾼이죠.

현 수 그런 줄도 모르고…….

소 리 허지만 난 그 사장을 애써 믿으려 하잖았을까? 그 수중에서 나올 돈만이 오직 나의 구원이 되겠기에…… 난 그를 구세주처럼 믿으려 하잖았을까……? 그런데 그가…….

현 수 사기꾼이라니…… 제길헐!

형 사 당신도 짐작하겠지만 난 경찰관이오. 좀 물어볼 말이 있는데 서까지 같이 가 주십시오.

현 수 저야 피해자의 한 사람인 셈인데요. 서까지……?

형 사 그러니까 가자는 거죠. 피해자의 얘길 들어야 그자의 죄상이 더 뚜렷해질 게 아니겠소?

현 수 그렇다면 갑시다.

소 리 엎친 데 덮친다더니 정말 우울한 일만 생기는구나. 에라, 될 대로 돼라! 제길헐!

E—도어 여닫는 소리.

M—브릿지.

형 사 …… 그러니까 그 각본을 그자한테 속아서 쓴 셈이군요……?

현 수 네…… 이젠 다 끝났습니까?

형 사 네, 미안합니다. 이제 돌아가셔도 좋습니다.

현 수 감사합니다.

소 리 아차, 감사하다니 뭣이 감사하단 말인가? 죄나 진 것처럼…… 의젓하게 인사를 하고 나가야지.

현 수 (의젓하게) 그럼 수고하시오!

형 사 네! 안녕히 가십시오.

E—도어 여닫는 소리.

소설의 다음 장면의 묘사는 희곡이 단연 구체적이다. 희곡은 청각과 시각을 겸한 데다가 소설처럼 서술을 할 수 없어서 모든 것을 묘사에만 의존해야 하니까 구체적일 수밖에 없다.

가령 이 장면에서 샌드위치맨을 직접 등장시켜 그것으로 영근이 자기 직업을 말하게 하는 계기를 삼은 것 같은 따위이다.

"자넨 몹시 우울해 보이는데 술마시는 게 싫은가?"

"글쎄, 별로 좋지도 않지만, 그렇다고 싫을 이유도 없지."

"자넨, 여전하군……."

그는 큰 소리로 빈대떡과 소주를 주문하고는 나에게 육박하듯 윗몸을 들이대며 말했다.

"자넨 내가 뭘 하고 있는지 궁금하겠지?"

나는 조금도 궁금하지 않았다. 현재의 나로선 그런 것을 궁금해 할 아무런 호기심도 없었다. 하지만 또 그렇다고 구태여 궁금하지 않다는 말을 하고도 싶잖았다. 그래서 그냥 잠자코 있었다.

"우선 내 명함이나 보게나."

그는 커다란 명함 한 장을 내 눈앞에 들이밀었다. '희망선전사' 사장이라는 직함이 적혀 있었다. 저 꼬라지에 사장이라니 제법인 걸…… 나는 그렇게 생각하며 그를 멀뚱히 쳐다봤다. 좀 우습다.

"선전사라면 굉장한 거 같지만 실은 이걸세."

그는 또 사진을 한 장 꺼내 보였다. 그가 어릿광대 모양으로 차리고 선전 전단을 뿌리며 크게 입을 벌려 떠들고 있는 사진이었다.

"말하자면 샌드위치맨이지. 샌드위치맨이란 우스꽝스러우면 우스꽝스러울수록 효과적인 거야. 많은 사람의 눈에 띌 수가 있으니까. 어떤가, 이 어릿광대 모습?"

"근사하군."

제격이다. 학교 시절에 응원 단장이랍시고 곧잘 괴상한 분장을 하고는 시합장을 휩쓸던 녀석이니까.

"꽤 우스꽝스런 차림이지."

"그렇군."

본인이 그것을 아니 천만다행이다.

"하지만 난 혼자 독립해서 직접 일을 맡아 하기 땜에 자주적일세. 사장, 사원, 사동을 모두 겸하고 있으니까 속도 편하지. 하하하…….”

그는 큰소리로 껄껄댔다. 인간이 이 정도로 무신경하고 낙천적이면 확실히 위대하다고 할 수 있다. 빌어먹을!

방송극

E—철판에 빈대떡을 지지는 소리.

E—빈 주전자를 흔드는 소리.

영 근 아주머니, 여기 한 되 더 주쇼.

아주머니 네에.

현 수 고만 하지.

영 근 이 사람아! 사내 대장부 둘이서 겨우 술 한 되 먹어서야 말이 되나, 두어 되는 해야지.

소 리 이렇게 단순하게 호기를 부릴 수 있는 성격이면 얼마나 좋으랴!

영 근 자넨 내가 뭘 하고 있나 궁금하겠지?

소 리 현재의 나로선 그런 것을 궁금해 할 아무런 호기심도 없다. 그렇지만 또 그렇다고 구태여 말하고 싶지도 않다.

영 근 궁금하지?

현 수 음…….

영 근 우선 이 명함을 보게나…… '모던 선전사 사장 이영근' …… 어떤가?

소 리 저 꼴에 사장이라니…… 하긴 흔해빠진 게 사장이지만…….

영 근 근사하지!

현 수 근사하군…….

영 근 선진사라면 굉장한 거 같지만 내가 하는 사업은 이거야. 이 사진을 보게나…… 어릿광대 모양의 차림을 하고, 광고판을 메고 다니면서 선전 삐라를 뿌리며, 일장 연설을 하는 걸세…… 말하자면 샌드위치맨이지.

소 리 제격이야…… 학교 시절에 응원 단장이랍시고 곧잘 괴상한 분장을 하고 시합장을 휩쓸던 녀석이니까.

영 근 하지만, 난 혼자 독립해서 직접 일을 맡아 하기 때문에 자주적일세…… 사장, 사원, 사동을 다 겸하고 있으니까 속도 편하지. 허허허…….

소 리 사람이 이 정도로 무신경하고 낙천적이면 위대하다고 할 수 있다.

영 근 자, 술 들게.

현 수 음.

E—술 마시는 소리.

E—다시 술 따르는 소리.

E—깍두기 깨무는 소리.

희곡

서부 쾌남아 차림의 샌드위치맨, 느닷없이 뛰어나와 권총을 손가락으로 빙빙 돌리다 겨누고 나서 광고문을 수놓은 등쪽을 보인다.

영 근 (일부러 두 손을 번쩍 들고) 헤이 카우보이, 아이 해브 노 건! (한손으로 총 쏘는 흉내를 내며) 빵! 빵! 빵! 노 노!

샌드위치맨 오케이! (권총을 손가락으로 빙빙 돌리다 권총 케이스에 넣고 손을 흔들며) 빠이빠이!

영 근 (마주 손을 흔들며) 빠이빠이! 유아 굿 보이!

샌드위치맨, 카우보이 몸짓으로 민첩하게 퇴장.

영 근 음, 됐어, 됐어…… 서부의 쾌남아, 좋은 아이디언데…… 허지만 좀 우스꽝스럽지가 않아 틀렸군…… (혼자 감탄하다가) 참! 자넨 내가 뭘 하구 있나 궁금하겠지?

민 수 글쎄…… 현재의 나로선 그런 걸 궁금해야 할 아무런 호기심도 없네만, 그렇다구 전혀 알구 싶잖단 건 또한 아닐세.

영 근 자넨 여전히 까다롭군…… (명함을 꺼내보이며) 우선 이 명함을 보게나…… '모던 선전사 사장 이영근' 어떤가?

민 수 그럴 듯하군.

영 근 모던 선전사 사장하면 굉장한 거 같지만 내가 하는 사업은 방금 나간 그 사람과 같은 거야. (사진을 보이며) 이 사진을 보게나. 어릿광대 모양의 차림을 하구 광고 판을 메구 다니면서 선전 삐라를 뿌리며 일장 연설을 하는 걸세. 말하자면 샌드위치맨이지. 샌드위치맨이란 우스꽝스러우면 우스꽝스러울수록 효과적인 거야. 많은 사람의 눈에 띌 수가 있으니까…… 어떤가? 이 내 어릿광대 모습?

민 수 제격이군!

영 근 제격이라니!

민 수 자네야 학교 시절부터 응원 단장이랍시구 곧잘 괴상한 분장을 하구 시합장을 휩쓸잖았나?

영 근 아, 그 일? 하하하…… 자네 용케 기억하는군…… 꽤 우스꽝스러운 차림이지? 하지만, 난 혼자 독립해서 직접 일을 맡아 하기 땜에 자주적일세…… 사장, 사원, 사동을 다 겸하고 있으니까 속도 편하지. 하하하…….

민 수 난 자네의 그 호기가 부러우이…… 인간이 자네처럼 낙천적이면 위대하다구 할 수 있네.

영 근 그래, 어쨌든 위대한 건 좋아! 아 기분인데, 이 기분으로 노래 한마디

해야겠군…… 뭘 할까? 아참, 학교 시절의 응원가를 해야겠군. 그게 좋겠어.

영근, 팔을 X자로 흔들며 활발하게 응원가를 부른다

아무리 방송극의 장면이 자유롭게 이루어질 수 있다고 할지라도 한계가 있다.

가령 소설의 다음 같은 장면은 방송극도 아예 포기하고 버스 안이 아니라 거리에서 주인공과 영근이 처음 만나는 것으로 하고 있다.

그야 희곡에서는 버스 안으로 하는 것이 번거롭고 까다롭지만, 방송극의 경우는 버스 안 장면이야 손쉽게 이룰 수 있다.

하지만 그 정경 묘사가 문제이다. 해설자로 하여금 해설을 시키기 전에는 소설과 같은 정경 묘사는 약간 무리이다. 그럴 바에는 아주 거리로 하는 것이 속 편하다.

또한 소설에선 그들이 고등학교 클라스메이트인 것을 방송극이나 희곡에선 대학 클라스메이트로 한 것은 그것이 더 호소력이 있을 것 같아서 그런 것이다. 그리고 또 소설에선 영근이 고등학생 시절에 릴케의 시를 곧잘 낭송한 것으로 했었는데, 방송극이나 희곡에선 위대한 정치가가 되겠다고 우쭐대는 것으로 되어 있다.

이것은 물론 대학에 가서 고교 시절의 문학 청년이 정치 청년으로 변했다고도 볼 수 있지만, 보다 더 방송극과 희곡으로 쓸 당시 굵직굵직한 정치적 사건이 터져 정치가의 자질 문제가 시끄럽게 논의된 때라서 그렇게 한 것으로 보는 게 타당할 것이다.

나는 무작정 막 들이닥친 버스를 집어 탔다. 어디로 가는 버스인지도 알 필요가 없었다. 버스 안을 휘둘러 봤다. 웬일인지 손님은 많지 않았다. 애를 업은 아낙과 노인 신사 둘과 젊은 여자가 한 사람—그쯤이었다.

다음 정류소에서 버스가 정차했다. 신사 한 사람이 뒤뚱거리며 내리고 두 사람이 올라탔다. 중학생과 청바지 저고리를 아무렇게나 입은 얼굴이 검은 나 또래의 사나이였다. 그 사나이는 내 옆에 바싹 앉았다. 빈 자리가 수두룩한데 왜 하필이면…… 나는 약간 불쾌한 생각이 들었다. 게다가 그는 차에 흔들리면서 자꾸만 나를 쳐다봤다. 나는 더욱 불쾌해지는 자신을 가눌 길이 없어서 그를 정면으로 쏘아봤다. 그러자 그는 오! 하고 큰 소리를 지르며 내 손을 덥석 잡았다. 나는 웬 영문인지를 몰라서 어리벙벙했다.

"날 몰라 보겠나?"

나는 정면으로 들이대는 그의 검은 얼굴을 쳐다보며 고개를 갸웃거렸다. 많이 본 얼굴 같긴 한데 영 생각이 안났다. 누굴까?

"나야, 이영근이야, 고등학교 동창의……."

"아, 자네군……."

나는 비로소 그가 고등학교 클라스메이트임을 확인할 수 있었다.

"오래간만이야. 첨 썩 봤을 때 자네 같았지만 얼굴이 너무 달라져서 냉큼 알은 체를 못했네."

옳은 말이었다. 실직 생활 2년 만에 나 자신이 거울을 비쳐 봐도 도무지 내 얼굴 같지 않으리만큼 변했으니까.

"자네도 많이 변했군. 고등학교 땐 곧잘 릴케의 시를 낭송하곤 했잖나?"

그는 버스 안 사람들의 호기심에 찬 눈길에도 아랑곳 없이 혼자 껄껄댔다.

"릴케의 시도 나쁘잖지만, 보다 먼저 살고 봐야니까."

산다! 산다는 것—나는 오늘 아침 집에서 나올 때 약을 먹고 죽어 나자빠진 쥐를 생각해 본다. 살았을 적에 먹을 것을 찾아 악착스럽게 날뛰고 다니던 쥐였다. 그러다가 결국 먹은 것이 약을 넣고 이겨 놓은 밥덩이였다. 그 쥐도 살기 위해서 그 밥을 먹었을 것이다.

방송극

E—어깨를 탁 치는 소리.

영 근 여보게!

현 수 ……?

영 근 날 몰라 보겠나? 나야…… 색안경을 껴서 몰라보는 게로군…… 자, 나야, 이영근이야.

현 수 이영근? 아, 알겠네…….

소 리 학교 시절의 짓궂은 녀석이구나.

영 근 이제야 알았군…… 참 오래간만인데.

현 수 음…….

영 근 왜 그리 기운이 없나? 어디 아픈가?

소 리 그럴 수밖에…… 아직 아침도 못 먹었으니까.

현 수 아냐, 아무데도…….

영 근 첨에 썩 봤을 때 자넨 줄 알았지만, 얼굴이 너무 달라져서 혹시 딴 사람이 아닌가 하구, 냉큼 아는 체를 못했네. 미안하이.

소 리 미안하다구? 뭐가 미안하단 말인가? 지금의 난 도리어 아는 체를 하는 게 귀찮을 뿐인데…….

영 근 자네도 변했지만 나도 많이 변했지? 안 그런가?

현 수 글쎄…….

소 리 대학생 시절엔 제 딴에 위대한 정치가가 되겠다구 우쭐댄 녀석인데…….

현 수 정치가가 되겠다더니……?

영 근 정치가구 뭐구 다 집어쳤네! 정치가도 좋지만 먼저 살구 봐야 하니까.

소 리 살고 본다, 그게 그다지도 중대한 문제일까? 며칠 전, 약을 먹고 죽어

나자빠진 커다란 쥐가 생각난다. 살았을 적에 먹을 걸 찾아 악착스럽게 날뛰고 다니던 쥐였지. 그러다가 결국은 약을 넣은 밥덩이를 먹게 된 것이지. 그 쥐도 살기 위해서 그 밥을 먹었을 거야. 우리가 살겠다는 것도 필경 그런 게 아닐까……?

희곡

영근, 등장하여 유심히 민수를 본다.

영 근 (반색하며 민수의 어깨를 툭 치고) 여보게! 오래간만이군…….

민 수 …………?

영 근 날 몰라 보겠나? 나야 나, 색안경을 껴서 몰라보는 모양이군. (안경을 벗고) 자, 나야, 이영근이야.

민 수 이영근? ……아, 알겠네!

영 근 왜 그리 기운이 없나? 어디 아픈가?

민 수 아냐, 아무데도…….

영 근 첨에 썩 봤을 때 자넨 줄 알았지만, 얼굴이 대학 시절보다 너무 달라져서 혹시 딴 사람이 아닌가 하구 의심했을 정도야. 자네도 많이 변했지만 나도 많이 변했지? 안 그런가?

민 수 글쎄…… 자넨 학생 시절엔 정치가가 되겠다구 했었지?

영 근 정치가구 뭐구 다 집어쳤네! 정치가도 좋지만, 먼저 살구 봐야 하니까.

민 수 살고 본다. 그게 그다지도 중대한 문젤까?

영 근 암, 가장 중대한 문제지.

민 수 그럴까……? 며칠 전 약을 먹구 죽어 나자빠진 커다란 쥐가 생각나는군…… 살았을 적에 먹을 걸 찾아 악착스럽게 날뛰구 다니던 쥐였지…… 그러나 결국 약을 넣은 밥덩이를 먹게 된 거야…… 그 쥐도 살기 위해서 그 밥을 먹었을 거거든…… 우리가 살겠단 것도 필경 그런 게 아닐까?

영 근 아니, 이 사람 또 심각한 소릴 하는군…… 하긴 자넨 학생 시절부터 심각파였으니까.

민 수 심각파? 허허……. (스스로 비웃는 웃음)

소설에선 비교적 자세히 나오는 헌책 가게와 식당 장면이 방송극이나 희곡에선 전혀 안 나온다.

방속극의 경우 그것은 장면 전환이 어려워서가 아니라, 방송 시간의 제한이 문제였다. 당시 MBC '예술극장'의 방송 시간은 30분이었다. 그러니까 200자 원고지 60장 정도로 써내야 한다. 이것은 어길 수 없는 철칙이다.

희곡에서는 번거로운 장면 전환도 문제는 문제지만, 보다 더 전반부에서 너무 처져서는 안 되기 때문이다. 요컨대 얼른 극의 핵심으로 접근해야 하는 것이다. 그래야만 극적 긴장이 생기며, 관객을 극에 몰입시킬 수 있는 것이다.

여기서 원작물(소설)을 각색하는 경우의 주제 문제를 잠깐 짚어 보기로 하자. 왜냐 하면 필자의 이 작품 〈생명 긴급 동의〉는 원작이 역시 필자의 소설이라 문제될 것이 없었지만, 원작이 다른 사람 것인 경우 자칫하면 문제가 될 소지가 많기 때문이다.

대개 원작의 주제를 가져가는 경우에는 세 가지가 있다고 본다. 원작의 주제를 그대로 가져가는 경우와 약간 고치는 경우와 아주 딴판으로 가져가는 경우가 있다.

원작의 주제를 그대로 가져간 경우의 보기로는 극단 '대중'으로부터 필자가 김홍신의 베스트 셀러 〈인간시장〉을 각색 청탁받았을 때이다. 처음 12권의 방대한 원작에 어안이 벙벙할 정도였다.

그러나 원작을 대충 훑어보니 뜻밖에도 주제는 단순했다. 주인공 총찬으로

하여금 불의를 혼구멍 내주는 일종의 권선징악이었다. 현대판 〈홍길동전〉이라고나 할까.

그야 12권에 담겨진 사건은 각양각색이어서 굉장빽적했지만, 주제는 한결같았다. 그래서 그 많은 사건 가운데에서 굵직한 사건 3건으로 집약했다. 당시 가장 문제되었던 '인신 매매' · '재벌 2세' · '사이비 종교' 따위였다.

그럼으로써 상연시간 100분 정도의 공연물로 성공시킨 것이다.

원작의 주제를 약간 고친 경우의 보기로는 극단 '창고극장', '춘추', '전망', '예술극장' 등에서 오래 되풀이 상연된 염재만 원작, 필자 각색의 〈반노(叛奴)〉를 들 수 있다. 이 작품에선 인간에 내재(內在)하는 성(性)의 노예성에 항거하며 새로운 자아(自我)를 발견한다는 원작의 주제에다 원초적인 본능과 원색적인 감성을 작용시켰다. 그리하여 원작에선 10여 명이 넘는 등장 인물을 '여자' · '남자'의 두 인물로 상징화했다. 그리고 이 두 인물에겐 '홍아' · '진두'란 원작의 이름이 있지만, 이름은 별 필요가 없게 만들었다. 이들은 특정 인물이라기보다 이브와 아담처럼 원초적인 남녀의 상징이기 때문이었다. 따라서 이들은 감정이 분방하여 본능적이며, 광적이기도 한 것이다.

원작의 주제를 아주 딴판으로 가져간 경우의 보기로는 19세기 독일의 대중작가 에웰즈 원작, 필자 각색의 〈영혼을 판 사나이〉를 들 수 있다. 이 작품에선 단순한 살인 사건의 엽기적인 것만 노린 원작의 주제를 무시하고, 영혼을 팔았기 때문에 자멸하게 되는 종교적 차원으로까지 주제를 높였다. 따라서 〈프라그의 대학생〉이란 원작의 제명을 떠나 〈영혼을 판 사나이〉라고 작품명까지 바꾸게 된 것이다.

〈희곡〉
생명 긴급 동의

나오는 사람

민 수— '나' 는 민수의 내면적 독백

아 내

영 근

주 인

샌드위치맨

운전수

무대

장치는 사실적(寫實的)이기보다도 구성 무대이기를 바란다.

중앙에 민수의 집과 대포집으로 쓰일 뼈대만의 실내 장치, 무대 앞면은 거리 또는 공원이 된다.

배경으로는 도시의 위용을 과시하는 고층 건물의 선화(線畵)가 그려지면 좋겠다. 그리고 벤치가 하나 적당한 위치에 놓여 있으며, 그 옆에는 휴지통이 놓여 있다. 도시의 소음이 필요할 때마다 때때로 들려 왔으면 분위기 조성에 좋을 것이다.

조명은 극이 벌어지고 있는 장소만 부분적으로 한다.

막이 열리면 민수, 구두끈을 매고 있다.

방에서 아내가 원고 뭉치를 들고 나와 민수에게 준다.

민 수 버스값 없지?

아 내 네…….

민 수 그럼 어쩐다? 아침도 굶었는데 걸어 나갈 수야 있나…… 시내까진 어지간히 먼데.

아 내 그러게 말예요.

민 수 어디 꿀 수 없소?

아 내 꿀 수 있으면 이렇게 끼닐 걸르겠어요? 그리구 만약 꿀 데가 있대도 아침부터 돈 꾸러 가면 누가 좋아한답니까?

민 수 딴은 그래…… 그렇다구 그냥 앉아 있다가 약속을 어길 수도 없는 노릇…… 나갈 차비 20원만 있으면 되는 걸.

아 내 20원이구 10원이구 간에 돈이라구 생긴 건 씨가 말랐어요.

민 수 제길헐…….

아 내 이러구 고생할 게 아니라 시골로 내려갑시다. 이제 시골도 전과 달라서 퍽 살기 좋게 됐대요.

민 수 이제 와서 어떻게? 체면 문제가 아뇨.

아 내 지금 우리가 그런 체면을 찾게 됐어요?

민 수 허지만 성공하기 전엔 고향에 내려오잖겠다구 큰 소리치고 나왔는데 이런 꼴로 어떻게?

아 내 (방을 가리키며) 저기 방 구석에 앉아 있는 두 애들을 보세요. 밥 달라구 보채다가 이젠 그것두 지쳐서 고개를 꼬구 새까만 두 눈으로 우리 눈치만 보는 그 꼴이 당신은…… (훌쩍거리며) 저 애들을 저렇게 굶기느니 차라리…….

민 수 제발 울지 말아요. 아침부터 여편내가 재수없게 원…….

아 내 아니, 나 땜에 재수 없어 일이 안 된단 말예요?

민 수 ………….

아 내 말해봐요. 꿀 먹은 벙어리처럼 그러구 섰지만 말구.

민 수 남편이 일 보러 나가는 판에 눈물을 짓짜니 될 게 뭐야?

아 내 아니, 그럼 웃음으로 당신을 보낼 땐 왜 안됐죠? 왜 안됐냐 말예요?

민 수 그럼 그리 눈물을 찔찔 짜는 게 잘했단 말야?

아 내 내가 눈물을 짜지 않게 됐냐 말예요? 뭐랬다구 시골 농토를 버리고 서울에 와서 시나리올 쓴다는 거예요? 그렇게 시나리올 썼으면 한 편쯤 팔려야 할 게 아니예요?

민 수 ………….

아 내 기왕에 저릴러진 일 모든 걸 단념하구 고향으로 내려가자는데 뭘 바라구 우물쭈물하는 거예요?

민 수 고향에 내려갈 순 없소. 죽으면 죽었지.

아 내 글쎄 우리가 죽구 사는 문젠 둘째예요. 방에 있는 두 애들의 새까만 눈을 보세요. 그 애들을 데리구 돈 한 푼 없이 어떻게 이 맑아 빠진 서울 바닥에서 배겨나려구 그러세요? 미싱이나 팔아 먹잖았어야 삯바느질이라도 하지 원.

민 수 오늘 나가면 돈 받을 수 있을 거요.

아 내 오늘 오늘이 벌써 며칠이나 됐어요? 바라지 않는 게 차라리 속편하지.

민 수 아냐, 오늘은 그 영화사 사장이 꼭 주겠다구 했소.

아 내 언젠 꼭 주겠다구 안했던가요?

민 수 아냐, 오늘만은 틀림없을 거요. 그럼 다녀오리다.

아 내 만약에 돈 받거든 곧장 오세요.

민 수 걱정마요, 오늘은 틀림없을 테니.

민수, 집에서 나와 중앙에 선다.

나　　틀림 없을 거라구 큰소리쳤지만 나 자신도 틀림없길 바라는 심정입니다. 눈치를 보건대 내 아내도 오늘이야 설마 하구 요행수를 바라는 맘 간절한 것 같군요. 정말 따분한 일입니다.

민수, 왼쪽으로 퇴장.

음악.

민수, 추레하게 풀이 죽어 도로 등장.

나　　오늘도 허탕이었습니다. 그 영화사의 사장이 영화를 제작한답시구 남의 돈을 돌려 먹다 꼬리가 잡힐 것 같으니까 자취를 감췄던 겁니다. 알구 보니 전과도 있는 대사기꾼이었죠. 하지만 난 그를 애써 믿으려 하잖았을까요? 그 수중에서 나올 돈만이 나의 구원이 되겠기에 난 그를 구세주처럼 믿으려 하잖았을까요? 정말 기가 막힌 일입니다. 난 절망한 나머지 자살을 생각했죠. 살 궁리를 하다하다 안 되니까 죽을 궁리를 한 셈입니다. 근데 어떤 방법으로 죽겠느냐가 문제죠. 아니, 그보다도 내가 자살한 후의 일을 생각해 봤습니다. 고생스럴 땐 조금도 도움이 안 되는 친구들은 내 죽음을 슬퍼하기는커녕 바보 같은 자식이라구 비웃겠죠. 맘껏 비웃을 겁니다. 그보다도 내 아내부터가 두구두구 날 원망하겠죠. 지금은 어린 두 애가 자라는 대로 이렇게 말할 게 아닙니까.

아　내　(스포트라이트가 비추며) 너희들 아빤 우릴 두구 자살을 했단다. 그래서 내가 너희들을 기르느라구 얼마나 고생했는지 모르지.

나　　그럼 그 애들은 무책임하구 무능했던 나 같은 아버지 밑에 태어난 자신들의 불행을 느끼게 되겠죠. 그리곤 인생에 대해서 마치 나처럼 자신을 잃게 될 게 아닙니까! 그건 확실히 불행입니다. 아, 살기도 어렵지만 죽기도 쉽지 않군요.

급브레이크 소리와 떠들썩한 군중 소리가 무대 밖에서 들려온다.

소리A 아이구 딱해라!

소리B 방금 길을 건너려던 사람이 순식간에 죽다니.

소리C 그러니까 사람이 살아 있어도 살았다고 할 수 없대니까.

소리D 정말 길을 건너도 조심해야지.

민수, 밖을 보다가 중앙으로 다시 돌아온다.

나 교통 사고군요. 참, 만일 내가 사고로 죽었다면 어떻게 될까요? 친구들은 애석한 맘을 약간 가질지도 모르죠. 철학을 한다는 몇몇 친구들은 내 죽음을 재료 삼아 인간의 운명 같은 걸 생각할지도 모를 일이구…… 확실히 사고로 죽는 게 좋겠습니다. 첫째 아내부터가 나의 뜻하잖았던 죽음을 슬퍼할 것이며, 애들이 자라는 대로 이렇게 말할 게 아닙니까.

아 내 (스포트라이트가 비추며) 너희들 아빤 교통 사고로 돌아가셨단다. 살아계셨다면 날 이렇게까지 고생 시키잖았을 거다…….

나 그럼 그 애들은 좋은 아빠였던 나를 그리워하며 행복을 느끼구 인생에 대해서 자신을 갖게 될지도 모르죠. 단연코 사고로 죽는 게 좋군요. 하지만 사고란 맘대로 할 수 없는 게 아닐까요? 그건 뜻밖에 일어나는 거죠. 그도 쉬운 일이 아니군요. 아참, 그러니까 사고로 죽은 것처럼 보이게 하구 자살하면 되겠군요. 무심코 길을 건너다가 차에 치어 죽은 것처럼 가장하면…… 그게 좋겠습니다. 유서 같은 너절한 것도 필요 없구…….

영근, 등장하여 유심히 민수를 본다.

영 근 (반색하며 민수의 어깨를 툭 치고) 여보게! 오래간만이군…….

민 수 …………?

영 근 날 몰라 보겠나? 나야 나, 색안경을 껴서 몰라보는 모양이군. (안경을 벗고) 자, 나야, 이영근이야.

민 수 이영근? ……아, 알겠네!

영 근 왜 그리 기운이 없나? 어디 아픈가?

민 수 아냐, 아무데도…….

영 근 첨에 썩 봤을 때 자넨 줄 알았지만, 얼굴이 대학 시절보다 너무 달라져서 혹시 딴 사람이 아닌가 하구 의심했을 정도야. 자네도 많이 변했지만 나도 많이 변했지? 안 그런가?

민 수 글쎄…… 자넨 학생 시절엔 정치가가 되겠다구 했었지?

영 근 정치가구 뭐구 다 집어쳤네! 정치가도 좋지만, 먼저 살구 봐야 하니까.

민 수 살고 본다. 그게 그다지도 중대한 문젤까?

영 근 암, 가장 중대한 문제지.

민 수 그럴까……? 며칠 전 약을 먹구 죽어 나자빠진 커다란 쥐가 생각나는군…… 살았을 적에 먹을 걸 찾아 악착스럽게 날뛰구 다니던 쥐였지…… 그러나 결국 약을 넣은 밥덩일 먹게 된 거야…… 그 쥐도 살기 위해서 그 밥을 먹었을 거거든…… 우리가 살겠단 것도 필경 그런 게 아닐까?

영 근 아니, 이 사람 또 심각한 소릴 하는군…… 하긴 자넨 학생 시절부터 심각파였으니까.

민 수 심각파? 허허……. (스스로 비웃는 웃음)

영 근 그래 지금 뭘 하나?

민 수 놀지.

영 근 자넨 졸업 후 고향으로 내려가 농장을 경영했었지?

민 수 관뒀어.

영 근 왜?

민 수 그저 관뒀지.

영 근 그저 관두다니? 싱겁긴…… 이유가 있을 게 아닌가?

민 수 이유야 있지.

영 근 뭔가?

민 수 말하기 싫네!

영 근 하하하…… 여전히 괴상한 친구로군…… 자네 어디까지 가나?

민 수 가는 데까지…….

영 근 이 사람이 싱겁긴…….

나 갈 데라군 정말 없습니다. 집에도 못 갈 형편…… 고향엔 더욱 못갈 형편…… 아! 갈 곳이 없습니다.

영 근 무슨 바쁜 일이라도 있나?

민 수 별로…….

나 일이 있다면 있는 거구 없다면 없는 거죠…… 있다면 그보다 더 큰 일이 또 어디 있겠습니까? 죽으려는 거니까요. 죽어도 그냥 죽는 게 아니라 교통 사고로 죽은 것처럼 자살하려는 것이니까요.

영 근 자네 몹시 우울해 보이는데 술이나 한 잔 하세.

민 수 술?

영 근 왜 싫은가?

민 수 글쎄, 별로 마시고 싶진 않지만, 그렇다구 안 마실 이유도 없지.

영 근 자넨 여전하군…… 오래간만이니 얘기나 하며 한 잔 하세.

민 수 할 얘긴들 뭐 있을라구…….

영근, 민수를 데리고 중앙의 술집으로 간다.

그 동안에 술집 주인 영감, 도구들을 밀고 도어로 등장하여 술집 차림을 한다.

주 인 어서 오십쇼! …… 뭘 드릴깝쇼?

영 근 막걸리 한 되에 빈대떡 한 접시.

주 인 네…… 예 있습죠…….

영근과 민수, 술을 든다.

영 근 (주전자를 흔들어 보고) 다 됐군…… 영감님 여기 한 되 더 주쇼.

주 인 네에.

민 수 고만하지.

영 근 이 사람아, 사내 대장부 둘이서 겨우 술 한 되 먹어서야 말이 되나. 두어 되는 해야지.

민 수 나도 자네처럼 그리 단순하게 호기를 부릴 수 있는 성격이면 좋겠네.

영 근 그래, 하하하…… 아, 기분인데. 자 술 들게나. (술을 들어 권하고) 빈대떡이 다 없어졌군…… 영감님 여기 빈대떡 한 접시 더…….

주 인 네에.

영 근 (술을 따르며) 어서 들게. 나 혼자만 드는 것 같군…… (쭉 켜고) 이렇게 쭉 키게나, 단숨에 말야.

주 인 (빈대떡을 놓으며) 빈대떡요.

영 근 자, 빈대떡도 좀 들구…….

민 수 자넨 잘도 먹는군. 어쩜 그리 후딱후딱 마파람에 게눈 감추듯 먹어 치우나?

영 근 하하하…… 먹을 땐 먹는 데 용감해야 하는 법이네…… (주전자를 흔들어 보며) 또 다 됐군…… 우리 한 되 더 할까?

민 수 아냐…… 난 도무지 술맛이 안나는데.

영 근 그래…… 그럼 고만 하지…… 맛있어야 할 술이 맛이 없대서야 되겠나. 영감님, 여기 얼마요?

주 인 빈대떡 두 접시에 천 원…… 술 두 되에 400원 해서 1,400원입죠.

영 근 (선뜻 내주며) 옛소, 1,500원.

주 인 네……. (거스름 돈을 찾으려 한다)

영 근 (손을 들어 제지하며) 거스름돈 필요 없소.

주 인 어이구…… 고맙습니다. 헤헤헤…… 또 옵쇼.

민수와 영근, 술집에서 나와 공원 벤치 쪽으로 걸어간다.

민 수 왜 거스름 돈 백원을 안받는 건가?

영 근 그까짓 백원을 받아서 뭘 하나? 선심이나 써서 내 기분이나 좋으면 됐지. 난 백원으로 억만 장자의 백만원, 아니 천만원의 기분을 맛보구 있는 걸세. 하하하…….

민 수 자네가 할 법한 짓이군…… 그게 그리도 기분이 좋은가?

영 근 좋다마다! 단돈 백원에 주인 영감쟁이의 온 얼굴 표정이 달라지는 걸 봤잖아? 난 그 재미로 아무리 싸구려 이발관을 가는 경우에도 꼭 약 백원의 팁을 쓰거든…… 그럼 다음에 가도 용케 기억하구 머릴 깎는 동안 부드러운 잔손질과 애교있는 미소가 시종 따른단 말야. 단돈 백원으로 난 억만장자 부럽잖은 기분을 맛볼 수 있지.

민 수 자넨 단돈 백원, 백원 하지만 사람이란 때로는 단돈 20원의 버스비가 없어서 쩔쩔 매는 수가 있거든.

영 근 그야 나도 그런 때가 있어…… 버스비가 없어서 거의 십리 길을 걷는 수도 있거든…… 그렇다구 항상 돈 앞에 쩔쩔 매란 법이 어디 있나? 있을 땐 쓰구 없을 땐 못 쓰구…… 내가 주(主)구 돈은 종(從)이야. 따라서 난 돈에게 부림을 당하는 게 아니라 돈을 부리는 거야. 그리고 돈의 효력을 십이분으로 활용하거든. 그게 성공의 키 포인트지.

민 수 값싼 처세 철학인가? 그따위 덜돼먹은 철학일랑 집어치게. 집어쳐!

영 근 이 사람이 취했군…… 하하하…….

서부 쾌남아 차림의 샌드위치맨, 느닷없이 뛰어나와 권총을 손가락으로 빙빙 돌리다 겨누고 나서 광고문을 수놓은 등쪽을 보인다.

영 근 (일부러 두 손을 번쩍 들고) 헤이 카우보이, 아이 해브 노 건! (한손으로 총 쏘는 흉내를 내며) 빵! 빵! 빵! 노 노!

샌드위치맨 오케이! (권총을 손가락으로 빙빙 돌리다 권총 케이스에 넣고 손을 흔들며) 빠이빠이!

영 근 (마주 손을 흔들며) 빠이빠이! 유아 굿 보이!

샌드위치맨, 카우보이 몸짓으로 민첩하게 퇴장.

영 근 음, 됐어, 됐어…… 서부의 쾌남아, 좋은 아이디언데…… 허지만 좀 우스꽝스럽지가 않아 틀렸군…… (혼자 감탄하다가) 참! 자넨 내가 뭘 하구 있나 궁금하겠지?

민 수 글쎄…… 현재의 나로선 그런 걸 궁금해 할 아무런 호기심도 없네만, 그렇다구 전혀 알구 싶잖단 건 또한 아닐세.

영 근 자넨 여전히 까다롭군…… (명함을 꺼내보이며) 우선 이 명함을 보게나…… '모던 선전사 사장 이영근' 어떤가?

민 수 그럴 듯하군.

영 근 모던 선전사 사장하면 굉장한 거 같지만 내가 하는 사업은 방금 나간 그 사람과 같은 거야. (사진을 보이며) 이 사진을 보게나. 어릿광대 모양의 차림을 하구 광고 판을 메구 다니면서 선전 삐라를 뿌리며 일장 연설을 하는 걸세. 말하자면 샌드위치맨이지. 샌드위치맨이란 우스꽝스러우면 우스꽝스럴수록 효과적인 거야. 많은 사람의 눈에 띌 수가 있으니까…… 어떤가? 이 내 어릿광대 모습?

민 수 제격이군!

영 근 제격이라니!

민 수 자네야 학교 시절부터 응원 단장이랍시구 곧잘 괴상한 분장을 하구 시합장을 휩쓸잖았나?

영 근 아, 그 일? 하하하…… 자네 용케 기억하는군…… 꽤 우스꽝스러운 차림이지? 하지만, 난 혼자 독립해서 직접 일을 맡아 하기 땜에 자주적일세…… 사장, 사원, 사동을 다 겸하고 있으니까 속도 편하지. 하하하…….

민 수 난 자네의 그 호기가 부러우이…… 인간이 자네처럼 낙천적이면 위대하다구 할 수 있네.

영 근 그래, 어쨌든 위대한 건 좋아! 아 기분인데, 이 기분으로 노래 한마디 해야겠군…… 뭘 할까? 아참, 학교 시절의 응원가를 해야겠군. 그게 좋겠어.

영근, 팔을 X자로 흔들며 활발하게 응원가를 부른다

영 근 어떤가?

민 수 잘하는군.

영 근 자네도 하나 부르게.

민 수 난 하구 싶잖네.

영 근 이 사람아, 한마디 부르게나.

민 수 부를 줄 알아야 부르지.

영 근 나도 불렀는데 뭘 그러나?

민 수 에이 참, 자넨 쇠심줄만큼이나 질기군. 안 부르군 못 견디겠는 걸.

민수, 애수적인 노래를 한다.

영 근 오, 잘 불렀어! 하지만 너무 애수적이야. 우린 애수나 비애와 고별을 하구 항상 명랑하구 희망적인 맘으로 살아가야 하네.

민 수 또 값싼 설교 하긴가? 집어치게! 집어쳐!

영 근 잠자코 듣게나…… 내가 말야 지금은 이리 시시한 사업을 하구 있지만 두구 보게나. 얼마 안 가서 난 대사업가가 될 테니까. 돈을 마구 번단 말야.

민 수 누구나 그렇게 생각하구 속아서 일생을 마치는 거지. 현재도 미래도 역시 뻔해. 그게 굉장하게 생각되는 인생이란 거야.

영 근 그럼 자넨 뭘 하구 싶은가?

민 수 암것도 하구 싶잖네. 죽구만 싶을 뿐이야.

영 근 뭐 죽구만 싶을 뿐이라구?

민 수 음…… 산다는 걸 아쉽게 생각하기엔 너무나 환멸의 비애가 커.

영 근 여보게, 나처럼 하찮은 일에라도 삶의 의욕을 불태우면 되잖나?

민 수 그런 일은 난 도저히 할 수 없네. 죽으면 죽었지, 그까짓 일을 창피하게…….

영 근 뭣이 어째! 내 현재의 직업을 업신여기다니…… 내가 언제나 이걸로 끝마칠 줄 아느냐? 난 앞으로 무엇이든지 될 수 있어. 대사업가도 대정치가도…… 난 무한한 가능성과 희망에 산단 말야. 너처럼 이 세상을 원망하구 또는 비관하구 결국엔 염세 자살하는 등속과는 근본적으로 다르단 말야. 알았어? 알았거든 어서 꺼져 버려!

민수, 걸어와 중앙에 선다.

나 오늘은 정말 우울한 날입니다. 언짢은 일만 겹치는군요. 하지만 그 친구는 강한 잡니다. 억센 데가 있죠. 거기에 비하면 난 정말 약한 잡니다. 도저히 이 세상의 거센 파도 속에서 살아날 수 없는 약한 자죠. 살아날 수 없을 바에야 차라리 죽는 게 낫잖습니까? 난 아무래도 사고를 가장한 자살을 해야겠습니다.

민수, 왼쪽으로 퇴장했다가 자동차의 급브레이크 소리와 함께 퉁겨지듯 도로 나가 자빠지며 등장하여 무의식중에 살려고 뻘뻘 긴다.

차문을 여는 소리.

운전수, 급히 등장.

운전수 (민수를 잡아 일으키며) 다친 데 없수?

민 수 (툭툭 털며) 네…… 별로…….

운전수 휘이 (한숨을 내려쉬고) 천만다행이군요. 나도 아슬아슬하게 급정거를 했지만 선생님도 비호같이 재빨리 물러나서 위험을 면했군요. 선생님 제발 조심해 주십시오. 선생님이 죽는 것도 죽는 거지만, 나까지 못살게 하지 말구. 내게 딸린 식구가 자그만치 열 식구예요.

민 수 미안하게 됐소.

운전수 어쨌든 다행이오.

운전수, 퇴장. 차문을 닫는 소리와 발동을 걸고 차 떠나는 소리가 들린다.

영근, 돌연 민수의 뒤로 다가와서 덜미를 잡아 나꾸어채고 맹렬한 주먹 세례를 앵긴다.

영근의 주먹을 피하며 뻘뻘 기는 민수, 정말로 비참해 보인다.

영 근 비겁한 녀석! 죽겠다더니 살려구 개새끼처럼 뻘뻘 기는 꼴하군. 그러구도 주둥아린 까져서…… 뭐 어쩌구 어째? (민수의 흉내를 내며) 산다는 걸 아쉽게 생각하기엔 환멸의 비애가 커? 이 새끼야, 네가 인생의 환멸이나 제대로 느끼구서 그따위 주둥아릴 놀리느냐? 흥, 살기보다 죽기가 더 어렵단 걸 모르느냐, 이 바보새끼야! 삶과 제대로 대결하지 못한 자는 죽음과도 대결 못하는 법이야! 이 비겁한 새끼야! 제대로 한번 살아보겠단 결심이나 해봐라! 너 같은 새끼는 보기만 해도 구역질이 난다. 퉤! (침을 뱉고) 만일 내가 네 녀석이 자살했단 소식을 전해 들으면 통쾌하게 웃어 주마. 이 지구상에서 비겁한 바보새끼가 속시원하게 없어졌다구 말야! 퉤!

영근, 멸시의 눈초리로 민수를 보고 퇴장.
민수, 비참하게 일어나 중앙에 선다.

나 정말 그 친구 말처럼 바보짓이었군요…… 사고로 죽은 것처럼 자살하려던 내겐 더할 나위 없이 좋은 기회였는데 왜 난 소스라쳐서 물러났을까요? 난 확실히 비겁한 잔가 봅니다. 그 운전순 열 식구를 거느리고 있다죠? 난 겨우 세 식구…… 그런데도 난 책임을 회피하기 위해서 자살하려고 했죠. 그것도 죽어서까지도 버릴 수 없는 허영심에서 마치 사고로 죽은 것처럼 보이기 위해 남에게 폐를 끼치려 했잖습니까? 난 비겁한 잡니다. 그 친구 말처럼 제대로 삶과 대결도 못해보구 죽으려 했으니까요. 죽긴 왜 죽어요! 살아야죠! 악착같이 살아야겠어요. 그 친구 녀석처럼 굳세게 희망을 품구 살아가야죠. (원고 뭉치를 휴지통에 팽개치고) 이 따위 뜬 구름을 잡는 것과 같은 요행수를 싹 씻어 버리구 현실적으로 착실히 살아 가야겠어요. 그러기 위해선 곧 고향으로 내려가 농사 일을 알뜰히 돌보고 확실성 있게 이 생명이 다하도록 가족을 부양하며 살아야겠죠. 그래서 인생의 새출발을 해야겠습니다.

민수, 관객에게 절하고 퇴장.

—조용히 막—

연극 용어 풀이

가로막(幕) 무대 배경과 천장의 간격을 가리기 위하여 무대 넓이의 폭과 같은 포장을 위로 달아 가로지른 막.

가리개 장치를 가리는 조각, 또는 나무를 그린 무대 옆 가리개.

국제연극협회(國際演劇協會) 약칭 ITI. 1948년 연극의 국제 교류를 촉진할 목적으로 조직된 유네스코의 외곽 단체. 미국 · 영국 · 프랑스 · 러시아 등 세계 50여 국가가 가맹.

그림 장치에 그림을 그린 것.

극본(劇本) 각본. 대본.

근대극(近代劇) 세계 연극사를 시대별로 구분하는 경우, 입센부터를 근대극이라고 부른다.

꺽쇠 장치를 세울 때 쓰는 거멀 못.

느림 장치 무대 장치의 일부분 또는 전부를 무대 천장에 올리고 내리는 것을 말함.

대도구(大道具) 무대 장치, 세트와 같은 뜻으로 무대에 꾸며지는 집 · 나무 · 바위 등인데 연기자가 움직일 수 없는 것. 나무라도 연기자가 꺾는 가지라든가 꽃은 소품이라고 한다.

덧마루 대도구의 일부로서 무대를 높이는 마루.

도랑(dohran · 獨) 연기자가 얼굴에 바르는 분장 도구의 하나.

드라마투르기(dramaturgie · 獨) 극작술, 각본 작법. 오늘날에는 연극론, 연극술, 연출법, 극평(劇評) 등의 의미로도 쓰인다.

레제드라마(lesedrama · 獨) 상연을 전제로 하는 일반 희곡과는 반대로, 읽기 위해 쓰여진 희곡. 따라서 사상적 · 문학적 요소를 더 중요시한다.

레퍼토리(repertory · 英 répertoire · 佛) 상연 목록. 한 극단이나 악단이 언제

든지 상연할 수 있는 작품 목록을 미리 준비해 놓은 것. 레퍼토리 시스템은 그 극단의 독자적인 상연 목록을 가지고 매일 밤 또는 매주 바꿔 가면서 순차적으로 상연하는 제도를 말한다.

롱 런(long run · 英) 장기 흥행.

리허설(rehearsal · 英) 연극이나 음악 등을 공개하기 직전에 하는 연습 시연(試演).

마루박이 연기자가 막이 오르기 전에 미리 무대에 나와 있는 것.

마티네(matinée · 佛) 낮공연. 연극은 원래 밤에만 상연하고 1주일에 한두 번 낮에 하는 게 원칙이다. 따라서 값이 싸다.

메이크업(make-up · 英) 연기자의 화장술. 경우에 따라서는 가면을 쓰는 경우도 있다.

멜로드라마(melodrama · 英) 원래는 음악이 섞인 극이라는 뜻. 오늘날은 흥미 본위로 만들어서 예술성보다는 오락성 또는 상업성을 띤 작품을 가리키게 되었다.

모놀로그(monologue · 佛) 독백. 연기자가 자신의 내면의 감정이나 의사를 혼자서 말하는 것.

무언극(無言劇) 판토마임. 대사 없이 표정이나 손짓, 발짓 등 행동으로 엮어지는 연극. 때로는 음악에 맞추어 추기도 한다. 원시 민족들이 새와 짐승의 동작을 모방한 데서 시작하여 연극의 원류를 이루고 무성 영화의 중요한 구성 요소가 되었다.

뮤지컬(musical · 英) 음악이 섞인 희극. 뮤지컬 코미디를 가리킨다.

미래주의(未來主義) 20세기 초기 이탈리아의 마리네티 등이 주장한 예술 혁신의 사상. 연극에서는 반사실(反寫實), 부조리, 동시 발생의 이론을 내세웠다.

밀막 한쪽으로부터 밀어 열리는 막.

방백(傍白) 배우가 상대역에게 말하기 위해서가 아니라 관객에게만 들려주며 자기 자신의 심리를 설명하기 위해 말하는 대사.

버라이어티(variety · 英) 쇼의 일종으로 노래, 춤, 촌극 등을 무대 위에서 변화 있게 보여 주는 형식.

벌림막 가운데서 양쪽으로 열리는 막.

벗기기 배우가 입은 의상을 재빨리 벗기기 위하여 다른 사람이 벗기는 것을 말함. 또는 장치를 하나하나 벗겨서 바꾸는 것.

비탈마루 한쪽은 높고 한쪽은 낮게 비탈진 마루. 그냥 비탈이라고도 함.

사회극(社會劇) 성격극이 인물의 성격에 치중하는 데 대해서 사회 의식의 자각 위에서 사회적 계급, 배경, 문제성을 다루려는 연극. 따라서 가정극과는 반대로 사회적인 문제를 다룬다.

상수(上手) 객석에서 무대를 향하여 오른쪽. 반대는 하수(下手), 즉 무대를 향하여 오른쪽.

서사극(敍事劇 · episches theater · 獨) 아리스토텔레스 이래의 전통적 이론에 대립한 새로운 연극 이론으로 브레히트(B. Brecht)에 의해 주장되었다. 관객의 감성에 호소하여 관객을 연극 속으로 끌어들여 극중 인물과 동일화된 감정을 느끼게 하는 것이 아니라, 관객의 이성과 냉정한 인식에 의존하여 객관적으로 판단하게 하는 연극. 주로 역사적 사실에 입각한 연대기적(年代記的) 작품.

설명문 극본에서 대사 이외의 설명이나 지시를 적은 글. 지문(地文)이라고도 함.

세모널 세모꼴의 덧마루.

세트(set · 英) 무대 장치.

소모품 연극 도중 소모돼 버리는 소품. 가령, 촛불 · 담배 같은 것.

소품(小品) 소도구라고도 함. 무대 위에 배치되는 것이나 연기자가 지닌 도구. 또는 무대 장치에 덧붙여지는 작은 도구.

스릴러극(劇) 지극히 일상적인 환경 속에서 공포 심리를 추구하는 극. 미국에서 1940년 무렵 유행하기 시작하여 히치콕 감독이 영국에서 건너와 독특한 소재와 표현으로 독자적 경지를 개척했다.

스크립트(script) 연극에서는 극본 대사 그 외 여러 가지 설명문이 적혀 있다. 방송에서는 방송용 원고와 극본의 총칭.

스타니슬라프스키 시스템 러시아의 연출가 스타니슬라프스키가 생각해낸 연극 창조 방법. 1960년부터 그가 경험한 배우 및 연출의 분야에서, 특수한 훈련과 인간의 내적 · 외적 표현 기술을 중요시한다.

스타 시스템(star system · 英) 19세기

후반 이후 연극의 상품화나 기업화를 위해 이미 만들어진 주연 배우를 중심으로 연극을 만드는 일. 따라서 이런 연극은 전체적인 조화나 효과가 깨어지기 쉽다.

스탭(staff · 英) 하나의 연극을 창조할 때에, 그에 따르는 배우 이외의 예술가. 곧 원작 · 제작 · 각색 · 연출 · 음악 · 조명 들을 담당하는 사람.

스페이스(space · 英) 무대의 공간.

시극(詩劇, poetic drama · 英) 산문극에 대한 희곡의 형식. T. S. 엘리엇은 현대 시극의 최고봉이었다.

시어터 아츠(Theater Arts · 美) 미국 유일의 연극 전문 잡지.

신과극(神科劇) 일명 기적극이라고도 하며 중세에 있어서 성서에 나오는 기록을 연극화한 것이다.

신극(新劇) 원래 일본 극계에서 쓰던 말을 수입한 것이다. 즉 상업주의 연극인 신파극에 반발하여 보다 예술적이며 문화적인 연극을 목표로 했다. 따라서 일본의 경우와 같이 신극은 번역극을 더 많이 상연했다.

심포닉 플레이(symphonic play · 美) 미국의 폴 그린이 주창한 음악극의 한 형식. 극, 민요, 민속 무용 등을 유기적으로 결합시켜 역사와 인간의 이상을 향토적인 색채로 엮어 내려는 연극.

아방가르드(avant-garde · 佛)극 전위극(前衛劇). 현실적 정신에 의해 항상 시대의 제일선에 앞서는 연극. 전위라는 말은 군대 용어로서 전선을 의미한다. 이 연극 운동은 제1차 세계대전 중 스위스 다다이즘 예술 운동에서 비롯되었다.

암전(暗轉, dark-change · 英) 막을 내리지 않고 무대를 어둡게 하여 장면 전환을 하는 것.

앙상블(ensemble · 佛) 예술 작품 전반에 걸쳐 쓰이나 특히 연극에서 배우 전원의 협력에 의하여 통일적 효과를 기대하는 연출법.

액션(action · 英) 무대에서의 연기자의 움직임이나 동작을 말함. 액션 드라마(또는 액션 플레이)라고 하면 대사보다 움직임이 많은 극을 말한다.

액자틀 무대(framed stage · 英) 그리스극의 무대나 셰익스피어 시대의 무대처럼 무대가 객석에 튀어나온 형태가 아니라 마치 그림의 액자틀처럼 무대가 막의 뒤로 물러나고 액자틀에 의하여 무대와 객석이 뚜렷이 구별되는 무대이다. 지금의 극장은 대개 이런 무대이다. 이 액자틀을 프로시니엄 아치라 한다.

어댑테이션(adaptation · 英) 각색. 소설 · 전기 등 일정한 제재가 있는 내용을 극화하거나 시나리오, 방송 극본으로 옮기는 일을 말한다.

어레인지(arrange · 英) 극본을 상연하기 좋게 수정하는 것. 또는 소설이나 민화를 극본으로 각색하는 것.

에이프런 스테이지(apron stage · 英) 막 앞이나 프로시니엄 아치의 앞쪽으로 나온 무대. 연기자가 관객에 접근할 수 있는 특징이 있다.

에튀드(étude · 佛) 공부한다, 연습한다의 뜻으로 연극에서는 연기자의 기초 훈련을 위한 여러 방법을 말한다.

에필로그(épilogue · 佛) 프롤로그에 대한 말로 연극이 끝난 다음 결론을 정리하기 위해 마련된 부분.

엘로큐션(elocution · 英) 연기자가 대사를 말할 때의 전체적인 조화를 일컫는다.

연출(演出) 문학상으로서의 희곡을 무대 위에다 형상화시키기까지의 창조 과정(연기 · 장치 · 조명 · 의상 · 소도구 · 음악 등)을 맡는 일을 말하고 그 일을 맡은 사람을 연출자, 그 일을 자세히 적은 대본을 연출 대본 또는 연출 대장이라고 한다.

옆막 무대 좌우의 옆을 가리는 막.

오페레타(operetta) 경가극(輕歌劇). 긴 오페라보다 가볍고 자유스러워, 음악에 대사까지 섞여 있는 형식을 말한다.

원형 극장(圓形劇場 · arena theater) 1932년 미국 워싱턴 대학 그렌 퓨즈 교수가 고대 그리스의 극장에서 힌트를 얻어 고안한 극장 양식. 계단식 객석으로 둘러싸인 무대를 말한다.

웰 메이드 플레이(well made play) 교묘하게 만들어진 연극. 19세기 중간쯤 이후, 연극이 기업화되자 대중의 박수 갈채를 받는 연극이 요구되었다. 거기에 따라 교묘한 극작법으로 관객을 웃기고 울리고 즐겁게 하는 연극이 만들어진 것이다. 예술적 내용을 주로 하는 연극과 구별하여 이렇게 부른다.

이동 극단 제2차 세계 대전 중 활발하

게 전개되었던 연극 활동의 한 형식. 극단이 지방 순회하면서 공연하는 것으로 공장 · 학교 등을 무대로 계몽 · 선전 · 위안을 목적으로 한다.

이동 무대(sliding-stage · 英) 다음 장면의 장치를 무대 양쪽 포켓에 미리 설치해 두었다가 밀어내서 장면 전환하는 것을 말한다. 전환이 빨리 되는 이점이 있다.

이펙트 머신(effect machine · 英) 무대 조명 기구의 하나로 배경에다 구름 · 눈 · 불꽃 · 폭포 · 파도나 또는 환상적인 여러 빛깔과 형태를 비치는 기계이다. 환등기와 같은 구조지만 이것은 그림이 움직인다. 따라서 무대에 변화를 갖게 할 수 있다.

인토네이션(intonation · 英) 음조. 대사의 억양, 즉 말의 오르고 내리는 것을 말한다. 연기자가 대사를 제대로 하려면 이것에 주의해야 한다.

제4의 벽 무대극에 있어 프로시니엄 아치로 에워싸인 무대를 가리키는 말. 현대극에서는 이 제4의 벽을 무시하는 연극이 빈번히 시도되고 있다.

젓힐막 한가운데서부터 갈라져 좌우로 올라가 열리는 막.

카타르시스(katharsis · 希) 배설을 뜻하는 의학 용어에서 전환된 말로 감정의 정화 작용. 아리스토텔레스가 《시학(詩學)》 가운데서 비극의 효과로서 말했다.

캐스트(cast · 英) 연기자의 배역. 미스캐스트라고 하면 잘못된 배역을 말하며, 올 스타 캐스트 하면 명연기자가 많이 출연하는 배역을 말한다.

코메디아 델라르테(Comedia dell'arte · 伊) 고대 희극이 형식과 내용을 본딴 본격적인 희극. 1520년경부터 이탈리아에서 일어났다.

코메디 프랑세즈(la Comédie Française · 佛) 프랑스의 국립 극장. 오페라 좌(座)나 코믹 오페라에 대한 연극 전문 극장.

코뮤니티 시어터(community theater · 美) 시민 극장, 공공 극장이라고 한다. 20세기에 들어서 미국에서 성행했으며 소도시를 중심으로 하는 비직업적 극단을 말한다. 따라서 그 재정 및 운영도 일반 시민의 손에 의해 이루어진다.

코스튬 플레이(costume-play · 英) 의상

극. 시대적인 분장이나 의상이 특히 눈에 띄는 극을 가리키나 경우에 따라서는 내용이 따르지 못하는 연극을 비난할 때도 쓰인다.

클라이맥스(climax · 英) 극의 정점. 사건이나 정서가 최고조로 앙등되어 관객을 크게 긴장시키는 부분.

텍스트 레지(texte regie · 佛) 연극 연출에 있어서 극본을 연출가가 상연에 알맞게 수정 또는 가필하는 일.

판토마임(pantomime · 英) 무언극. 묵극(默劇).

패전트(pageant · 英) 야외극.

페이드 아웃(fade out · 英) 용암(溶暗). 무대가 차츰 어두워지는 것. F.O.

페이드 인(fade in · 英) 용명(溶明). F.O와 반대로 무대가 차츰 밝아지는 것. F.I.

포켓(pocket · 英) 무대 좌우에 있는 공간. 여기다가 장치를 대기시킨다. 우리말로는 품이지만 잘 안 쓴다.

표현파(表現派) 연극 제1차 세계 대전 후 독일에서 일어났던 예술 사조에 입각한 연극의 한 유파.

풍속극(風俗劇, comedy of manners · 英) 몰리에르에서 시작되어 영국에서 꽃을 피운 연극의 한 분야. 상류 사회의 풍속을 풍자하며 기지와 유머가 풍부한 대사를 특징으로 한다.

퓰리처상(Pulitzer Price 美) 시 · 소설 · 연극 · 저널리즘 등 9개 부문에 주어지는 미국의 권위 있는 상. 〈뉴욕 월드〉 지의 경영주인 조지프 퓰리처의 유언에 따라 설치되었다. 상금 총액 1만 5,000달러.

프로시니엄(proscenium · 英佛) 무대 전면, 막과 객석의 사이. 그 경계에 액자 모양으로 되어 있는 것을 프로시니엄 아치라고 한다.

프롤로그(prologue · 佛) 에필로그에 대한 말로 연극이 맨 처음 시작할 때 내용을 단적으로 암시나 상징하기 위해 마련된 부분.

프롬프터(prompter · 英) 연극 연습 도중이나 상연 중 배우에게 대사를 일러 주는 사람.

프리랜서(free lancer · 英) 특정 회사나 극단에 소속되어 있지 않은 배우나 기술자.

하수(下手) 객석에서 무대를 향하여 왼쪽. 반대는 상수(上手), 즉 객석에서 무대를 향하여 오른쪽.

호리촌트(horizont · 獨) 무대 배경에 하늘의 구실을 하는 공간. 1869년 독일에서 발명되었다.

홈 드라마(home drama) 가정극. 일상적인 사건을 통해서 인간미, 심리나 애환을 그리는 극.

〈오이디푸스 왕〉

〈밤주막〉

하유상

- 충남 논산 출생.
- 펜클럽 이사 및 감사, 문인협회 이사 및 분과회장, 시나리오작가협회 운영위원 및 총무 등을 거쳐 현재 신문예협회 · 자유문인협회 자문위원, 추리작가협회, 학교극 · 청소년극연구회 고문, 현대극작가협회 · 중국고전문학 동호문인회 회장, 논픽션작가회 대표, 문학운동지 《탐미문학》 발행인 · 주간.
- 1957년 제1회 중앙국립극장 장막극 공모에 〈딸들의 연인〉으로 등단.
- 1958년 《민족문화》 지에 소설 〈환(幻)〉을 발표. 그 이후로 희곡 · 소설 등을 집필 발표.
- 희곡집으로는 《미풍》 《하유상 단막극선》 《하유상 장막극선》 《불교 희곡선》 《성극(聖劇) 모음》 《세계명작장편소설각색극본선》(상 · 하) 《꽃을 이니셜로 한 희곡 모음》 《윤회》 《방송극선 행운》 등.
- 소설집으로는 《꽃그네》 《어느 철학 교수의 실종》 《유마경》 《실종의 저쪽 어둠》 《30분의 미스터리》 등.
- 장편소설로는 《어떻게 사랑이》 《젊은 고뇌》 《격랑》 《검은 사형》 《연인별곡》 《용비어천가》 등.
- 서사시집으로는 《젊은 고기잡이의 노래》 《거사(居士)와 아씨》 등.
- 수상으로는 백상예술대상, 문교부문예상, 신문예문학본상, 통일문학본상, 불교문학대상, 한국문학상, 한글문학본상 등.

희곡론과 작법

지은이/ 하유상
펴낸이/ 정진숙
펴낸곳/ (주)을유문화사

초판 제1쇄 인쇄/ 2000. 2. 25.
초판 제1쇄 발행/ 2000. 2. 29.

등록번호/ 1-292
등록날짜/ 1950. 11. 1.
주 소/ 서울시 종로구 수송동 46-1
전 화/ 734-3515 733-8151~3
FAX/ 732-9154
E-Mail/eulyoo@chollian.net
홈페이지/http://www.eulyoo.co.kr
값/ 15,000원

ISBN 89-324-5083-8 03680